청년 루터

Young Man Luther: A Study in Psychoanalysis and History
Copyright © 1958, 1962 by Erik H. Erikson

Korean Translation Copyright © 2025 by Gyoyangin
Korean edition is published by arrangement
with W. W. Norton & Company, Inc.
through Duran Kim Agency.

이 책의 한국어판 저작권은 듀란킴 에이전시를 통한
W. W. Norton & Company, Inc.와의 독점계약으로 교양인에 있습니다.
저작권법에 의하여 한국 내에서 보호를 받는 저작물이므로
무단전재와 무단복제를 금합니다.

불안한 영혼의 정신분석

청년 루터

에릭 에릭슨
노승영 옮김

Martin Luther

차 례

머리말 … 7

1장 | 청년 루터와 정체성 위기 … 17
2장 | 성가대석의 불안 발작 … 37
3장 | 지상의 아버지와 하늘의 아버지 … 81
4장 | 창조적 정신의 자기거부 … 165
5장 | 순종과 반역의 역설 … 215
6장 | 내면의 혁명 - 죄의식에서 믿음으로 … 289
7장 | 분노하는 영적 지배자 … 381
8장 | 비범성과 신경증 … 431

후주 … 460
찾아보기 … 471

| 일러두기 |

- 본문의 각주는 내용의 이해를 돕기 위해 옮긴이와 편집자가 추가한 것이다.
- 본문의 성경 구절은 '공동번역' 성서를 기초로 삼았다.

| 머리말 |

　청년 마르틴 루터에 대한 이 연구는 청소년기 후기와 성년기 전기의 정서적 위기를 다룬 책의 한 장(章)으로 계획되었다. 하지만 루터는 알고 보니 장 하나에 담기에는 너무 거대했다. 루터의 청년기는 역사 기록을 통틀어 가장 급진적인 시기 중 하나였다. 루터를 이루고 있던 모든 것, 루터가 그 일부로 참여했던 모든 것이 파괴되거나 되살아나는 그런 시기였다.* 임상을 다루려던 장은 그렇게 역사까지 다루는 책이 되었다. 하지만 임상 연구를 이 책의 방향과 떼어놓을 수 없으므로 머리말에서는 내 동료와 환자들에 대해, 우리가 함께 몰두하는 분야에 대해 간략히 설명하겠다.
　나는 지난 5년간 필드재단의 지원 덕분에 10대 후반과 20대 초반에 겪는 정서 장애 연구에 집중할 수 있었다. 극심한 정서 장애를 겪는 청년에 대한 임상 연구는 매사추세츠주 스톡브리지에 있는 오스틴리그스센터에서 주로 진행되었으며, 피츠버그대학교 의

---

* 기독교 전통 신앙이 루터의 내부와 외부에서 붕괴되고 재생되는 시기였다는 의미이다.

과대학의 웨스턴정신의학연구소에서도 간간이 실시되었다. 오스틴리그스센터는 뉴잉글랜드의 소규모 주거 단지에 있는 작고 개방된(폐쇄 병동 시설이 없다) 연구 중심 민간 병원이다. 웨스턴정신의학연구소는 철강 산업의 중심지 한가운데 세계에서 가장 빠르게 성장하는 의료 단지 중 한 곳에 들어서 있으며, 폐쇄 병동을 갖춘 고층 빌딩을 쓰고 있다. 피츠버그에서는 헨리 W. 브로신 박사와 프레더릭 웨니거 박사의 자상한 지도하에 오스틴리그스센터의 환자들과는 출신 배경이 전혀 다른 환자들에게 나의 가설을 시험해볼 수 있었다. 오스틴리그스센터에서는 로버트 P. 나이트 박사의 통찰력 덕에 소수의 선별된 환자를 진료하면서 환자의 삶의 모든 영역에서 치료와 관련된 요인들을 공동으로 또 체계적으로 파악할 수 있었다. 나는 두 병원의 진료 시설과 치료 방법의 안전한 울타리 안에서 젊은 환자들의 고통을 생애 위기(life crisis)라는 주제의 다양한 변형으로 간주하고 연구할 수 있었다. 나는 젊은이들을 긴장 상태로 몰아넣어 그 일부를 환자로 만들고 마는 격렬한 생애 과제(life task)를 파악할 수 있었으며, 그들이 겪는 초기 증상과 정신병 증후군의 발현을 연구할 수 있었다. 또 환자들의 유년기 경험에 유사점이 있는지 탐구하며 어떤 유형의 부모와 배경이 아이의 발달을 특정 방향으로 치우치게 하기 쉬운지 발견할 수 있었다. 이런 환자들은 특별한 도움이나 대단한 행운을 누리지 못한다면, 즉 양호한 조건에서 특수한 재능을 재배치할 기회를 얻지 못한다면 청소년기의 생애 위기를 극복하기 힘들다. 오스틴리그스센터에서 조앤 에릭슨은 작업 치료(occupational therapy)*

로서 시행되던 것을 의미 깊은 '활동 프로그램'으로 탈바꿈시켰는데, 그 덕분에 나는 일(work)의 치료적 역할뿐 아니라 창조적 역할까지도 이해할 수 있었다. 뒤에서 살펴보겠지만 일의 창조적 역할은 청년 루터의 삶에서 매우 중요하며, 또 '행함(work)'과 '행위(works)'에 관한 그의 견해에서 매우 두드러진다.**

  새로운 임상 경험은 언제나 이론 발전을 떠받치고, 이론 발전은 새로운 임상 경험을 떠받친다. 이 책에서는 자아의 적응 기능과 방어 기능에 대한 최근 학설을 명확히 참고할 것이다. 지크문트 프로이트(Sigmund Freud)의 기념비적 업적은 이런 탐구와 전진의 주춧돌이 돼야 할 바위다. 아나 프로이트(Anna Freud)는 자아에 대한 책을 내놓아 완전히 새로운 이론 연구 영역을 개척했으며,[1] 아우구스트 아이히호른은 청년에 대한 연구를 통해 치료의 새로운 지평을 열었다.[2] 나는 그들로부터, 하인츠 하르트만의 저작으로부터,[3] 최근에는 데이비드 래퍼포트와의 공동 연구로부터[4] 배운 것을 새로운 관찰 결과에 맞게 확장하려고 노력했다. 처음에는 예비 보고서로 발표했고,[5] 이번에 이 책을 썼으며, 앞으로 임상 논문을 집필할 계획이다. 여기서 나는 청년 루터와 우리 환자들에 대한 모든 비교를, 루터를 위해서든 환자들을 위해서든, 정신의학적 진단과 병리적 역학 분석에만 제한하지 않을 것이며, 젊은 환

---

* 건강 회복에 필요한 가벼운 일을 시키는 치료법.
** 에릭슨은 루터의 신학을 설명하면서 로마서 3장 28절에서 언급하는 것처럼 믿음이 없는 겉치레식 '행위'와 야고보서 2장 24절에서 언급하는 것처럼 믿는 자에게서 우러나오는 '행함'을 구분하는데, 이 책에서도 루터와 관련된 대목에서는 용어를 이같이 구분하여 쓰되 그 밖의 경우에는 문맥에 맞게 번역할 것이다.

자들이 여느 젊은이와 마찬가지로 모든 직업적·개인적 기대를 뛰어넘는 능력과 통찰력을 발휘하는 순간에 방향을 맞출 것이다. 우리는 젊은 자아에 내재한 회복력에 주의를 집중할 것이다.

나는 사상사에서 논란이 큰 한 인물에 대한 생각들을 추리는 데 도움이 된 또 다른 종류의 직업적 경험을 이야기하지 않을 수 없다. 나는 1956년 예일대학교[6]와 프랑크푸르트대학교[7]에서 지크문트 프로이트 탄생 100주년 기념 강연을 했다. 그때 나는 프로이트에게서 볼 수 있는 고독한 발견의 차원들에 대해 이야기했다. 정신분석의 창시자 프로이트는 최초의 정신분석가였고, 그 뒤로 10년간 유일한 정신분석가였다. 나는 프로이트를 다윈과 비교하면서 두 사람 다 자신의 가장 결정적인 업적을 원래 의도한 직업적 기획의 일환으로서 이룬 것이 아니라고 논평했다. 둘 다 오랫동안 지적 '모라토리엄(유예)'을 겪었으며 둘 다 신경증적 고통 속에서 창조성의 돌파구를 열었다고 지적했다. 당연히 프로이트에 대한 그 강연은 청년기 장애(나는 프로이트가 창안한 방법을 써서 이런 장애를 관찰하고 치료했다)의 임상 연구를 성년기 전기의 갈등(프로이트 같은 사람들은 이런 갈등과 싸우다가 장년기의 창조성에 도달한다)과 연결 지은 것이었다. 게다가 내가 보기에 루터의 고유한 창조성은 프로이트가 '아버지 콤플렉스'와 벌인 결연한 투쟁의 일면을 보여주는 중세 후기의 선구적 사례였다. 그런가 하면 루터가 중세의 독단적 교리에서 벗어난 것은 근대 철학에도 심리학에도 필수 불가결한 선구적 시도 중 하나였다.

이 책에서 루터의 삶과 프로이트의 삶이 공유하는 어떤 유사성을 언급하더라도 그것은 내가 두 사람에게서 비슷한 인상을 받아서 그런 것은 결코 아니다. 하지만 둘 다 특정한 종류의 천재성이 자라나는 과정에서 어떤 규칙성을 보였다. 어쨌든 두 사람에게는 한 가지 공통점이 있었다. 그것은 각자의 시대가 요구하는 더러운 일을 마다하지 않은 단호함이었다. 두 사람 모두 물질적·과학적 팽창의 시대에 인간 양심의 문제에 초점을 맞추었던 것이다. 루터는 자신의 초기 작업을 '진흙탕에서 일하기(im Schlamm arbeiten)'라고 일컬었으며 자신이 10년간 완전히 혼자서 일했다고 푸념했다. 프로이트 역시 10년간 고독하게 일했는데, 자신의 작업을 '깊은 곳에서(in der Tiefe)' 이루어진 노동이라고 표현하여 깊숙한 갱도에서 일하는 광부의 고통을 떠올리게 했고, 마음 여린 이들의 '잘 올라가기(eine gute Auffahrt)'를 소망했다.

나는 머리말에서 이 책을 쓰는 이유를 간략히 제시하려고 했다. 하지만 교과서가 아닌 책을 쓰려는 충동에 대해 이유를 대는 것이 가능한지 의문스럽다. 주제가 주제이니만큼 신앙의 문제와 독일의 문제를 다루지 않을 수 없는데, 다른 위대한 청년에 대해 썼다면 이 두 가지 난제를 피할 수도 있었을 것이다. 하지만 나는 굳이 피하고 싶지 않았다.

프랑크푸르트대학교와 하이델베르크대학교에서 학생들에게 프로이트에 대해 이야기하다 보니 내가 젊을 때 겪은 사건 하나가 떠올랐다. 나와 같은 부류의 사람들의 백골이 널린, 폐허가 된 유럽 도시에 완전히 묻혀 있던 기억이었다. 나는 젊은 시절 떠돌이

화가 노릇을 하며 돌아다니다 어느 날 밤 라인강 상류 유역 작은 마을에 있는 친구 집에서 묵었다. 친구 아버지는 개신교 목사였다. 아침에 가족이 식사를 하려고 앉았고 친구 아버지가 주기도문을 읊었는데, 루터가 독일어로 번역한 것이었다. 그전까지는 주기도문에 '의식적으로' 귀를 기울인 적이 한 번도 없었으나 그때 들려온 몇 마디 단순한 말에서 전체를 느꼈고, 미적인 것과 도덕적인 것을 아우르는 시를 경험했다. 전에도 후에도 좀처럼 느껴보지 못한 경험이었다. 링컨의 게티즈버그 연설이 불쑥 뇌리에 꽂힌 적이 있는 사람이라면 내 말이 무슨 뜻인지 알 것이다.

살다 보면 트라우마적인 빚이 아닌 정서적인 빚을 인정해야 할 때가 있다. 그런 의미에서 이 연구는 슈바이처를 낳은 유럽의 변방에서 맞은 그 봄날 아침에 바치는 헌사이자, 우리 시대(근대)의 들머리에 서 있는 그 개혁에서 본질적인 무언가를, 우리가 온전히 살아내지도 제대로 넘어서지도 못한 무언가를 파악하려는 시도다. 바로 그런 것이 정신분석의 재료이기 때문이다.

이 책은 재단정신의학연구기금의 지원을 받아 1년간 임상적·학문적 책임에서 완전히 벗어난 덕분에 쓸 수 있었다.

데이비드 래퍼포트는 원고를 여러 단계에서 읽고 비평해주었으며 스콧 뷰캐넌, 존 헤들리, 로버트 P. 나이트, 마거릿 미드, 가드너 머피와 로이스 머피, 라인홀드 니버, 데이비드 리스먼과 에벌린 리스먼도 원고를 읽어주었다. 그들의 조언 중에는 내가 받아들인 것도 있고 사양해야 했던 것도 있지만 모두에게 진심으로 감사한다.

   래리 하트머스는 아히히크에서 중세 라틴어를 나와 함께 읽었다. 코펜하겐의 에디트 아브라함센은 내가 번역한 키르케고르의 덴마크어 문장 영어 번역문을 검토했다.

   도러시 F. 호언은 글들을 솜씨 좋게 최종 타자 원고로 묶었다.

   아내 조앤 에릭슨은 내가 읽고 쓰는 내내 함께해주었으며 마무리로 원고를 편집해주었다.

에릭 홈버거 에릭슨
매사추세츠주 스톡브리지

루터에 관한 문헌과 루터가 남긴 문헌은 양이 어마어마하다. 하지만 그의 유년기와 청년기에 대한 신뢰할 만한 자료는 찾아보기 힘들다. 루터가 역사에서 맡은 역할은 여전히 모호한 구석이 엄청나게 많다. 루터의 성격은 더 그렇다. 루터는 매도당하기도 하고 숭상받기도 했는데, 매도하는 쪽도 숭상하는 쪽도 다 능력이 입증된 성실한 학자들이었다. 학자들은 1차 자료로부터 루터를 재구성하기 위해 평생까지는 아니더라도 적잖은 세월을 바쳤으나 어떤 틀에 그를 가두려고 시도할 때마다 그들이 만들어낸 것은 인간을 뛰어넘는 인간 아니면 인간을 뛰어넘는 로봇이었다. 다시 말해 결코 숨 쉬었을 리 없고 움직였을 리 없고 특히 루터가 말한 것처럼 말했을 리 없는 인간이었다. 이 책을 쓰면서 나는 그보다 더 잘 해내려 했던 걸까?

쇠렌 키르케고르(Søren Kierkegaard)는 루터와 같은 부류의 호모 렐리기오수스(homo religiosus, 종교적 인간)로서 공감 어린 객관성으로 루터를 판단할 수 있는 유일한 인간이다. 키르케고르는 루터에 대해 논평한 적이 있는데, 이는 내가 다룰 수 있는 방법(정신분석)으로 접근할 수 있는 문제를 압축해서 보여주는 것이었다. 키르케고르는 일기장에 이렇게 적었다. "루터는 기독교 세계에 지대한 영향을 끼친 환자다(en for Christenheden yderst vigtig Patient)."[1] 내가 이 문장을 문맥에서 떼어내 인용하는 것은 키르케고르가 루터를 임상적 '사례'의 의미에서 환자로 여겼다고 암시하려는 의도가 아니다. 오히려 키르케고르가 루터에게서 본 것은 어마어마하게 영향력 있는 방식으로 또 원형적인 모습으로 나타난 종교적 태도(환자성patienthood)였다. 키르케고르의 문장을 이 책에 대한 일종의 표어로 삼는다고 해서 우리의 관점을 임상적 관점으로 좁히겠다는 것은 아니다. 오히려 우리는 임상적 관점을 확장하여 환자성이라는 삶의 양식을 포괄하고자 한다. 이때 환자성이라는 말은 외부에서 가해지는 고통, 치료에 대한 엄청난 요구, 그리고 (키르케고르가 덧붙이듯) "자신의 고통을 표현하고 묘사하려는 열망"의 감각을 뜻한다.

키르케고르의 요점은 루터가 삶의 주관적 측면, 즉 '환자'의 측면에 너무 몰두한 나머지 노년에 이르러서도 "의사의 조망(Laegen's Overskuelse)"에 도달하지 못했다는 것이다. 이 마지막 문제는 당분간 미해결로 남겨두겠다.

키르케고르가 말한 '환자'라는 것을 설명하겠다. 나는 유능하지만 심한 장애가 있는 청년들에 대한 연구를 통해 이런 확장된 의미의 환자성에 접근할 수 있으리라 기대했다. 청년 루터를 진단에 가두고 싶지는 않았다(어느 한계 안에서는 꽤 설득력 있게 제시할 수 있지만), 사람들을 (의식적이든 무의식적이든, 진단을 받았든 진단을 받지 않았든) 환자로 만들어 그들 스스로 치료법(이것은 종종 대의가 되기도 한다)을 찾을 때까지 괴롭히는 생애 위기 중 하나를 루터의 삶에서 (내가 동시대 청년들의 삶에서 그려낸 것처럼) 그려내는 것이 나의 바람이었다.

나는 청소년기의 주된 위기에 **정체성 위기**(identity crisis)라는 이름을 붙였다. 생애주기 중 청소년기에 정체성 위기가 발생하는 이유는 젊은이들 각자가 유년기의 잔존물과 성년기에 대한 희망으로부터 스스로 중심적 관점과 방향을 설정해 통일성을 빚어내야 한다는 데 있다. 청소년기에는 자각 능력이 예리해지면서 남들이 자신을 어떤 존재로 판단하고 기대하는지 알게 되는데, 이것과 스스로 바라보는 자신의 모습 사이에서 유의미한 유사성을 포착해야 한다. 이렇게 말하면 뻔한 상식처럼 들리겠지만, 건강이 그렇듯 이것은 그걸 가진 사람에게만 당연해 보일 뿐 그 부재를 맛본 사람에게는 무척 성취하기 어려운 것이다. 몸이 얼마나 섬세한지를 실감하는 것은 건강하지 못할 때뿐이며, 서로 연관된 요인들이 얼마나 미묘하게 조합되어 인간 성격을 이루는지가 뚜렷해지는 것은 위기를 겪을 때뿐이다. 이 조합은 먼 과거에 창조된 능력과 현재에 부여된 기회의 조합이기도 하고, 개인의 성장에서 발전한 무의식적인 선행 조건과, 세대 간의 불안정한 상호작용에서 거듭 창조되는 사회적 조건의 조합이기도 하다. 어떤 청년, 어떤 계층, 어떤 역사적 시기의 경우에는 이 위기가 사소한 문제에 불과할 테지만, 다른 청년, 다른 계층, 다른 시기의 경우에는 이 위기가 일종의 '거듭남(second birth)'의 결정적 시기로서 뚜렷이 드러날 것이다. 이 위기는 널리 퍼진 신경증에 의해서든 만연한 이데올로기적 불안에 의해서든 쉽게 악화한다. 어떤 청년들은 위기에 굴복하여 온갖 신경증적, 정신증적, 일탈적 행동을 벌일 테지만 다른 청년들은 종교나 정치, 자연이나 예술에 열렬한 관심을 쏟는 이데올로기 운동에 참여함으로써 위기를 해소할 것이다. 또 어떤 청년들은 연장된 청소년기처럼 보이는 시기 내내 위험하리만치 고통받고 일탈하면서도 결국에는 새로 등장하는 삶의 양식에 독창적으로 이바지하게 된다. 자신이 감지한 바로 그 위험 때문에 새로운 방식으로 보고 말하고, 꿈꾸고 계획하고, 구상하고 구성하는 능력을 발휘할 수밖에 없기 때문이다.

한때 루터는 갈등 증후군을 겪는 꽤 위태로운 청년이었던 듯하다(우리는 정신분석의 방법을 통해 루터가 겪은 갈등의 윤곽을 알아보고 그 구성 요소를 분석할 수 있었다). 루터는 영적(spiritual) 해법을 찾아냈는데, 때마침 아우구스티누스 수도회에서 치료 역량을 지닌 윗사람의 도움을 받은 덕분이었다. 루터의 영적 해법은 서구 기독교 세계의 많은 지역에서 역사적으로 형성된 정치적·정신적 공백을 어느 정도 메웠다. 이런 우연한 상황은 만일 매우 특수한 개인적 재능 발휘와 맞물리면 역사적인 '위대함'을 만들어낸다. 우리는 루터가 청년기에 위기를 겪고 재능을 발전시키고 사상가로서 독창성을 처음 드러낸 사건에 이르는 과정을 따라갈 것이다. 이 사건은 루터의 첫 시편 강의(1513년)를 말하며, 여기서 그는 새로운 신학을 탄생시켰지만 그 자신도 청중도 이것이 급진적 혁신임

아우구스티누스회 수도복을 입은 루터. 독일 화가 루카스 크라나흐 (크라나흐 1세)의 1520년작. 크라나흐는 루터 초상화와 종교개혁에 관한 종교화로 유명하다.

을 곧바로 알아보지는 못했던 것 같다. 그가 역사적 정체성을 얻은 뒤에 일어난 일은 장(章) 하나에 담을 수 없다. 그의 생애의 절반만 하더라도 책 한 권으로 부족하기 때문이다. 청년 루터와 나이 든 루터의 차이가 너무 뚜렷하고, 단호한 웅변가인 후자가 대다수 독자에게 루터의 전형적 모습일 것이므로 나는 루터의 초창기(루터 문헌에서는 통상적으로 20대를 포함한다)를 언급할 때는 '마르틴'으로 지칭하고, 루터파 지도자가 된 뒤 역사의 유혹에 이끌려 자신의 과거를 신화적 자서전처럼 돌아보게 된 시점부터는 '루터'로 지칭할 것이다.

키르케고르의 문장에서 앞부분 "기독교 세계에 지대한 영향을 끼친"에 대해 설명하겠다. 이 대목은 개별 '사례'가 어떻게 해서 중요하고 역사에 남을 만한 '사건'이 되었는지 탐구할 것을 촉구한다. 또 루터 시대 북반구 기독교 세계의 영적·정치적 정체성 위기를 체계적으로 분석할 것을 촉구한다. 내가 내게 익숙한 사례사의 집필에만 전념하고, 역사적 사건의 서술은 사례를 사건의 한낱 장신구로 여기는 사람들에게 맡겼다면, 방법론적인 불확실함과 불순함의 위험을 피할 수 있었을 것이다. 하지만 요즘 들어 우리 임상가들은 사례사를 역사로부터 떼어낼 수 없음을 알게 되었다. 또한 역사가들이 역사적으로 중요한 사건의 논리를 그와 맞닿아 있는 생애사의 논리와 분리하려 들 때 여러 필수적인 역사상의 문제를 도외시한다고 의심하고 있다. 그러니 역사심리적(psycho-historical) 접근법을 비롯하여 붙임표로 연결된 모든 접근법에 결부될 수밖에 없는 어느 정도의 불순함은 감수해야 하는

지도 모르겠다. 이 접근법들은 오늘날 학제 간 연구들이 쌓여 만들어진 두엄이며, 새 분야에 양분을 공급하여 새로운 방법론적 명료함이 꽃피는 데 일조할 것이다.

　인간 본성을 연구하기에 가장 좋은 때는 갈등 상태에 놓여 있을 때이며, 인간적 갈등이 기록자의 세심한 관심을 받는 때는 특수 상황에 처해 있을 때다. 그런 상황 중 하나가 임상적 만남인데, 고통받는 사람들은 확실한 도움을 얻으려면 고통을 사례로 삼는 것, 곧 사례사가 되는 것 말고는 선택의 여지가 없다. 또 다른 특수 상황은 역사다. 역사 속에서 비범한 존재들은 자기중심적 행위 때문에, 또 카리스마를 희구하는 인류의 굶주림 때문에 전기 혹은 자서전이 된다. 임상 연구자뿐 아니라 역사 연구자도 이러한 두 종류의 기록된 역사를 넘나들며 많은 것을 배울 수 있다. 루터는 언제나 우리에게 가르침을 주며, 임상과 역사 두 분야의 연구자 모두 루터를 연구함으로써 특별한 깨달음을 얻게 된다. 루터는 나이가 들면서 일종의 화려한 자기현시에 빠져드는데, 이런 탓에 임상적 전기 작가는 자신이 클라이언트를 다루고 있는 듯한 느낌을 받을 수 있다. 하지만 임상가가 이 느낌에 빠져들게 된다면 그는 오히려 가상의 클라이언트가 자신을 다루고 있음을 곧 알아차릴 것이다. 루터는 연극적 재능을 지닌 자서전 작가로서 자신의 신경증적 고통조차 기꺼이 활용하여 스스로 선별한 기억을 열광적 대중이 자신에게 준 단서에 끼워맞춤으로써 자신의 공식적 정체성을 창조할 수 있었기 때문이다.

2

이 책의 부제는 진지하게 고심한 결과다.* 이 책에서는 정신분석을 역사학적 도구로 활용하여 역사의 한 대목(여기서는 위대한 종교개혁가의 청년기)을 재평가할 것이다. 하지만 그와 더불어 여기저기서 정신분석을 역사의 도구로서 조명할 것이다. 이 시점에서 '청년 루터'라는 본제의 줄기에서 벗어나 부제에서 표방하는 방법론을 몇 쪽에 걸쳐 설명하고자 한다.

정신분석은 모든 체계가 그렇듯이 독자적인 내적 발전의 역사가 있다. 관찰 방법으로서 정신분석은 역사를 취하며 이념 체계로서는 역사를 만든다.

나는 머리말에서 정신분석가가 새로운 부류(나이가 같든, 배경이 비슷하든, 같은 임상적 증후군을 앓든)의 환자들에게 관심의 초점을 옮길 때마다 치료 기법을 조정해야 할 뿐 아니라 조정의 이론적 근거를 설명해야 한다고 밝혔다. 그러므로 치료 기법을 점차 다듬으면 이를 통해 정신에 대한 이론의 완성을 기대할 수 있다. 이것이 바로 정신분석이 따르는 역사적인 원리다.

아동도 청소년도 성인도 아닌 청년 환자를 치료할 때의 특징은 어떤 치료법을 쓰든 경향이 특징적으로 과장된다는 것이다. 청년 환자는 (비범한 청년도 마찬가지인데) 자신에게, 또한 자신이 처한 환경에 매우 전면적인 요구를 내놓는다. 그들은 매일같이 자신을

---

* 저자가 붙인 이 책의 부제는 '정신분석적 관점과 역사적 관점에서 연구(A Study in Psychoanalysis and History)'이다.

확인하고 싶어 하며, 유의미한 미래에도 무의미한 과거에도, 절대적 미덕에서도 극단적 악의 상태에서도, 독보적 자질의 성장에서도 지독한 자기상실에서도 자신을 확인받기를 요구한다. 극심한 고뇌에 시달리는 청년은 정신분석 치료를 위한 소파에 누우려 들지 않는다. 청년은 당신(정신분석가)을 맞대면하고 싶어 하며, 당신이 부모의 복제로서나 전문적 조력자의 가면을 쓰고서가 아니라 (청년이 삶의 기준으로 삼을 수 있거나 저버리게 될) 총체적 개인으로서 자신을 맞대면하길 바란다. 이런 갈등 상황에 처한 청년을 불쑥 맞닥뜨리면 정신분석가는 문제가 아니라 얼굴을 대면한다는 것의 진짜 의미를 처음으로 깨달을지도 모른다. 마르틴의 영적 스승 슈타우피츠(Johann von Staupitz) 박사라면 내 말뜻을 이해할 것이다.

게다가 청년을 대하면서 그들이 직업적 삶에서나 비공식적 활동에서 무언가를 분주하게 실행하거나 실행하지 않을 때 그것을 외면하기란 불가능하다. 정신분석에서 가장 무시된 문제는 이론적 측면에서나 현실적 측면에서나 일(work)의 문제일 것이다. 마치 이념의 역사적 변증법이 개인과 그의 집단이 삶을 영위하는 방식을 무시하는 정신적 사유 체계를 명령하기라도 한 것처럼 말이다. 이런 무시 행태는 마르크스주의가 자기관찰적 심리학(introspective psychology)을 무시하고 사람의 경제적 지위를 행위와 사상의 토대로 삼는 것만큼이나 무지막지하다. 수십 년에 걸친 사례사는 환자의 일의 역사를 누락하거나 환자의 직업을 그와 무관한 삶의 영역처럼 취급했다. 자료가 누락되어도 아무 문제 없다는 듯 말이다. 하지만 입원한 청년 환자들의 직업적 삶에 대해 실험적 치료를 실시했더니, 자조(自助)와 계획적 업무, 공동체적 협동의 분위기에서는 환자들이 적응 능력을 발휘할 수 있었다. 이 능력이 결여된 것처럼 보인 것은 단지 우리의 이론과 믿음이 그렇게 넘겨짚었기 때문이다.

 이 문제는 현재 정신의학 문헌과 사회학 문헌의 상당수가 논의하는 더 폭넓은 문제에 속하는데, 정신의학이 환자성을 자기 규정적이고 자기 제한적인 역할 감옥으로 만드는 경향이 있다는 것이다. 이 역할 감옥에서는 환자의 능력이 쪼그라들어 발달이 마치 노골적으로 금지된 것처럼 뚜렷이 저해된다. 하지만 능력 발달의 저해는 단지 체계적 자극과 기회의 부재 때문이다.

 이런 발견에서 보듯 임상적 방법은 어느 정도까지는 치료 기법을 연마하고 이론을 명료화할 수 있지만, 그 한계를 넘어서면 이데올로기적 영향을 받는다. 여러 나라와 도시에서 등장한 극명하게 대립하는 임상학파들은 정신임상학이 진화하면서 이데올로기적 경향에 의해 채색되고 종종 모호해진다는 의혹이 근거 있음을 보여준다. 정신임상학은 지적·학문적 분위기에 무심코 영향을 끼치기도 하는데, 이 영향은 역사가 정신임상학을 언제, 어디서, 실제로 활용하는지에 따라 다르다. 그렇다면 인간 정신의 임상학은 결국 임상가와 연구자에게 특별한 역사적 자기인식을 요구할 것이다. 역사가 콜링우드(R. G. Collingwood) 말마따나 "역사는 정신 자체의 삶인데, 그 정신은 역사적 과정 속에서 살아가는 동시에 자신이 그렇게 살아가고 있음을 알기까지는 정신이 아니다."[2]

역사적 자기의식을 지닌 정신분석가가 자기 일에서 감지할 수 있는 사고 습관 중 우리 책에서 가장 중요한 것은 하나다. 정신분석은 목적론적 가정을 배제하려다 오히려 반대쪽 극단으로 치달아 일종의 기원학(originology)을 발전시켰다. 나는 이 용어가 다소 어색하게 들리길 바라는데, 그래야만 내 요점을 강조하면서도 일반적으로 쓰이지 않을 수 있기 때문이다. 이 용어는 모든 인간 상황을 이전 상황의 아류로 전락시키는, 특히 그 '기원'으로 가정되는 가장 오래되고 단순하고 유치한 상황으로 전락시키는 사고 습관을 말한다.

정신분석은 삶의 후반 단계들을 유년기의 단계들에 종속시키는 경향이 있으며, 성년기가 되어도 유치함에서 벗어나지 못한다는 부인할 수 없는 사실을 세계관 차원으로 끌어올렸다. 그러한 사실로는 우리가 놓친 과거의 신기루가 언제나 미래의 풍경에 반영된다는 것, 명백한 진행에 부분적 퇴행이, 확고한 성취에 은밀하고 유치한 목적 달성이 숨어 있을 수 있다는 것 등이 있다. 우리는 인간 삶에서 반복과 퇴행과 고착이 무엇인지 독점적으로 연구하면서 유아기에 대해 이제껏 알려진 것보다 많은 것을 밝혀냈다. 그렇게 우리는 인간이 고차원의 가치를 추구하겠다며 섣불리 억압하거나 착취하거나 폐기하는 초기 에너지를 보존하는 데 중심을 두고 인간 삶의 윤리적 방향 전환(reorientation)을 준비했다. 그리고 이 방향 전환이 각각의 치료와 모든 적용에서 우리의 의식적 의도를 지배한다. 하지만 이런 의도를 역사적으로 타당한 규모에서 정립하고자 한다면 알아둬야 할 것이 있다. 정신병리학자가 인간의 격정, 불안, 분노를 이론과 현실 면에서 치료해야 할 때는 언제나 불완전한 지식으로부터 설득력 있는 철학을 만들어내야 하는데, 그러는 동안 신경증 환자와 공황에 빠진 보통 사람은 믿음에 굶주린 탓에 아직까지는 매우 아슬아슬한 확신에 불과한 것을 불신자들에게 열광적으로 퍼뜨릴 것이라는 점이다.

우리는 이 사실에 주목하지 않았기 때문에, 성적 상징주의를 아무리 사소하게 언급하더라도, 관심, 즉 호기심과 확인의 감정이 선별적으로 자극되면 범성욕주의자라는 오명을 쓰게 된다는 사실에 충격을 받았다. 우리는 자아의 자기 방어 수법을 경계한다는 평계로 사회생활에서 강박적으로 서로에게 정신적 알몸을 드러내는 환자들에게서 우리 자신의 희화화된 모습을 보고 괴로워했다. 계몽이라는 우리의 목적이 전반적 숙명론으로 변질되는 것을 보았을 때는 낙심했다(이 숙명론에서는 인간을 부모의 결점이 배가되고 과거의 자신이 누적된 결과물에 불과하다고 말한다). 우리는 소수를 위한 치료법을 고안하려고 결연한 과학적 태도로 안간힘을 쓰다가 오히려 윤리적 질병을 다수에게 퍼뜨리고 말았음을 유감스럽지만 인정해야 한다.

청소년기에 방어적 억압 기제가 존재하고 배가된다는 사실은 아나 프로이트의 《자아와 방어 기제》에서 체계적으로 입증되었다.[3] 아나의 책은 내적 방어를 가장 넓은 의미로 정의하면서도 청소년 발달에 대한 정신분석을 배제하지 않는다. "젊은이들이 즐기는 추상적인 지적 토론과 숙고는 현실이 부과한 과업을 해결하려는 진정한 시도가 아니다. 오히려 정신 활동은 이들이 본능 작용을 강렬하게 경계하면서 자신이 지각한 것을 추상적 사고로 바꾸고 있다는 징후다."[4] 여기서 안나 프로이트는 청소년의 번민을 서술하면서 방어 기능이라는 절반의 측면을 묘사하는데, 나머지 절반은 번민의 적응 기능이며[5] 번민이 변화하는 이념의 역사 속에서 어떤 역할을 하는가다. 이 책에서는 이 정식화에 역사적 사실을 덧붙인다. 그것은 사춘기와 성년기 사이에 전통이라는 자원이 새로운 내적 자원과 어우러져 잠재적으로 새로운 무언가, 즉 새로운 사람을 창조하고 이 새로운 사람으로 새 세대를 창조하며 이 새 세대로 새 시대를 창조하는 방법을 우리에게 가르친다는 것이다. 지도적 이데올로기는 청소년기 이후에 생겨나기 때문에 개인, 세대, 시대에 어떤 일이 일어나는가라는 문제는 결론부에서 논의할 것이다. 하지만 그 논의는 이 연구의 틀을 넘어선다. 이 연구는 우리가 병리학자로서 배운 것이 정신생태학(ecology of the mind)의 일부가 되어야만 우리가 아는 것들의 이데올로기적 의미를 온전히 담아낼 수 있다는 명제 위에 서 있기 때문이다.

관찰 대상인 인간이 한 단계 한 단계 사회적 세계로 성장해 들어간다는 사실을 설명하는 법을 배우지 않고서는 인간 생애주기를 포괄하는 일은 엄두도 낼 수 없다. 이 세계는 인간의 전통과 제도로 이루어진 외적 현실을 단계별로 그에게 (언제나 그렇듯 좋게도 또한 나쁘게도) 마련해준다. 이 전통과 제도는 인간의 발달하는 능력을 활용하고 그럼으로써 육성하며, 욕동을 끌어당기고 조절하며, 두려움과 환상에 대처하고 한계를 지우며, 삶에서 사회심리적 역량에 걸맞은 위치를 배정한다. 생애주기에 속한 각 단계에 대해 (유아기 과거와 성년기 미래를 바라보는 관점을 결정하는) 사회적 영향과 전통적 제도의 얼개를 제시하지 않고서는 인간을 포괄하는 일은 엄두도 낼 수 없다. 이런 의미에서 우리는 환자에게서 배울 수 있지만, 이는 환자가 치료 과정에서 하는 말과 행동이 치료자와 환자의 공식적 계약에 바탕을 둔다는 사실과 그것이 일반적 인간 조건에 적용되기 전에 면밀히 바뀌어야 한다는 사실을 우리(와 환자)가 깨달을 때에만 가능하다. 신문과 잡지에서 점점 수를 늘리며 날개를 퍼덕거리는 단편적인 사례사나 정신분석적 해석이 대낮의 박쥐처럼 허우적거리는 듯 보이는 것은 이 때문이다.[6]

다른 한편으로 비임상적 관찰자와 전문 역사가에게 역사를 송두리째 맡겨둘 수는 없다. 그들은 역사 과정의 포장, 합리화, 이상화에 고고하게 몰두하는 일이 허다하기 때문이다. 그런 것으로부터 거리를 두는 것이야말로 자신의 임무인데 말이다. 역사적 힘이 정신의 기본적인 기능 및 단계와 맺는 관계를 함께 파악하고 이해할 때에만 우리는 신비주의적이거나 도덕주의적인 철학화로 회귀하지 않고서 사회 자체에 대한 정신분석적 비평을 시작할 수 있다.

지크문트 프로이트는 자신이 하는 일이 이데올로기, 즉 벨탄샤웅(Weltanschauung, 세계관)으로[7] 오용될 가능성을 경고했지만, 루터의 삶과 일에서 보듯 새로운 개념을 제시하는 사람은 그것을 자신의 원래 취지에 붙들어둘 힘이 없다. 프로이트 자신도 인간 조건에 대한 다른 총체적 접근(이를테면 종교)을 인간이 연장된 유년기의 굴레를 떨치지 못한 결과이며, 그리하여 집단 신경증에 맞먹는 것으로 해석하기를 마다하지 않았다.[8] 위대한 청년의 종교적 위기에 대한 심리적·역사적 연구는 이 주장을 자아심리학과 사회심리적 발달 이론의 관점에서 검토할 또 다른 기회다.

3

 정신분석과 종교의 이분법으로 말할 것 같으면 나는 편향된 사람처럼 이 문제에 접근하지는 않을 것이다. 심리학은 인간에게 참인 것처럼 보이고 느껴지는 것을 표현하는 행동을 포함해, 인간 행동에서 '참'으로 입증될 수 있는 것을 확립하고자 노력한다. 내가 임상 경험과 정신분석적 사고를 통해 깨달은바 어떤 현상들은 인간의 입증 가능한 정신 구조에 의존하는데, 나는 이 현상들을 심리학 용어로 해석할 것이다. 이 작업은 임상가이자 교사로서 나의 임무다. 앞에서 지적했듯 이 임무에는 어떤 자각이 포함되는데, 그것은 '참'으로 입증될 수 있는 것과 '참'으로 입증될 수 있다고 **느껴지는** 것의 경계선에 정신분석이 종종 자리 잡는다는 것이며, 여기에는 역사적 이유가 있다. 정신분석 연구에서는 새로운 곳에 초점을 맞출 때마다 함축된 가치 체계가 반드시 새로 나타난다. 그렇다면 우리가 무언가를 말하는 것처럼 보일 때 그것이 실제로 우리가 뜻하는 바인지 스스로에게 묻지 않을 수 없다. 그렇기에 우리는, 또 우리를 비판하는 사람들은 정신분석주의(psychoanalysism)와 정신분석(psychoanalysis)을 구별해야 하며 우리가 하는 정신분석 작업이 여러 직업 중 하나일 뿐 아니라 여론 주도층에 의해 시류에 따라 휘둘리는 사상 체계이기도 하다는 사실을 깨달아야 한다. 우리가 성공했다는 사실은 우리의 당파심이 공평무사해야 함을 보여준다.

다른 한편으로 종교는 입증 가능하지 않은데도 심오한 참으로 느껴지는 것에 공들인다. 종교는 인간 실존을 둘러싼 막막한 어둠을, 또는 모든 사막이나 이해 너머에서 그 어둠에 스며 있는 빛을 의미 있는 말, 이미지, 부호로 번역한다. 하지만 이 책은 역사책이므로 여기서 우리가 종교에 눈길을 주는 것은 이것이 대체로 정체성을 추구하는 사람들에게 이데올로기의 원천이 될 때다. 내가 위대한 **청년**의 정체성 투쟁을 묘사하면서 관심을 기울인 부분은 그를 사로잡은 신조나 그의 체계적 사유에 영향을 끼친 철학의 타당성이라기보다는 시대사조가 그의 열성적 탐구에 마련해준 영적·지적 환경이다(이 사조들은 **필연적으로** 종교적이었다).

이렇듯 나는 '이데올로기'에 초점을 맞춘다. 현대 역사학에서 이 낱말은 특별한 정치적 의미를 띠게 되었는데, 광신적 자기기만에서부터 약삭빠른 조작과 냉혹한 선전에 이르기까지 다양한 방법들로 역사적 진실을 왜곡하는 전체주의적 사상 체계를 일컫는다. 카를 만하임(Karl Mannheim)은 이 낱말과 이것이 나타내는 과정을 사회학적 관점에서 분석했다.[9] 하지만 이 책에서 **이데올로기**는 종교적·과학적 사유와 더불어 정치적 사유의 밑바탕에 깔려 있는 무의식적 경향을 의미한다. 그것은 주어진 시기에 사실을 관념에 맞게 주무르고 관념을 사실에 맞게 주무르는 경향이며, 그 목적은 집단적·개인적 의미에서의 정체성을 떠받칠 만큼 그럴듯한 세계상을 만들어내는 것이다. 이데올로기의 단순화에 의해 창조된 총체적 관점은 자의적으로나 의식적으로 조정될 수 있는 것이 아니다(인간의 모든 무의식적 분투만큼 이용될 수는 있지만). 오히려 역사적 사건의 표면적 논리에 행사하는 지배력과 개인의 정체성 형성에, 그럼으로써 그들의 '자아 강도(ego-strength)'에 끼치는 영향을 통해 자신의 위력을 드러낸다. 이런 의미에서 이 책은 정체성과 이데올로기에 대한 책이다.

자신의 역사에서 일정 시기가 되면, 또한 자신의 생애주기에서 일정 단계가 되면 인간은 공기와 음식을 필요로 하는 것만큼이나 확실하고 간절하게 새로운 이데올로기적 방향 설정을 필요로 한다. 그러기에 나는 분석할 수 있는 것을 분석하면서 한 청년에게 연민과 공감을 나타내는 데 부끄러움을 느끼지 않을 것이다. 청년 루터는 결코 시대를 통틀어 가장 호감 가는 인물은 아니지만 자기 시대에 가장 앞선 방식으로 인간의 **실존**(existence) 문제를 대면했다. 나는 **실존적**이라는 낱말을 이와 같은 가장 단순한 의미로 쓰되 어떤 학파도 이 낱말에 대해 독점권이 없음을 유념할 것이다.

청년 루터의 동시대인 중 세 사람(이 중에서 훗날 그의 추종자가 된 사람은 아무도 없다)의 증언에 따르면 루터는 20대 초반이나 중반 어느 날 에르푸르트 수도원 성가대석에서 갑자기 귀신 들린 사람처럼 날뛰며 헛소리를 하다가 바닥에 고꾸라져 "Ich bin's nit! Ich bin's nit!"[1] 아니면 "Non sum! Non sum!"[2]이라고 황소처럼 울부짖었다. 독일어 문장을 번역하면 "그건 내가 아니야!"라는 뜻에 가깝고, 라틴어 문장은 "나는 **아니야!**"에 가깝다.

이 시점에 마르틴이 라틴어로 울부짖었는지 독일어로 울부짖었는지 알면 흥미롭겠지만, 연대기 작가들의 의견이 일치하는 것은 언제 루터가 그토록 지독한 발작을 겪었는가에 대해서뿐이다. 그것은 '**말 못 하게 하는 귀신**이 들린 사람을 그리스도가 치유하시다(ejecto a surdo et muto daemonio)'가 낭독될 때였다.[3] 이것은 마가복음 9장 17절 "무리 중 한 사람이 나서서 말했다. '선생님, 말 못 하게 하는 귀신이 들린 제 아들을 선생님께 데려왔습니다.'"를 가리키는 것이 틀림없다. 연대기 작가들은 청년 루터가 귀신이 들렸으며(중세에는 이것이 종교적 현상과 정신의학적 현상의 경계 사례였다) 부정하려고 목소리를 높인 것이 오히려 그가 귀신이 들렸음을 입증한다고 생각했다. 그렇다면 "나는 **아니야**"라는 말은 흉한 이름으로 불렸거나 여기서 '말 못 하는, 벙어리, 귀신 들린'처럼 혐오스러운 관형어로 규정된 인물의 어린아이 같은 항변일 것이다.

우리는 이 추정적 사건을 처음에는 루터의 생애사에서 차지하는 위치와 관련하여, 다음에는 루터의 전기에서 차지하는 지위와 관련하여 논할 것이다.

수도사 마르티누스가 에르푸르트 아우구스티누스회 검은수도원에 들어간 것은 그가 스물한 살 때였다. 무시무시한 천둥 벼락이 내리쳐 극심한 공포에 사로잡혔을 때 내뱉은 맹세(수도 서원)를 지키기 위해 루터는 아버지에게 허락받지도 않고 불쑥 에르푸르트대학교를 그만뒀다. 우수한 성적으로 문학 석사 학위를 받은 지 얼마 지나지 않았을 때였다. 그때까지 루터는 몇 년 동안 학업에 충실했다. 그의 학업을 뒷받침한 것은 오로지 야심 많은 아버지의 헌신적 희생이었다. 아버지는 루터가 법학을 공부하길 바랐다. 당시 법학은 정관계에 진출하는 도약대가 되어 가고 있었기 때문이다. 인생의 방향을 바꾼 루터는 이후 오랫동안 극심한 내적 갈등을 겪었고 종종 병적인 종교적 자책(scruple)*에 시달렸다. 이로

---

* 일반적으로 '세심'으로 번역하나 여기서는 규칙을 깐깐하게 따져 작은 죄도 침소봉대하는 성향을 뜻한다.

루터의 돌(Lutherstein). 1505년 루터는 슈토테른하임 근처에서 천둥 벼락이 내리칠 때 수도사가 되겠다고 서원했다. 1917년에 세워진 루터의 돌 앞면에는 이런 글이 새겨져 있다. "하늘에서 벼락이 내리칠 때 바로 이곳에서 청년 루터에게 새로운 길이 열렸다."

인해 결국 수도원 생활을 포기하고 중세 교황제에 맞선 전면적 반란을 영적으로 이끌게 되었다. 그렇다면 성가대석에서 일어난 발작은 아버지가 계획한 그의 진로가 사라지고 난 뒤의 시기에 속한다. 루터의 수도원 생활은 '신적인' 계기에서 시작되었지만 그 자신에게 골칫거리가 되었으며, 그의 미래는 아직 어둠 속에 가려져 모습을 드러내지 않았다. 그가 이 미래를 예감할 수 있었던 것은 '예감'이라는 낱말의 가장 엄밀한 (그리고 가장 모호한) 의미에서였다. 그것은 일종의 영적 사명감이었다.

루터는 훗날 위대한 승리자가 될 터였지만, 훗날의 위대함을 이루기 위한 시험과 조건이 된 타락의 길을 걸을 위험을 무릅썼던

마르틴이 청년 시절에 겪은 사건

1483년에 태어난 마르틴 루터는	1483년
열일곱 살에 에르푸르트대학교에 입학하여	1501년
스물한 살에 석사 학위를 받았으며 천둥 벼락이 내리칠 때 서원한 대로 수도원에 들어갔다.	1505년
스물세 살에 사제가 되어 첫 미사를 드렸으나 이후 심각한 의심과 자책에 빠졌는데, '성가대석의 발작'은 이 때문에 일어났을지도 모른다.	1507년 이후
스물여덟 살에 신학 박사가 되어 비텐베르크대학교에서 첫 시편 강의를 하다가 '성탑의 계시'를 경험했다.	1512년 이후
성가대석 사건으로부터 10년 가까이 지난 서른두 살에 비텐베르크 성교회(城教會) 대문에 95개조 논제를 못 박아 걸었다.	1517년

시기에 이 청년이 어떤 모습이었는지 상상하기란 쉽지 않다. 그러니 독자에게 도움이 될 수 있도록 몇몇 연도를 제시하겠다.

성가대석에서 일어난 발작 이야기는 회자되는 것만큼이나 자주 부정되었지만, 일축하고 싶어 하는 사람들에게조차 무척 매력적인 듯하다. 독일의 신학 교수로 루터의 삶에 대한 초기 자료를 가장 속속들이 엮어낸 사람 중 한 명인 오토 셸(Otto Scheel)은 이 이야기를 단호히 부정하는데, 요하네스 코흘레우스(Johannes Cochläus)가 1549년에 쓴 초기의 적대적 루터 전기를 원흉으로 지목한다.[4] 하지만 셸은 이 이야기를 폐기하지 못하는 듯하다. 이 이야기가 그에게조차 어찌나 의미심장했던지, 과소평가하려는 행위 자체에 종교적 위엄이 깃들어 있으니 말이다. 그는 이렇게 썼다. "니콜라우스 톨렌티누스도 제단 앞에 무릎 꿇고 기도하다가 어둠의 군주에게 공격당했다. 하지만 악마에게 맞서 이렇게 뚜렷한 의미가 있는(sinnfaellig) 투쟁을 벌임으로써 니콜라우스는 자신이 주님께 선택받은 갑옷임을 입증했다. …… 루터도 이와 비슷하게 유의미한 방식으로 악마와 싸워야 했던 것이라면 이를 이유로 루터를 욕할 수 있을까?"⁵ 셸은 루터를 비난하는 교계 인사들에게 호소한다. "똑같은 잣대를 들이대야 하지 않겠는가?" 그는 주석에서 유서 깊은 질문을 던진다. "그게 아니라면 바울의 기적적인 회심도 병적인 것이었단 말인가?" 셸은 루터의 발달 과정에 대한 글들을 모은 자신의 이름난 책(코흘레우스의 전기도 고스란히 실려 있다)에서 매우 드문 실수를 저지르는데, "더러운 귀신이 들린 사람이 **소리를 지르다가**" 그리스도에게 **침묵당하는**⁶ 이야기가 나오는 마가복음 1장 23절을 해당 구절로 제시한 것이다. 하지만 '말 못 하게 하는 귀신(surdo et muto daemonio)'이 마가복음 9장 17절이 아니라 1장 23절을 가리킬 가능성은 희박하다.

셸은 개신교 신학 교수다. 그의 주된 임무는 청년 루터를 이따금 괴롭히고 노년 루터를 점점 더 괴롭힌 극심한 불안 발작과 무의식의 엄습, 망상의 순간, 암울한 절망 상태가 오로지 신의 개입에서 비롯했다고 설명하는 것이다. 셸이 보기에 이 모든 사건은 가이스티히(geistig)가 아니라 가이스틀리히(geistlich), 즉 정신적인 것이 아니라 영적인 것이다. 루터에 대한 독일 문헌에서 길을 찾으려다 보면 종종 곤란을 겪게 된다. 이 문헌들은 다양한 심리 상태를 '영혼의 고통(Seelenleiden)'과 '영혼의 아픔(Geisteskrankheit)'으로 일컫는데, 이 용어들에서는 고통받는 대상이 영혼인지 정신인지 명확히 알 도리가 없다. 더더욱 난감한 사실은 종교개혁가 루터가 겪은 '영혼의 고통'이 주로 **생물학적으로** 결정되었다는 의료인들의 주장이다. 하지만 셸 **교수**(셸을 루터 전기에 대한 특정한 학술적·신학적 분파의 대표자로서 인용하고자 할 때는 이렇게 부를 것이다)는 루터의 기이한 발작이 전부 하늘로부터 직접 내려왔다고(Katastrophen von Gottes Gnaden, 신의 은총에 의한 재앙), 그것도 매우 엄밀한 전기에서 주장한다.

루터의 성격을 비난한 사람 중에서 가장 유명한 인물로는 도미니쿠스회의 하인리히 데니플레(Heinrich Denifle)가 있는데, 성좌(교황청) 기록 보관 부책임자로서 그는 여러 면에서 오명을 뒤집어썼으며 그래도 쌌다. 데니플레는 상황을 다르게 보았다. 성가대석의 발작과 같은 사건들에는 내적 원인밖에 없다는 것이다. 그 원인이란 결코 정당한 갈등이 아니며 진실한 고통은 더더욱 아니고, 오로지 성격의 극심한 타락을 뜻한다. 데니플레가 보기에 루터는 정신적으로든 영적으로든 진실한 고통을 받았다고 평가할 수 없는 사이코패스에 가깝다. 사악한 자만이 루터를 통해 이야기한다는 식이다. 단순한 병리적 발작이든 루터를 개혁의 길로 이끈 훗날의 계시든 그 무엇도 신의 개입과 무관하다는 것이야말로 데니플레의 주된 이데올로기적 전제이며 그에게는 그래야만 한다. 데니플레는 천둥 벼락을 언급하며 이렇게 묻는다. "성령을 통한 이른바 영감이 의식적이거나 무의식적인 자기망상의 장난이 아니라 정말로 위에서 내려왔음을 스스로에게 입증할 수 있는 사람이 어디 있겠는가? 타인은 말할 것도 없다."[7] 그는 루터교가 허술한 정신의 공상을 교리 차원까지 높이려 했다고 우려하며 이를 입증하고 싶어 한다.

  데니플레는 루터의 진로 전체가 악마에게 영감을 받았다고 의심하기에, 루터의 영적·심리적 기질을 통틀어 가장 취약한 곳을 건드린다. 루터의 수도원 시절에 어둠을 드리운 것은 마르틴의 아버지가 젊은 사제 마르틴의 첫 미사에서 소리 높여 피력했듯, 천둥이 실은 '유령(Gespenst)'의 목소리라는 의심이었다. 이로써 루터의 맹세는 병리학(질병)과 악마학(귀신 들림)의 경계선에 놓이게 되었다. 루터는 아버지의 이런 의심을 뼈저리게 자각했으며, 아버지가 아들을 영적 지도자이자 유럽의 종교적 강자로 인정할 수밖에 없게 된 뒤에도 아버지와 또 스스로와 논쟁을 벌였다. 하지만 20대의 마르틴은 여전히 극심한 고통에 시달리고 있었으며 자신에게 영감을 주거나 자신을 괴롭히는 것이 무엇인지 도무지 표현할 수 없었다. 그의 가장 큰 세속적 고민거리는 아버지가 아들의 종교적 진로에 동의하기는 했어도(어쨌거나 법적으로 꼭 필요한 요건은 아니었다) 악담을 퍼부은 뒤 마지못해 동의했다는 사실이었음이 분명하다.

  이것을 염두에 둔 채 마가복음 9장 17~24절로 돌아가보자. 그리스도에게 말을 건 사람은 누군가의 아버지였다. "선생님, 말 못하게 하는 귀신이 들린 제 아들을 선생님께 데려왔습니다. …… 예수께서 그 아버지에게 물으셨다. '언제부터 이렇게 되었느냐?' 아버지가 대답했다. '어릴 때부터입니다.' …… 예수께서 말씀하셨다. '할 수만 있다면이 무슨 말이냐? 믿는 사람에게는 안 되는 일이 없다.' 그러자 곧 그 아이의 아버지가 외쳤다. '믿습니다. 제 믿음이 부족하다면 도와주십시오!'" 이렇듯 이 성경 구절에서는 두 가지 치유가 제시된다. 하나는 말 못 하게 하는 귀신이 들린 아들의 치유인데, 그에 앞서 아버지의 약한 믿음이 먼저 치유받았다. 그러므로 이 구절에 대한 마르틴의 반응에 '내적·심리적' 핵심이 있을 가능성은 꼼꼼히 따져볼 만하다. 데니플레 신부가 쓴 것과는 다른 잣대를 들이대야겠지만 말이다. 우리는 데니플레를 루터 전기에 대한 성직자적·스콜라주의적 분파의 대표자로서 인용할 때에는 **사제**로 부를 것이다.

이제 다른 전문가 분파를 살펴보자. 극도로 성실한 루터 연구자인 덴마크의 정신의학자 파울 J. 레이테르(Paul J. Reiter)는 성가대석에서 일으킨 발작이 극심한 정신병리 문제라고 단언한다. 백번 양보해서 그는 이 사건을 비교적 가벼운 히스테리성 삽화로 간주하는 것까지는 용납하겠지만, 그럼에도 이것을 40대 중반 루터의 명백한 정신증에서 절정에 이른, 꾸준하고 가차 없는 '내인성' 과정의 증상으로 평가한다. **내인성**(endogenous)이란 실제로는 생물학적이라는 뜻이다. 레이테르는 루터의 발작이 "아무리 선의로 해석하더라도 유의미한 심리 발달의 사슬"에 있는 고리로 상상할 수는 없다고 생각한다.[8] 그렇다면 루터의 이상 행동에서 변덕스러운 신경계 혼란의 표지 외에 신으로부터 온 것이든 내면으로부터 온 것이든 어떤 '메시지'를 찾으려 드는 것은 헛수고일 것이다. 레이테르는 루터의 생애에서 우리가 지대한 관심을 두는 스물두 살에서 서른 살까지가 하나의 긴 '질병의 시기(Krankheitsphase)', 즉 오래 이어진 신경병 상태에 속한다고 간주한다. 이 시기는 서른여섯 살 때까지 지속되었는데, 그 뒤에 '조증적(manic)' 생산성의 시기가 찾아왔고, 그런 다음 40대에 심각한 신경쇠약이 나타났다. 사실 레이테르는 종교개혁가 루터의 유명한 '지속적인 확고한 상태'로 규정되는 시기는 턱없이 짧았다고 생각한다. 이 말은 루터가 매우 드물게 아주 잠깐씩만 루터다웠다는 뜻이다. 그나마 레이테르는 루터의 20대를 정신증적(psychotic) 긴장보다는 신경증적(neurotic) 긴장의 시기로 간주하며, 루터가 위기를 겪은 이 시기야말로 루터의 일생을 통틀어 이데올로기적 탐색이 심리적 갈등과 유의미한 관계가 있었고, 창조성이 내면의 파괴적 과정과 보조를 맞췄으며, 루터가 어떤 '제한된 지적 균형'에 도달한 유일한 시기라고 인정한다.

우리는 정신의학자 레이테르가 보증한 것을 최대한 활용할 것이다. 우리는 레이테르를 루터 전기에 대한 의학적·생물학적 분파의 대표자로서 인용할 때에는 **정신의학자**라고 부를 것이다. 이 부류의 전기 작가들은 루터의 개인적·신학적 과도함을 질병 탓으로 돌린다. 이 질병이 뇌에 '들어앉았든' 신경계나 신장에 생겼든 루터는 생물학적으로 열등한 사람이나 아픈 사람으로 규정된다. 성가대석의 사건과 관련하여 레이테르는 이상한 실수를 저지른다. 루터가 "지극히 고의적으로 그건 나(복음서에 나오는 귀신 들린 자)야(Ich bin's)!"[9]라고 외친 것을 보면 그가 의식적인 상태였을 리 없다고 말한 것이다. 그런 긍정의 외침은 우리가 성가대석의 사건에 부여하게 될 의미를 대부분 지워버리고 말 것이다. 하지만 같은 책 300쪽 앞에서 레이테르는 이 이야기를 전해 내려오는 대로 들려주는데, 거기서 마르틴은 이렇게 외친다. "그건 내가 아니야!"[10]

그렇다면 정신분석가는 어떨까? 교수와 정신의학자가 종종 그리고 가장 거만하게 '현대 프로이트학파'의 대표자로 지칭하는 프레저브드 스미스(Preserved Smith) 교수(당시는 애머스트대학의 교수였다)는 루터 전기[11]를 쓰고 루터의 편지[12]를 엮은 것 외에 1915년에 〈정신분석의 관점에서 들여다본 루터의 초기 발달〉[13]이라는 주목할 만한 논문을 썼다. 내가 '외에'라는 낱말을 쓴 것은 의도적이다. 이 논문은 스미스의 루터 관련 문헌에 박힌 이물질 같은 인상을 풍기기 때문이다. 말하자면 공식적인 오른손 몰래 왼손으로 쓴 논문 같다. 스미스는 이렇게 주장한다. "루터는 유아기 성 콤플렉스로 인한 신경증적 유사히스테리 연쇄의 대단히 전형적인 사례다. 어찌나 전형적이었던지 지크문트 프로이트와 그의 학파는 자기네 이론에서 타당한 부분을 보여주려 했을 때 루터보다 더 나은 사례를 하나도 찾을 수 없었다."[14] 스미스는 관련 자료를 끌어모아 루터의 유년기가 아버지의 지나친 엄격함 때문에 불행했으며 루터가 복수자로서의 신과 눈에 보이는 귀신으로서의 악마 그리고 외설적인 그림과 말에 강박적으로 집착했음을 보여준다(나도 자세히 언급할 것이다). 스미스는 "초기 개신교의 주춧돌은 …… 루터 자신의 주관적 삶에 대한 하나의 해석"이라고 서슴없이 규정한다. 루터의 병적 주관성에서 두드러지는 것은 '욕정(concupiscence)'에 대한 집착이다. 모든 증거에도 불구하고 스미스는 욕정을 다룰 때 마치 이것이 루터에게 한낱 '성욕(sexual lust)' 문제였던 것처럼 치부한다. 사실 스미스는 "그가 한 번도 여성과 죄를 짓지 않았다고 믿을 만한 충분한 이유가 있다고 인정할 만하다"라고 수긍하면서도 욕정에 대한 루터의 강한 집착을 자위행위에 맞선 싸움에서 패배한 탓으로 돌린다.

'프로이트적' 관념들에 처음 매혹되고 한때 세뇌된 학자에게 이후 어떤 일이 일어나는지 살펴보는 일은 유익하다. 특히 청교도 배경의 학자에게는 그 관념들이 그의 생각 속에 이물질처럼 남아 있게 된다. 스미스는 독일 자료를 꼼꼼히 연구한 것이 틀림없는데도 자위행위 가설을 그럴듯해 보이게 하려고 루터의 유명한 발언을 노골적으로 곡해한다. 루터는 수도사로서의 자책이 한창일 때 신뢰하는 윗사람에게 거듭거듭 이렇게 털어놓았다고 전해진다. "(저의 근심은) 여자에 대한 것이 아니라 진짜 옹이(die rechten Knotten)에 대한 것입니다."[15] '진짜 옹이'는 농부의 말로 표현하자면 나무에서 가장 베기 힘든 부위를 뜻한다. 스미스는 진짜 걸림돌을 가리키는 이 표현이 자위행위를 암시한다고 의심한다. 하지만 이 낱말에서는 그런 인상을 전혀 받을 수 없으며, 루터는 적어도 한 차례 옹이를 '에르스테 타펠(die erste Taffel)',[16] 즉 하느님 아버지의 사랑을 일컫는 첫째 계명을 거역하는 죄로 규정했다. 이는 하느님을 향한 루터의 강박적·신성모독적 양가감정이 점점 커져 감을 암시한다. 이렇게 된 한 가지 원인은 아버지와의 매우 병적인 관계 때문이며(여기서 스미스는 물론 옳고 정신의학자도 동의한다), 바로 이 맥락에서 루터의 성적 자책이 올바르게 이해될 수 있다. 그건 그렇고 스미스 교수는 성가대석에서 내지른 절규를 "그건 나가 아니야(It is not I)!"로 번역하는데, 뉴잉글랜드인조차 경련성 발작을 일으켰을 때 이런 이상한 말을 내뱉지는 않을 것 같다.*

    교수, 사제, 정신의학자가 스미스를 '정신분석가'로 일컫기는 하지만 나 자신은 그를 이런 식으로 규정하지 못하겠다. 그의 명민하지만 한물간 견해는 내가 알기로 실제로든 이론상으로든 정신분석을 체계적으로 시도한 적 없는 인물의 외곬 연구처럼 보이기 때문이다.

2

    내가 성가대석에서 일어난 이 특수한 사건으로 루터에 대한 논의를 시작한 이유가 뭘까? 사건에 대한 해석에는 크고 작은 불일치가 수없이 많은데도 말이다.

    나는 루터의 정체성 위기와 관련한 연구 방향을, 독자적 연구를 위한 사실과 참고 문헌을 최대한 제시하겠노라 장담하는 문헌들을 들여다보는 것으로 삼았다. 그랬더니 그가 거듭거듭 격분하되 웃음을 터뜨리며 "그건 내가 아니야(Ich bin's nit)!"라고 포효하는 소리가 들렸다. 똑같은 사실을 두고서(내가 지적했듯 정확히 심리학적 해석과 관련하여 세부 사항이 여기저기 달라지긴 했지만) 교수, 사제, 정신의학자, 그리고 아직 인용하지 않은 이들까지 각자

---

* 프레저브드 스미스는 뉴잉글랜드 출신이다.

제 나름의 루터를 만들어낸다. 이것은 필시 그들 모두가 한 가지에 대해, 말하자면 역동심리학(dynamic psychology)이 루터 삶의 자료에 접근하지 못하게 해야 한다는 데에 동의하는 이유일 것이다. 그러니 그들 모두가 합의하는 이유는, 각자가 그를, 저 위대한 인물의 카리스마를 주저 없이 총체적으로 소유하기 위해서가 아닐까?

셸 교수를 예로 들어보자. 그는 자료를 꼼꼼히 체질하고 나름의 얼개를 능숙하게 세워 가면서 (프로이트의 경험으로 판단컨대 20세기 초반 독일 과학계와 썩 다르지 않은) 기이한 호전성을 발휘하여 다른 전문가들에게 마치 결투를 신청하듯 도전한다. 끊임없이 그들에게 고등학생의 무지뿐 아니라 청소년의 유치한 동기까지 덧씌운다. 우리는 여기에 개의치 말아야 한다. 그런 결투는 잉크나 쏟고 각주나 부풀릴 뿐이니까. 하지만 이런 식으로 확립되고 옹호되는 루터의 이미지는 결정적 시기에는 이런 부류의 전투적 특성을 띠지만, 그렇지 않을 때에는 심리적 일관성이라고는 조금도 찾아볼 수 없다. 교수의 책 1권 맺음말에서 방금 닫혀버린 수도원 대문 앞에서 슬퍼하는 젊은 마르틴에 대해 교수가 묘사한 군인 이미지만 봐도 그가 무엇을 바라는지 알 수 있다. 교수는 이렇게 썼다. "신출내기 루터로부터 전사가 탄생할 것이다. 적들은 힘으로도 꾀로도 그를 건드리지 못할 것이며 그의 영혼은 전시 복무를 마친 뒤 대천사 미카엘에게 이끌려 심판의 왕좌로 인도될 것이다."[17] '크리크스딘스트(Kriegsdienst)'는 전시 복무를 뜻하는 무시무시한 독일어 낱말이다. 교수는 또한 하느님을 '엘 체바오트(El Zebaoth)', 즉 천사들의 군대를 이끄는 대장에 비유하는 성경 구절을 최대한 활용한다. 심지어 황제의 칭호 '크리크스헤어(Kriegsherr, 최고사령관)'를 하느님에게 쓰기까지 한다. 그렇다면 루터에게 일어나는 모든 기현상은 어떤 사전 통지나 설명 없이, 루터 쪽에서는 아무 의도나 동기가 없는 '베폴렌(befohlen)', 즉 위에서 명령한 것이며, 이에 따라 동기와 관련한 모든 심리학적 추측은 엄격히 금지된다(verboten). 그러니 루터의 '성격'이 인습적인 이미지 조각들로 조합된 듯 보이며 그것들이 제대로 된 한 인간을 구성하지 못하는 것도 놀랄 일이 아니다. 루터의 부모와 루터 자신은 하나로 접착되어 다뤄진다. 그들의 구성 성분은 평범한 소도시 독일인의 특징이며, 소박하고 근면하고 성실하고 솔직하고 우직하다(bieder, tuechtig, gehorsam, wacker). 물론 여기서 탄생하는 신화는 하느님이 느닷없고 '파국적인' 결정을 내려 이런 사람들에게 임하기로 선택한다는 것이다.

내가 보기에 교수 못지않게 정통하면서도 같은 학파에 속해 있는 뵈머(Heinrich Boehmer)[18]는 더 온건하고 예리하다. 하지만 뵈머에게도 루터의 아버지는 엄하되 전적으로 선하고 억세고 건강한 사람이면서도 아들이 수도원에 들어갈 때 어떤 경고도 없이 돌연 "미치광이처럼" 행동한다. 뵈머는 이런 유치한 폭발이 독일인 아버지의 특징이었으며 결코 심리학적으로는 설명할 수 없는 현상인 것처럼 말한다.

셀의 책은 제1차 세계 대전 이후 루터교적 역사 서술의 두 가지 흐름을 물려받았다. 이 흐름은 두 사람에 의해 시작되었으며 누구도 그들을 능가하지 못했다. 하나는 역사의 충돌하는 힘들 속에서 '하느님의 성스러운 상형문자'를 찾아내는 것을 임무로 삼은 '사제 같은 역사가' 위대한 레오폴트 폰 랑케(Leopold von Ranke)의 보편적·역사적 흐름이며,[19] 다른 하나는 테오도시우스 하르나크(Theodosius Harnack)가 시작한 신학적·철학적 흐름이다(이 흐름은 철학과 종교를 때로는 뒤섞고 때로는 예리하게 가른다).[20] 후자의 관점은 루터 신학의 등장을 다룰 때 다시 살펴볼 것이다.

도미니쿠스회 사제이자 저명한 학자이자 중세 후기 교육 기관에 대한 권위자이자(케임브리지대학교에서 명예 학위를 받기로 되어 있었는데, 학위 수여식 며칠 전 세상을 떠났다) 신학적 교리에 대한 루터의 (종종 매우 자유로운) 인용과 재해석에 무척 유능한 탐정인 데니플레는 루터에 대해 다른 이미지를 만들어내야겠다는 의무감을 느낀다. 그가 보기에 루터는 '전복자(Umsturzmensch)', 즉 이렇다 할 계획 없이 세상을 뒤엎고 싶어 하는 종류의 사람이다. 데니플레는 루터의 반항적(protestant) 태도가 위험한 종류의 혁명 정신을 역사에 들여왔다고 생각한다. 그 사제는 루터의 특별한 재능을 부정하지 않지만 선동가와 거짓 예언자의 재능으로 본다. 루터의 거짓은 그저 나쁜 신학일 뿐 아니라 비천한 동기에서 비롯한 고의적으로 조작된 거짓이라는 것이다. 이 모든 것은 (교수가 보기에 하느님이 루터에게 내린 것과 같은) 위로부터 내려온 전쟁 명령이 진짜려면 신성을 나타내는 인장과 서명, 즉 표적과 기적이 나타나야 한다는, 사제에게는 지극히 자연스러운 명제에서 도출된다. 루터는 자신이 자만해져 사탄의 미혹으로 인해 말씀으로부터 돌아설

까 봐 하느님에게 기적을 내려주지 말아 달라고 기도했는데, 데니플레는 그 행위가 하늘만큼 높이 매달려 어차피 따지 못할 포도를 포기한 것에 불과하다고 말한다. 누구든 그런 표적을 교회 밖에서 받을 가능성은 예수가 지상에서 하느님의 유일한 사자(使者)로 입증됨으로써 영원토록 철저히 배제되었다는 것이다.

데니플레는 루터 전기에 대한 가톨릭 학파의 대표자들 중에서 단연 가장 극단적인 인물이다. 나머지 사람들은 루터의 성격에 커다란 도덕적 결함이 있다는 데니플레의 기본적 가정을 받아들이면서도 그의 방법으로부터 거리를 두려고 안간힘을 쓴다. 예수회의 그리자르(Hartmann Grisar)[21]는 더 차분하며 더 분석적으로 접근한다. 하지만 그 또한 루터에게 '자아도취적 자기망상(egomanic self-delusion)' 성향이 있으며 루터의 자기중심주의와 병리 이력 사이에 연관성이 있다고 주장한다. 그럼으로써 사제의 접근법과 정신의학자의 접근법 중간께에 그 자신을 위치시킨다.

내가 보기에 적대적이든 우호적이든 루터의 모든 전기 작가를 통틀어 데니플레가 루터를 가장 닮은 듯하다. 적어도 신랄한 솔직함과 일방적 분노는 판박이다. 프랑스의 한 전기 작가는 이것을 "티롤인의 솔직함"이라고 평한다.*[22] 예수회 사제 데니플레는 루터 신학을 학술적으로 비판할 때 가장 존경스러우며 루터의 저속함에 격분할 때 가장 사랑스럽다. 데니플레는 루터가 하느님의 참된 사람이라면 "나는 보헤미아인처럼 마구 처먹지(fresse) 않고 독일인

---

* 데니플레는 오스트리아 티롤(Tyrol) 지역 출신이다.

처럼 마구 처마시지(sauff) 않는다. 하느님을 찬미하라. 아멘."²³이라고 말할 리 없다고 생각하지만, 이 글이 루터가 자신의 식욕 부진을 염려하는 아내에게 보낸 익살스러운 편지라는 사실을 못 본 체한다. 그러고는 루터가 돼지를 구원의 본보기로 삼았다고 진지하게 주장한다. 여기서 데니플레가 자기 견해의 토대로 삼은 인용문을 번역하지 않을 수 없다. 셀의 전쟁 이미지와 대조적이며 그렇기에 루터의 성격이 지닌 진짜 핵심을 셀과 극단적으로 다르면서도 그에 못지않게 학술적으로 보여주는 사례이기 때문이다.

루터가 40대 중반에 쓴 소책자가 있는데, 전반적으로 증오에 가득 차 있지만 한 대목에서는 (이따금 설교에서 보여주듯) 소탈한 표현으로 분위기를 누그러뜨린다. 그가 분명히 밝히고 싶어 하는 것은 종교 이전의 마음 상태가 존재한다는 사실이다. 그는 이렇게 썼다. "돼지는 도랑이나 두엄 위에 누우면서도 마치 최고급 깃털 침대에 눕듯 한다. 편안하게 쉬고 나직이 코를 골고 단잠을 자고 왕도 주인도, 죽음도 지옥도, 악마도 하느님의 분노도 두려워하지 않고 걱정 없이 살고 밀기울(Kleien)이 어디 있을지도 생각하지 않는다. 튀르크 군주가 권력과 분노를 한껏 내보이며 당도하더라도 의기양양한 돼지는 털끝 한 가닥도 존경의 표시로 까딱하지 않을 것이다. 마침내 백정이 찾아오면 돼지는 나무토막이나 돌멩이가 자신을 찌르는가 보다고 생각한다. 낙원에서 우리 가련한 인간에게 선악을 알려준 사과를 돼지는 먹지 않았다."²⁴ 이 구절의 은근한 설득력은 어떤 번역으로도 온전히 옮길 수 없다. 하지만 사제는 이 구절에 결부된 논증을 누락했다. 루터가 독자들에게 설득하려는 것은 유대인들이 지금껏 기다리는 메시아는 인간 삶을 돼지의 10분의 1만큼도 좋게 만들지 못하는 데 반해 이 세상에 찾아온 그리스도는 삶의 모든 문제를 더 높은 차원으로 올려주었다는 것이다. 그럼에도 루터의 다채로운 성격 안에 돼지에 대한 애착이 들어 있다는 사실은 외면할 수 없다. 그 애착이 아주 크기 때문에, 데니플레가 옳게 판단한 그것을 나는 루터의 '정체성 요소' 중 하나라고 부를 것이다. 종종 이 요소가 우세할 때 루터는 지독히 저속해져 사제와 정신의학자의 손쉬운 먹잇감이 되었다. 두 사람 다 다음 문장을 희희낙락하며 인용한다. "늙은 돼지의 방귀 소리를 듣지 않았다면 책을 쓰지 말지어다. 방귀 소리를 듣거든 입을 크게 벌리고 이렇게 말하라. '고마워, 예쁜 나이팅게일아. 내 귀에 들리는 소리는 나를 위한 구절이니?'"[25] 하지만 제 자신에게 넌더리가 났을 때 이런 감정을 느껴본 적 없는 작가가 어디 있겠는가? 딱 맞는 부적절한 말을 찾지 못했을 뿐이다.

한편 덴마크의 정신의학자 레이테르는 두 권짜리 인상적인 책에서 루터의 "환경, 성격, 정신증"을 내가 이해한 것만큼이나 완벽하게 설명한다. 그의 연구는 루터의 시대라는 대우주에서 그의 집과 고향이라는 소우주까지 걸쳐 있으며 루터의 생물학적 기질과 일생에 걸친 신체적·정서적 증상을 속속들이 논한다. 하지만 정신의학자에게는 자신이 선택한 범위에 걸맞은 포괄적 이론이 없다. 그는 정신분석을 너무 교조적이라며 거부하고 프레저브드 스미스에게서 자신이 쓸 수 있는 단편들을 차용하지만 거기에 함축된 이론은 받아들이지 않는다. 그는 자신의 접근법을 솔직히 밝힌다. 마치 중증 정신증(진단명: 크레펠린 분류에 따른 '조울증') 사례를 상담하는 정신의학자처럼 접근하는 방식이다. 그는 루터의 현재 상태(루터가 40대에 겪은 극심한 정신증)를 기록하고 20대를 비롯한 과거력을 재구성한다. 그는 곁가지 같은 발언에서는 대단한 통찰을 발휘하지만 침대맡 정신의학자의 역할에서는 자신의 중심 견해를 완강히 고집하는데, 루터의 특성이나 행동이 "매우 심한 우울증(멜랑콜리아*) 상태의 지극히 전형적인 모습"이며 "모든 정신의학 교과서에서 찾아볼 수 있다고 단언한다. 말년의 루터가 교과서적 상태에 접근한 것은 의심할 여지가 없지만, 나는 그가 악마를 개인적으로 만난 사건이 진짜 환각이었는지, 그의 정신적 고통에 대한 극적인 폭로가 환자가 하는 의사소통과 같은 수준에서 치료받을 일인지에 대해서는 강한 의문이 든다.

게다가 청년 루터에 대해 말하자면 그의 '텐타티오네스 트리스티티아이(tentationes tristitiae, 슬픔의 유혹)', 즉 호모 렐리기오수스(종교적 인간)가 전통적으로 겪는 **슬픔**이 "대부분의 우울 상태, 특히 내인성 우울 상태에서 나타나는 전형적 특성"[26]이라는 정신의학자의 발언으로 보건대 우리는 분명히 더 의문을 품어야 마땅하다. 이 정신의학 교과서판 루터는 신실한 종교적 전념과 그에 따르는 진정한 은사(恩賜)의 여타 사례와 비교되는 것이 아니라 '아우스게글리헨하이트(Ausgeglichenheit)', 즉 '내적 균형, 삶의 소박한 기쁨, 정상적인 사람들에게서 볼 수 있다는 평범한 예의와 노

---

* 무쾌감증, 불면증, 정신 운동의 변화, 죄책감 같은 심한 우울증.

력의 확고한 방향'이라는 기준과 줄곧 비교되기 때문이다. 그 정신의학자는 루터의 천재성을 거듭거듭 참작하면서도, 내가 아는 한, 창조적 긴장과 커져 가는 역사적 사명을 품은 사람이 계속 유지하리라고는 기대할 수 없는 내적 평온 상태를 루터에게 요구한다. 어쨌든 정신의학자는 루터의 말년에도 그의 "정신적 균형이 완벽하지 않았으며" 그의 내적 상태가 단지 "상대적으로만 조화를 이루었다"고 지적한다. 정신의학자는 이 정상성의 잣대를 들이대어 루터가 아버지의 합당한 계획을 받아들여 법학을 즐겁게 공부하지 못한 것, 서품식에서 여느 젊은 사제들과 달리 안절부절 못한 것, 아우구스티누스회 수도원 같은 분별 있고 품위 있는 체제에서 편안함을 느끼지 못한 것, 말년에 물러나 앉아 (교황제에 맞선) 반란의 과실을 평정 속에서 향유하지 못한 것을 의아하게 여긴다. 교수도 이것들 대부분을 놀랍게 여긴다. 하지만 교수는 하느님이 어떤 신적인 이유로 루터를 자극해 자연스럽고 합리적인 태도를 벗어나게 했다고 가정하는 데 반해 정신의학자는 그 자극이 내면에서, 내인성 정신병 때문에 일어났다고 확신한다.

    나는 이들이 정상으로 가정하는 신체적·정신적·영적 균형이 어떤 종류인지 알지 못하지만 설령 그런 것이 존재하더라도 청년 루터만큼 예민하고 열정적이고 야심 찬 개인에게서 그런 것을 기대하지는 않을 것이다. 루터는 자신보다 못한 수많은 사람과 마찬가지로 설익은 책무로부터 달아날 내적 이유가 얼마든지 있었을지도 모른다. 어떤 젊은이들은 자신이 거둔 성공이 스스로 보기에 주관적으로 거짓이면 고통스러워하며 심지어 미래의 참된 역할로부터 한사코 뒷걸음질하기도 한다. 교수와 정신의학자가 정상성에 대해 품는 이미지는 미래의 직업적 개혁가에게는 전혀 걸맞지 않은 잣대인 듯하다. 그렇다면 정신의학자는 사제와 더불어 이 문제에 대한 하느님의 개입을 부인할 뿐 아니라 성격 유형과 신체 유형의 기다란 목록에서 호모 렐리기오수스의 존재를 무시하는 것이다. 그 존재는 반드시 표적과 기적에 의해서만 한정되고 입증되는 것이 아니라 생활 방식의 내적 논리에 의해, 그가 발휘하는 은사의 논리에 의해, 사회에 미치는 영향의 논리에 의해 한정되고 입증된다. 이 논리를 연구하고 정립하는 일은 내게 당면 임무처럼 느껴진다. 루터 같은 인간의 총체적 존재를 들여다보고자 한다면 말이다.

지금까지 루터의 사례에 대해 편향된 견해를 제시하려는 가장 두드러지고 정통한 시도를 몇 가지 살펴보았는데, 마지막으로 인용문 하나와 학계에서 제시된 루터의 이미지 하나를 더 들여다보겠다. 이 이미지의 출처는 사회학이다. 사회학은 우리의 전기 작가들이 바라는 종류의 평가에 꼭 필요한 분야다. 나는 파스칼(R. Pascal)의 《독일 종교개혁의 사회적 토대》를 논의에서 배제할 수 없고 그러지도 않을 것이지만, 사회과학자이자 역사유물론자인 저자는 나와 내 분야 없이도 얼마든지 논의를 전개할 수 있다며 나머지 전기 작가들만큼이나 단호하게 천명한다. 저자는 이렇게 말한다. "[루터의 모순 아래에] 깔린 원리는 논리적 원리가 아니며 심리적 원리도 아니다. 이 모든 모순을 일관되게 관통하는 원리는 계급적 이해관계의 원리다."[27]

이 발언은 루터의 성격과 그가 프로테스탄티즘과 자본주의의 이후 발전에 끼친 영향에 대한 경제학·정치학 문헌을 통틀어 가장 마르크스주의적인 표현일 것이다. (이 경제학·정치학 관점을 채택한 책 중에서 가장 포괄적인 것은 에른스트 트룈치의 저작이며,[28] 적어도 미국에서 가장 유명한 것은 막스 베버의 저작[29]과 R. H. 토니의 저작[30]이다.) 나는 교조적 신학 교수나 도미니쿠스회 사제나 '기질적' 정신의학자의 발언에 코웃음 치지 않았듯 파스칼에 대해서도 우월감을 드러내며 코웃음 치는 것이 아니다. 각자가 타당한 자료를 인용하며 (뒤에서 보겠지만) 모든 자료가 서로 보완되기 때문이다. 하지만 위대한 인물의 전기에서 '객관적 연구'와 '역사적 정확성'이 전기 작가의 성격과 그의 직업적 소명에서 비롯한 어떤 총체적 이미지를 뒷받침하는 데에도 사용될 수 있음을 (우리 자신에 대한 경고로서라도) 숙고할 필요가 있다. 또한 체계적인 심리적 해석에 무작정 반대하는 전기 작가들이 정작 가장 포괄적인 심리 분석을 하고 있다는 점을 지적하지 않을 수 없다. 그들은 단지 심리학적 관점이라고 규정된 관점을 채택하지 않았다는 이유만으로 자신들의 심리 분석을 상식으로 내세운다. 하지만 명시적 반(反)심리학 이면에는 언제나 암묵적 심리학이 있다.

루터를 거세게 비난한 사람 중 한 명인 역사학자 야코프 부르크하르트(Jacob Burckhardt)는 루터에게서 르네상스인의 행진을 멈춰 세우고 만 소란한 독일 농부를 보라고 니체에게 귀띔한 인물이기도 한데, 이렇게 말했다. "루터에게 **우리**의 기획을 성취했어야 한다고 요구할 자격이 우리에게 있는가? 존재한 것은 이 구체적 루터이지 다른 누구도 아니다. 그는 본래 모습대로 받아들여져야 한다(Man nehme ihn wie er gewesen ist)."[31]

하지만 **위대한** 인물을 '본래 모습대로' 받아들이려면 어떻게 해야 할까? '위대한'이라는 관형어는 너무 크고 경외스럽고 찬란하여 우리가 아우를 수 없는 무언가가 그에게 있음을 함축하는 듯하다. 그렇긴 하지만 그 총체적 인간을 묘사하겠노라 나서는 사람들에게는 딱 세 가지 방안이 있을 것이다. 첫째는 뒤로 훌쩍 물러나 위대한 인물의 윤곽이 고스란하되 어렴풋이 나타나도록 하는 것, 둘째는 위대한 인물의 삶에서 몇 가지 측면에 집중하면서 점점 가까이 다가가되 한 부분을 전체만큼 크게 보거나 전체를 한 부분만큼 작게 보는 것이다. 두 방안이 통하지 않으면 논쟁이라는 셋째 방안이 남아 있다. 이 방안을 쓰는 사람은 위대한 인물을 자기 식으로 전유하되, 감히 같은 방안을 쓰려 드는 다른 사람들의 주장을 모조리 일축한다. 그러면 인물의 역사적 이미지는 어느 전설이 나머지 모든 전설을 제압하느냐에 좌우된다. 하지만 역사적 사건의 기운을 포착하려면 위대한 인물의 삶을 바라보는 이 방법들이 전부 필요할 것이다.

3

나는 내 지식의 한계와 탐구할 시간의 제약 때문에 새 루터를 제시하거나 옛 루터를 재구성할 엄두를 내지 못한다. 내가 할 수 있는 일이라고는 루터의 생애 중에서 한 시기와 관련한 기존 자료를 들여다보며 몇 가지 새로운 심리학적 고찰을 제시하는 것뿐이다. 1장에서 언급했듯 내가 젊은 수도사 루터를 특별히 눈여겨보는 것은 위대한 인물이 되는 과정에 있는 청년으로서의 모습이 나를 끌어당기기 때문이다.

독자들도 눈치챘겠지만, 성가대석에서 일어난 발작 이야기가 애초에 내 눈길을 끈 것은, "나는 **아니야!**"라는 말에서 발작이 매우 심각한 정체성 위기(identity crisis)의 일부임이 드러난다는 의심 때문이었다. 이 위기 속에서 젊은 수도사는 자신이 무엇이 **아닌지**(귀신 들린 것도, 병든 것도, 죄가 많은 것도 아니라고) 항변해야겠다는 의무감을 느꼈다. 아마도 그 이유는 자신이 무엇인지 혹은 자신이 무엇이 되어야 하는지를 깨치려는 데 있었을 것이다. 이제 내가 의심하는 나머지 부분과 내가 이것으로 무엇을 하려는지 설명하겠다.

루터를 평생 괴롭혀 흐느끼고 땀 흘리고 졸도하게 만든 (논란의 여지가 없는) 일련의 극심한 심리 상태로 판단컨대 성가대석에서 일으킨 발작은 얼마든지 일어날 수 있는 일이었다. 마르틴의 수도원 시절이라는 특정 조건에서, 기록된 구체적 형태로 일어날 수 있었다. 그중 일부가 전설이라고 해도 상관없다. 전설을 만드는 것은 학자들의 작업에 이용되는 원래 사실을 기록하는 것 못지않게 역사를 학술적으로 다시 쓰는 행위의 일부다. 그러므로 우리는 반(半)전설을 반(半)역사로 받아들여야 한다. 기록된 사건이 그 밖의 확립된 사실과 모순되지 않고, 진실이 담겨 있다고 느껴지고, 심리학 이론과 부합하는 의미를 산출하기만 한다면 말이다.

루터 자신은 이 사건을 한 번도 입에 올리지 않았지만, 언변이 유창하던 말년에는 신체적·정신적 고통을 거리낌 없이 언급했다. 그는 어떤 심리 상태를 힘겹게 통과하여 통찰에 이르렀을 때는 그 상태를 언제나 무척 생생하게 기억했지만, 완전히 넋이 나갔을 때의 상태는 기억하지 못했다. 이렇듯 노년의 그는 서른다섯 살에 '가장 신성한 것'을 운반하는 윗사람 슈타우피츠 박사 뒤로 성체축일 행진을 따라가다 공포와 땀, 졸도의 두려움에 사로잡힌 일을 똑똑히 기억한다. (나중에 보겠지만 이 슈타우피츠 박사는 루터가 만나고 인정한 아버지상 중에서 가장 훌륭한 인물이었다. 자신의 아랫사람에게서 참된 호모 렐리기오수스를 알아차린 사람이자 치료적 지혜로 그를 대한 사람이었다.) 루터는 그리스도가 자신을 겁에 질리게 했다고 주장했지만, 슈타우피츠는 그 주장을 받아들이지 않았다. 슈타우피츠는 이렇게 말했다. "그리스도께서 자네를 겁에 질리게 하셨을 리 없네. 그분은 위로하는 분이시잖나.(Non est Christus, quia Christus non terret, sed consolatur.)"[32] 이것은 루터에게 신학적인 계시이자 치유하는 계시였으며 루터는 이 사건을 잊지 않았다. 하지만 성가대석에서 일으킨 발작에 대해서는 기억 상실증에 걸린 것 같다.

이 같은 일이 실제로 일어났다고 한다면 이 사건은 잇따른 (겉보기에는) 무의미한 병리적 폭발 중 하나로, 정신의학 사례사에서 유의미한 증상으로, 또는 종교적 연관성이 있는 잇따른 경험 중 하나로 간주할 수 있다. 셀조차도 주장하듯 이 사건에는 성 바울과 성 아우구스티누스뿐 아니라 성인을 지향한 많은 사람들이 겪은 것과 같은 '종교적 엄습'의 **몇몇** 표지가 있는 것이 틀림없다. 총체적 계시의 목록에는 압도적인 깨달음의 광명과 느닷없는 통찰이 언제나 포함된다. 하지만 성가대석에서 일어난 발작에서는 부분적 의식 상실, 운동 협응 상실, 자신도 모르게 저절로 터져 나오는 외침 같은 총체적 계시의 징후적 측면, 즉 더 병리적이고 방어적인 측면만 나타날 뿐이다.

진짜로 종교적인 경험에서는 이런 자발적 외침이 마치 신적 영감의 명령을 받은 것처럼 들릴 것이다. 밝은 빛 속에서 모든 것이 분명해질 것이며 강렬하게 기억될 것이다. 루터가 발작 중에 내뱉은 말은 비난을 부인해야 할 압도적 내적 필요성의 표현임이 분명하다. 온전한 종교적 발작에서는 신앙의 확고한 양심이 우세하여 발화를 좌우할 텐데, 여기서는 부정과 거역이 우세하다. "나는 아버지가 말한 그런 존재가 **아니며**, 나쁜 순간에 나의 양심이 인정하는 그런 존재도 **아니다**." 발광과 괴성에서는 억눌린 분노의 강력한 요소를 감지할 수 있다. 실제로 이 청년은 훗날 자신의 목소리를 전 세계에 울려 퍼지게 하지만, 수도원에서 고요하게 명상하며 지내던 이 시기에는 고분고분하게 움츠러들었고 고통스러우리만치 슬펐으며 자기감시에 강박적으로 매달렸다. 엄격한 윗사람들의 종교적 감각에 비추어도 지나칠 정도였다. 하지만 발작은 성스러운 장소에서 일어났고 성경 이야기에서 암시를 받았는데, 이는 사태 전체를 적어도 정신의학과 종교의 경계선에 놓는다.

정신의학적 관점에서 이 이야기에 접근하면 묘사된 발작에서, 또한 당시 마르틴이 겪은 다양한 징후적 자책과 불안에서 (모든 신경증 증상에서 보는 것 같은) 내재적 양가감정, 즉 내적 양면성을 볼 수 있다. 발작은 마르틴의 아버지가 말한 것, 즉 아들이 성스러운 경험을 하는 게 아니라 귀신이 들렸으리라는 의심을 말로써 부정한다고("나는 아니야") 할 수 있지만, 전에 아버지가 분노와 염려를 표명하는 것을 들었던 바로 그 회중 앞에서 발작이 일어났다는 점에서는 오히려 아버지의 주장을 확인해준다. 그렇다면 발작은 아버지에 대한 무의식적 복종이자 수도원에 맞선 은밀한 반란이다. 그런가 하면 루터가 내뱉은 말은 아버지의 주장을 부정하는 동시에 스물한 살의 마르틴이 천둥 벼락이 내리치는 동안 첫 번째로 알려진 불안 발작을 겪으며 했던 맹세를 확인해준다. 그는 이렇게 외쳤다. "수도사가 되고 싶습니다."[33] 그리하여 젊은 수도사는 아버지에 대한 복종(남달리 끈질기고 우회적인 복종)과 당시 터무니없을 정도로 순종하려고 안간힘을 썼던 수도 서원에 대한 복종의 갈림길에 서게 된다.

우리는 그의 처지가 정신적 질병과 종교적 창조성의 갈림길에 있다고 볼 수도 있다. 그렇다면 우리는 루터가 (다른 사람들은 한 번의 폭발적 사건에서 얻었다고들 하는) 총체적 계시의 요소들을 세 번(또는 그 이상)의 따로 떨어진 파편적인 경험에서 얻었으리라 짐작할 수 있다. 그 요소들을 다시 나열하자면 신체적 발작, 어느 정도의 의식 상실, 자동적 언어 표현, 노력과 열망의 전체 방향을 바꾸라는 명령, 그리고 영적 계시, 즉 거듭남만큼이나 결정적이고 충만한 깨달음의 불꽃이 있다. 천둥 벼락은 루터에게 삶의 전체 방향을 바꾸는 계기가 되었다. 그것은 이름 없는 자, 침묵하는 자,

순종하는 자로의 변화였다. 성가대석에서 일어난 것과 같은 발작에서 그는 자아 상실의 간질성 발작, 버려야 할 정체성의 격렬한 부정을 경험했다. 그리고 훗날 (5장에서 서술할) 성탑의 경험에서는 새로운 영적 공식의 빛을 감지했다.

루터가 겪은 종교적 계시의 단계들이 뚜렷이 구분된다는 사실을 토대로 삼아 다른 저명한 종교인들의 회심을 규명하는 심리학적 근거를 세울 수 있을지도 모르겠다. 전통에서는 그들에게 하나의 총체적 사건이 일어났다고 퍼뜨리고 이것이 대중적 신앙에 호소력을 발휘한다. 내 생각에 루터가 미래(그의 미래는 우리의 심리적 현재다)의 인간인 이유는 뭐니 뭐니 해도 진정한 호모 렐리기오수스로서의 정체성이 나타난 단계들을 고스란히 보여준다는 데 있다. 내가 이것을 강조하는 것은 그래야 그가 더 나은 사례가 되기 때문만이 아니라(분명히 도움이 되기는 하지만), 그의 총체적 경험을 직접적인 종파적 의미를 훌쩍 뛰어넘는 역사적 사건으로, 말하자면 인간의 인식과 책임에서 결정적 단계로 만들어주기 때문이다. 이 단계를 심리적 좌표에 표시하는 것이 이 책의 과제다.

수도사가 되기 직전 마르틴의 전반적 기분, 즉 성가대석에서 발작을 일으켰을 때 다시 품게 된 기분은 그를 비롯한 사람들에 의해 '트리스티티아(tristitia)', 즉 과도한 슬픔의 상태로 규정되어 왔다. 그는 천둥 벼락을 만나기 전 우울 마비에 급속히 빠져들고 있었는데, 이로 인해 공부를 계속할 수 없었고 아버지가 재촉하는 결혼을 진지하게 생각할 수도 없었다. 천둥 벼락이 내리칠 때 그는 어마어마한 불안을 느꼈다. 불안(anxiety)은 '옥죄이다'를 뜻하는 앙구스투스(angustus)에서 유래한 말이다. 마르틴은 천둥 벼락 경험을 묘사할 때 '사방으로 둘러싸이다'를 뜻하는 '키르쿰발라투스(circumvallatus)'라는 표현을 쓰는데, 이는 자신의 생활 공간이 느닷없이 송두리째 쪼그라드는 것을 느꼈고 출구는 하나밖에 보이지 않았음을 암시한다. 그 출구란 새 삶에 전적으로 헌신하기 위해 지금까지의 삶과 그에 따르는 세속적 미래를 모조리 버리는 것이었다. 하지만 이 새 삶은 벽으로 둘러싸인 바로 그 조건을 하나의 체제로 만든 삶이었다. 건축적으로, 의례적으로, 그리고 총체적 세계기분(world-mood) 속에서 이 새 삶은 이 땅에서의 삶을 출구가 하나뿐인 자발적이고 자의식적인 감옥으로 상징화했으며, 그 출구는 영원으로 향하는 문이었다. 이 새로운 삶의 얼개를 받아들인 뒤 루터는 한동안 평안하고 경건해졌다. 하지만 발작이 일어나자 슬픔이 다시 깊어졌다.

  성가대석에서 그토록 폭발적으로 드러난 갈등을 덮은 슬픔의 이 일반적 베일에 대해 말하자면 마르틴이 심한 우울증(멜랑콜리아)을 앓았기 때문이라고 말할 수 있다(정신의학자가 실제로 이렇게 말했다). 마르틴이 침체한 기분일 때 이른바 우울증의 임상 양상이 이따금 나타났음은 의심할 여지가 없다. 하지만 루터는 가치 있는 갈등의 결실로서 하느님으로부터 온 것과 패배로부터 온 것을 매우 뚜렷하게 구분하려고 애쓴 사람이었다. 그가 패배를 악마라고 불렀다는 사실은 자신이 구사할 수 있는 진단명을 적용했음을 뜻할 뿐이다. 루터는 멜란히톤에게 보낸 편지에서 공적 논쟁에서는 악마가 약한 쪽이고 사적 투쟁에서는 자신이 약한 쪽이라고 생각한다고 밝혔다. "나와 사탄 사이에서 벌어지는 것을 그렇게 부를 수 있다면 말이지."[34] 마르틴의 슬픔이 전통적 트리스티티아, 즉 호모 렐리기오수스의 우울한 세계기분이었다고 말할 수도 있다(교수가 실제로 이렇게 말했다). 이 관점에서 보자면 마르틴의 슬픔은 '자연스러운' 기분이며 심지어 인간 조건에 대한 가장 참된 적응이라고 부를 수 있다. 이 견해 역시 어느 지점까지는 받아들일 수 있지만 그 한계는 분명하다. 마르틴은 전통적 트리스티티아와 지극히 자연스럽게 맞아떨어지는 수도원 생활을 끝내 완전히 받아들일 수 없었고, 자신의 슬픔을 스스로 불신했으며, 훗날 이 우울한 기분을 송두리째 내버리고 울증과 고양 사이에서, 자기 책망과 타자 비난 사이에서 무시로 격렬한 기분 변화를 겪게 되었다. 그렇다면 슬픔은 주로 그의 청년기를 지배한 총체적 증상이자 그의 시대에서 비롯한 전통적 태도로 표현된 증상이었다.

4

청년기는 생애를 통틀어 가장 활기차고 가장 무분별하고 가장 자신만만하고 가장 거침없이 생산성을 발휘하는 단계다. '한 번만 태어난 사람(once-born)'에 주목하면 그렇게 보인다. 이 용어는 윌리엄 제임스(William James)가 뉴먼(John Henry Newman) 추기경에게서 차용한 것인데, 별다른 고충 없이 적응하고 당대의 이데올로기에 동화하며, 과거와 미래에 대한 당대의 이데올로기적 정식화와 지배적 기술이 요구하는 일상 과업 사이에서 전혀 괴리를 느끼지 않는 사람을 일컫는다.

제임스[35]에 따르면 한 번만 태어난 사람에 대비되는 것은 거듭 남을 추구하는 '고뇌하는 영혼'과 '분리된 자아'인데, 여기서 거듭 남은 "개인 에너지의 습관적 중심"에서 "회심"하려는 "성장의 위기"다. 제임스는 스타벅(E. D. Starbuck)을 긍정적으로 인용하여 "회심은 본질적으로 정상적인 청년기에 나타나는 현상"이며 "신학은 정상적인 경향을 강화하는 수단을 제시하되" "사람을 명백한 위기 상태에 처하게 함으로써 그 기간을 강화하기도 하면서 동시에 단축한다"고 말한다. 제임스 또한 청년기에 심각한 정신의학적 위기를 겪은 것이 틀림없는데, 그가 체계적으로 제시하진 않지만 '고뇌하는 영혼', '분리된 자아', '회심'에 대한 장들에서 "개인 에너지의 습관적 중심"에서 일어나는 자발적 변화에 대한 설명은 10대 후반과 20대 초반의 사람들에게 국한된다. 이 나이는 결단의 필요성을 가장 뼈저리게 자각하고, 새로운 헌신 대상을 선택하고 옛 헌신 대상을 저버리려는 충동에 휩싸이고, 옛 세계관과의 전면적이고 무자비한 절연을 대가로 하여 새 세계관을 약속하는 이데올로기 체제의 선전에 무척 취약한 시기다.

우리는 10대와 20대 초반의 젊은이들이 종교를 비롯한 교조적 체제에서 찾고자 하는 것을 **이데올로기**라고 부를 것이다. 이데올로기는 가장 과격한 경우 '제복을 입은 구성원과 획일적 목표를 가진 군사 체제'이며, 가장 온건한 경우 '삶의 방식', 즉 독일인이 '벨탄샤웅'이라고 부르는 것이다. 벨탄샤웅은 기존 이론, 널리 통용되는 지식, 상식적인 앎에 부합하되 그것을 훌쩍 뛰어넘는 세계관인데, 입증 필요성에 전혀 구애받지 않은 채 자명한 것으로서 공유되는 유토피아적 전망이나 우주적 기분, 교조적 논리를 일컫는다. '옛것'으로 치부되어 폐기되는 것은 개인의 이전 삶일 수도 있는데, 대개는 부모의 생활 양식에 내재한 관점을 뜻한다. 그러므로 부모는 자식의 도리라는 전통적 안전장치를 아무리 내세우더라도 결국 버려진다. '옛것'은 자신의 일부일 수도 있는데, 이것은 이후 사적 생활 양식에서 엄격한 자기부정(self-denial)을 통해서, 또는 전투 조직이나 군사 조직에 가담함으로써 진압되어야 한다. 그런가 하면 다른 계층과 계급, 다른 인종과 민족의 세계관일 수도 있는데, 이 경우 다른 세계관을 지닌 사람들은 소모품 취급을 받을 뿐 아니라 가장 의로운 절멸 행위의 점지된 희생자가 된다.

그렇다면 헌신의 요구는 우리 심리학자가 이 모든 성향과 취약성의 원인으로 꼽는 '정체성 위기'의 한 측면이며, 절연에 대한 요구는 또 다른 측면이다. 10대 후반과 20대 초반 청년들은 심지어 뚜렷한 이데올로기적 각오나 관심조차 없을 때에도 지도자 개인과 집단에, 격렬한 활동에, 까다로운 기법에 전념하며 그와 동시에 (때로는 자신을 포함한) 사람들을 저버리고 배척하려는 매정한 심성을 표출한다. 이 절연은 종종 스노비즘(지적 허영), 변덕, 도착, 무분별을 동반한다.

청년기 에너지의 이 건설적 측면과 파괴적 측면은 다양한 분야에서 전통을 만들고 새로 만드는 데 동원되었으며 지금도 동원되고 있다. 청년은 개인적 삶에서나 사회적 삶에서나 과거와 미래 사이에 서 있으며 서로 다른 삶의 방식 사이에 서 있기도 하다. 내가 〈자아 정체감의 문제(The Problem of Ego-Identity)〉에서 지적했듯[36] 이데올로기는 이 연령대 구성원들의 모호한 내적 상태에 대하여, 또 정체성 갈등의 결과로 제기되는 시급한 질문들에 대하여 지나치게 단순하지만 확고한 답을 내놓는다. 이데올로기는 청년의 단호한 열성과 진실한 금욕주의뿐 아니라 흥분의 추구와 격렬한 분노를 보수주의와 급진주의의 투쟁이 맹렬히 벌어지는 사회적 전선(前線)으로 이끈다. 그 전선에서 광신적 이데올로기 추종자들이 분주하게 임무를 수행하고 사이코패스적 지도자들이 추악한 짓을 저지르지만, 그곳에서도 참된 지도자들은 의미 있는 연대를 만들어낸다.

자신의 상태에 걸맞은 자유와 규율의 조합, 모험과 전통의 조합을 추구하는 과정에서 청년은 가장 다양하게 헌신한다(또한 그로 인해 착취당한다). 곤경과 규율에 스스로를 종속시킴으로써, 공간적 확산을 위해 승인된 기회를 추구하기도 하고, 방랑하며 도제 생활을 하기도 하고, 전선의 부름에 응답하기도 하고, 새로운 나라의 전초 기지에 주둔하기도 하고, 성스러운 전쟁에 (누가 벌였든 상관하지 않은 채) 참여하기도 하고, 운송 기계의 힘의 한계를 시험하기도 한다. 같은 맥락에서 반란, 봉기, 린치에도 신체적 힘과 떠들썩한 소음을 기꺼이 보태는데, 실상에 대해서는 잘 모르고 무관심할 때도 많다. 그런가 하면 고서를 연구하거나 수도사의 삶을 숙고하거나 근대 사상 개혁의 집단적 '진정성'에서 보듯 새로운 것을 추구하는 식으로 신체적 제약이나 극도의 지적 집중을 요하는 규칙을 열렬히 받아들이기도 한다. 비행 청소년 집단, 변태 성욕자와 중독자 무리, 옹졸한 속물 집단처럼 뚜렷한 대의 없이 파괴하고 배척하는 일에 이끌릴 때조차 어느 정도의 복종, 연대, 막연한 가치에 대한 집착을 보인다.

  사회는 청년들이 가장 치열한 헌신에서조차 돌변할 수 있음을 알기에 그들에게 곧잘 **모라토리엄**(유예)을 부여한다. 모라토리엄은 유년기에서 벗어난 이후이면서 미래 정체성에 부합하는 행동과 일을 하기 이전의 기간을 뜻한다. 루터 시대에 수도원은 적어도 일부에게는 사회심리적 모라토리엄, 즉 자신이 어떤 존재이고 어떤 존재가 될 것인지 결정을 미루는 방법일 수 있었다. 수도 서원에서 볼 수 있는 확고하고 영속적인 각오가 (시간을 버는 수단인) 모라토리엄으로 간주될 수 있다는 게 의아하게 보일지도 모르겠다. 하지만 루터 시대에는 수도원 생활을 중도에 그만두는 일이 불가능하지 않았다. 말년에 추기경 직을 제안받은 에라스뮈스처럼 정해진 대로 조용히 떠나기만 한다면, 또는 환속한 라블레처럼 추기경들을 웃음거리로 삼고도 그들에게서 웃음을 자아낼 수 있다면 수도회를 떠나더라도 반드시 낙인이 찍히는 것은 아니었다. 그렇다고 해서 수도원을 선택한 사람들이 자신이 갈림길에 도착하기 전에 시간을 벌고 있음을 **알았다**고 주장하려는 것은 아니다(실험생리학에 몰두한 프로이트나 마니교에 심취한 아우구스티누스에서 보듯 다른 역사적 좌표에서 다른 형태의 모라토리엄을 선택한 사람들에 대해서도 마찬가지다). 그들의 모라토리엄은 종종 20대 후반에 찾아왔는데, 시기가 늦어진 것은 단지 헌신의 임시적 대상에 모든 것을 바쳤기 때문이다. 이런 청년의 삶에서 위기는 그가 자신이 아닌 것에 치명적일 만큼 지나치게 헌신하고 있음을 어렴풋이 깨닫는 바로 그 순간에 일어날 수 있다.

나는 지나친 헌신으로 인해 난관에 부딪쳤다고 말한 한 노인을 소개하고자 한다. 그는 젊은 시절을 돌아보고서 자신의 행로를 중단시킨 것은 결코 재앙이나 실패가 아니라 매사가 무의미하게 술술 풀린다는 느낌이었음을 인정해야 했다. 그의 삶에서 벌어진 사건들이 그럭저럭 정점에 도달하고 있었지만 그는 자신이 사건들을 살아낸다기보다는 사건들에 의해 살아진다는 느낌이 들었다. 이런 곤경에 처한 사람은 창조적 잠재력을 질식시키다시피 하는 고독하고 고집스러운 모라토리엄을 선택하기 쉽다. 조지 버나드 쇼는 자신의 위기를 명확하게 속속들이 묘사한다.[37]

"나도 모르게 부자가 되고 보니 당혹스럽게도 재계는 내가 무가치한 사기꾼임을 간파하여 쫓아내는 것이 아니라 나를 붙들고 놓아주지 않으려 들었다. 그러니 스무 살에 사업 훈련을 받는 나를 보라. 제정신 박힌 사람이 자기 스스로 탈출할 수 없는 굴레를 혐오하듯 나는 이 직업을 혐오했다. 1876년 3월 나는 벗어났다."

벗어난다는 것은 가족과 친구, 사업과 아일랜드를 떠나 정체성 없는 성공의 위험, 즉 "거대한 무의식적 야심"에 걸맞지 않은 성공의 위험을 벗어난다는 뜻이었다. 그럼으로써 쇼는 청년기와 성년기 사이의 기간을 스스로 연장했다. 그는 이렇게 썼다. "나는 고향을 뒤로하고 이 국면을 떠났으며 내 나이의 누구와도 어울리지 않았다. 이렇게 약 8년간 고독하게 지내다 1880년대 초 사회주의 부흥에 이끌렸다. **전 세계를 휘어잡은 매우 실질적이고 매우 근본적인 악에 대한 분노로 불타는, 극도로 진지한** 영국인들 중 하나였다."(이 문장에서 강조한 단어들은 마르틴의 역사를 지배한 문제들과 거의 일치한다.) 그러는 동안 쇼는 기회를 회피하는 것처럼 보였다. "내가 원하는 그 어떤 결과에도 도달하지 못하리라는 확신 이면에는 내가 원하지 않는 결과에 도달할지도 모른다는 무언의 두려움이 도사리고 있었다." 그렇다면 우리는 일부 청년들에게 부정적 성공에 대한 역설적 두려움을 허용해야 한다. 그 성공이란 그들을 "조화롭게 성장하지" 못하리라고 느끼는 방향으로 밀어대는 성공이다.

쇼 같은 잠재된 창조 능력이 있는 사람들은 스스로 정한 모라토리엄 동안 자기 일의 개인적 기초를 다진다. 그동안 그들은 종종 사회적으로, 성적으로, 영양학적으로 금식하는데, 이는 무성한 잡초를 시들게 하여 내면의 정원이 커질 자리를 마련하기 위한 것이다. 잡초가 죽으면 종종 정원도 죽는다. 하지만 결정적 순간에 어떤 사람들은 자신의 재능에 꼭 필요한 영양소와 접촉한다. 쇼에게는 물론 문학이 이런 재능이었다. 그는 여러 직업을 선택하는 꿈을 꾸었으나 문학에 대해서는 어떤 꿈도 꾸지 않았다. "오리는 헤엄치는 꿈을 꾸지 않는다."

그는 꿈꾸지 않았지만 실행에 옮겼으며, 그 방식은 임상가들이 '강박적 보상'이라고 부르는 것에 가까운 정도의 의식화(儀式化)였다. 이로써 내적 방향성이 일시적으로 결여되더라도, 자신이 간직하고 있었을 작업 습관을 (그것이 무엇이든) 유지해주는 활동에 거의 광적으로 집중하여 균형을 맞출 수 있다. "나는 디마이* 크기의 백지를 한 번에 6페니어치 사서 4등분으로 접은 다음 비가 오든 화창하든, 멍하든 영감이 떠오르든 하루에 다섯 페이지씩 꼬박꼬박 채웠다. 학생과 사무원의 성격이 여전히 남아 있어서 문장 중간에 다섯 페이지가 끝나더라도 이튿날까지 문장을 완성하지 않았다. 반면에 하루를 빼먹으면 이튿날 두 배로 일하여 벌충했다. 이 일정으로 5년 만에 소설 다섯 권을 써냈다. 이것이 나의 직업적 도제 생활이었다." 여기에다 그의 소설 다섯 권이 50년 넘도록 출간되지 않았다는 말을 덧붙여야겠다. 소설 출간에 부친 특별 머리말에서 쇼는 잠재적 구매자에게 소설을 읽지 말라고 만류하면서 대신에 자기 소설의 전기적 중요성에 주목해 달라고 청했다. 그만큼 쇼는 자기 소설의 진짜 역할과 의미를 인식하고 있었다. 그의 초기 작업 습관은 강박적 중독성의 측면에서 보자면 거의 병적이었으나 끈기의 측면에서 보자면 자기치유적이었다. "나는 순전히 중력에 따라 일어났다. 몸에 익힌 습관 덕분에 무척 부지런해져서 일을 중단하지 않았다(내 아버지가 술을 마시듯 나는 일한다)." 이 짧은 괄호문에 고뇌, 갈등, 승리의 세계가 있다. 성공을 위해 쇼는 외적으로 이미 패배한 아버지를 내적으로도 패배시켜야 했다. 아버지의 몇몇 특징(이를테면 남다른 유머 감각)은 아들의 독특한 위대함에 일조했지만 모든 위대함에 들어 있는 특

---

* 크기가 A2 용지와 비슷하다.

정한 실패에도 일조했다. 쇼의 자전적 언급에서 똑똑히 알 수 있 듯 종교적 인간 중에서 가장 소심한 축에 드는 그는 청년기에 진짜 심연을 맞닥뜨렸다. 그런 뒤에야 위대한 냉소가로서 역사의 무대에 등장하는 한편("이 점에서 나는 너무 보기 좋게 성공했다") 극장을 핑계 삼아 오를레앙의 처녀(잔다르크)의 입을 빌려 이야기함으로써 자신의 예민함을 감추는 법을 터득했다.

머리말에서 언급했듯 프로이트와 다윈을 비롯한 위대한 인물들이 가장 결정적인 업적을 이룬 것은 인생의 방향을 바꾼 뒤였으며, 그 과정에서 자신의 특별한 창조성에 이르는 돌파구의 시기에 신경증적 개입을 겪었다. 다윈은 의학에서 실패했으며 마치 우연처럼 배에 승선했는데, 실은 심신증으로 보이는 문제 때문에 배를 놓칠 뻔했다. 하지만 비글호에 승선한 뒤에는 무한한 신체적 활력을 찾았을 뿐 아니라, 아직 탐구되지 않은 자연의 세부 사항을 찾아내는 예리한 안목과, 혁명적 통찰로 곧바로 이어지는 창조적 감식안을 길렀다. 그리하여 자연선택 법칙에 골몰하기 시작했다. 그는 스물일곱 살에 집에 돌아왔는데, 얼마 안 가서 심신증이 아니라는 진단을 받았으며 평생 심신증을 앓지 않았다. 고작 몇 년간 집중적 연구를 실시한 뒤 자료를 정리하여 자신의 아이디어를 설득력 있게 뒷받침하는 패턴을 찾아냈다. 프로이트도 그저 상황에 이끌린 듯 신경과 의사가 되어 정신의학을 자신의 실험실로 삼았을 때 이미 서른 살이었다. 일찍이 열일곱 살에 의사보다는 의학 연구자가 되어야겠다고 결심했으며 남들보다 늦게 의학 박사 학위를 받았다. 그의 모라토리엄은 방법에 대한 기본적 학습을 제공한 데 반해 특별한 재능과 혁명적 창조성의 발달을 지연시켰는데, 그 기간에 그는 (당시에 물리주의적이던) 생리학을 공부했다. 마침내 거대한 필생의 연구를 시작했을 때는 신경증의 고통 때문에 더 지연될 뻔했다. 하지만 창조적인 인간에게는 선택의 여지가 없다. 그런 사람이 자신의 지고한 과업을 맞닥뜨리는 것은 우연에 가까운 일인지도 모르지만 일단 과업이 결정되면, 그와 동시에 그의 임무는 자신의 가장 개인적인 갈등, 탁월한 선택적 인식, 단호한 외곬의 의지와 밀접하게 연관된 것으로 드러난다. 그는 아픔이나 실패, 광기를 자초해야 한다. 그래야 기성 세계가 자신을 짓이길지, 자신이 이 세계의 낡은 토대를 허물고 새 토대를 위한 자리를 마련할지 시험할 수 있다.[38]

다윈의 과업은 인간의 생물학적 기원을 밝히는 일이었다. 그의 성취이자 죄악은 인간을 자연의 일부로 전락시키는 이론이었다. 이를 달성하기 위해, 오직 이를 위해서만 그는 자신의 신경증을 무시할 수 있었다. 이에 반해 프로이트는 "자신의 신경증을 자신이 맞서 씨름해야 하고 축복받을 때까지 보내줘서는 안 되는 천사로 세워야" 했다. 프로이트가 천사와 벌인 씨름은 아버지 콤플렉스를 이겨내는 것이었다. 아버지 콤플렉스는 처음에는 그가 유년기 신경증의 기원을 찾다가 엉뚱한 방향으로 가게 된 원인이었다. 하지만 자신과 아버지의 관계를 이해하면서 인간의 내면에 있는 보편적 아버지상의 존재를 확립하고 어머니상도 규명해내고 마침내 오이디푸스 콤플렉스에 도달할 수 있었으며, 이 정식화를 통해 사상사를 통틀어 가장 논쟁적인 인물 중 하나가 되었다. 《꿈의 해석》³⁹에서 프로이트는 정신분석의 방향을 제시했다. 환자뿐 아니라 정상인에게서, 개인에게서뿐 아니라 사회에서 무의식적 동기를 찾는 연구로 발전시킨 것이다. 그와 동시에 프로이트는 자기분석을 통해 그 자신의 창조성을 해방했으며 엄밀한 관찰에 절제된 직관과 문학적 솜씨를 접목할 수 있었다.

신경증과 창조성 사이의 중대한 영역의 특징을 일반화하여 논의하다 보면 성가대석에서 발작을 일으킨 순간에 마르틴을 집어삼킨 마음 상태에 대한 논의로 이어지게 된다. 이 발작에 전설적 측면이 있을 수도 있지만 그조차도 마르틴의 내면에서 무엇이 일어나는지에 대한 전설을 지어낸 사람(여기서는 마르틴의 형제 수도사들)의 무의식적 이해를 반영한다. 다음 장에서는 마르틴의 유년기에 대해 그나마 알려진 사실들을 분석할 것이다. 그런 다음 뒤따른 성격 변화를 추적할 것이다. 부정의 요구가 지닌 위력 때문에 성가대석에서 말 그대로 쓰러진 청년이 12년 뒤 1521년 보름스 의회에서 황제(카를 5세)와 교황 사절 앞에 서서 인간의 온전성을 새로운 관점에서 주장할 수 있게 된 것은 이 성격 변화 덕분이다. 루터는 이렇게 말했다. "저의 양심은 하느님 말씀에 얽매여 있습니다. 저는 그 어떤 것도 철회할 수 없으며 그럴 생각도 없습니다. 양심에 반하는 행동은 안전하지도 않고 고귀하지도 않기 때문입니다."⁴⁰

'하느님 말씀'을 살펴보자. 당시 그는 하느님의 '대변자', 설교자, 교사, 웅변가, 논객이 되어 있었다. 이 일은 그의 정체성을 이루는 실질적 부분이 되어 있었다. 루터의 목소리가 결국 해방되면서 그는 창조적 인간이 되었다. 교수와 사제, 정신의학자, 사회학자가 동의하는 한 가지는 루터에게 어마어마한 언어 재능이 있다는 것이다. 문어에 대한 감수성, 중요한 구절을 암기하는 능력이 뛰어났고, 영어에서 비길 만한 사람이 셰익스피어뿐일 정도로 언어 표현의 범위(서정적 언어, 성경 언어, 풍자 언어, 비속어)가 넓었다.

이 재능의 발달은 에르푸르트 성가대석의 극적인 외침에서 암시된다. 예수를 만나기 전에 환자를 괴롭힌 것은 '말 못 하게 하는' 귀신이 아니던가? 수도사 마르틴이 "황소처럼" 울부짖어 부정해야 했던 것 또한 말문이 막힌 상태 아니던가? 그렇다면 목소리라는 주제와 말씀이라는 주제는 루터의 정체성이라는 주제와 그가 자기 시대의 이데올로기에 끼친 영향이라는 주제와 얽혀 있다.

따라서 우리는 청년 마르틴이 암울하고 혹독한 유년기 말엽에 심각한 정체성 위기에 빠져들고 이로 인해 수도원의 고요 속에서 유예와 치유를 추구하는 과정에 집중할 것이다. 침묵하던 그가 어떻게 "귀신이 들렸는지", 귀신이 들린 그가 어떻게 새 언어를, **자신의 언어를 말하는 법을 배워 갔는지**, 말할 수 있게 된 그가 어떻게 말솜씨로 스스로를 수도원 밖으로 끄집어내고 자기 나라의 대부분을 로마 교회로부터 끄집어냈을 뿐 아니라 자신과 전 인류를 위해 새로운 종류의 윤리적·심리적 자각을 정립했는지, 마지막으로 이 자각이 어떻게 귀신들의 귀환으로 인해 (그 귀신들이 누구이든) 훼손되었는지 살펴볼 것이다.

루터의 반란이 절정에 이르렀을 때, 그는 하느님에게, 교황과 당시 등장하던 온갖 황제들에게 인간이 각각 얼마만큼 복종의 빚을 졌는가의 문제에 천착했다. 하지만 그의 진로가 시작될 무렵에는 또 다른(말하자면 예비적인) 이분법이 그를 사로잡았다. 그것은 친아버지에게 빚진 복종과 하늘에 계신 아버지에게 빚진 복종의 이분법이었다. 친아버지가 표명한 견해는 언제나 무지막지하게 분명했던 데 반해 하늘에 계신 아버지에게서 받은 부름은 극적이지만 모호했다.

이 청년기의 이분법은 루터가 신학적 투쟁을 벌이는 성년기까지 그를 따라다녔다. 황제와 교황을 거역하고 하느님 말씀의 대변자가 된 서른여덟 살까지도 루터는 수도 서원의 포기를 정당화하는 자신의 저서 〈수도 서원에 대하여(De Votis Monasticis)〉의 머리말에서 친아버지에게 호소했다. "이 영광을 놓치는 것보다 아들 백 명을 잃는 것이 낫지 않겠습니까? 제가 말씀을 위해 서 있음을 누가 의심할 수 있겠습니까?"[1] 루터는 거역할 새로운 대상(교황)을 찾았을 때 아버지에게 자신이 마침내 당신에게 복종하게 되었음을 공개적으로 이야기해야 했다. 하지만 무슨 수를 쓰더라도 옳고자 하는 그의 양가적 희망을 간과해서는 안 된다. 루터가 이렇게 덧붙이기 때문이다. "지금도 저를 [수도원으로부터] 떼어놓고 싶으십니까? 하느님께서는 아버지를 자만심으로부터 구원하기 위해 아버지를 물리치고 저를 끌어내셨습니다."² 그리하여 루터는 아버지가 수도원 입회에 반대했음을, 더 나아가 아버지의 영광을 위해서가 아니라 하느님의 영광을 위해 아들 또한 뒤늦게 반대에 동참했음을 만방에 선언했다(당시 그의 저작은 베스트셀러였으므로). 또한 우리는 이런 갈등이 루터만 한 지위에 있는 사람에게는 너무 평범해 보일 텐데도 이를 더없이 광범위한 대중에게 공표하는 루터의 순진함을 의아하게 여기지 않을 수 없다. 그런데 그 갈등이 과연 평범한 것일까? 어쩌면 그런 지위에 있는 사람만이 자신의 신학적 결정에 일조한 개인적 갈등에 충분히 민감할 수 있고, 그것에 대해 이야기할 만큼 충분히 솔직할 수 있는지도 모르겠다. 책상물림 심리학자가 아니라 반역하는 신학자로서 루터는 자신의 갈등을 놀랍고 이따금 신랄하고 종종 믿음이 안 가는 말로 묘사했다. 하지만 우리는 300년도 더 지나 계몽주의가 돌아올 수 없는 심리학적 길목에 도달했을 때 프로이트가 명시적으로 대면하고 개념으로 빚어낸 바로 그 문제들을 루터가 종종 공개적으로 고백했다는 느낌을 받지 않을 수 없다. 그때 프로이트는 자신의 꿈을 연구하면서 자신의 지적 탐구에 내재한 신경증적 요소에 도전하고 그것을 다스렸다.

루터의 부모인 한스 루더와 마르가레타 루더. 크라나흐의 1527년작.

하지만 지금은 사실을 들여다볼 때다. 루터의 유년기에 대해 알려진 사실은 얼마 되지 않는다. 그의 아버지는 농장을 떠나 광부가 되었고, 부모 둘 다 억척스럽고 검소하고 미신을 믿고 자식을 때렸으며 학교는 따분하고 가혹했다. 마르틴은 집, 학교, 그리고 (그가 보기에) 최후의 심판에 대한 교회의 집착이 어우러진 혹독한 현실 속에서 죄책감과 슬픔의 세계기분(world-mood)을 형성했으며, 이 기분은 그를 "수도사의 길로 밀어 넣었다."

여기저기서 종종 부풀려진 단편들과 전기 작가들(특히 셸)의 성실한 배경 조사를 제외하면 이것이 우리가 가진 사실의 전부다. 이 자료만으로 결정적 통찰을 끌어내야 한다면 아예 시작하지 않는 편이 나을 것이다. 하지만 훈련받은 임상가는 사실을 전혀 입

3장 지상의 아버지와 하늘의 아버지 83

수할 수 없는 곳에서도 주된 경향을 파악할 수 있으며 실은 어쩔 수 없이 그렇게 된다. 치료의 어느 시점에서든 임상가는 무엇이 일어난 것으로 밝혀질지 의미 있는 예측을 할 수 있으며 그럴 수 있어야만 한다. 또한 미심쩍은 출처도 잘 걸러서 일관된 예측 가설이 도출되도록 할 수 있어야 한다. 이 접근법의 타당성은 하루하루의 정신분석 작업에서 뒷받침된다. 한 사건 전체, 생애 한 기간 전체, 심지어 생애 경향 전체가 치료적 위기 속에서 점차 명료화되며, 이는 향후 전략들을 제시할 수 있을 만큼 분명한 결정적인 전진이나 후퇴로 이어진다. 전기에서는 관련 주제의 타당성을 확인하려면 인간 발달에서 일어나는 중대한 반복을, 또한 승리와 패배의 대차 대조표와의 관련성을 들여다보는 수밖에 없다. 루터의 생애 중에서 기록이 덜 된 전반부를 논의할 때 독자들에게 가장 좋은 방법은 자신들을 첫 자료가 제시되는 세미나에 참석한 참가자나 청강생으로 여기는 것이다. 나는 나의 경험을 바탕 삼아 우리가 추가 자료를 찾을 때 무엇을 유념해야 하는지 현재 자료가 시사하는 바를 정식화하고자 한다. 이 책에서 루터의 생애 후반부는 결론부에서만 다룰 수밖에 없다. 하지만 말년의 루터는 많은 사람들에게 잘 알려져 있기에 나의 논의에 기대지 않고도 내 논제에 대한 후속 작업이 이루어질 수 있을 것이다.

하지만 이런 작업에서 절약의 법칙(law of parsimony)*이 우리를 인도하려면 역사적 자료에 맞게 조정되어야 한다는 것을 깨달아

---

* 오컴의 면도날(Occam's razor)을 뜻하는데, 어떤 현상을 설명하는 데 가능한 한 적은 가정을 사용하는 것이 좋다는 원칙이다.

야 한다. 프로이트는 이를 위해 '중층 결정(over-determination)'*이라는 개념을 사용했다. 언제나 모든 역사적·성격심리학적 요소는 인색한 설명으로 포괄할 수 있는 것보다 훨씬 많은 힘과 경향이 함께 작용하고 또한 서로에게 작용함으로써 결정된다. 가능한 모든 관련성을 찾는 이런 종류의 사치스러운 탐구는 어떤 요인이 서로 영향을 끼치고 어떤 요인이 서로 배제하는지 결정하는 법칙을 이해하는 유일한 방법이다.

루터는 아버지와 할아버지를 '진짜 농부(rechte Bauern)'라고 불렀는데, 이로 인해 루터를 농부나 농부의 아들이라고 부르는 것이 관례가 되었다. 꽤 현대의 문헌에서도 농부의 삶에 대해 루터가 평생 품었던 향수를 그가 어릴 적 농부의 삶을 향유했기 때문이라고 설명하는 경우가 있다. 하지만 루터의 아버지는 루터가 기억하기에 농부의 삶을 산 적이 없으며 어린 시절 마르틴은 당시 독일 농부의 삶에 존재했을 그 어떤 동질성도 경험한 적이 없다. 오히려 그는 탈농민 2세대였는데, 미국에 거주하는 우리는 이민 2세대에 대해 아는 것이 몇 가지 있다. 마르틴의 아버지는 20대 초기에 튀링겐에 있는 루터 할아버지의 농장을 떠나야 했다. 손위 형제들은 아버지의 농장을 막냇동생에게 양보하고 그의 소작인이 되거나 다른 농장에 장가들거나 농사를 떠나 다른 일자리를 찾아야 하는 것이 당시 법이었다. 그리하여 한스 루더(Hans Luder)는 광산

---

* 하나의 현상이 단일 원인이 아니라 여러 원인이 복합적으로 작용하여 발생한다는 개념인데, 절약의 법칙과 반대다.

에서 일하기로 마음먹고 아내와 함께 아이슬레벤으로 이주했다. 당시 아내는 마르틴을 임신한 상태였다. 마르틴이 태어나고 반년 뒤 가족은 다시 이주했는데, 이번 종착지는 구리와 은 채굴의 중심지로 번창하던 만스펠트였다.

이런 강제 이주가 루터와 같은 맏아들에게 어떤 의미였든 간에, 나는 이주 가정의 2세대에서 흔히 나타나는 조상 이미지의 분열을 마르틴에게서도 추적할 수 있다고 생각한다. '농부'의 삶은 마르틴에게 어떤 때에는 '루스티쿠스 에트 두루스(rusticus et durus)'였다. 이 말은 그가 자신의 삶을 두고 즐겨 일컬은 것처럼 '억센 소박함'을 뜻한다. 다른 때에는 시골 마을의 흙투성이 낙원에 향수를 느끼기도 했는데, 이것은 돼지 설교에서 표현한 바 있다. 하지만 말년에 루터는 독일 농민을 상스럽고 폭력적이고 짐승 같다고 점점 자주 또 격렬하게 비난하면서 그들과 단절했다. 독일 농민 전쟁(1524~1525년) 당시 루터는 자신의 효율적 선전 수단을 동원하여 반란 농민을 모조리 가차 없이 몰살해야 한다고 주장했다. 처음에 루터를 자신들의 타고난 지도자로 기대한 그 농민들을 말이다. 하지만 생애의 끝 무렵 루터는 자신의 손에 농민의 피를 묻힌 것을 자책했다. 하지만 그의 손은 농부의 땀을 흘려본 적이 한 번도 없었다. (그가 과장한 것일 수도 있겠지만, 농민들이 루터에 대한 믿음이 없었다면, 또 루터로 인해 새로운 인간상에 대해 믿음을 품게 되지 않았다면 영주들에게 맞서 그렇게까지 저항하지 않았을지도 모른다. 이 주제는 나중에 다시 살펴볼 것이다.) 요점은 탈농민 2세대 루터가 자신의 가계에 대해 강한 양가적 감정을 품었다는 것이다.

사회학자(파스칼)는 루터가 독일 농민에게 등을 돌린 데서 계급 전쟁이라는 만고불변의 진리를 볼지도 모르겠다. 그의 이론과 그의 역사적 탐구의 범위 내에서는 그의 생각이 지당할 것이다. 하지만 이 해석은 세대에서 세대로 긍정적 가치와 부정적 가치가 전달되는 과정에서 유년기와 청년기가 결정적 역할을 한다는 사실을 간과한다. 루터의 유년기를 보면 농민과 같은 직업(더 정확히는 '신분')에 매여 있다는 것만으로 연속성의 내적 감각을 반드시 지니는 것은 아님을 알 수 있다. 반드시 고난, 희망, 그리고 신분제에 대한 증오를 공유해야 한다. 그래야만 이데올로기가 의미를 지닐 수 있다. 루터의 아버지는 농부 정체성을 버렸을 뿐 아니라 아예 등을 돌리고는 새로운 목표를 추구하는 데 도움이 될 덕목을 가장 짧은 시간 안에 계발하여 자녀들에게 심어주었다. 소극적 목표는 많은 탈농민에게 닥친 프롤레타리아화를 피하는 것이었고, 적극적 목표는 광부를 관리하는 직급으로 승진하는 것이었다. 그건 그렇고 마르틴의 어머니는 도회지 출신이었다. 어머니가 어쩌다 토지를 상속받지 못한 농부와 결혼하게 되었는지는 분명치 않지만, 남편의 신분 상승 투쟁을 물심양면으로 뒷받침했으리라는 생각에는 일리가 있다. 그렇다면 마르틴이 양육받는 과정에서, 농부 이미지는 우리가 부정적 정체성 파편이라고 부르는 것이 되었는지도 모른다. 그것은 가족이 벗어버리고 싶어 하는 정체성이자 (이따금 감상적으로 미화할지도 모르지만) 자녀가 일말의 기미조차 보이지 않도록 억압하려 드는 정체성이다. 사실 루터에 관한 문헌에는 이와 똑같은 양가감정이 수두룩하다. 한 문헌에서는 루터의 강인함을 강조하려고, 다른 문헌에서는 그의 저속함과 우둔함을 설명하려고 그의 농부 천성을 언급한다. 이를테면 니체는 루터에게 경의를 표하고 싶을 때 그를 '베르크만스존(Bergmannssohn)', 즉 광부의 아들(직역하면 '산사람의 아들')이라고 부른다.

당시 광부의 삶은 고달팠지만 영예롭고 규율이 엄격했다. 로마법은 그들에게 파고들지 못했다. 광부들은 노예 노동에 시달리기는커녕 최대 노동 시간 제한, 위생법, 최저 임금제를 적용받으며 스스로 세운 규율에 따라 존엄을 지켰다. 한스 루더는 광부 일에서 성공을 거두면서 소작농과 미숙련 노동자가 겪는 프롤레타리아화를 피했을 뿐 아니라 광산 출자자와 제련소 공동 임차인 같은 관리 직급에 올라섰다. 이로써 '마이스터' 중 한 명이 되었는데, 그들은 점점 조직을 갖춰 길드를 통해 일종의 폐쇄적 계승권을 확립했으며 도제의 입회와 승진을 쥐락펴락했다. 따라서 한스 루더를 농부라고 부르는 것은 감상벽이나 경멸감의 표현이다. 그는 초기의 소산업가이자 소자본가로서, 처음에는 종잣돈을 마련하기 위해 노력했고 그다음에는 투자금을 지키기 위해 위엄 있는 잔인함을 발휘했다. 그는 읍내의 주택 한 채와 금화 1250굴덴을 유산으로 남겼다.

이 모든 것을 성취하기 위해 젊은 한스와 아내가 지독하게 노력하고 깐깐하게 절약했음은 의심할 여지가 없다. 말년의 루터가 잘 차려진 식탁에 앉아 입을 헤벌린 아이들과 (루터의 말을) 받아 적기 바쁜 학생, 하숙생, 친구들에게 유명한 '탁상담화(Tischreden)'*를 실제로 구술할 때 가난에 찌든 어린 시절을 내세

루터의 《탁상담화》. 프랑크푸르트에서 간행된 1567년판. 초판은 1566년에 나왔다.

워 자신을 미화한 것은 바로 이런 목적의식적 자기부정이었다(그러고는 곧장 교사의 만행과 수도원의 부패를 성토했다). 그러므로 무척 가난하고 지독히 불행한 어린 시절의 이미지는 루터 자신의 훗날 발언에 기초한 것이다.

유명인이 된 루터가 아동기의 마르틴이나 분투하는 청년 마르틴에 대한 보고자로서 그다지 신뢰할 만하지 않음은 아무리 강조해도 지나치지 않다. 내가 말하는 것은 '사실의 보고자'다. 하지만 누군가의 어린 시절에 대한 자전적 서술을 이해하려면 어떤 대목은 억압하고 어떤 대목은 부각하도록 유도하는 무의식적 신념

---

* 1531년부터 1546년까지 루터가 자신의 집에서 학생, 동료와 나눈 대화를 말하며 이후 책으로 출판되었다. 신학, 정치학을 비롯한 다양한 주제에 대한 루터의 생각이 담겨 있다.

의 열쇠를 찾아야 한다. 정신분석은 모든 기억이 여러 장막을 통과해야 함을 일찍이 알아차렸다. 이 장막들 때문에 어린 시절은 안개에 휩싸여 형체가 왜곡되고 색깔이 달라진다. 언어 발달 시기가 하나의 장막이고 취학 시기(오이디푸스 콤플렉스 이후 시기)도 또 다른 장막이다. 여기에 청소년기의 정체성 발달 완성 시기를 추가해야 한다. 이 시기를 통해 개인의 구성 요소 중 어떤 것은 미화되고 어떤 것은 배척된다. 루터 같은 사람의 삶에서는 (그리고 정도는 덜할지언정 모든 사람의 삶에서도) 또 다른 장막이 짙게 드리워진다. 그것은 공적 정체성의 시작인데, 그 순간 삶은 느닷없이 전기가 된다. 여러 면에서 루터에게 삶이 완전히 새로 시작된 시점은 세상이 그의 95개조 논제를 열렬히 받아들이고 그에게 반역자, 개혁가, 영적 독재자의 역할을 억지로 떠안겼을 때였다. 그러자 그 전의 모든 것은 그의 반항을 합리화하는 데 일조하는 경우에만 기억되었다. 과거를 역사화하려는 대부분의 시도 이면에는 이런 동기가 있는지도 모르겠다.

   루터의 부모가 억척스럽고 검소하고 미신을 믿은 소박한 사람들이었음은 분명하다. 하지만 한스 루더는 무엇보다 야심가였다. 아버지의 농장과 재산을 양보해야 했던 탈농민 루더는 아내를 숲에 보내 땔나무를 모으게 했는데, 이것은 전기 작가들을 감명시킨 대목 중 하나다. 하지만 독일 숲을 거닐어본 사람이라면 누구나 알듯 영주의 숲에서 땔나무를 가져오는 것은 극빈층에게는 그림의 떡인 관습적 특권이었다. 또한 루더는 아들을 라틴어 학교와 대학에 보냈고 아들이 법률가가 되고 어쩌면 시장

(Buergermeister)도 될 수 있겠다고 기대했다. 이를 위해서는 어떤 대가도 치를 의향이 있었고 돈도 댈 수 있었다. 과거를 뒤로하고 미래를 만들어 가야 하는 이런 가족의 틀 안에서 우리는 루터의 어린 시절에 대한 빈약한 자료를 들여다보아야 한다. 이 자료들로부터 우리가 확실히 알 수 있는 것은 사실이라기보다는 힘이다.

돌이켜 보면 명확히 두드러지는 전면적인 정치적·경제적 변화 중에서 어느 것이 특정 지역의 특정 개인에게 핵심적이었는지, 그의 의식적 희망과 염려에 핵심적이었는지, 그의 무의식적 열망과 적응에 핵심적이었는지를 역사적 자료에서 확인하기란 언제나 힘들다. 한스 루더 시대의 신성로마제국과 중세 교황제는 오늘날 제국들이 겪는 기술적·정치적 발전의 조합과 똑같은 조합에 의해 활력을 얻고 위협받았다. 그런 요소들은 예나 지금이나 다음과 같다.

지리적 공간의 정복: 그때는 신대륙을 연 항로를 통해 세계를 누빈 데 반해 지금은 비행기와 우주선을 통해 정복이 이루어진다.

통신: 그때는 인쇄술이 발달하고 있었던 데 반해 지금은 텔레비전이 등장했으며 영상과 음성의 힘이 증폭되고 값싸져 문제를 일으키고 있다.

성스러운 전쟁: 그때는 이슬람 세계를 견제하거나 파멸하려는 시도가 벌어지고 아랍 사상가들의 철학적·과학적 사유가 중세 학문에 점차 침투하는 것에 맞서 투쟁이 벌어진 데 반해 오늘날은 과학적 이념과 사회적 가치가 그와 비슷하게 상호 침투하며 경제 이데올로기 전쟁이 벌어진다.

기술: 그때는 봉건적 토지 소유제가 국제적 금융·산업 계층에 의한 화폐 축적으로 변화하고 교회가 국제 금융에 직접 개입한 데 반해 지금은 산업 문명이 탄생했으며 정부가 원자력 경쟁에 직접 참여한다.

군비: 그때는 기마전과 백병전이 화력전으로 대체된 데 반해 지금은 우주 전쟁 기술자들에 의해 군대가 낡은 것이 됐다.

이 짧은 목록에서 우리는 중세 세계의 몇몇 지평을 현재에 비추어 바라볼 수 있다. 이런 발전 하나하나가 루터의 인생 행로에 영향을 끼쳤다. 탁상담화에서 짐작할 수 있듯 그는 이런 발전에 거의 무지했지만.

뉴스의 전파가 전설과 구전을 통해 이루어지기에 보편적 뉴스는 개인에게 대체로 비현실적이다. 보편적 변화는 시장, 대로, 집에 들이닥치고서야 실감된다. 보통 사람은 자신의 편협한 마음으로 아우를 수 있고 하루 일과에서 맞닥뜨릴 수 있는 것에 믿음을 둔다. 세상을 통합하고 타당한 가치를 지키고 행동에 보상을 가져다주는 사소하고 종종 반동적인 질서를 추구하는 것은 이런 까닭이다. 한스 루더가 살았던 중세 후기에 대해 토니는 이렇게 말한다.

유럽의 일차적인 단위는 마을이었다. 그런데 마을, 즉 관습에 의해 강화된 농지 보유자 공동체는 자신들의 전통적인 일상사를 '변화'라는 이름의 악덕으로 위협하는 무질서한 욕망을 억누르기 위해 도덕적 결속이라는 미덕을 격렬히 발휘했다. 마을 너머에는 더 크고 더 많은 특권을 누리는 자치 도시라고 불리는 마을이 있었는데, 자치 도시와 길드의 형제들은 고지대와 계곡에서 온 이방의 악마에게 결연한 표정을 지었다. 이들 위에는 천천히 잠을 깨는 여러 민족(nation)이 있었다. 민족이 정치적 현실로 확립되기 전부터 민족주의는 경제적 힘으로 작용하고 있었는데, 어떤 사람이 피렌체인 또는 황제의 사람이라는 것은 경쟁자를 괴롭히기에 충분한 이유가 되었다. 저장고가 있는 특권적인 식민지, 한자동맹의 스틸야드, 남부 독일인들의 폰다코 테데스코(Fondaco Tedesco), 영국 모험상인들의 상관(商館)은 경제적 배타성의 벽에 생긴 작은 금에 불과했다. 근대의 튀르키예나 중국에서처럼 무역은 특혜 조약 아래 이루어졌다.

이 비좁은 틀은 하나의 가정(家庭)이었지만, 15세기에는 감옥으로 느껴졌다. 팽창하는 에너지는 벽을 압박했다. 쉴 줄 모르는 욕망은 표면의 틈이 침식의 여지를 제공하는 곳이면 어디나 좀먹어 들어갔다.[3]

광업은 벽에 난 금 중 하나였으며, 화폐나 오래 쓸 수 있는 생활용품처럼 저장할 수 있는 부의 원천으로서 15세기에 번창했다. 광업이 번성하기는 했지만, 이는 부의 분배가 엄청나게 불균등한 탓이기도 했다. 광산 노동자들은 (대다수 성직자를 비롯한) 많은 계층의 사람들이 맞닥뜨린 위협, 즉 프롤레타리아화의 위협에 직면했다. 사회적 단위들은 시대의 변천을 이겨내려고 더 단단히 뭉쳤다. 군주는 국경을 확립하고, 자유 도시는 성벽과 교역로 요충지를 확립했으며, 길드는 업종의 독점을 확립했다. 영토 정체성과

(점점 명시적 법률로 보호받게 된) 자치권을 추구했다고 말할 수도 있겠다. 한편 보편적, 다시 말해 로마적 정체성의 암묵적 법률은 무너졌다.

한스 루더가 이 모든 현상에서 무엇을 깨달았는지는 알 수 없다. 하지만 그가 자신의 개인 특성을 세계 정세에 따른 거대한 불안과 희망에 유리하도록 써먹었으리라 가정하는 쪽이 타당할 것이다. 루더는 아들이 법률가가 되길 바랐다. 즉 로마 세계의 법률을 대체하던 새로운 세속법을 이해하고 활용하는 사람으로 만들고 싶었다. 아들이 사제와 주교후국과 교황의 재무를 관리하는 게 아니라 군주와 도시, 상인과 길드를 섬기길 바랐다. 당시에는 이런 태도를 지니고도 독실한 기독교인이라 자부할 수 있었다. 수많은 탈농민과 광부들이 그랬듯 그가 가장 바란 것은 아들이 광부의 미신에 매몰되지 않고 고상한 문제를 고민하는 모습이었으며, 땅속 깊숙한 갱도에서 손을 더럽히지 않고 남들이 캐낸 부를 향유하는 모습이었다. 이것이 역사책에서 말하는 이른바 '농부' 아들의 '농부' 아버지였다.

임상가는 세계적 사건들과 만스펠트 기록 보관소에 있는 소도시의 일상 사이에서 연관성을 찾아낼 수 있으며 그래야만 한다. 한스 루더는 만스펠트에 작은 한스라고 불리는 동생이 있었다. 형제의 세례명은 각각 '큰 한스(Gross-Hans)'와 '작은 한스(Klein-Hans)'였는데, 이런 관계는 마르틴에게 중요한 의미가 있었을 것이다. 어쨌든 작은 한스는 큰 한스를 따라 만스펠트로 갔으며 나머지 두 형제는 튀링겐에 남았다. 한 명은 지주의 딸과 결혼했고 다른 한 명은 아버지의 농장을 물려받았다. 작은 한스는 주정뱅이였는데, 술에 취하면 폭력적으로 변해 걸핏하면 칼을 꺼냈다. 어떤 출처에 따르면 그의 재판 기록은 마르틴이 다섯 살에서 열 살 사이일 때 가장 시커멓다고 한다. 대체로 이 나이대는 심성이 예민한 남자아이가 가치관을 형성하는 데 중요하다. 다른 출처에서는 작은아버지가 만스펠트에 도착했을 때 마르틴이 기숙학교로 떠났다고 덧붙인다. 어느 경우든 작은 한스는 이미 악명이 자자했음에 틀림없다. 결국 도시에서 추문을(어쩌면 심지어 살인까지도) 일으킨 동생의 존재 때문에 큰 한스는 힘들게 쟁취한 지위를 잃을 위험에 놓였을 것이다. 그 자신이 다혈질이고 실제로 만스펠트에 오기 전에 양치기를 죽였다는 혐의를 받고 있었기에 더더욱 우려스러웠다. 이런 살해는 시민이 법률을 직접 집행할 재량이 컸던 당시 상황에 비추어 판단해야 한다. 하지만 여기에는 가장(家長) 루더가 억누르고 싶어 한 감정도 결부되어 있다. 이 말은 그가 자신의 타고난 분노의 일부를 잠재적 적들로부터 돌려 집 안에서 표출했으리라는 뜻이다.

말년에 감정을 분출한 것에서 보듯 마르틴은 아버지의 기질을 이자까지 쳐서(mit Zins und Zinseszinsen) 물려받았다. 하지만 유년기와 청년기에는 신기하게도 이 기질이 드러나지 않고 잠재해 있었다. 아버지가 그를 때리거나 겁주어 기질을 억눌렀을까? 이 가정을 뒷받침하는 근거는 많다. 어쨌든 우리는 부정적 정체성의 잠재적 목록에서 '추악한 농부' 개념에 작은 한스를 추가해야 한다. 사악한 작은아버지(이름으로 보자면 의로운 아버지의 개악판)를 보면서 마르틴은 자신이 저주를 물려받았을지도 모른다는 사실을 끊임없이 떠올렸다. 그것은 경계심을 조금이라도 늦췄다가 고삐 풀린 충동이 터져 나오기라도 하면 프롤레타리아로 전락할 수도 있다는 저주였다. 모든 임상가는 자녀가 삼촌이나 고모처럼 될지도 모른다는 두려움 때문에 부모가 자녀를 오히려 그 방향으로 몰아가는 경우를 거듭거듭 목격한다. 자녀에게 경고하는 부모 자신이 썩 좋은 본보기가 아닐 경우에는 더더욱 그렇다. 루터의 아버지는 모범적 시민이었지만 집에서는 숙명적 양면성을 거침없이 내보였다. 자신의 기질을 최대로 발휘한 것은 자녀들에게서 그 기질을 없애려 시도할 때였다. 아버지가 자신을 처벌할 때 과연 독단과 악의가 아니라 사랑과 정의에 이끌리는지 마르틴이 의심한 원인이 여기에 있는 듯하다. 이 초기의 의심이 훗날 하늘에 계신 아버지에게 어찌나 거세게 투사되었던지 마르틴의 수도원 스승들도 눈치채지 않을 수 없었다. 한 스승은 이렇게 말했다. "하느님께서는 그대를 미워하지 않으신다네. 그대가 하느님을 미워하는 것이지." 자신을 정당화할 방도를 필사적으로 찾고 있던 마르틴은 분명 심판자로서 하느님을 정당화할 영원한 정의의 공식 또한 찾고 있었다.

농부는 그런 공식에 해당하지 않았다. 하지만 광부는 흙, 먼지, 땅으로부터 결코 벗어나지 않았다. 사실 그들은 더 직접적이고 깊숙하게 땅을 공격한다. 돌봄, 수고, 기도로 풍성한 협력을 일궈내는 게 아니라 땅을 겁탈하고 귀중한 자원을 약탈한다. 이런 흉포한 행위를 벌이는 것과 더불어, 땅속에서는 짓눌리기만 해도 몸이 으스러질 위험에 끊임없이 시달리기 때문에 원시적 미신에 쉽게 넘어간다. 행운이든 불운이든 늘 그때그때의 우연에 내맡겨진 신세이기 때문이다. 이렇듯 튀링겐 광부는 이날까지도 독일에서 가장 미신적인 부류로 남아 있는 튀링겐 농부보다 훨씬 미신적인 부류로 기록되었다. 이런 광부의 세계로 한스 루더는 20대 초반에 들어가야 했다. 그곳에서 체득한 노동 이데올로기와 세계관은 마르틴의 초기를 지배했다. 반짝인다고 해서 다 금은 아니라는 속담은 광부에게 운명적인 의미다. 광부의 임무는 반짝이는 것을 찾는 것인데, 탐욕스럽게 뒤지되 절제된 주의력을 발휘해야 한다. 그래야 엉뚱한 곳을 헤매지 않고 실망하더라도 금세 회복할 수 있다. 물론 당시에는 광부가 탐욕에 눈이 멀어 너무 필사적으로 찾다가 곱절로 실패하면 그 탐욕을 악마 탓으로 돌렸다. "광산에서 악마는 사람들을 괴롭히고 속인다. 눈앞에 헛것을 보이게 하여 커다란 원광석과 은괴 더미를 보았다고 확신하게 만든다. 실제로는 아무것도 없는데 말이다."[4] 반짝이는 무더기가 흙으로 판명되거나 더 나쁜 일이 벌어질지도 모른다는 미신이 어찌나 원초적이고 끈질기던지 우리는 루터 아버지의 전반적 의심병에서, 또한 그가 심지어 훗날 사제 서품을 받은 아들을 향해 신성의 가장 찬란한 현현 속에서도 '유령'이 아닌지 살펴봐야 한다고 훈계한 일화에서 그런 미신을 포착하는 법을 배워야 하는지도 모르겠다. 마르틴은 그런 미신을 말 그대로 어머니의 젖과 함께 흡수했기에(어머니가 선한 주술을 더 강조하긴 했지만 아버지보다 더 미신적이었다고 전해지므로) 아버지가 땅의 내장에서 일하는 사람들의 불길한 지혜를 들먹였을 때 그 말을 결코 믿지 **않을** 수 없었는지도 모른다. 루터는 세상을 떠나기 불과 며칠 전에도 악마가 창밖 홈통에 앉아 궁둥이를 까 보이는 광경을 보았다. 그런 '현실'은 그에게뿐 아니라 아리스토텔레스, 아우구스티누스, 바울에게도, 성경에도 늘 존재했다.

루터는 뿌리까지 파 들어가는 의심이 인간의 "일, 감각, 이성"을 지켜준다며 칭송했다. 이데올로기적 왜곡은 헤아릴 수 없는 위험으로 가득하다. 여기에다 재앙에 대한 광부의 끊임없는 두려움이 배경으로 작용하여 루터는 활동하는 내내 갑작스러운 죽음을 염두에 두었으며, 그러기에 어느 때든 맞닥뜨려야 할지도 모르는 심판을 끊임없이 경계했다. 키르케고르는 루터가 언제나 바로 다음 순간에 벼락에 맞을 사람처럼 말하고 행동했다고 언급한 적이 있다. 물론 그가 가리키는 것은 루터가 수도사가 되겠노라 결심한 계기인 신비한 천둥 벼락이었다. 하지만 재앙에 대한 지나친 걱정, 전전긍긍하며 심판에 대비하려는 조급증은 이전에도 마르틴 세계의 일부였으며, 천둥 벼락이 그에게 결정적 영향을 끼친 것은 이 때문이었는지도 모른다.

생애 말년에 루터는 이렇게 말할 수 있었다. "많은 지역에 악마가 살고 있다. 프로이센에는 득시글거린다." 이것은 국가의 성격에 대해 루터가 의견을 표명한 드문 사례다. 사실 루터는 당대의 모든 자녀와 마찬가지로 영이 구체적 형체로 사방에 임재한다는 생각에 깊이 물들어 있었다. 그가 자란 사회적 전선에서 영들이 힘겨루기를 하며 난장판을 벌였을 거라 짐작할 수도 있다. 그곳은 진흙, 마른 흙, 토질에 대한 농부의 강박이 암석, 흙, 횡재 가능성에 대한 광부의 강박으로, 이를 뛰어넘어 빛나지만 '추한' 금속과 화폐를 축적하겠다는 상인의 목표로 전환되는 지대였다. 이 모든 강박에는 모험적이고 한계를 모르는 새로운 탐욕이 서려 있었으며 교회는 이 탐욕을 짓누르는 동시에 독점하려고 안간힘을 썼다.

　마르틴의 어린 시절에, 바람과 물의 낯선 소음, 희끄무레하고 어슴푸레한 박명과 어둠 속에서 보이는 낯선 광경은 마법사와 마녀가 보낸 무수한 귀신들의 증거로 마땅히 받아들여졌다. 귀신들은 누군가 지켜볼 때에만, 즉 경계하고 의심할 때에만 잠잠했다. 귀신에 대한 믿음 덕분에 사람들은 자신의 무의식적인 생각과 전의식적인(preconscious) 탐욕과 악의, 그리고 이웃이 품었으리라 의심되는 생각을 꾸준히 외부로 표출할 수 있었다. 이웃의 생각을 이렇게 외부로 표출할 때는 주관적인 것과 객관적인 것이 곧잘 뒤섞였을 것이다. 우리는 이웃의 공적인 성격과 활동에 대해서는 알고 있지만 그의 은밀한 생각은 (당연히) 알지 못한다. 그런 이웃이 내게 해코지를 꾀하는 것처럼 보인다면, 그것은 이런 뜻이었다. 무해한 내가 그에게 행하고자 그저 무력하게 **바라기만** 하는 일을, 그는 영의 순전히 불공정한 도움을 받아 나에게 저지를 방법을 찾으리라는 것이었다. 모든 주술적 사고에서는 모르는 것과 무의식적인 것이 공통의 지대에서 만난다. 살인, 간통, 탐욕의 욕구나 갑자기 우울해지거나 쾌활해지는 기분은 모두 사악한 소망을 품은 이웃이 내게 억지로 씌운 것이다. 성적 환상도 현세 바깥에서 온 것으로 취급할 수 있다. 심지어 남사스러운 꿈이나 이웃과 동침하는 따위의 성적 사건도 잠자는 남자의 밑에나 잠자는 여자의 위에 눕는(루터의 표현으로는 "Unter oder oblegen", 신학 용어로는 "succubus et incubus") 악마의 음흉한 습관 탓으로 돌릴 수 있다.

그런 것을 용납할 만큼 당신의 양심과 이성이 원시적이거나 교활하다면 이 모든 일은 얼마든지 일어날 수 있다. 하지만 양심과 이성이 너무 발달하면 자책이 생겨나는데, 이는 루터에게도 골칫거리였다. 의식이 아예 없거나 별로 없을 때 당신을 괴롭힌 것을 당신이 욕망하고 부추겼는지 어떻게 알 수 있겠는가? (당신이 알고 싶어 할 만큼 경솔하다면 말이지만.) 다른 한편으로 의식이 또렷하고 정신이 초롱초롱하고 착한 양심으로 가득한 드문 순간에 바로 이 착함의 과잉이 트루크빌트(Trugbild), 즉 악마의 신기루가 아닌지 어떻게 알 수 있겠는가?

이 미신들을 원시적 강박으로 치부하는 것, 영문을 몰라 자신이 귀신에 쒸었다고 생각하는 사람을 가련하게 여기는 것은 현대인에게는 자연스러운 반응이다. 하지만 간과하지 말아야 할 것이 있다. 이성의 범주 안에 머무는 한, 즉 집단적 공포와 신경증적 불안에 휘둘리지 않는 한, 미신은 미지의 것을 다스리는 집단적 방법이었다는 사실이다. 위험으로 가득한 세계에서 미신은 심지어 안도감의 원천 역할을 했는지도 모른다. 낯선 것을 낯익게 만들고 두려움과 갈등을 향해 이렇게 말할 수 있게 해주기 때문이다. "네 놈이 보여! 알아보겠다고!" 심지어 자신이 보고 알아본 것을 다른 사람들에게 말하면서도 자신이 타락이나 절망 때문에 헛것을 상상했거나 혼자 귀신에 쒸었다는 비난으로부터 (비슷한 생각을 하는 사람들 사이의 계약에 따라) 타당하게 벗어날 수 있다. 오늘날 우리도 자신의 콤플렉스, 심장 건강 문제, 공산주의자에 대해 이야기를 나눌 때 같은 행동을 하지 않나?

세계가 통째로 악령의 손아귀에 들어간 것도 결코 아니었다. 인간과 이승의 땅 밑 사이에 있는 무수한 영적 중재자들만큼이나 인간과 하늘 사이에 있는 매개자들도 점점 수가 늘어 갔다. 이 매개자들은 범접할 수 없는 삼위일체보다 더 인간적이고 더 가깝고 더 이해하기 쉬운 천사와 성인, 하늘나라에 간 삼촌과 고모였다. 모든 인간에게 그의 천사가 있었듯 모든 질병과 불운에는 그에 해당하는 성인이 있었다. 신기하게도 그들은 자신이 치유할 수 있는 바로 그 질병을 일으킨다고 종종 여겨졌다. 어쩌면 그것은 경쟁이 점점 심해지는 시장에서 자신의 값어치를 유지하기 위해서였는지도 모른다. 성인마다 별도의 제단이 있어서 도움을 청하려면 제단에 제물을 바쳐야 했기 때문이다. 광부에게는 한 명의 주 성인과 여러 명의 보조 성인이 있었다. 성모 마리아의 어머니 성 안나는 마르틴뿐 아니라 한스의 아프고트(Abgott)였다. '우상'을 뜻하는 '아프고트'는 특이한 낱말이다. 성인에 대해, 실질적인 교회의 이미지에 대해 화려한 우상을 만들어 숭배하고 나머지 종교 행위는 전문가들에게 맡기는 경향이 가톨릭 공동체에서 이어지고 있었음을 나타내기 때문이다. 성 안나는 광부의 건강을 돌봐주었고 돌발적 사고를 당하지 않게 지켜주었다. 하지만 성 안나가 "더욱 귀한 이유는 빈손으로 오지 않고 두둑한 재물과 보화를 가져다주기 때문"이다. 우리는 마르틴의 계시적 결단의 시간에 성 안나에 대해 다시 듣게 될 것이다.

정신분석에서 확립된 성격론에 따르면 의심, 강박적 편집(꼼꼼함), 도덕적 가학증, 그리고 오염과 감염을 일으키는 생각과 물질에 대한 집착은 두루 함께 나타난다. 루터는 모든 증상을 보였다. 마르틴의 기록된 발언 중에서 학창 시절로 거슬러 올라가는 가장 초기의 것 중 하나는 전형적인 강박적 발언이었다. "깨끗하게 씻을수록 더러워진다."[5] 다른 한편으로 우리는 두엄 위에 누운 돼지에 대한 루터의 의기양양한 우스갯소리를 이미 인용한 바 있다. 그의 성격 중 이 부분은 내가 제시하고자 하는 가설을 바탕으로 삼아 어느 정도 이해할 수 있는데, 가설의 토대는 강박 환자에 대한 연구와 문자가 없는 사회에 대한 연구다. 악마의 콧구멍에 대고 방귀를 뀔 수 있으면 악마를 완전히 물리칠 수 있다는 주장은 루터가 평생 옹호한 요법들(동종 요법이라고 불러야 할까?) 중 하나에 불과하다(집에서 체득한 귀신론이 기반이 되었음은 의심할 여지가 없다). 루터의 방법은 악마를 악마 자신의 무기로 때리는 것이다. 그리고 현 시점에서는 입증될 수 없는 가설을 제시하는데, 악마와 그의 보금자리, 그리고 똥과 그 기원의 구멍이 모두 주술적 위험이 도사리는 공통의 땅 밑에서 서로 연관되어 있다는 것이다. 그렇다면 땅의 내장과 가장 내밀한 자아 둘 다 이 공통의 땅 밑과 관계가 있는지도 모른다. 땅의 내장에서는 흙이 (연금술사가 땅 위 실험실에서 실험으로 재현하려 애쓴 주술 과정을 통해) 귀금속으로 바뀔 수 있으며, 숨은 '영혼의 땅(젤렌그룬트 Seelengrund)'인 가장 내밀한 자아에서는 비천한 격정이 신비롭게 탈바꿈할 수 있다.

이 원시적 사유의 층위를 다룰 때, 또 이 사유를 살아 있는 전승으로 만들어낸 민족을 다룰 때는 흙의 의미를 광물의 형태와 식물의 형태로 재평가해야 한다. 이른바 원시인을 연구하는 것은 도움이 되긴 해도 꼭 필요하진 않다. 원시인이란 여러 신경증 증상에서나 '복덩이 흙(paydirt)'* 같은 구어에서 표현되듯, 흙과 귀중함을 동일시하는 흔하지만 대개 무의식적인 성향의 사람을 일컫는다. 이를테면 광산이나 피츠버그 같은 탄광촌·철광촌에서 일한 사람이라면 누구나 '스모그'에 이중적 평가가 결부되어 있음을 알 것이다. 내가 말하는 것은 자동차 배기관에서 뿜어져 나오는 스모그가 아니라 산업 밀집 단지의 정직하고 생산적인 검은 스모그다. 나이 든 피츠버그 주민들은 본디 동유럽과 남유럽의 농부였는데, 모국에서는 진흙이 마른 흙으로, 마른 흙이 진흙으로 바뀌면서 땅이 비옥해졌다. 반면에 미국에서는 스모그가, 어쨌든 연기가 생산성을 의미했다. 그 연기는 고용을 뜻할 뿐 아니라 국가의 철강을 생산하는 제조업 활동이 꾸준히 이루어진다는 뜻이기 때문이다. 하늘이 푸르고 강물이 맑은 때는 광산이 폐쇄되고 파업이 벌어질 때뿐이었다. 맑음은 지독한 공허와 최종적 폐업 가능성을 떠올리게 했다. 피츠버그를 맑히겠노라 나선 현대 피츠버그 주민들에게 박수갈채로 지지를 보낸 것은 피츠버그를 국가적 재투성이 소녀 신데렐라로 여겨 동정한 외부인들이었다. 연기와 그을음을 집 안

---

* 금 성분이 많이 들어 있는 모래나 자갈.

풍경으로 여긴 이민자 가족들은 시큰둥했다.

정신의학자(레이테르)의 관찰 결과 중 하나는 루터의 기본적 유아기 경험이 일어난 특수 환경을 이해하는 실마리를 던진다. 정신의학자는 자신의 배경 연구를 바탕으로 삼아 이렇게 썼다. "루터의 가족은 좁고 어두컴컴한 집에서 살았다. 작고 낮은 방이 몇 개 있었으며 조명은 부실하고 환기는 열악했다. 그 방에서 부모와 자녀가 옹송그리고 있었다. 넓은 벽감 한 곳에서 가족 전부 또는 대다수, 즉 남녀가 함께 벌거벗은 채 잤을 가능성도 있다."[6] 정신의학자는 체벌 때문에 이미 잠을 못 이루게 된(이 점에 대해서는 좀 있다 논의할 것이다) 소년 마르틴이 신체적 자극을 받고 성행위를 목격할 기회가 얼마든지 있었으리라 주장한다. 그와 더불어 출생, 질병, 죽음도 목격했을 것이다. 유아기 트라우마가 루터의 성격에 미친 영향을 과소평가하고 싶어 하는 사람들은 대체로 이런 환경은 비슷한 가정에서는 모두 통상적이었고, 따라서 유별나지 않다는 통계적 반론을 제기한다. 하지만 관찰력과 상상력이 뛰어난 소년 마르틴은 사물의 본성과 질서에 대한 하느님의 섭리를 골똘히 궁리하는 경향이 있었으므로 남들에게 따분해 보이는(실은 남들을 따분하게 만드는) 관찰 때문에 고통받았을 가능성이 매우 크다(그것을 신경증적 고통이라고 불러도 좋겠고 예민함으로 인한 고통이라고 불러도 좋겠다). 어쨌든 이 소년의 꿈과 비몽사몽에서 무슨 일이 일어났고 그가 잠결과 선잠결에 무엇을 느끼고 들었든 그것은 귀신과 악마 자체의 사악한 짓과 두루 연관되었다. 한편 밤에 관찰한 몇몇 사건은 아버지의 도덕주의적인 낮의 갑옷에 기이한 가학적 빛을 비추었을지도 모른다.

어떤 전기 작가들은 루터의 아버지가 루터를 때려 권위에 대한 깊은 두려움을 주입하고 고집과 반항심을 속속들이 심었다고 잘라 말한다. 이 때문에 루터가 소년 시절에는 병마와 불안을 겪었고, 청년기에는 '슬픔'에 사로잡혔으며, 수도원에서는 자책에 시달렸고, 그 뒤에는 의심과 우울에 빠졌으며, 마지막으로 하느님의 정의 문제를 추구하다 종교 혁명을 일으키기에 이르렀다는 것이다. 교수(셸)는 이 주장들을 하나도 받아들이지 않을 것이다. 교수에게는 '기도와 일, 절제와 하느님에 대한 두려움'은 지혜의 네 기둥이다. 또 루터의 아버지가 수단을 선택할 때 조금 덜 조심하고 성미가 조금 더 다혈질이었을지는 모르지만 아버지의 동기는 잠언 13장 24절*에서와 같았으며 목표는 아들의 도덕적 안녕, 지성적 완성, 사회적 영달이었다. 우리가 모진 매질이라고 부를 법한 것을 교수는 '용감하게 맞았다(Wacker Gestrichen)'라고 일컫는다. 물론 다른 소년들도 루터처럼 매질을 당했다는 교수의 지적은 옳다. 실제로 루터 자신도 집과 학교에서 들리는 단조로운 매타작 소리를 즐겨 언급하면서 이런 훈육의 보편성을 강조한 듯하다.

하지만 그 효과에 대한 교수의 통계적 접근법(원인이 너무 흔해서 한 개인에게 별다른 효과를 내지 않았으리라는 주장)은 임상적으로도 전기적으로도 타당하지 않다. 우리는 매질하는 사람과 매질당

---

* 잠언 13장 24절, "자식이 미우면 매를 들지 않고 자식이 귀여우면 채찍을 찾는다."

하는 사람의 관계를 확정하고 독특한 요소가 평범한 사건에 특별한 의미를 부여하지는 않았는지 알아내려고 노력해야 한다.

　루터의 발언 중에서 곧잘 인용되는 것이 두 가지 있다. "한번은 아버지께서 어찌나 호되게 매질을 하시던지 난 달아나고 말았지. 그 후로 아버지께서 가까스로 내 마음을 돌려놓기까지 아버지에 대한 끔찍한 생각을 버릴 수 없었어." "어머니께서는 내가 밤을 하나 훔쳤다고 피가 나도록 때리신 적이 있지. 어머니의 의도야 좋았겠지만 그 규율이 너무 엄격해서 난 수도원으로 도망쳤어."[7] 마지막 발언이 신경 쓰이긴 하지만, 인용문의 영어 번역자 베인턴(Roland H. Bainton)은 이 매질이 '분노의 번득임'을 일으키는 데 그쳤을 거라고 생각한다. 많은 루터 권위자들은 심리학적 사고를 전혀 시도하지 않은 채 이 체벌 문제가 전혀 중요하지 않다고 판단하거나 정반대로 마르틴을 정서적 불구로 만들었다고 판단한다. 하지만 가장 좋은 방법은 이 자료를 평가할 얼개의 윤곽을 그리는 것인 듯하다.

　내 직업인 정신분석에서는 사람들이 무슨 말을 하는지 정확히 듣는 법을 배운다. 그리고 루터의 발언은 심지어 간접적으로 전해질 때조차 순진무구해서 놀라울 때가 많다. 루터가 말한 매질 사건에 대해 위에서 베인턴의 번역으로 인용했는데, 독일어 텍스트에는 이야기가 더 있다. "dass ich ihn flohe und ward ihm gram, bis er mich wieder zu sich gewoehnte."[8] 이 문장은 다른 언어로 옮기기 힘들다. 베인턴은 자신의 관점에서 볼 때 고민할 가치가 없다고 판단했다. 그래서 미국 소년이 했을 법한 말로 번역했다. "난 달아나고 말았지. …… 끔찍한 생각을 버릴 수 없었어." 하지만 원문에 더 가까운 번역은 이럴 것이다. "나는 아버지에게서 달아났으며 아버지에게 서글픈 분노를 느꼈다. 아버지는 점점 나를 당신에게 다시 길들도록 했다." 그러므로 'ich ward ihm gram'은 "아버지에 대해 끔찍한 생각이 들었다"보다는 덜 화나고 더 슬프고 더 깊이 상처 입은 감정을 묘사한다. 아이는 특별한 애정이 없는 사람에게는 끔찍한 생각을 품을 수 있지만 사랑하는 사람에게는 서글픈 분노를 느낀다. 마찬가지로 부모는 거의 누구에 대해서든 오만 가지 이유로든 "마음을 돌려놓을" 수 있지만 누군가를 자신에게 **다시 길들도록** 하려는 목적은 오로지 친밀한 일상 관계를 회복하기 위해서다. 그러므로 저 한 문장에 담긴 개인적 특성에서는 (내가 보기에) 한스와 마르틴의 관계를 규정하는 두 가지 경향이 나타난다. 마르틴은 절망적 두려움을 느낄 때조차 **아버지를 정말로 미워할 수는 없었다**. 슬픔을 느끼는 것이 고작이었다. 한편 한스는 아들을 가까이 둘 수 없었고 때로는 지독히 화를 냈지만 **아들을 오랫동안 멀리할 수는 없었다**. 두 사람은 서로에게 깊고 상호적인 투자를 했다. 어느 쪽도 투자를 포기할 수 없었고 포기하려 하지도 않았다. 어느 쪽도 그 어떤 결실조차 거둘 수 없었지만 말이다. (독자는 이 해석이 문장 하나에 너무 큰 의미를 부여하는 것이라고 느낄지도 모르겠지만, 차차 전체 이야기에서 더 많은 근거를 찾아볼 것이다.)

나는 젊은 환자들을 상대했기에 이런 종류의 부자 관계를 아주 잘 안다. 오늘날 미국에서 어디에나 있고 무지막지하게 단호한 심판자는 대체로 어머니다. 가장 상냥한 수단을 쓸지언정 자녀를 결정적인 정체성 투쟁으로 몰아넣는다. 자녀는 부모 중 한 명의 중요한 사람인 어머니에게 축복받고 싶어 하는데, 자신이 행하고 성취한 것이 아니라 **있는 그대로의 모습**으로 축복받기를 원한다. 그래서 종종 어머니를 엄청난 시험에 들게 한다. 다른 한편으로 어머니가 **부모인 자신을 정당화**해줄 특정한 자녀로서 여러 자녀 중 이 자녀를 선택한 것은, 극복할 수 없는 외부적 거리감과 그와 짝을 이루는 내적 친밀감 때문이다. 그렇기에 어머니가 묻는 것은 이것뿐이다. 넌 무엇을 **성취**했니? 날 위해서 무엇을 했니? 반면에 루터의 경우는 아버지가 마르틴의 삶에서 이 역할을 했으며 어찌나 철저했던지 어머니는 독일 주부의 초라한 기준에 비추어 보더라도 존재감이 훨씬 낮았다.

 나는 루터가 아버지를 드러내놓고 미워할 수 없었다고 말했다. 이 말은 루터가 내심으로는 미워했음을 전제한다. 이를 뒷받침하는 증거가 있을까? 유일한 증거는 증오가 너무 오랫동안 지체되다가 마침내 폭발했을 때 엉뚱한 사람을 공격한 행위에서 찾아볼 수 있다. 말년에 루터는 정당하든 정당하지 않든 준열한 위엄과 순전한 저속함으로 재빨리 그리고 끈질기게 증오하는 남다른 능력을 발휘했다. 이 증오 능력과 더불어 자신이 연약하던 시절에 (자신이 생각하기에) 훼방 놓은 사람들을 용서하지 못하는 무능력은 루터뿐 아니라 다른 위대한 인물들에게서도 찾아볼 수 있다. 하지만 말년에 그가 보여준 고통스러운 복종과 변덕스러운 불복종을 따라가다 보면 그가 이런 아버지를 (또 다른 학대당한 아들이자 훗날 해방자가 된 링컨이 서글프지만 단호하게 감행했듯) 회피하는 것조차 불가능했던 이유가 무엇인지 묻지 않을 수 없다. 심지어 당시의 가부장제에서도 끝내 아버지를 제쳐두고, 타협하여 제 갈 길을 갈 수 있었을 텐데 말이다. 에라스뮈스와 칼뱅, 그리고 그들에게 못 미치는 수많은 사람들은 아버지의 의지를 거역하면서 위기를 맞았으나, 반항을 자기정당화의 중심으로 삼지 않은 채 어떻게든 위기를 해소했다.

지금까지 나는 한스와 마르틴의 관계에서 나타나는 두 가지 경향을 언급했다. 첫째 경향은 아버지의 억척스러운 경제적 야심인데, 이것을 위협한 것은 그가 과거에 저지른 일(심지어 살인이었을지도 모른다)과 그가 언제나 내면에 지니고 있던 살인과 맞먹는 감정이었다. 둘째 경향은 아버지의 야심이 맏아들에게 집중되었다는 것인데, 아버지는 아들을 폭력적으로 학대하다가도 때로는 감상적이라 할 만한 태도로 자신에게 길들였는데, 이는 치 떨리는 조합이었다.

나는 여기에 아버지의 의로움(righteousness) 과시를 더하고 싶다. 한스는 정의라는 관념 자체(Inbegriff, 모범)를 자처했다. 어쨌거나 몸을 사리지 않았으며 자녀의 본성 못지않게 자신의 본성과도 가차 없이 싸웠다. 하지만 자신이 처한 상황과 자신이 내적 강박으로 인해 겪은 일 때문에 자녀에게 복수하는 부모는 위험하다. 이런 부모는 자신의 왜소한 자아를 정당화하겠다고 삶의 가장 거대한 힘 중 하나(필수적 가치에 이바지하는 참된 분노)를 허투루 쓰는 셈이다. 하지만 마르틴은 아버지가 절제된 공적 정체성 이면에서 홧김에, 또 종종 술김에 충동에 사로잡힌다는 사실을 여러 차례 감지한 듯하다. 그의 아버지는 엄한 작업반장과 의로운 재판관을 빙자하여 자신의 충동을 가족에게 쏟아부었다(다른 사람에게는 그럴 엄두를 내지 못하면서도).

마르틴은 아버지의 분노가 두려워(어떤 전기 작가들은 두려움이 일상적이었다고 묘사한다) 결코 말대꾸(Widerrede)를 할 수 없었다. 훨씬 뒤에야, 수도원의 묵언 규칙으로 입을 봉쇄하려고 시도한 뒤에야 마르틴이 역사상 가장 거대하고 유능한 말대꾸꾼이 되었다는 사실을 보더라도 무엇이 그를 그토록 오래 침묵하게 했는지 묻지 않을 수 없다. 하지만 이것이 마르틴이었다. 그는 라틴어 학교에서 독일어를 쓴다고 매를 맞았는데, 훗날 기를 쓰고 독일어를 썼다! 그의 유년기에 잠재할 수밖에 없었던 것이 무엇인지는 훗날 터져 나온 것으로부터 유추할 수 있다. 그중 하나는 어머니와 경험을 공유한 유대감이었을 것이다. 그의 어머니는 한스 루더 때문에 즉흥성과 상상력을 발휘하지 못했다고 전해진다.

마르틴의 유년기 딜레마를 아버지의 측면에서 바라볼 때 우리가 할 수 있는 말은 이 정도인 것 같다. 자신의 강압적 우월을 애먼 곳에 써먹은 아버지, 자신의 도덕적 우위를 정당화하지 못하면서도 남들에게 도덕적 열등감을 느끼게 만드는 수법을 구사한 아버지, 가까이 할 수도 없고 멀리할 수도 없는 아버지, 이런 아버지를 맞닥뜨렸을 때 마르틴은 어떻게 무력해지지 않으면서 복종하고, 무력화하지 않으면서 반항할 작정이었을까?

수많은 남자아이들이 이 문제를 직면하며 이런저런 방법으로 해결한다. 에이해브 선장* 말마따나 그들은 절반밖에 남지 않은 심장과 허파로 살아가며 그 때문에 세상은 더 나빠진다. 하지만 개인은 자신의 개별적 환자성을 보편적 환자성의 수준으로 끌어올려 혼자서는 해결할 수 없는 모든 문제를 해결하려고 노력하라는 요청을 거듭거듭 받는다(누구에게 요청받는지 안다고 주장하는 사람은 신학자뿐이며 무엇에 의해 요청받는지 안다고 주장하는 사람은 형편없는 심리학자뿐이지만).

어머니의 손에 학대당했다는 루터의 발언은 더 구체적이다. 하지만 그가 어머니에 대해 어떤 원한을 느꼈든 그것이 아버지에 대한 증오만큼 극적으로 표현된 적은 한 번도 없었다. 아버지에 대한 증오는 신의 의로움에 대한 격렬한 의심의 형태를 띠었으니 말이다. 성모는 다소 점잖게 밀려났다. 이로써 마르틴에게서 어떤 결핍이 생겼고 종교에서 어떤 공백이 생겼는지는 나중에 논할 것이다.

앞에서 인용한 발언으로 돌아가자면 어머니는 마르틴을 "피가 나도록" 매질했는데, 그 이유는 그가 훔쳤다는 "밤 하나" 때문이었으며 이런 훈육 때문에 그는 "수도원으로 도망쳤다." 사실 이 문장의 독일어 원문은 "수도원으로"가 아니다. 실제로 루터는 자신을 수도원으로 이끈 분이 하느님이라는 확신을 한 번도 내려놓지 않았다. '인 디 묀혜라이(In die Moencherei)'는 직역하면 '수도

---

* 허먼 멜빌의 소설 《모비딕》의 등장인물.

생활로', 말하자면 수도사의 세계로 들어간다는 뜻인데, 루터가 금욕과 자책을 과장한 것이다. 그렇다면 루터는 어머니의 그런 처우가 자신의 과도함, 즉 20대 초반 신앙심의 신경증적 측면에 책임이 있었음을 강하게 암시하는 셈이다. 하지만 "그 규율"은 어머니의 훈육뿐 아니라 그의 시대에 일반적이던 훈육 방식을 일컫기도 한다. "밤을 하나 훔쳤다고"라는 표현은 (여기에 너무 많은 의미를 부여해서는 안 되겠지만) 이후 많은 결과를 가져온 불만을 뭉뚱그려 일컫는 듯하다. 이것은 그가 노년에 들어서도 자기정당화에 깔린 불만을 뒷받침하기 위해 인용한 일련의 전체 사건들 중 하나다.

여기에 덧붙일 수 있는 말은 소유권 침해에 대한 처벌 치고는 벌이 왜 이렇게 모진지 그가 의아해했으리라는 것이다. 시대를 통틀어 많은 아동은 오늘날 비행 청소년과 마찬가지로 성인의 절대주의적 도덕심을 납득하지 못한다. 어른들은 아동이 사소한 도둑질을 저지르기만 해도 사회의 분노를 모조리 담아 응징하지 않으면 온갖 큰 잘못으로 이어질 거라 주장한다. 범죄자는 종종 이렇게 만들어진다면서 말이다. 세상이 이런 사소한 문제를 잠재적 범죄성의 확실한 표시로 취급하는 탓에 아동은 부정적 정체성 파편들 중 하나에 고착될지도 모른다. 이 부정적 정체성 파편은 불리한 상황에서 지배적 정체성 요소가 될 수 있다. 루터는 자신을 평생 일종의 범죄자처럼 느꼈으며, 보편적 이신칭의(以信稱義, justification through faith)*의 계시를 통해 힘, 평안, 지도력을 얻은 뒤에도 자신을 끊임없이 정당화해야 했다.

"피가 나도록"(종종 "피가 흐르도록"으로 번역된다)은 전기에서 상투어가 되었으며, 사람들은 중국 대기근이나 공습 사상자에 대한 뉴스처럼 대수롭지 않게 읽고 넘어간다. 하지만 이런 거창한 뉴스를 곰곰이 생각해보면 내면에서 잠재의식적 공포가 생겨나는 것을 감지할 수 있을 것이다. 그런데 아이가 흘리는 피에 대해서는 폭넓은 양가감정이 존재하는 듯하다. 어떤 독자는 이 구절을 읽고서 약간의 혐오감을 느낄 것이고, 또 어떤 독자는 (저 상투어를 쓰는 사람들은 이렇게 알고 있는 듯한데) 그것이 피해자를 전기의 주인공에 합당한 억센 성격으로 **만든** 요인 중 하나가 아닌지 의심한다. 사실 마르틴의 독일어 문장은 "그 뒤에 피가 있었다"라고만 말한다. 이것은 상투적 표현에 고의적으로 삽입된 문구인 "나도록"이 암시하는 확실한 유혈의 요소를 적어도 이야기에서 배제한다. 우리는 마르틴을 학교에 보내 더 매질당하도록 하기 전에 이 훈육 사안 전체를 놓고 더 일반적인 논의를 할 필요가 있다.

아동을 매질하고 채찍질하는 것은 마르틴 시대에 범죄자를 공개적으로 고문하는 것만큼이나 일상적인 일이었다. 하지만 우리는 지금 인간 행동을 동물학적으로 탐구하는 것이 아니므로 무언가를 모두가 자연스럽게 받아들인다고 해서 우리도 받아들여야 할 의무는 없다. 우리 눈을 똑바로 들여다보며 사랑의 매가 자신에게 아무런 해도 입히지 않았고 오히려 정반대라고 단언하는 강인한 영혼의 소유자들에게 동의해야 하는 것도 아니다. 그들은 어

---

* 믿음으로써 의롭다고 칭하여진다는 뜻. 죄인이 하느님을 믿으면 하느님으로부터 의롭다는 인정과 구원을 받게 됨을 이르는 말.

릴 적에는 처벌을 피할 수 없었고 지금은 처벌을 없던 일로 돌릴 수 없으므로 그들이 하는 말은 자신들이 어찌할 수 없는 것을 최대한 활용하는 능력을 보여줄 뿐이다. 매질이 그들에게 피해를 입혔는가 여부는 별개 문제다. 이 물음에 답하려면 매질이 성인의 인간사에서 어떤 역할을 하게 되었는지에 대해 더 많은 정보가 필요하다.

명심해야 할 것은 자녀를 매질하여 복종시키는 장치를 고안하지 않은 민족이 대다수라는 사실이다. 20년 전 몇몇 아메리카 평원 원주민 부족과 교류하고 대화를 나눌 기회가 있었는데,[9] 그들은 백인들이 자녀를 매질하는 것을 처음 보고서 큰 충격을 받았다고 했다. 그들은 어안이 벙벙해서, 매질이 선교의 일환일 거라 추측하는 수밖에 없었다. 얼굴이 새파래지도록 아기를 울리는 백인의 방법도 그런 추측을 뒷받침했다. 이 모든 것은 세상이 살아가기에 녹록한 장소가 아니며 이 세상을 희생하는 대가로 다른 세상에서 완벽한 행복을 추구하는 게 더 낫다는 생각을 자녀에게 심어주려는 고도로 계산된 소망을 의미한다고 원주민들은 생각했다. 이것은 이데올로기적 해석이자 예리한 해석이다. 단일한 전형적 행위를 해석할 때 제한적인 영향을 미치는 가능한 원인을 찾아보는 게 아니라 그 행위를 세계관의 일부로 간주하기 때문이다. 실제로 우리는 이제 자녀를 덜 때리지만 여전히 자녀가 이 불완전한 세상을 헤쳐 나가도록 닦달한다. 그것은 다음 세상으로 인도하기 위해서라기보다는 하나의 좋은 순간에서 더 좋은 순간으로 승승장구하도록, 오르고 나아지고 나아가고 발전하도록 하기 위해서다.

　주술에 의해서든 정신적·신체적 공포에 의해서든 자녀를 겁주어 복종시키는 장치를 고안하려면 인간이 이 땅에서 차지하는 위치와 유년기가 인간의 총체적 체계에서 차지하는 위치에 대한 특별한 관점이 필요하다. 이 공포는 집단적·제의적 규율에 접목될 경우 아동 한 명 한 명이 삶을 혼자 힘으로 맞닥뜨리지 않게 해주는 내적 교정 장치를 담고 있다고 볼 수 있다. 심지어 소속감과 정체감의 형태로 보상을 제공할 수도 있다. 언제 자녀의 신체를 때려 도덕심을 일깨워야 하는가의 선택이 순전히 아버지 개개인의 재량에 달렸다는 생각 이면에는 특수한 소유 관념이 자리 잡고 있다(여기에는 인간이 자신의 소유물을 마음대로 망가뜨려도 괜찮다는 생각도 포함된다). 자녀를 소유물로 여기는 관념이 충동과 강박, 독단과 도덕적 논리, 야만성과 오만의 잘못된 동맹에 문을 열어주는 것은 분명하다. 이 때문에 인간은 신의 불꽃에 불붙지 않은 피조물보다 더 잔인하고 방종해진다. 자녀를 우월한 힘으로, 지어낸 논리로, 악독한 감언이설로 무너뜨리는 장치가 있으면 어른은 어른스러워질 필요가 없어진다. 자연스럽게 설득력을 발휘하는 참된 내적 우월성을 발달시킬 필요가 없는 것이다. 그 대신 바람직한 성장을 자녀에게 매질로 주입하면서 정작 자신은 이랬다저랬다 독단적으로 행동할, 말하자면 유치하게 행동할 권한을 부여받는다. 한편 아동은 남들이 보지 않을 때보다 볼 때 더 착한 시늉을 해야 한다는 두려움 때문에 스스로 도덕적인 사람이 되기보다는 남들을 더욱 도덕적으로 만들 무력을 손에 넣을 날만 고대한다.

역사적으로 보자면 한스 루터 시대에 로마의 법 관념이 점차 일상화되면서 아버지라는 이름이 아내와 자녀의 소유권을 함축하도록 소유권 개념이 확장되었다. 아버지의 잔혹함에 무력하게 당하는 피해자이자 아버지와 함께 자녀에게 처벌을 가하는 충실한 보조자라는 어머니의 이중적 역할을 보면 어머니상이 독특하게 분열된 이유를 알 수 있다. 어머니가 잔인한 이유는 그래야 하기 때문이지만 아버지가 잔인한 이유는 그러고 싶기 때문일 것이다. 이런 상황에 내재하는 이데올로기로부터 한 번의 심리적 단계와 몇 번의 정치적 단계만 거치면 종교 재판소, 강제 수용소, 징벌적 전쟁에서 보듯 도덕주의, 논리, 야만성의 잘못된 동맹이 대규모로 나타난다.

그렇다면 심판의 날에 대한 마르틴의 두려움과 그때 실현될 정의에 대한 의심이 아버지의 더 큰 악덕 때문인지, 마르틴 자신의 더 큰 예민함 때문인지, 아니면 둘 다인지의 문제는 인간의 유년기 착취 가능성이라는 일반적 문제 앞에서 흐릿해지고 만다. 유년기 학대는 아동을 공공연한 잔혹 행위의 피해자로 만들 뿐 아니라 온갖 은밀한 감정적 위안, 비뚤어진 복수심이나 성적인 자기탐닉, 음흉한 도덕주의의 피해자로도 만드는데, 이 모든 악덕을 저지르는 가해자는 피해자가 신체적·도덕적으로 의존하는 대상이다. 어쩌면 언젠가는 우리가 저지를 수 있는 모든 죄 중에 아동의 정신을 훼손하는 것이야말로 가장 극악무도한 죄라는 대중적 확신이 충분한 정보와 심사숙고에 입각하여 열렬히 생겨날지도 모른다. 그런 훼손은 신뢰라는 삶의 원칙을 허무는데, 인간 행위가 아무리

선하게 느껴지고 옳아 보이더라도 신뢰가 없으면 파괴적 형태의 양심에 의해 비뚤어지기 십상이기 때문이다.

루터의 삶에서 교훈을 얻으려면 지나치게 단순한 인과적 설명에서 벗어나야 한다. 잔혹한 아버지가 아프거나 불안정한 아들을 때려 불안하고 반항적인 상태로 만든 탓에 하느님과 심지어 그리스도가 그에게 구원자가 아니라 오로지 복수자(Stockmeister und Henker)가 되었다는 식의 설명 말이다. 루터는 이렇게 말한다. "나는 어릴 적부터 그리스도의 이름을 들을 때 낯빛이 창백해지고 두려움에 사로잡혀야 한다는 것을 배웠다. 그분을 엄격하고 노여워하는 심판자로 여기라고만 배웠기 때문이다."[10] 정신의학자(레이테르)와 사제(데니플레)는 (각자 나름의 접근법 때문에) 이 문장이 극도로 재능을 갖췄으되 불안정한 개인의 돌출 발언이라고 생각한다. 두 사람은 자신들의 주장을 뒷받침하기 위해 당대의 신학자 수십 명을 거론하는데, 그중에서 그리스도의 복수자 역할을 배타적으로 강조하는 사람은 아무도 없다. 루터의 발언이 아주 개인적이며 그의 성장 환경에 영향을 받았음은 명백하다. 루터는 당대의 훈육 분위기와 종교적 분위기가 자신을 짓이기다시피 하며 (물론) 직업적 종교인뿐 아니라 하느님이 무수히 창조한 보통 사람도 노예로 만든다고 생각했는데, 이 문제와 맞서겠노라는 훗날의 결심도 그 발언에 영향을 미쳤을 것이다.

아버지에 대해서는 더 들을 얘기가 없으며 어머니에 대한 언급도 이제 거의 바닥났다. 바로 여기서 우리는 거의 전적으로 남성적인 이야기를 들을 준비를 하는 게 좋겠다. 루터가 성인 남성을 위한 종교를 발명했다는 키르케고르의 논평은 루터의 신학적 창조의 참된 범위와 더불어 한계를 드러낸다. 루터는 서구 남성 정체성의 새로운 요소들을 제시했으며 그 자신을 위해 새 역할들을 만들어냈다. 하지만 그가 기여한 새로운 여성성은 하나뿐인데, 바로 교구 사제의 아내다. 이것조차도 그의 아내 카타리나 폰 보라가 일찍이 위대한 박사 루터를 남편으로 만들었을 때와 똑같이 자의식을 단호히 버리고 이 정체성을 만들어냈기 때문일 것이다. 이것을 제외하면 루터교 혁명은, 교구 사제의 아내가 될 수 없다면 교구 사제처럼이라도 되고 싶어 하는 여성을 위한 이상(理想)을 만들어내는 데 그쳤다.

카타리나와 그녀의 자녀들이 있긴 했지만, 루터의 영향력이 느껴질 때마다 하느님의 어머니(여성의 자연스러운 '되기와 내버려두기로서의 종교'에서 초점이 되는 것)는 권좌에서 밀려났다. 루터는 성모를 일컬어 남자를 "목에 매달리게" 하거나 "치맛자락을 붙잡게" 하는 여자 성인 중 하나로 조롱하다시피 했다. "우리가 참회와 성사를 결코 충분히 할 수 없었으므로, 그럼에도 불구하고 모든 것이 〔하느님의〕 분노에 대한 두려움과 공포로 여전히 가득했으므로 그들은 우리에게 그리스도와 우리의 중보자여야 할 하늘의 성인들께 의지하라고 말했고, 그리스도의 귀한 어머니께 기도하라고 가르쳤으며, 성모가 아들에게 가슴을 내어주시면서 우리를 향한 그리스도의 분노를 거두고 은총을 베풀라고 요청했음을 상기시켰다."[11] 물론 조롱은 마리아를 향한 것이 아니라 우리가 하느님과 "직접 이야기하고 싶어 하는데도" 자신을 통해서 이야기하라고 주장하는 자들을 향한 것이다.

이 모든 생각은 루터에 관한 수천 쪽의 문헌을 훑어보면 자연스럽게 떠오른다. 그리고 우리는 거듭거듭 묻게 된다. 이 사람에게는 어머니가 없었던 걸까?

분명히 이에 대해서는 할 말이 많지 않다. 문헌에서는 재차 말한다. 루터의 어머니에 대해 우리는 아는 것이 거의 없다고. 그녀는 아버지와 (자신이 젖을 먹인) 아들 사이에 서 있지 않았던가? "밤을 하나 훔쳤다고" 아들을 때렸을 때 그녀를 부추긴 것은 누구였을까? 마르틴이 수도사가 되었을 때 그녀도 그를 부정했을까? 셸의 《루터의 발달에 관한 문서들》에서 루터의 어머니가 언급된 것은 이 부정 때문이다. 루터는 이렇게 말했다고 전해진다. "나는 아버지, 어머니, 하느님, 악마의 소원에 반해 수도사가 되었다."[12] 인원수와 이름이 잊힐 정도로 많은 자녀를 낳고 잃었을 때 그녀는 어떤 심정이었을까? 루터는 그녀의 자녀 몇몇이 "죽어라 울어댔다"고 언급하긴 한다. 이것은 탁상담화에서 그가 부린 허풍 중 하나였을지도 모른다. 어쨌든 당시 그의 말뜻은 이렇다. 그의 어머니는 자녀들이 이웃 여자에 의해 마법에 걸렸다고 생각했다. 그럼에도 루터의 친구 하나는 노년의 그녀를 방문하고서 루터가 그녀의 "판박이"더라고 말했다.

아버지는 우주에 대해 냉담하고 회의적이었던 듯한 데 반해 어머니는 미신의 상상적 요소에 더 흥미가 있었다고 한다. 그렇다면 어머니에게서 루터는 자연을 대하는 더 유쾌하고 감각적인 태도와 (훗날 그가 몇몇 신비주의자들의 묘사에서 발견한 것과 같은) 더 소박하게 통합된 신비주의를 물려받았을 가능성이 크다. 어머니는 아버지의 성격 때문에 고통받고 점차 원망이 커졌으리라 추정되었다. 청년 루터를 특징지은 슬픈 고독을 그의 어머니에게서 발견할 수 있다는 주장도 있다. 그녀는 아들에게 이런 민요를 흥얼거렸다고 한다. "아무도 너와 내게 관심이 없어. 그건 우리의 잘못이야."[13]

여기에는 커다란 공백이 존재하는데, 추측으로 메울 수밖에 없다. 하지만 건성으로 넘겨짚지 않고 임상가의 판단으로 말하건대, 어머니의 목소리가 어떤 하늘에 대해 노래해주지 않았다면 누구도 루터가 훗날 그랬던 것처럼 말하고 노래할 수 없었을 것이고, 자신이 어머니와 비슷하다고 한 번도 느끼지 않았다면 누구도 자신의 남성적 측면과 여성적 측면 사이에서 고뇌할 수 없었을 것이며 두 측면이 모두 그 정도로 넓지 못했을 것이다. 또 어머니 때문에 깊이 실망한 적이 없고 어머니가 아버지에게, 운명에 굴복하는 것을 역겹게 느끼지 않은 사람이라면 누구도 여성과 결혼에 대해 루터가 종종 그랬던 것처럼 논하지 않았을 것이다. 영혼이 인간의 가장 양성적(兩性的) 부분이라면, 우리는 루터에게서 신비로운 굴복에 대한 공포와 신비로운 굴복을 향한 영적 탐색을 둘 다 발견하고, 이 대안적 모습에서 어린 마르틴이 어머니와 맺은 "선사적(先史的)" 관계의 정서적·영적 파생물을 알아차릴 준비가 되어 있어야 한다.

(앞에서 지적했듯 정신분석가가 아닌) 프레저브드 스미스는 루터

에 대한 문헌에 오이디푸스 콤플렉스를 도입했다. 정신의학자는 임상 업계 앞에서 (매우 비유적인 의미에서) 성호를 긋고는 이 문제를 끄집어낸다. "정통적 정신분석가는 루터의 삶에서 깊고 단단히 자리 잡은 오이디푸스 콤플렉스의 희미한 윤곽을 상상할지도 모르겠다. 그것은 명랑하며 우리가 아는 한 유능하고 상상력이 풍부한 어머니에 대한 강력하고 리비도적인 애착에 의해 자극되었으며 그를 향한, 형제자매를 향한, 어쩌면 어머니에게도 향했을지 모를 아버지의 못된 가혹함에 의해 강조되었다."[14] 이에 대해 우리는 루터에게 오이디푸스 콤플렉스를 부여하는 것이 지당하며 게다가 그것은 사소한 문제가 아니라고 대답할 것이다. 우리는 모든 소년이 이 콤플렉스에 포괄되는 사랑과 증오, 즉 돌봄으로 그의 감각과 관능(sensuality)을 깨우는 모성적 인물에 대한 사랑과 이 모성적 인물을 소유한 남성에 대한 깊고 원통한 라이벌 의식을 어릴 적에 경험한 뒤에야 청년기와 성년기의 투쟁을 맞닥뜨리길 희망한다(상상력과 결단력이 풍부한 소년이야 말할 것도 없다). 또한 그가 소년 시절 그런 도움을 받아 여성의 보호로부터 결연히 돌아서서 남성의 용감한 주도성을 품는 데 성공하길 희망한다.

조숙하고 예민하고 격렬한 양심을 가진 소년만이 마르틴만큼 자기 아버지를 기쁘게 하려고 **노심초사**할 것이다. 그런 소년만이 외부의 압박에 대해 애써 고안한 우회와 반항으로 균형을 맞추는 게 아니라 철저하고 가차 없는 형태의 자기비판을 스스로에게 가할 것이다. 아버지의 압박에 대한 마르틴의 반응은 루터가 개인 양심의 문제에 그토록 집착하게 된 출발점이다. 이 집착은 당시 실천되고 공식화된 종교적 요구 사항을 훌쩍 뛰어넘은 수준이었다. 마르틴은 부모의 양심을 이루는 이데올로기 구조를 스스로에게 부여했다. 아버지의 회의주의적 엄격함, 마법에 대한 어머니의 두려움, 재난을 면하고 원대한 목표를 이루려는 둘의 관심을 두루 받아들였다. 훗날 그는 반란을 일으켰다. 처음에는 아버지에 맞서 수도원에 들어갔으며 다음에는 교회에 맞서 자신의 교회를 세웠다. 그 시점에 루터는 아버지가 원래 지녔던 가치 중 상당수에 굴복했다. 이런 결과가 어린 시절 누적된 반항심과 은밀한 증오심에 의해 어느 정도까지 준비되었는가는 추측하는 수밖에 없다(우리의 양심은 중세의 하느님과 마찬가지로 모든 것을 알며 모든 것을 기록하고 헤아리기 때문이다).

이 전기적 문제는 역사적 문제와 겹친다. 루터는 자신의 두려움, 복수하는 하느님의 이미지에 짓눌리는 느낌이 남들에게도 있다고 주장할 권리가 있었을까? 그의 태도는 적어도 기독교 세계에서 그가 속한 영역의 전반적인 종교적 분위기를 대표했을까? 정신의학자와 사제는 아니라고 단언한다. 교수는 이 역사 논의를 아예 건너뛸 수 있다. 교수가 보기엔 하느님이 마르틴에게 말씀할 순간을 선택했을 테니 말이다.

이 질문들에 답하려면 요한 하위징아(Johan Huizinga)가 프랑스와 네덜란드의 저물어 가는 중세에 대해 했던 것과 같은 조사를 해야 한다. 하위징아는 문학과 기록 미술에서 취합한 증거를 토대로 삼아 중세적 정체성의 해체와 새로운 시민적 정체성의 탄생을 묘사했다. 전반적으로 보자면 하위징아의 묘사는 마르틴의 시대와 장소에도 틀림없이 적용될 것이다.

중세가 끝나갈 무렵 삶에 내재된 기본적인 가락은 씁쓸한 절망의 음악이었다. …… 그 시대의 사료들, 가령 연대기, 시가, 설교집, 종교 소논문, 심지어 관용 문서 등 그 어디를 살펴보아도, 몇몇 예외적인 경우를 제외하고는 갈등, 증오, 원한, 탐욕, 가난의 흔적만이 가득하다. 그래서 우리는 이렇게 묻고 싶어진다. 과연 이 시대는 잔인함, 뻔뻔스러운 오만, 무절제 이외에는 그 어떤 것도 즐기지 못했단 말인가?

모든 시대의 기록을 보면 행복보다는 고통이 흔적을 더 많이 남겨놓는다. 거대한 불행이 역사의 기초를 형성한다. 하지만 우리는 다음과 같은 본능적인 확신을 떨쳐버릴 수가 없다. 한 시대의 한 개인이 향유한 행복, 평온한 즐거움, 달콤한 휴식의 총합은 다른 시대에 비하여 별반 다르지 않았을 것이라고 말이다. 15세기에는, 그리고 낭만주의 시대에도, 삶과 세상을 큰 목소리로 찬양하는 것은 통상적인 일이 아니었고 좋은 취미와도 어울리지 않는 일이었다. 사람들은 오로지 고통과 절망에만 경도되어 있었다. 그들은 시간의 종말이 곧 닥쳐올 것이고 모든 세속적인 것은 파멸할 것이라고 내다보았다. 즉 시대를 비난하고 경멸하는 것이 유행이었다.[15]

15세기처럼 사람들에게 죽음의 관념을 강력하게, 또 지속적으로 각인시킨 시대는 없었다. 그 시대에는 **메멘토 모리**(Memento mori, 죽음을 기억하라)의 외침이 평생 동안 울려 퍼졌다.[16]

그 이전 시대에도, 종교는 죽음에 지속적으로 몰두할 것을 아주 진지하게 권했다. 하지만 당시의 경건한 소논문들은 이미 탈속의 길로 들어선 사람들 손에만 들어갔다. 13세기 이후 탁발수도회의 인기 높은 설교자들이 등장하면서 비로소 메멘토 모리의 경고는 위협적인 합창이 되었고 둔주곡 같은 힘을 발휘하며 온 세계에 울려 퍼졌다. 15세기 무렵 설교자들의 목소리에 새로운 시각적 재현물이 추가되었는데, 바로 목판화다. 목판화는 사회 모든 계층에 널리 보급되었다. 이 두 강력한 표현 수단, 즉 설교와 그림은 아주 단순하면서도 직접적이고 또 생생한 이미지로 죽음의 관념을 노골적으로 또 선명하게 표현했다.[17]

어느 역사적 시기의 지배적 분위기를 평가하든 농장과 성에, 집과 학당과 수도원에 자족적 질서가 유지되는 섬이 언제나 존재한다는 사실을 붙잡고 있는 것이 중요하다. 그곳에서는 분별력 있는 사람들이 비교적 활기차고 점잖은 삶을 살아간다. 그들은 도덕적이어야 하는 만큼 도덕적이고 자유로워도 되는 만큼 자유롭고 능란할 수 있는 만큼 능란하다. 어느 만큼인지 알 수만 있다면, 잡힐 듯 말 듯한 이 상태가 바로 행복이다. 하지만 인간은, 특히 변화의 시기에는, 시대의 견해를 독점하고 조작하는 자들이 인위적으로 만들어낸 것처럼 보이는, 오락가락하는 세계기분에 휘둘린다. 그러나 악용하기 매우 쉬운 기분 순환(mood cycle)이 인간 심리 구조에 내재하지 않는다면 세계기분은 존재할 수 없다. 교대로 나타나는 두 가지 가장 기본적인 기분은 축제(carnival)의 기분과 속죄(atonement)의 기분이다. 전자는 감각적 향락에, 위안과 해방에 무제한의 승인과 재량을 부여하고, 후자는 부정적 양심에 굴복하여 해결하지 못하고 돌보지 못하고 갚지 못한 것을 내세워 자신을 옥죄고 짓누르고 강요한다. 특히 우리 시대처럼 겉보기에 합리적이고 박식한 시대에도 이런 기분이 우리가 보편적으로 얻을 수 있는 정보들에 무분별하게 그림자를 드리워, 어떤 때는 사치스러운 무신경을 떠받치고 어떤 때는 전전긍긍하는 자기비판을 떠받친다. 그러므로 시대의 검증 가능한 사실과 공식 교리 너머에서 세계상이 '숨 쉰다'고 말할 수 있을 것이다. 세계상은 자신의 관점에서 팽창하고 수축하며 견고함과 일관성을 얻었다가 잃었다가 하는 경향이 있다. 무심한 시대마다 잠재한 극심한 공포는 기근, 해충, 불황, 인구 과잉과 이주, 기술이나 정권의 느닷없는 변화 같은 재난이 일어나 세계상을 쪼그라들게 하고 일종의 한기가 대규모 군중의 정체감을 공격하기만을 기다린다.

앞에서는 루터 시대에 지상의 공간이 어떻게 팽창했는지 간략히 살펴보았다. 하지만 모든 팽창은 새로운 전선을 생기게 하며 모든 정복은 취약한 옆구리를 드러낸다. 화약과 인쇄기는 때로 자충수가 되었고, 항해는 세계 곳곳의 문화들이 상대주의적이라는 심란한 사실을 드러냈으며, 사회적 접촉면이 넓어지면서 이데올로기 전염의 가능성과 역병과 매독의 침투 위험이 더욱 커졌다. 이 모든 피로스의 승리*와 더불어 교황의 영적 퇴조와 제국의 분할이 영향을 미친 탓에 영원한 구원을 추구하는 공식적 관점이 쇠퇴했으며, 그나마 남은 교회의 설득력을 지키려는 수단은 더 무지막지하고 잔인해졌다. 그러므로 유년기와 청년기 마르틴의 세계의 이데올로기적 관점에는 (아마도 위대한 신학자들이 스콜라주의에 푹 빠져 있었기 때문일 텐데) 죄를 피할 수 없는 곳으로서의 세계상이 도사리고 있었을 가능성이 있다. 썩고 말 육신에서는 영혼이 참된 정체성을 찾을 수 없기 때문이다. 이 세계상에 내포된 희망은 하나뿐이었다. 어느 불확실한(아마도 임박한) 순간에 종말이 찾아와 개인이 유일하게 참된 정체성 앞에서, 유일하게 참된 실재 앞에서, 즉 신의 분노 앞에서 수많은 다른 사람들은 얻지 못하는 자비를 얻을 기회를 보장받을 수 있다는 것이었다.

늘어 가는 도시 상류층에서, 중요성이 점점 커지는 도시의 명문가인 귀족, 상인, 마이스터에게서 나타난 대응은 점점 발전하다 결국 북부 르네상스로 이어졌다. 이 상류층은 당시 늘어만 가던 황제의 경제적 프롤레타리아가 되고 싶지 않았지만 하느님의 프롤레타리아가 되어 심판의 날 (대부분 이탈리아계인) 무시무시한 천사들에 의해 지옥으로 인도되고 싶지도 않았다. 이런 태도가 나타난 것은 막 동트기 시작한 한없는 진취성의 시대와 지상에서의 인간 정체성을 하늘의 초월적 정체성에 종속시키는 순간인 종말을 앞둔 시대가 서로 모순되었기 때문이다. 하지만 이 두 시대

---

* 큰 희생을 치르고 거둔 승리.

를 르네상스와 중세라는 이름으로 서로 대립시키는 것은 너무 단순한 발상이다. 사실 두 시대는 두 가지 내적 세계기분에 대응했으며 둘의 갈등 관계는 그 자체로 인간의 내적 구조에서 벌어지는 갈등에 대응했다.

  우리는 지금 너무 앞질러 가고 있다. 일단 우리는 어린 마르틴이 부모 집을 떠났을 때 지나치게 강한 초자아(superego)에 무겁게 짓눌렸다는 사실을 직면해야 한다. 이런 상황에서 그가 정체감을 얻는 방법은 자신의 우월한 재능을 순종적으로 발휘하는 것, 그리고 루터보다는 마르틴으로, 사내보다는 아들로, 지도자보다는 추종자로 살아가는 것뿐이었다.

  더 소박한 특징을 지닌 한스 루더는 편협하고 의심 많고 원시종교적이고 재앙을 걱정하는 사람들에 속해 있었다. 그는 성장하는 계층인 시민, 마이스터, 지역 유지에 합류하겠노라 결심했지만, 교육 격차란 언제나 존재하는 법이다. 한스가 마르틴을 매질한 것은 자신의 현재보다 나은 미래를 위해 아들을 준비시키려는 의도였지만 오히려 자신의 과거가 지닌 특징을 주입하고 말았다. 마르틴의 초기 교육에서 나타난 이런 갈등은, 그가 학교와 대학 세계에 들어설 때 그의 **안**과 **뒤**에 있었는데, 그의 **주위**를 둘러싸고 **앞**에 놓여 있던 이데올로기적·역사적 세계에 내재한 갈등과 맞물려 있었다. 그가 갓 성인이 되고서 씨름한 신학적 문제들에는, 물론 자기 아버지와 맺은 가정 내 관계라는 유난히 끈질긴 문제가 배어 있었다. 하지만 그럴 수밖에 없는 것이 대체로 가정 내 문제와 보편적 문제 둘 다 하나의 이데올로기적 위기의 일부였기 때문이다. 이 위기는 이론과 실천의 위기, 힘과 책임의 위기, 아버지들에게 부여된 도덕적 권위의 위기였으며, 그 위기는 지상과 하늘에서, 집에서, 시장에서, 정치에서, 성에서, 수도에서, 로마에서 불거졌다. 하지만 이 위기를 최대한 활용하고 또 투쟁을 시작하기 위해 아버지와 아들이 끈질긴 성실함과 거의 범죄에 가까운 자기중심주의를 발휘해야 했음은 의심할 여지가 없다. 그 투쟁에는 오이디푸스 왕의 드라마와 골고다의 고난이라는 요소에 작센에서 형성된 고집이 결합해 있었다.

2

아리스토텔레스는 인간이 일곱 살 무렵이면 선악을 구분할 수 있다고 말한다. 그때가 되면 양심, 자아, 인지가 충분히 발달하여 아동에게 조금이라도 기회를 주면 놀이를 초월하는 과제에 집중할 능력과 열의를 발휘할 수 있다. 아동은 남들을 바라보면서 사회의 기법을 익히고 나름의 장인적 방식으로 나이에 걸맞은 과제를 완수하려는 열성을 발달시킨다. 아동이 '면학 단계'에 이르렀다는 말에는 이 모든 것이 고스란히 담겨 있다.

일곱 살이 된 마르틴은 라틴어를 가르치는 학교로 보내졌다. 당시 라틴어는 읽고 쓰기라는 기술의 주된 도구였다. 자녀를 이런 학교에 보내는 부모는 분명히 자녀에 대한 포부가 남달리 큰 사람일 것이다. 시에서 학교에 운영권을 줬는데, 시 제분소를 제분업자에게 임대하여 운영을 맡기는 것과 같은 방식이었다. 교장과 제분업자는 교육 수준과 가공하는 제품은 달랐을지 몰라도, 그들의 경제적 문제는 다르지 않았으며 노동 관행 또한 상대방을 후려치는 쪽에 치우쳐 있었다. 어중간한 자격을 갖춘 교사들은 아직 어리거나 취업 시기를 놓쳐 다른 일자리를 구할 수 없을 때에만 이런 학교에 지원했다. 어느 경우든 그들은 아동을 대하면서 삶에 대한 조바심을 표출하기 일쑤였고, 이것은 시 제분소의 인부들이 당나귀를 다룰 때와 매우 비슷했다. 교사들은 양심, 자아, 인지에 좀처럼 의존하지 않았으며 그럴 역량도 없었다. 그 대신 유서 깊고 보편적인 방법인 파우켄(Pauken)을 동원했다. 이것은 무지막지한 기계적 반복을 통해 성장기 아동의 머릿속에 지식과 습관을 욱여넣는(drumming) 방식이다. 매타작(drumming)도 했는데, 다른 신체 부위는 건드리지 않고 볼기만 때렸다(mit Ruten in die Aefftern).

 교수(셸)는 이따금씩 가해진 '모진 매질'이 마르틴에게 여느 아동과 다르지 않은 피해를 입혔다고 말한다. 하지만 교수와 그 학파는 마르틴을 평범하거나 특별한 어떤 유년기 사건에 의해서도 전혀 손상되거나 약해지지 않는 모습으로 내세워야 했다. 그래야 신적 사건인 재난(훗날 이 사건은 그의 학문적 교육을 느닷없이 종결지었다)이 신의 개입으로 보일 수 있기 때문이다. 하지만 사제(데니플레)와 정신의학자(레이테르)는 지옥 같은 학창 시절이 아동으로 하여금 삶을 두려워하게 만들 수 있다는 루터의 (중년에 했던) 발언을 최대한 활용한다. 루터는 훗날 학습이 주는 유익이 결코 '내적 고문'의 폐해를 능가할 수 없음을 발견했다. 그런 가르침은 기껏해야 '사이비 성직자(Pfaff)'를 길러낼 뿐 "꼬꼬댁거리거나 알을 낳는" 것조차 가르치지 못한다고 루터는 생각했다. 의학적 측면에서 접근하는 전기 작가들은 당시 루터의 신경계가 손상됐다고까지 말할지도 모르겠다. 집과 학교의 훈육 환경, 지역 사회와 교회의 종교 환경은 그의 마음속에서 고무적이기보다는 확실히 더 억압적인 덩어리로 뭉친 것이 틀림없다. 그에게 이런 환경은 지긋지긋하고 불필요한 치욕이었을 것이다. 그는 자신이 특별한 수도자 성향을 갖게 된 것, 수도자로서 자책에 시달린 것, 지상에서 다양한 심판자(교사, 아버지, 윗사람, 특히 양심)를 기쁘게 하려면 어떻게 해야 하는가의 문제에 강박적으로 사로잡힌 것을 이런 분위기 탓으로 돌렸다. 하지만 그가 이 모든 이유를 언급한 것은 스스로 서원해놓고 환멸 때문에 서원을 깨뜨린 뒤의 일임을 기억하라.

  루터에 따르면 학생들은 볼기를 맞았다. 가정에서의 훈육도 같은 신체 부위에 집중되었을 것이다. 체벌의 효과를 믿는 사람들 눈에는 이것이 심각한 문제가 아니거나 심지어 꽤 우스꽝스럽게 보일 것이다. 우리는 볼기가 상당한 충격을 견딜 수 있다고 생각하며 볼기를 음담패설 소재로 삼는다. 하지만 정신분석학 연구자들이 제시한 사실을 무시할 수는 없다. 그것은 볼기에 의해 수호되고 방어되는 항문 영역이 특별한 종류의 선택적이고 강렬한 대접을 받으면서, 예민하고 관능적이며 반항적이고 완고한 연상을 불러일으키는 자리가 될 수 있다는 것이다. 루터에 따르면 악마는 궁둥이를 까 보임으로써 경멸을 표현하고, 인간은 항문 무기를 휘두름으로써, 또한 내 똥구멍에나 입맞추라고 말함으로써 악마에게 선수를 칠 수 있다. 여기서는 루터의 심상과 어휘에 담긴 이런 생각들의 중요성을 암시했는데, 이에 대해서는 뒤에서 다시 살펴볼 것이다.

중세 학교에서는 오늘날 성인들의 삶의 일부가 된 산업 스파이나 직장 내 밀고자 같은 제도가 아동들 사이에서 체계적으로 개발되었다. 한 소년이 교사에게 늑대(lupus)로 은밀하게 임명되었다(소녀들은 라틴어를 배웠을 리 없으므로). 소년은 독일어를 쓰거나 욕설을 하거나 교칙을 어긴 학생들의 이름을 적었다. 주말이 되면 교사는 나쁜 행동 1점당 한 대씩 매를 때렸다. 루터는 열다섯 대를 맞은 적도 있다고 말한다. 충동적으로 말하는 것이든 독일어로 말하는 것이든 사투리로 말하는 것이든 언어적 자유가 깡그리 금지되었음에 유의하라. 한 주가 끝날 때마다 심판의 날이 찾아와, 비밀 장부에 기록된 죄에 대해, 하도 오래전에 저질러서 기억조차 못하는 죄에 대해 지옥에서 대가를 치러야 했음에도 유의하라. 알려진 죄, 어렴풋한 죄, 모르고 지은 죄가 차곡차곡 어김없이 쌓인다는 관념은 루터의 말년 내내 쓰라린 주제였다. 그는 이로부터 시간적 성질을 가진 또 다른 경험을 연상한 것이 틀림없다. 그것은 교사나 아버지가 보기에는 무엇도 충분히 좋지 않다는 것, 그들을 기쁘게 할 기회는 언제나 아득해 보이고 학교를 하나 졸업할 때마다 언제나 또 다른 학교를, 더 좋은 학교를 졸업해야 한다는 것을 절감하는 경험이었다.

말이 나온 김에 루터가 훗날 논평할 가치를 느끼지 않은 것, 즉 학교에서 성가대 합창을 배우고 라틴어 작가들의 글을 읽었다는 사실을 언급해야겠다. 라틴어를 배우는 학생들은 교회에서 노래해야 했는데, 루터가 불신의 구름만을 기억하기로 마음먹긴 했지만 어휘와 선율의 내적 보화가 꽃처럼 피어나게 하는 순간과 연주가 있었음은 의심할 여지가 없다.

마르틴은 열네 살에 마그데부르크로 보내졌는데, 어느 학교에 다녔는지는 결코 밝히지 않았다. 마그데부르크는 그에게 깊은 인상을 남겼음이 틀림없다. 인구 약 1만 5천 명의 도시였는데, 대륙과의 상업으로 분주했으며 이따금 명문가와 교회의 화려함이 어우러진 축제와 행렬이 벌어지는 것을 제외하면 성직자의 삶이 고요히 성행했다. 마르틴이 마그데부르크에서 보낸 기간은 1년에 불과했다. 그런 다음 그의 아버지는 마르틴을 아이제나흐에 보내 학문의 사다리를 더 높이 올라가고 대도시의 세계로 더 깊이 들어가도록 했다.

하지만 청소년 마르틴은 마그데부르크를 떠나기 전에 종교를 삶으로 실천하는 가장 가난한 성직자 집단 눌브뤼더(Nullbrueder)와 만난 적이 있었다. 그들의 이름은 '영(0)의 형제단'이라는 뜻이며, 자신들이 잊지 않겠노라 다짐한 최저선(밑바닥)을 상징한다. 그들은 '공동생활형제단'으로도 불렸는데, 아동에게 일반적 과목을 가르치지 않았다. 오히려 시와 교사의 허가를 받아 개종(conversio)을 목적으로 아동을 방문하거나 초청하여 새신심운동(devotio moderna)을 가르쳤다. 그들은 아동에게 수도원 교육을 특징짓는 훈계와 자기관찰을 매우 정확하게 맛보여준 듯하다. 순수한 사랑의 시험, 죄를 짓지 않기 위한 올바른 경계심, 이 세상으로부터 진정으로 돌아서는 것을 이야기했기 때문이다. 특히 경건주의자들로서 고티니히카이트(Gottinnigkeit)와 헤르츠그륀틀리히카이트(Herz-gruendlichkeit) 같은 용어를 써서 개인적 종교 참여의 깊이와 순수성을 강조했다. 두 낱말은 '심장 깊숙한 곳'에서 하느님과 내밀하게 하나가 되는 신비로운 느낌을 가리킨다. 이전 몇 년간 이 사람들은 마치 외국의 선교사들처럼 마그데부르크에서 설교할 허가를 얻기 위해 투쟁해야 했는데, 자신들이 무슨 이야기를 하는지 알고 있는 것처럼 보였다.

마그데부르크가 자랑하는 큰길에서 마르틴은 순수하게 가톨릭적인 소수의 현상 중 하나를 맞닥뜨렸는데, 훗날 존경심을 담아 이렇게 언급했다. "나는 메르제부르크 주교의 형제 안할트 공이 큰길을 걸으며 빵을 구걸하는 광경을 두 눈으로 목격했다. 그는 맨발수도회 모자를 쓰고 당나귀처럼 등에 배낭을 짊어졌는데, 하도 무거워서 허리가 굽었다. 먹지도 자지도 않는 고행 때문에 피골이 상접하여 저승사자처럼 보였다. 실제로 얼마 지나지 않아 세상을 떠났다. 그를 본 사람은 존경의 표시로 입술을 쩝쩝거리지(schmatzt vor Andacht) 않을 수 없었으며 자신의 세속적 안락을 부끄러워하지 않을 수 없었다."[18]

마르틴이 아이제나흐로 옮긴 이유는 한 번도 제시되지 않았다. 어머니 마르가레타 루더의 가족이 그곳에 있긴 했지만, 이 사정은 마르틴이 그 도시에서 사람들과 교류한 것과는 무관한 것으로 드러났다. 하지만 마르틴이 마그데부르크에서 맞닥뜨린 수도원 생활에 흥미를 느끼자 불안해진 아버지가 그를 더 '건전한' 환경으로 보냈을 가능성도 얼마든지 있다. 아이제나흐가 마르틴에게 그런 환경이었음은 분명하다. 그는 코타라는 이탈리아 출신의 평범한 명문가를 알게 되어 그 집에서 지냈으며, 샬베가와도 친분이 두터웠다. 전하는 말에 따르면 루터는 우르술라 코타라는 나이 지긋한 부인과 친구가 되었는데, 우르술라는 그의 음악성과 신앙심을 높이 사고 오갈 데 없는 신세를 불쌍히 여겨(친척들이 그를 받아주지 않았다) 적극적인 모성적 관심을 쏟았으며 어쩌면 또 다른 종류의 여성적 감정을 품었을지도 모른다. 전하는 말에서는 이를 암시하듯 우르술라의 남편을 언급하지 않는데, 사실 그녀에게는 버젓한 남편이 있었으며 그는 마르틴과 친하게 지냈다. 어린아이에 불과하던 시절 마르틴은 상상력과 음악적 능력을 원망에 찬 진짜 어머니와 공유할 수 있었을 텐데, 외로운 소년에게서 이 능력을 알아보았다고 전해지는 두 번째 어머니를 마르틴에게 붙여주려는 시도를 보고 있으면 어쨌거나 흥미롭다. 이 전설에는 어린 마르틴이 길거리에서 노래하여 빵값을 버는 불후의 장면도 들어 있다. 하지만 그 시대에 길거리에서 노래하는 것은 오늘날 미국에서 학생들이 여름 방학에 아르바이트하는 것과 같다. 대부분 아르바이트를 하지만 정말로 일이 필요한 사람은 많지 않으며 절박하게 필요한 사람은 극소수에 지나지 않는다. 그중 어떤 사람들은 돈이 필요한 것처럼 행동하는 것이 좋은 일이라고 생각하고, 어떤 사람들은 이것을 역사적 의례로, 개척자 시대에 경의를 표하는 행위로 여겨 좋아한다. 또 어떤 사람들에게는 가족과 여름을 보내지 않아도 되는 유일한 방법이다. 마르틴에게 일거리가 남들보다 더 절실히 필요했든 아니든 그는 일거리가 덜 필요한 사람들과 함께 노래했으며 노래에 더욱 심취했을 것이다. 이 학생들은 '빵 부스러기를 찾는 사람들'로 불렸다. 그들의 노래를 어쩔 수 없이 들어야 했던 사람들에 대한 유명한 이야기가 하나 있다. 어둠 속에서 갑자기 남성의 저음이 울려 퍼지자 '겁먹은' 아이들이 허둥지둥 달아났는데, 알고 보니 목소리의 주인공은 아이들에게 선물로 줄 소시지를 가져온 사람이었다.

어쨌든 코타 가문의 집에서 루터는 점잖고 독실하고 음악을 사랑하는 상류층의 삶에 친숙해졌다. 그는 아이제나흐에서도 브라운이라는 교구 목사를 만나 의기투합했는데, 그의 집에서는 음악적 소양을 쌓는 것과 더불어 인문주의 전통의 유머와 수사법을 배울 수 있었다. 몇 년 뒤 사제 서품을 받을 때 마르틴은 브라운 목사를 서품식에 초대했다. 그는 편지(남아 있는 서신 중에서 가장 오래되었다)에서 코타 가문과 샬베 가문을 초대하는 것이 주제넘은 것 같다고 언급했지만, 실은 목사가 소식을 전달해주길 바란 것이 분명하다. 아이제나흐 주민 중 한 명이라도 참석했는지는 알려지지 않았다. 어쨌거나 서품식은 한스 루더의 독무대였다.

이제 마르틴은 열일곱 살이 되어 에르푸르트에서 대학에 입학했다. 그가 학창 시절 내내 훌륭한 학생이었음은 두말할 필요가 없다. 그렇다면 그는 어떤 종류의 소년이었을까? 이 물음의 답은 그의 학문적 경력을 느닷없이 중단시킨 갑작스러운 '회심'을 어떻게 이해하느냐에 달렸다. 관건은 예사롭지 않은 것을 어떻게 단순화할 것인가다.

라틴어 학교의 학생은 아동의 세계에서 특별한 지위를 차지했다. 교복은 그가 미래의 시장, 학자, 성직자, 추밀원 위원임을 보여주었다. 어쨌든 사물이 별들과 책들 가운데에서 어떻게 들어맞는지 아는 식자층에 속할 터였다. 그는 교복 차림으로(라틴어 학교 학생이든 대학생이든 교복을 입지 않은 채 공공장소에 모습을 드러내는 것은 허용되지 않았다) 자연스럽게 눈(雪)싸움을 삼갔으며 심지어 스케이트도 멀리했다. 조숙한 양심을 표현하(고 숨기)기에 안성맞춤인 교복이었다. 그런데 이 이상으로 마르틴이 어떤 체제에든 적응하고 체제가 어떤 지위를 부여하든 그것을 최대한 활용하고 그게 아니더라도 자신이 현재 할 수 있는 것과 미래에 남들에게 할 수 있는 것으로 살아가는 낯 두꺼운 소년에 가까웠는지 그렇지 않은지는 알려지지 않았다. 일찍이 밤 한 톨을 훔친 것을 제외하면, 엄격한 통제를 받는 아동이 속으로 썩어 문드러지지 않게 해주는 사소한 신체적, 언어적, 도덕적 일탈에 그가 빠져들었다는 기록은 전혀 없다. 오히려 그는 줄곧 가장 훌륭한 학생이었는데, 다만 그가 천천히 썩어 문드러지고 곧잘 일종의 슬픔 속으로 가라앉았다는 징후들이 있다. 그렇다고 해서 그가 사회적·음악적 활동에서 적극적인 선의를 품은 '좋은 사람(guter Geselle)'의 역할을 수도원 대문에 도달할 때까지 유지하지 못했다는 말은 아니다.

누구든 이 정보만으로 나름의 마르틴을 스케치할 수 있으며, 나는 이미 그런 스케치를 몇 점 암시한 바 있다. 나의 스케치는 다음과 같다. 나는 아직 젊은 위대한 인간이 내적으로 매우 막연한 완고함, 은밀하고 격렬한 불가침 욕구, 장래의 새로운 사상적 구성 안에서 결국 쓰이게 될 인상들을 품고 있었다고 가정하지 않고서는, 그가 마침내 위대한 청년이 되기에 앞서 어떤 모습이었는지 상상할 수 없다. 즉 반쯤 고의적인 낙오자가 문득 키를 쥐게 될 때이자, 많은 것을 감내하던 사람이 잠재적 지배력을 한껏 드러낼 때인 복수의 날을 끈기 있게 기다리고 있는 것이다. 하지만 이 기다림의 다른 한쪽은 종종 복수심이 지도력으로 성숙하지 못하도록 방해하는 이른 죽음에 대한 두려움이다. 그럼에도 청년은 마치 장래의 행위를 예상하는 일에 지겨워진 듯, 조숙한 노화의 징후와 때 이른 종말을 향한 우울한 소망의 징후를 곧잘 나타낸다. 죽음의 예감은 루터의 일생에 걸쳐 나타나지만, 이것을 그저 죽음에 대한 두려움 탓으로 돌리는 것은 너무 단순한 생각인 듯하다. 젊은 천재에게는 완수해야 할 암묵적 인생 계획이 있다. 자신의 시간이 찾아오기 전에 죽음에 붙들리면 그는 안쓰러운 인간 파편에 불과할 것이다.

'좋은 사람'은 역사적 현실 속에서 충만하게 살고자 하며 젊음의 시끌벅적하고 잘난 체하는 방식을 자신의 이데올로기로 받아들이려 애쓴다. 마르틴도 그러려고 애썼지만 성공하지는 못했다. 그는 삶을 살아보기 전에 전체 견적을 내고 싶어 하는 조숙한 판단 감각에 짓눌리게 되었다. 자신의 향후 정체성에 영향을 줄지도 모르는 과거의 모든 것에 대해 어떤 판단을 내리기 전에는, 자신의 정체성을 가지고 삶을 시작하길 거부한 것이라고 말할 수도 있을 것이다.

 억제된 깊은 슬픔을 느끼는 많은 청년과 마찬가지로 마르틴은 류트 연주와 노래 부르기라는 음악 재능을 활용하여 친구 무리에서 환영받는 좋은 사람으로 남을 수 있었다. 하지만 금세 필로소푸스(Philosophus, 철학자)라는 별명을 얻었다. 교수는 이것이 루터가 논쟁에 매우 능숙했기 때문이라고 생각하고, 정신의학자는 논쟁에 매우 병적으로 임했기 때문이라고 생각한다. 마르틴의 별명은 흔치 않은, 아마도 우직한 성실성, 명확한 정식화를 통해 확실성을 찾으려는 소망(이것은 아리스토텔레스 자연학과 최후의 심판을 화해시키려던 우아하고 논리적인 스콜라주의의 관점에서는 낯선 태도였다)을 가리키는 것이었을 수도 있다. 그는 지적 무게를 감당한다는 면에서는 너무나 농부에 가까웠고, 또 의미와 형식과 느낌이 맞아떨어지기를 요구한다는 면에서는 너무나 시인에 가까웠을 것이다.

 내 생각에 마르틴이 필로소푸스라는 별명을 얻은 이유는 그가 진심을 이야기한다고 학생들이 (몇몇은 조롱조로, 몇몇은 존경을 담아) 느꼈기 때문이다.

 에르푸르디아 투리타(Erfurdia Turrita)는 성벽으로 둘러싸인 도시인데, 인구가 약 2만 명으로 독일에서 가장 많았으며 국제 교역로들이 만나는 요충지에 자리 잡았다. 중심부를 차지한 탄탄한 명문가를 제외하면 도시 계획 면에서는 미개발된 지역이었지만, 독일에서 학생이 가장 많고 프라하대학교의 학문적 맞수인 대학을 자랑했다. 그중에서도 최고 시설은 법학대학이었다. 한스 루더가 가장 바란 것은 마르틴이 법학대학을 졸업하는 것이었다.

에르푸르트대학교에서도 마르틴은 꽤 엄격한 삶을 이어 갔다. 동기들 중에서 평생지기를 한두 명 사귀긴 했지만, 그것 말고는 정신의학자 말마따나 "포도주, 맥주, 여인 냄새"를 풍기며 자유로운 삶을 영위하는 젊은이들과 필시 거리를 두었을 것이다. 전하는 말에 따르면 에르푸르트에서 루터가 무티아누스 루푸스(Mutianus Rufus)를 중심으로 하는 자유사상가 모임(신인문주의자들)과 어울렸고 무티아누스가 그에게 지대한 영향을 끼쳤다고 한다. 하지만 교수는 이 유명한 모임이 루터의 학생 시절에는 아직 존재하지 않았음을 입증한다. 교수는 모임의 미래 회원 한 명 한 명이 당시에 다른 곳에 있었음을 밝혀냄으로써 이 추정상의 모임으로부터 꽃잎을 하나하나 뽑은 다음 편지를 하나 인용하여 꽃술을 떼어버리는데, 편지에서 무티아누스는 마르틴이 에르푸르트대학을 떠난 지 10년 뒤 루터라고 불리는 비텐베르크의 불같은 설교자가 대체 누구냐고 친구에게 묻는다. 그렇다면 대학 시절 루터는 인문주의의 영향을 체계적이지 않은 방식으로, 특히 재기 발랄한 친구 크로투스 루베아누스(Crotus Rubeanus)를 통해서 받은 것이 전부였으리라. 루터는 음악적 재능과 시에 대한 자신의 관심을 후원해주는 사람을 만났을지도 모른다. 실제로 나중에 수도원에 들어갈 때 루터는 베르길리우스와 플라우투스의 작품을 가져갔다. 하지만 이때 신인문주의자들의 모임이 어떤 체계적이지 않은 방식으로 자유연애를 믿었다면, 그리고 학생 마르틴이 우연히 그 믿음을 접했다면 그는 그저 얼떨떨했을 것이다. 성적 자유로의 초대는 이미 존재하는 정체성 갈등을 악화할 수밖에 없기 때문이다. 그렇기에 신인문주의는 마르틴의 소명을 강화하는 것이 고작이었을 것이다. 신인문주의는 신앙 면에서나 반항 면에서나 그를 해방하지 않았으며 기껏해야 고요를 찾으려는 그의 소망을 북돋웠을 뿐이다.

마르틴은 대학교에 입학한 뒤 기숙사(burse)에서 살아야 했다. 이 말은 비좁은 숙소에서 지내며 수도원을 본뜬 규율을 따라야 했다는 뜻이다. 학생들은 성직복을 닮은 위엄 있는 교복을 입었으며 (옆구리에 칼을 차긴 했지만) 엄격한 감독을 받았다. 새벽 4시에 기상하여 밤 8시에 취침하는 일과였다. 강의, 세미나, 토론 참석은 의무였으며 여름에는 오전 6시에, 겨울에는 오전 7시에 시작되었다. 음식은 훌륭했으며(셸 교수가 식단표를 찾아냈다)[19] 도수 낮은 맥주도 있었다.

입학 시기에는 각각의 기숙사에서 '버리기(deposition)'가 거행되었다. 이것은 일종의 입문 의식이었는데, 신입생은 자신이 버려야 할 과거 모습을 상징하는 짐승처럼 차려입었다. 돼지 이빨을 입가에 붙였고 기다란 귀와 뿔이 달린 모자를 머리에 썼다. 짐승은 거칠게 도륙당했으며 그와 더불어 신입생의 도덕적 타락도 도륙당했다. 물을 끼얹음으로써 '세례'가 완성되었다. 그런 뒤에야 학문적 정체성이 씌워졌다. 중세 의례주의(ceremonialism)에서는 신분마다 나름의 제복이 있었다. 제복은 세속적 기능을 할 뿐 아니라 신적 체제 전체에서 확고한 지위를 차지했는데, 이 체제의 중심에서 유일하게 참된 정체성을 부여하는 힘이 뿜어져 나왔다. 그러므로 이 입문 의식은 우스꽝스럽고 여느 때처럼 경외감을 불러일으키려는 잔인성이 있긴 했지만, 신의 저울에서 한 칸 올라간다는 의미도 있었다. 몇 해 뒤 버리기 연설을 할 차례가 되었을 때 루터 자신이 그렇게 말했다. 그는 낡은 방식에서 돌아서는 것, 낡은 방식을 버리는 것을 뜻하는 '버리기'와 '누군가를 끌어내리다'를 뜻하는 라틴어 동사 '데포네레(deponere)'로 언어유희를 벌였다. "겸손하고 인내를 배우십시오. 여러분은 여생 동안 도시 주민과 시골 주민에 의해, 귀족과 아내에 의해 '끌어내려질' 것이기 때문입니다(Ihr werdet Ewer Lebenlang deponiert werden). …… 저는 어릴 적(adolescens) 비텐베르크[루터가 과거를 회상할 때 종종 저지르는 실수 중 하나]에서 버림받음을 당하기 시작했습니다. 더 비중이 커진(gravior) 지금 저는 여전히 더 무거운 버림받음(graviores depositiones)을 경험하고 있습니다. 그러므로 여러분이 당하는 버림받음은 인간 삶의 상징에 불과합니다.[20] …… 따라서 자신의 감독자(monentibus)와 교사에게 순종하고 행정관과 여성을 공경하고 공공연히 오줌을 누지 않는(non in propatulo minguentes) 사람들을 공경하십시오."[21]

마르틴은 1년 반 뒤 학사 학위를 신청하면서 문법학, 논리학, 수사학, 자연철학, 천문학, 철학, 자연학, 영혼론 분야를 두루 섭렵했다고 맹세했다. 주로 읽은 저자는 프리스키아누스, 페트루스 히스파누스, 그리고 아리스토텔레스, 아리스토텔레스, 또 아리스토텔레스였다(Parva Logicalia, Priorum, Posteriorum, Elencorum, Physicorum, De Anima, Spera Materialist).[22]

2년 뒤 마르틴은 석사 학위를 받을 준비가 되었다. 《천체론(De Caelo)》, 《생성소멸론(De Generatione et Corruptione)》, 《기상학(Metheororum)》에 대한 좀 더 전문적 문헌과 아리스토텔레스의 군소 저작을 읽고 공부하고 토론한 뒤였다. 일곱 가지 '자유학예'*를 완성하기 위해 유클리드 수학을 추가했으며 산술학(De Muris), 음악학, 기하학도 공부했다. 석사 과정 주제에는 도덕철학, 형이상학, '정치학', 경제학(Yconormicorum)도 속해 있었다. 마르틴은 알베르투스 마그누스, 토마스 아퀴나스, 이븐 루시드(아베로에스), 이븐 시나(아비센나), 알-팔르가니(알프라가누스), 사크로보스코도 한 번씩은 익혔다.

이렇듯 청년 루터는 많은 지식을 쌓았으며 평생 아리스토텔레스주의자로 살았다. 하지만 시간이 지나면서 자연학을 언급할 기회는 점점 줄었다. 그는 '도덕철학자'로서 교육자 경력을 시작하여 1년 동안 아리스토텔레스를 가르쳤다. 어떤 독자들은 놀랄지도 모르겠다. 프로이트가 심리학으로 돌아서기 전에 쓴 방대한 생리학 문헌에 대해 들으면 정신분석학을 공부하는 학생들이 놀라는 것처럼 말이다. 루터에게 자연학은 여전히 '사물의 운동'을 다루는 학문이었으며 철학은 보이는 것과 명백한 것(visibilibus et apparentibus)으로부터 도출된 법칙을 다루는 학문이었다. 하지만 마르틴의 미신적 정신에서뿐 아니라 가톨릭 교리의 세계에서도 실제로는 보이지 않고 결코 명백하지 않은 것들이 많았음이 분명

―――――

* 중세 대학의 기초 교양 학문인 일곱 가지 자유 학예는 문법학, 논리학, 수사학, 산술학, 기하학, 음악학, 천문학이다.

하다. 기독교 세계의 모든 배움의 장소에서 학문적 가르침의 방향은, 주류 철학자들이 과학적인 것과 신학적인 것 사이에서 만들고 싶어 했거나 어쩔 수 없이 만들어야 했던 연결에 달려 있었다. 에르푸르트의 공식 교육에는 특별한 학문적 이데올로기가 스며 있었는데, 이른바 오컴주의적 아리스토텔레스주의였다. 아리스토텔레스가 오컴의 손안에 들어오기 전에, 이미 고대 그리스에서 이슬람의 교육 현장을 거쳐 로마 교회의 궤도에 두루 퍼지기까지 얼마나 오랜 길을 걸어야 했는지 떠올린다면, 아리스토텔레스 철학이 통합적 세계관이나 (마르틴에게 절실히 필요한) 영적 태도의 통합에 일조할 수 있었으리라 기대하기는 힘들다.

윌리엄 오컴은 교회 내의 반역자였다. 그는 언제나 당혹스러울 정도로 중대한 문제를 놓고 교황과 대립했는데, 그 문제는 성 프란체스코에 대한 기억과 (오컴이 속한) 프란체스코회에 의해 명맥을 이어 가고 있었다. 오컴은 성 프란체스코가 (또한 그에 앞서서 그리스도가) 그리스도인의 사적 소유권을 부정했다고 주장하는 소형제회(Fraticelli)를 지지했다. 오컴은 이 견해 때문에 투옥되었지만 독일 군주의 보호를 받았다. 오컴은 군주에게 이렇게 말했다고 전해진다. "전하께서 칼로 저를 지켜주시면 저는 펜으로 전하를 지켜드리겠습니다." 이렇듯 오컴에게는 루터를 예견케 하는 특징이 많다(여기서 일일이 나열하는 것은 적절하지 않다). 다만 오컴은 거룩한 진리가 로마 교회에 있음을 결코 부정하지 않았다. 오컴을 중세의 최하급 철학자로 여기는 가톨릭 비판자들이 루터교를 퇴보한 오컴주의라고 부르는 데는 그의 가르침과 더불어 성격도 한 못했다. 하지만 오컴주의는 대학에서뿐 아니라 에르푸르트의 아우구스티누스회 수도원에서도 주류였다.

이 시점에서 가톨릭 신학과 철학의 광범위한 발전 과정에서 오컴주의가 차지하는 위치를 논의할 필요는 전혀 없다. 하지만 오컴주의가 루터를 사로잡은 최초의 학문적·신학적 '주의(ism)'였으며, 루터가 사상사에서 오컴주의의 상대성과 상호 의존성을 간파하는 데 필요한 지적 자질을 갖추기 전에 이러한 일이 일어났음을 아는 것은 중요하다. 당시 마르틴은 이후에도 그랬듯 장대한 스타일의 지방 사람이었다. 그는 소규모 인맥과 중요한 지역적 문제들에 자신을 완전히 동일시하는 경향이 있었다. 훗날 그가 불쑥 보편성으로 돌아선 것은 당대 보편 문제들에 대한 방대한 지식에 근거한 것이라기보다는 자신의 바로 곁에 있는 것들을 새로운 관점에서 경험할 수 있게 되었기 때문이다. 같은 맥락에서 그의 직접적 주변 환경은 마치 그에게 개인적 고통을 가하려고 고안되기나 한 것처럼 그의 슬픔과 분노를 키웠다. 따라서 에르푸르트에서 루터에게 제시된 세계상을 이해하고 이 세계상이 청년 루터에게 무엇을 의미했는지 이해할 필요가 있다. 이 청년은 자신이 배운 것으로부터 (삶의 상충하는 기분들보다) 우월한 의미를 도출할 필요성이 (기질과 나이 때문에) 절실했다. 에르푸르트에서 그는 논리학과 수사학을 갈고닦았으며 자연학의 몇몇 기본 지식도 섭렵했다. 일부 오컴주의자, 특히 파리에 있는 사람들이 자연학의 기초 연구를 해두었기 때문이다. 하지만 물리적 사물의 본성과 초자연적인 것의 본성을 이데올로기적으로 통합하려 하면서 마르틴은 유명한

중세 후기 대표적인 유명론자 윌리엄 오컴. 토마스 아퀴나스로 대표되는 스콜라주의와 대립했다. 루터가 사상적으로 영향을 받았다.

오컴주의적 교착 상태를 맞닥뜨렸다. 그것은 지식과 믿음, 철학과 신학이 절대적으로 서로 배타적이라는 신조였다.

에르푸르트에서 교수 우징엔과 트루트페터가 마르틴에게 가르친 우주는 이렇다.

모든 것은 운동이다. 운동에 의한 변화를 통해서만 가능태가 현실태로 바뀌기 때문이다. 우주는 행성 궤도 일곱 개, 별(항성)들이 있는 궁창, 투명한 하늘, 제1운동이 일어나는 구의 열 가지 궤도로 움직인다. 움직이지 않는 것은 모든 것 위에 있는 하느님의 거처뿐이다.

지구는 이 우주의 중심에 있지만, 애석하게도 점만도 못하게 작디작다. 그러므로 지구는 인간 못지않게 역설적인 존재다. 지구는 중심에 있지만 무시해도 좋을 정도로 작으며 인간은 하느님에게 어마어마하게 중요해 보이지만 실은 언제든 버려질 수 있다.

모든 몸(물체)은 생성(Generatio)과 소멸(Corruptio)의 불변 법칙에 지배당하지만 하느님은 그렇지 않다. 하느님은 죽은 것을 되살릴 수 있으며 살아 있는 모든 것을 일순간에 소멸시킬 수 있다.

인간은 모든 몸들과 마찬가지로(심지어 천사조차도) 시간과 공간의 법칙에 에워싸인 감옥에서 살아간다. 하지만 하느님은 '편만하게 임재한다'. 하나의 시간과 공간에 온전하게 존재하며 나머지 모든 시간과 공간에도 똑같이 온전하게 존재한다. 하느님은 그리스도를 저마다 다른 시간에 아무리 많은 공간에든 총체적으로 임재하도록 할 수 있다. 그리스도의 몸이 모든 존재 안에 깃들어 있는 까닭은 이렇게 설명할 수 있다.

그렇다면 인간의 의지로 움직일 수 있는 것은 무엇일까? 그것은 물리 세계 안에 있는 모든 것이다. 인간은 자유롭게 결정하고 자신의 능력을 적극적으로 발달시킴으로써 자유의지(liberum arbitrium)를 실현한다. 올바른 선택을 함으로써 내적 습성(habitus)을 얻으며, 이를 통해 착한 일을 하고 심지어 사랑의 행위를 하는 성향을 가지게 되며 그런 일과 행위를 알아보고 좋아하게 된다. 하지만 이 모든 선행에도 불구하고 하느님이 보는 인간의 지위는 조금도 달라지지 않는다. 인간은 세례와 고해를 통해 하느님을 기쁘게 할 수 있고 하느님에게 받아들여질 수 있는 존재가 될 수 있지만 하느님은 절대적 권능(potentia absoluta), 즉 은총을 자의적으로 베풀 권리와 자신이 이미 베푼 은총에 충실하지 **않**

을 자유가 있다.

이렇게 하느님은 이성을, 그리고 아리스토텔레스를 창조했다. 심지어 이성이 그 자신의 한계와 함정을 알아차릴 수 있도록 했다. 하지만 이성은 결코 하느님을 이해하려는 희망을 품을 수 없으며, 아리스토텔레스는 모든 것을 알았으되 아무것도 알지 못했다. 계시를 알지 못했기 때문이다. 그렇다면 하느님 당신이 이성적인지 아닌지, 너그러움을 선택하는지, 신뢰받을 수 있기를 바라는지 하는 것은 믿음의 문제이자 신앙에 대한 복종의 문제가 된다. 답은 세상의 종말이 찾아와 심판받는 순간까지 알 수 없을 것이다.

실재론과 유명론의 유서 깊은 대립에서 오컴은 온건한 유명론을 확립했다. 그는 개념이 사물을 나타내는 기호에 불과하며 의미를 부여하는 행위에서만(in significando) 존재하는 데 반해 사물은 그 자체로 존재한다고 가르쳤다. 하지만 이 회의주의에는 한계가 있었다. 지성이 자신으로부터 사물을 창조할 수 있다면 실재와 똑같은 세계를 창조하리라는 확신 때문이었다. 즉 이데아(idea, 관념)와 사물 둘 다 하느님에게서 온 것이며 하느님이 인간의 머릿속에 심은 이데아의 개수와 하느님이 물리적 우주를 만들 때 사용한 사물의 개수는 정확히 일치하기 때문이다. 그리하여 아리스토텔레스는 자신의 물리적 우주를 가질 수 있었고 플라톤은 자신의 이데아를 가질 수 있었으며 하느님은 둘 다 가질 수 있었다. 물리적 우주와 이데아는 서로의 작용을 거울처럼 반영했는데, 이것은 사물을 대상으로 실험하고 싶어 하는 (갓 등장한) 과학적 정신의 소유자에게는 이상적 해법이었지만 사물과 관념, 구체적인 것과 보편적인 것, 땅과 하늘이 어떻게 맞아떨어지는지 간절히 알고 싶어 하는 젊은이들에게는 설득력 있는 해법이 아니었다. 말하자면 매우 합리적이기는 하지만 정서적으로 솔깃한 해법은 아니었다. 청년 루터에게는 더욱 그랬는데, 그의 내면에서는 칭의(justification)가 핵심 문제가 되었다. 문제는 하느님이 언제 의롭다 일컫고 왜 의롭다 일컫는지를 어떻게 **알 것인가**였다.

합리적으로 말해보자. 생각을 통해 결론을 도출할 수 없는 것이 '생각할 수 없는 것'으로 선언되는 것을 보고서, 이전 철학자들에게 배배 꼬인 논리를 부여받고 영리한 죄인과 기꺼이 협상할 야비함을 부여받은 신이 '범접할 수 없는 존재'로 묘사되는 것을 보고서, 많은 정직한 사람들은 안도했다(왜 안도했는지는 쉽게 알 수 있다). 이런 종류의 솔직함을 루터는 이후에도 간직했다. 루터가 오컴을 스승으로 부른 것은 이런 까닭에서다. 이에 반해 루터가 대학에서 받은 조각 퍼즐은 아리스토텔레스적 조각과 아우구스티누스적 조각으로 이루어져 있었는데, 불완전했으며 결코 퍼즐을 완성할 수 없었다. 그런 생각은 새로운 합리론자들에게 사물을 자유롭게 다룰 재량권을 허락했지만 정서적·교리적 확실성을 찾는 사람들에게는 맹목적 신앙을 권고했다. 에르푸르트에서 가장 저명한 교사 중 한 명인 우징엔이 훗날 학문적 경력을 마무리하면서 아우구스티누스회 수도원에 들어간 것은 놀랄 일이 아니다. 그즈음 그의 제자 루터는 이미 그곳에 몸담고 있었다.

루터를 비판하는 사람들 중 몇몇은 오컴주의야말로 그가 대학에서 배운 전부이며 수도원에서도 더 배운 것이 거의 없다고 주장한다. 루터는 순종기에 독실한 오컴주의자였고 반항기에도 반(反)오컴주의자까지는 아니었다고 그들은 말한다. 그러나 뒤에서 보겠지만 루터가 반항을 시작했을 때 철학적·신학적 개념들은 그에게 새 빵을, 원체험이라는 따끈따끈하고 바삭바삭한 빵을 담을 낡은 바구니에 지나지 않았다.

그럼에도 청년이 맞닥뜨리는 첫 규율은 그가 어떻게든 동일시해야 하는 대상이다. 그러지 않으면 정작 필요한 시기에 정체성을 얻지 못한다. 하지만 그가 맞닥뜨리는 규율은 알고 보니 미흡한 이데올로기적 양식으로 드러날지도 모른다. 즉 그것은 개인으로서 그가 유년기 문제로부터 아직 끌어내지 못한 것에 비추어 볼 때 미흡하고, 그에게 밀려드는 돌이킬 수 없는 결정들에 비추어 볼 때에도 미흡한 것으로 드러날지도 모른다. 오컴주의는 마르틴이 가진 전부였다. 그의 삶에서 뒤따른 위기의 신적인 기원을 불신하는 사람들은 이것이 그에게 나쁜 일이었다고 말한다. 다른 한편으로 위대한 사람을 만드는 데 일조한 것은 무엇이든 그와 세상에 좋았다고도 얼마든지 말할 수 있다. 역사는 이 백지 수표를 남발했는지도 모르겠다.

3

1505년 2월 마르틴은 학생 17명 중 2등으로 석사(Magister Artium)가 되었다. 훗날 그는 학위 수여식을 기념하는 횃불 의식을 즐겁게 회상했다. "어떤 세속적 기쁨도 그에 비길 수 없다고 여전히 주장하는 바입니다." 학문적 관점에서 보자면 그는 이제 교수진에 합류하고 논문을 지도하고 기숙사 사감이 되고 심지어 학장이 될 수도 있었다. 가장 중요하게는 아버지의 꿈을 이루기 위해 최고의 법학대학에서 법학을 자유롭게 공부할 수 있었다. 그의 아버지는 《로마법 대전》을 선물했으며, '너'를 뜻하는 친근한 호칭 '두(Du)'가 아니라 '귀하'를 뜻하는 존칭 '이어(Ihr)'로 부르기 시작했다. (당시는 아직 '지Sie'가 쓰이지 않았다.) 또한 지체 없이 신붓감을 물색했는데, 조건은 "어질고 넉넉해야" 한다는 것이었다. 4월 말부터 법학대학 학기가 시작되는 5월 말까지 몇 주간 마르틴은 여유 시간이 생겼다. 이 시기에 무언가가 그에게 일어났다. 슬픔이 커지다 못해 모종의 결단을 내려야 할 지경에 이르렀다. 어떤 전기 작가는 좋은 친구가 비명횡사한 사건을 원인으로 지목했으며 혹자는 이 시기에 그의 남동생 두 명이 역병으로 목숨을 잃었다고 말했다. 하지만 친구는 절친한 사이가 아니었고 병으로 죽었으며 남동생들은 (그때 못지않게 중요한 시기이긴 했어도) 이후에 죽었다. 그러나 이번에도 역시 전설에는 일말의 진실이 있다. 마르틴은 죽음과 최후의 심판 문제를 숙고한 것으로 보인다. 이 시기에 학업 부담이 줄면서 성적 유혹 때문에 번민이 깊어졌을 가능성도 크다.

그런데도 학기가 시작되었을 때 마르틴이 공부에 전념하지 않았음을 암시하는 징후는 전혀 없다. 하지만 학기 중반에 그는 매우 이례적인 단기 휴학 허가를 요청했다. 그러고는 집으로 갔다.

집에서 무슨 일이 일어났는지 아는 사람은 아무도 없는 듯하다. 하지만 한스가 정산을 요구했으리라는 추측은 합리적이다. 어떤 사람들은 마르틴이 법학 공부를 거부했고 심지어 수도사를 미래 진로로 언급했을지도 모른다고 생각한다. 다른 사람들은 이에 반대한다. 이유는 뒤이은 수도원 입회 결정이 신의 '재앙'을 통해 마치 밖에서부터 느닷없이 온 것처럼 내려졌다는 가정에 어긋나기 때문이다. 몇 년 뒤 루터는 한스에게 자신이 언젠가 했던 얘기를 상기시켰는데, 아버지가 수도원 생활을 위해 학업을 중단하면 안 된다고 단언했다는 것이다.[23] 내가 보기에 루터가 이 말을 했을 가장 적절한 시점은 불쑥 집을 찾아갔을 때다. 특히 그것은 아들을 일찌감치 부잣집에 장가보내려는 아버지의 계획과 관계가 있었을 것이다. 마르틴이 이미 수도원을 염두에 두거나 거론했다면 적나라한 의지의 충돌이 일어났을 것이며, 앞으로 벌어질 절연을 이로써 간단히 설명할 수 있을 것이다. 다른 한편으로 우리는 마르틴이 그 시점에 갈등의 고통을 겪고 있었다고 가정해야 한다. 그는 (다음 장에서 설명하겠지만) 이 때문에 남들 앞에서 공황을 일으킬 정도로 결혼 서약을 혐오하게 된 것이 틀림없다. 다시 말하지만 우리는 이 감정이 아버지에게 전해졌는지 알지 못한다. 하지만 아들이 먼저 독신 서약을 하고 교회와 갈라서고 주변 세계에 불을 지르고는 20년 뒤 정말로 결혼했을 때 자신이 아내를 맞아들인 으뜸 이유는 아버지를 기쁘게 하기 위해서였노라고 공언했다는 사실은 안다.

6월 말 마르틴은 대학에 돌아가려고 길을 나섰다. 7월 2일 에르푸르트에서 불과 몇 시간 떨어진 작은 마을 슈토테른하임 근처에서 그는 심한 뇌우를 만났다. 벼락이 바로 옆 땅을 때렸는데, 아마도 그를 땅에 내동댕이치고 극심한(어떤 사람의 말로는 경련성) 공포에 몰아넣었을 것이다. 그는 훗날 말했듯 느닷없는 죽음에 대한 고통스러운 두려움에 완전히 에워싸였다고(terrore et agonis mortis subitae circumvallatus) 느꼈다.[24] 그는 이 사실을 알아차리기도 전에 이렇게 외쳤다. "성 안나여, 도와주소서. …… 저는 수도사가 되고 싶습니다." 그는 에르푸르트로 돌아간 뒤 친구들에게 자신이 수도원에 들어갈 작정이라고 말했다. 아버지에게는 알리지 않았다.

물론 위의 운명적 발언을 현장에서 들은 사람은 아무도 없었다. 마르틴 자신은 그 말을 자신에게 강제된 것으로(drungen und gezwungen, coactum et necessarium) 경험했다.[25] 사실 그는 곧바로 실제로는 수도사가 되고 싶지 않다고 느꼈다(Ich bin nicht gern ein munch Geworden).[26] 하지만 자신이 서원으로 간주한 것에 구속되었다고 느꼈으며 그 경험을 하늘에서 온 두려운 부름(de caelo terroribus)으로 생각하기 시작했다. 그의 자동 반응으로 말할 것 같으면 그것이 실제로 서원이었을지는 몰라도 매우 모순적인 서원이었다. 아버지를 거역하려는 의도로 아버지의 수호 성인을 불러냈으니 말이다. 그는 죽음을 준비하는 일을 직업으로 삼겠노라 약속하면서 갑작스러운 죽음을 막아주는 성인을 불러냈고 평생 가난하게 살기를 소원하면서 사람을 부자로 만들어주는 성인을 불러냈다. 그와 더불어 수많은 모순이 이 순간에 몰려들었다. 마르틴 자신의 말을 따르면, 그의 의도나 소망의 선언을 정말로 수도사가 되겠다는 서원으로 칠 수 있는지조차 의문스럽다. 그는 단지 성 안나에게 자신이 수도사가 되고 싶다고 말하며 도움을 청했을 뿐이다. 성 안나가 아버지에게 탄원해줄지도 모른다는 생각이었을까? 극심한 공포의 순간에 모성적 중보자에게 간절히 호소한 것이었을까?

마르틴은 친구 몇 명과 이 문제를 상의했는데, 그들은 이 경험에 구속력이 있는지를 놓고 의견이 엇갈렸다. 1505년 7월 17일 그는 에르푸르트에 있는 아우구스티누스은둔자수도회의 문을 두드리고 입회를 청했다. 입회는 여느 때처럼 잠정적으로 허가되었다. 수도원 담장 안에 들어가고서야 그는 아버지에게 편지를 썼다.

이 천둥 벼락은 필요한 것이었을까? 교수(셀)에 따르면 천둥 벼락은 청년 루터가 어느 모로 보나 욕망했을 법한 매력적인 진로로부터 그를 불러내는(abgerufen) 하느님의 방식이었다. 정신의학자(레이테르)는 이 사건이 그 진로의 전망을 조금씩 무너뜨린 뒤숭숭한 불안 상태의 절정에 불과했다고 가정한다. 하지만 사제(데니플레)가 보기에 이 경험은 우격다짐으로 수도사가 되기 위한 다소 거짓된 수단이다. 그는 아우구스티누스회가 마르틴의 말에 속아 넘어가지 말았어야 했다고 생각한다.

동기를 연구하는 사람이라면 무엇이 하느님으로 하여금 예사롭지 않은 일을 하도록 동기를 부여하는지 물을 수는 없지만 마르틴의 세계에서 무엇이 그 순간 비(非)아리스토텔레적인 천둥 벼

3장 지상의 아버지와 하늘의 아버지 153

락을 요청했을지 궁금해할 수는 있다. 수도사는 보기 드문 진로가 아니었다. 심지어 학자가 되고 궁극적으로 학술 활동에 복귀하는 버젓한 방법이었다(루터 정도의 학문적 훈련을 받은 사람에게는 더욱 그랬다). 에르푸르트에는 사제, 수도사, 수녀가 교수와 학생 못지않게 많았을 것이다. 도시에는 아우구스티누스회 이외에도 베네딕투스회, 도미니쿠스회, 카르투시오회, 시토회 수도원이 각각 한 곳씩 있었다. 그곳들에 입회하려면 자신이 묵던 성 게오르크 기숙사에서 고작 한두 단지 걸어 정원 출입문을 두드리기만 하면 됐다. 아우구스티누스회는 교육과 자선이 필요한 중심지와 가까운 곳에 자리 잡고서 수도 규율을 엄수했다. 아우구스티누스회 수도사들은 학문적으로 높은 평가를 받았으며 사회적으로는 상류층과 중류층을 대표했다. 이런 조건에서라면 수도원을 진로로 선택하도록 하느님이 굳이 특별한 수단을 쓸 필요가 없어 보인다.

(조만간 루터의 회심과 비교될) 성 바울의 회심은 사정이 달랐다. 바울은 결코 애송이 지방 사람이 아니었다. 다양한 문화와 사회를 경험했으며 공직을 수행하고 있었다. 그리스도인도 아니었다. 실은 대제사장 휘하의 부검찰관으로서 다마스쿠스에 있는 그리스도 추종자들을 체포하는 임무에 적극적으로 참여했다("위협과 살기가 등등하여" 최선을 다했다)(사도행전 9장 1절). 바울이 다마스쿠스로 가던 길에 회심한 사건은 하느님이 아나니아에게 직접 전한 말씀으로 인해 즉시 사도 임명에 준하는 행위가 되었을 뿐 아니라 즉시 정치적 행위와 맞먹게 되었다. 검찰관 바울이 자신이 처단해야 하는 피고인들과 한편이 되었기 때문이다. 이것은 영웅적 회심이

었다.

소박한 작센에서 이루어진 청년의 '회심'은 결코 영웅적이지 않았다. 이 회심으로 그는 존경받고 번창하는 기관에서 모노스(monos), 즉 여럿 중 하나의 직업적 수도사가 되기로 결심했다. 그의 삶에서 그 시기에 이루어진 독신과 순종의 서약은 자신이 받아들일 준비가 되어 있지 않던 짐을 덜어주었다고도 말할 수 있다. 그는 자신의 삶-상황에서 가능했던 유일한 영웅주의적 행동을 실은 피해 갔다. 아버지를 찾아가 대면하지 않은 것이다.

루터의 경험과 바울의 경험 사이에는 조금 에누리해야만 볼 수 있는 유사성이 하나 있다. 회심할 당시 한 사람은 대제사장 휘하의 고위 관료로서, 다른 사람은 아버지에게 복종해야 하는 학생으로서 둘 다 법조에 종사하고 있었다. 둘 다 회심을 통해 (이 중 어느 의미에서 보든) '법률'의 우위에 있는 복종이 있으며 이 복종이 결코 망설임을 용납하지 않는다는 메시지를 전달받았다. ('법률'이라는 용어를 이렇게 확대 해석한 이유는 두 사람의 가르침에서 '믿음'의 반대말로서 '법률'의 신학적 함의를 논의할 때 더 분명해질 것이다.)

하지만 둘의 회심에서는 차이가 더 뚜렷이 드러난다. 둘 다 몸과 마음을 한꺼번에 뒤흔드는 발작을 겪었다. 실은 다소 병적인 상태에서 "땅에 내동댕이쳐졌다."(에스겔 19장 12절) 바울이 보고한 증상은 간질 증후군을 뚜렷이 암시한다. 두 사람 다 하느님이 일종의 충격 요법을 통해 자신으로 하여금 "돌이켜 생각하게"(사도행전 28장 6절) 했다고 주장했다.[27] 바울의 발작은 다른 사람들에게도 목격되었는데, 그때 그리스도는 바울이 마음을 바꿀 준비가

(적어도 무의식적으로) 되어 있었다는 취지로 말했다. "가시 돋친 채 찍에다 발길질을 하다가는 너만 다칠 뿐이다."(사도행전 26장 14절) 바울의 경우에는 기록된 증언에 의해 목격자들이 보거나 들은 것이 무엇이고 그러지 못한 것이 무엇인지 분명하다(사도행전 9장 7절, 22장 9절). 하지만 마르틴에게서는 경험의 영적인 부분이 정신 내적이었다. 목격자가 아무도 없었을 뿐 아니라 더 중요하게는 루터 자신이 초자연적인 것을 무엇 하나 보거나 들었다고 결코 주장하지 않았다. 그는 **자신 안의 무언가**가 자신으로 하여금 서원을 말하도록 했으며 그때 **자신의 나머지 부분**은 자신이 무슨 말을 하는지 알지 못했다고 했을 뿐이다. 그가 하느님의 인도에 따라 행동하고 있었다는 친구들의 확신은 그의 내적 삶이 진실하다는 인상에 기초한 것에 지나지 않았다. 따라서 바울의 경험은 성서심리학의 비밀스러운 지대에 머물러야 하는 데 반해 마르틴의 경우에는 그 회심에 일반적인 심리적 특성만 있다고 주장할 수 있다. 유일한 예외는 여느 것과 다를 바 없는 천둥 벼락을 하느님이 자신에게 곧장 떨어지도록 했다는 확신을 마르틴이 표명했다는 것뿐이었다. 이 문제가 지닌 순수하게 심리적인 성격을 강조하는 것은 결코 과소평가하려는 의도가 아니다. 마르틴의 한정적 주장은 그가 끝까지 견지한 확신과 맞물려 그가 다른 시대의 정직한 구성원임을 보여준다.

    이때 하느님과 마르틴이 공유한 동기가 하나 남았는데, 하느님이 마르틴 내면에서 한스에 대응해야 한다는 것이었다. 그래야 마르틴은 한스를 거역하고서 복종과 부정의 문제를 더 높고 역사적으로 중요한 국면으로 송두리째 옮길 수 있을 터였다. 필요한 것은 외부적인 동시에 우월한 것으로 확고하게 인정받는 경험이었다. 그래야 한스가 아들을 부득이 떠나보내야겠다고 느끼거나(독자도 기억하겠지만 그는 결코 그럴 수 없었고 결코 그럴 리 없었다) 아들이 아버지와 부성(fatherhood)을 저버릴 수 있거나 둘 중 하나가 가능했다. 종신 서원은 마르틴이 또 다른 아버지의 종이라는 것과 그 결과 한스의 손자들의 아버지가 되지 않으리라는 것을 한꺼번에 의미할 것이기 때문이었다. 서품을 받으면 아들은 영적 아버지, 영혼의 수호자, 영생으로 인도하는 사람이라는 의례적 역할을 받게 되며 생부는 한낱 신체적·법적 지위로 격하된다. 그러나 이제 보겠지만 그 서품식 뒤에 (이 불경스러운 문구는 여기서 전적으로 적절한데) 지옥의 모든 것이 밀려들었다.

물론 한스는 이 모든 일을 직감하고는 (하느님에게) 대응되기를 거부했다. 단도직입적으로 말해보자. 그는 자신이 가장 많이 투자한 대상에게 물먹는 것을 용납할 수 없었다. 독일에서는 교회가 세속에 대한 독점권을 내세워 비옥한 땅, 두둑한 세금, 유능한 인재를 독차지하는 것에 의문이 제기되고 있었는데, 그는 이미 그 자본주의적 경향의 대표자였기 때문이다. 그는 자신의 아들이 언젠가 이 문제들에 대해 주도권을 쥐고서 비텐베르크 티파티를 조직하리라고는 꿈에도 예견할 수 없었다.

아우구스티누스회에서 처음에 타협안으로 내민 유일한 조건은 1년의 수습 기간을 두자는 것이었는데, 아버지는 그조차 허락하지 않으려 들었다. 그는 정신이 나가다시피 한 채(wollte toll werden) 아버지다운 선의를 모조리(alien Gonst und Veterlichen Willen) 거부했다. 어머니와 외가도 고분고분하게 아들과의 연을 끊었다. 이것만 해도 끔찍한 처사였다. 하지만 그때 (신학적 전기 작가들 말마따나) "역병이 마르틴을 도우려고 찾아왔다." 마르틴의 남동생 두 명이 죽은 것이다. 마르틴의 친구들은 이 상황을 다소 소름 끼치는 논리로 활용하여 한스에게 맏아들도 하느님에게 바쳐야 한다고 설득했다. 그때 어머니가 뭐라고 말했는지는 기록되어 있지 않다. 그렇게 한스는 동의했다. 교수는 마르틴에게 "이걸로 충분할 수 있었다"고 생각한다.[28] 하지만 마르틴은 마지못한 승낙을 대답으로 받아들일 사람이 아니었다. 그는 아버지의 동의가 마지못한 애도의 상태(ein unwilligen traurigen Willen)에서 이루어졌으며 온전한 선의(gantzen Willen)에 의한 것이 아님을 잘 알았다(온전한 선의는 훗날 마르틴의 자책과 번민에서, 결국 신학적 사유에서도 숙명적 개념이 된다). 그가 보기에 아버지의 의중은 달랐다. 잘된 일이든 안된 일이든 마르틴은 훗날 교리적 명시성, 곧 '의도'라는 새 차원을 양심에 부여하는 인물이 되었다.

하지만 이 시점에 마르틴의 의도가 정말 그랬을까? 어떤 전기 작가들은 루터의 경험이 신학적으로 진짜였다고 믿는가 하면 다른 사람들은 그가 진짜로 현혹되었다고 믿는다. 또 어떤 사람들은 한스와 마찬가지로 이 모든 일에 부정직, 또는 어쨌거나 반항적 충동의 요소가 있었다고 생각한다. 한스가 훗날 벼락이 유령(Gespenst)에게서 나왔을지 모른다고 말했을 때 틀림없이 이런 생각을 염두에 두고 있었을 것이기 때문이다. 나는 이 견해들 각각에 조금씩 동의할 것이고 어떤 것에도 전적으로 동의하지는 않을 것이다. 꿈 찾기 의식(vision quest)을 위해 대평원으로 떠난 젊은 수족 원주민들이 떠오른다. 그들은 금욕적 무아지경 상태에서 자신에게 필요한 꿈을 꾸었으며 부족 전문가들에게서 꿈이 진짜임을 확인받은 뒤에는 꿈이 어떤 인생 행로를 따르라고 명령했든 확신에 차서 그렇게 살았다. 지독한 자기비하를 감내하거나 때로는 스스로 목숨을 끊어야 하더라도 개의치 않았다. 그들은 진심이었을까? 열일곱 살에 샤먼이 되라고 부름받은 이야기를 내게 들려준 나이 든 유록족 여인이 생각난다(이 사연은 《유년기와 사회》에 기록되어 있다). 여인은 매우 당혹스럽고 명백히 히스테리적인 혼란을 겪고 무시무시한 꿈을 잇따라 꾸었는데, 그 내용은 모두 미리 정해진 것이었다. 이 때문에 그녀는 자신의 바람과 의식적 의지를 거슬러 존경받고 유능한 부족 의사가 되도록 운명지어졌다. 그녀는 진심이었을까? 하지만 오늘날 중국 젊은이들의 진심을 어떻게 생각해야 할까? 그들은 조상 숭배라는 오래된 이데올로기를 물려받았는데도 공개적으로 또 확신에 차서 자신의 아버지를 반동분자로 고발해야 한다. 세뇌 과정을 거치면서 그들의 진심은 끊임없이 공격당하고 편협해지는데, 이는 결국 "인민의 의지"[29]에 새로이 헌신하겠다는 다짐이 진짜인지 보여주는 올바른 잣대가 된다. 그들은 진심일까?

  이 질문들을 비롯하여 젊은 성년기의 회심과 세뇌에 대한 그 밖의 질문들에 답하려면 특별한 장을 하나 넣어 우리의 심리학적 입장을 밝혀야 한다. 이 모든 경험은 적어도 총체적인 심리적 개입(이것을 '영감'이라고 부르든 '일시적으로 비정상적인 행동'이라고 부르든) 속에서는 설득력이 있다. 젊은이가 주어진 문화 체계 안에서 정체성을 찾으려 시도하도록 내면에서 확고하게 밀어주며 같은 방향에서 이데올로기적으로 힘껏 끌어당겨주기 때문이다.

우리는 아직 이 질문들에 답할 준비가 되어 있지 않다. 그럼에도 루터의 경험을 사회학적 맥락에 놓을 수는 있다. 아들의 충성을 놓고 하느님과 아버지가 벌이는 투쟁은 마르틴의 시대에는 어느 정도 전형적인 사건이었다. 에라스뮈스는 세계주의자이면서 루터의 맞수였는데, 그 또한 아버지를 거역했다. 칼뱅(어떤 면에서는 루터의 바울)은 자신의 투쟁을 이렇게 기록한다. "아버지는 내가 아직 어린 소년일 때 나를 신학자로 만들겠노라 결심했다. 하지만 사방에서 법학을 공부한 사람들이 부자가 되는 것을 보고서 당신도 이 희망에 사로잡혀 불쑥 생각을 바꿨다. 그리하여 나는 철학을 그만두고 법학을 공부하라는 말을 들었다. 하지만 내가 아버지에게 순종하여 법학에 성실하게 관심을 쏟으려 했음에도 하느님께서 섭리의 은밀한 굴레로 나의 길을 다른 방향으로 이끄셨다."[30]

여기서는 일단 루터가 몇 년 뒤 자신의 회심에 대해 내놓은 간략한 설명으로 마무리하자. "저는 에르푸르트에서 석사일 때 실로 슬픔의 유혹(tentatio tristitiae)에 짓눌려 슬퍼하면서 배회했습니다. 하지만 하느님께서 기적을 베풀어 영문도 모르는 저를 이끄

셨던바 그분만이 오랜 과정을 거쳐 교황과 저 사이에 어떤 타협도 없도록 하셨다고 말할 수 있습니다."[31] 여기에는 병적 상태에 걸쳐 있는 특수한 심리 상태, 하느님의 의도적 개입과 마르틴의 영문 모르는 수동적 태도가 나란히 놓인 상황, 신학적으로나 목적론적으로나 벼락이 필요하도록 만든 하느님의 전체 계획, 즉 루터와 교황의 결별에 이르기까지 경험의 모든 요소가 두 문장에 응축되어 있다. 회심이 필요했던 것은 그래야만 마르틴이 자신의 모든 순종의 힘을 하느님에게 바치고 반항의 독을 교황에게 돌릴 수 있기 때문이었다. 그렇다면 이 목적을 위해서는 시간을 벌고 (겉보기에 잘못된) 방향을 추구할 모라토리엄(유예)이 필요했다. 그래야 마르틴이 (루터가 훗날 이야기했듯) 자신의 진짜 역사적 적을 알고 그를 제대로 증오하는 법을 실제로 배울 수 있기 때문이었다.

우리는 루터가 수도원에 들어갔을 때 자신이 종교사에서 맡게 될 특별한 역할에 대해 전혀 알아차리지 못했음을 전적으로 인정해야 한다. 한편으로 그는 최고선을 찾고 있었다. 니체 말마따나 "그는 그 무엇보다도 자신의 신과 직접 대놓고 '스스럼없이' 이야기하려 했다."[32] 하지만 신학의 측면에서 루터는 크고 빛나는 악을 발견했는데, 그것은 (마치 에이해브 선장에게 흰 고래가 빛이 나고 힘이 셌던 것처럼) 그의 불구가 된 영혼 안에 있던 분노를 집중시킬 만큼 힘이 세다. 그 악은 로마 교황제였다.

이 시점에 마르틴은 아직 직업적 종교인이 아니었다. 식자(識者)일지언정 여전히 평범한 청년이었다. 심지어 식자로서의 지위조차 원칙상 빼앗길 참이었다. 수도원의 외벽과 내벽 사이에 있는 숙소에 들어감으로써 자신이 바깥에서 획득한 식자로서 얻은 특별 대우를 포기했기 때문이다. 내부에 받아들여지고 난 뒤에는 지식인으로서 경력을 계속할 수 있을지 조금도 확신할 수 없었다. 특히 수도회 지도자들은 행여나 세속적 탁월함이 수도원 문턱 안으로 들어갈 수 있다고 생각하지 않도록 마르틴을 단속해야 했을 것이다. 에르푸르트 아우구스티누스회는 작센의 회칙엄수파(observant order) 중에서도 엄격한 쪽에 속했으므로, 독일 귀족의 처치 곤란 자제(子弟)나 스콜라주의자를 위한 피난처가 되어버린 여느 수도회에 비해 이러한 단속 임무에 좀 더 충실했으리라 생각할 수 있다. 다른 한편으로 이 지도자들은 벼락 이야기에 시큰둥했을 가능성이 다분하다. 훗날 마르틴을 더 잘 알게 된 뒤 몇몇은 그에게서 소명의 진실성이나 (어쨌든) 별난 동기의 기묘함을 알아차릴 수밖에 없었겠지만 말이다. 하지만 당시에는 아무도 서두르지 않았다. 그들은 지원자 마르틴의 영적·정신적 상태를 보여주는 단서를 찾기 위해 신중하게 시간을 두고 탐색했다.

그리하여 마르틴은 어떤 범주에서도 대단한 인물이 아니게 되었다. 그는 어느 때보다 보잘것없는 사람이었다. 무명의 시기를 바로 앞에 두고서 그는 확고한 행복을 찾았지만 오래가지는 않았다. 루터를 하느님의 명령에 따라 들은 대로 나아가는 평범한 청년이자 유능하고 좋은 사람으로 보거나, 정신 병원이 없어서 영적 병원을 찾는 매우 아픈 청년으로 보는 사람들에게는 꽤 납득할 만해 보일 것이다. 하지만 사람의 내적 체계에 대한 우리 자신의 이해는 이 과도기에, 이 폭풍 전야의 고요 속에서 역사적 사실에 내재하는 그의 심리적 문제들을 최대한 철저히 해명할 것을 요구한다. 그 역사적 사실이란 바로 이 청년이 고작 10년 뒤에 자기 시대의 가장 위대한 웅변가이자 평론가이자 흥행사이자 영적 독재자가 되어 나타났다는 것이다. 이 사실을 설명할 수 있으려면 그의 내면에서 파괴적 힘과 건설적 힘 사이에, 퇴행적 방안과 진보적 방안 사이에 (이때는 모든 것이 균형을 이루고 있었으나) 아직 무척 고요하기는 하지만 격렬한 투쟁이 벌어졌다고 가정해야 한다.

따라서 그의 유년기를 뒤로하기 전에 과도기적인 이 장에서 정체성 혼미(identity diffusion)의 측면들에 대해 논할 것이다. 이 논의는 몇 가지 공통분모로 이어지는데, 사실 이 공통분모들은 이 위대한 청년을 비롯하여 역사와 사례사에 등장하는 청년들에게 존재하는 것 중에서 가장 낮은 것들이다. 이 장 첫머리에서 잡는 하한선은 이따금 너무 하한으로 보일지도 모르겠다. 이 책 후반부에서 기술하는 발달들에 친숙하지 않은 독자에게는 더더욱 그럴 것이다. 그 발달이란 마르틴이 성년기가 되고 신학으로 나아가는 것과 더불어 일어난 깊은 개인적 퇴행과 그가 신앙의 새로운 목소리를 해방하는 동안 분출한 분노의 힘을 일컫는다. 성가대석에서 일어난 발작 이야기를 통해 우리는 다가올 영적 투쟁의 병적 차원을 들여다볼 준비를 할 수 있었다. 우리는 이 차원에서 **필사적 환자성**의 방향으로 나아가고 그다음으로 **광적 지도력**의 차원으로 나아갈 것이며 마지막으로 이 두 조건에 공통된 주제인 **잃어버린 유년기**에 대해 논의할 것이다.

어떤 역사적 시기든 몇몇 (결코 재능이 없지 않은) 젊은이들은 모라토리엄(유예)을 이기고 살아남지 못할 수 있다. 그들은 죽거나 잊히기를 바라거나 영적으로 죽는다. 마르틴은 틀림없이 형제들에게서 이런 정신과 영혼의 죽음을 보았을 것이며 여러 차례 이와 가까운 감정을 느꼈을 것이다. 심연을 맞닥뜨리고선 사라지고 마는 사람들을 우리는 물론 결코 알지 못할 것이다. 이따금 우리는 태어나지 못한 저항, 형성되지 못한 사상, 때로는 외로운 영혼을 품은 사람들을 생각하며 눈물을 흘려야 한다. 그들은 (자신이 보기에) 경건의 말이 위선의 말이 되어버린 신앙, 집단 무능을 숨길 뿐인 집단 의지, 공허한 형식에 얽매여 스스로를 소모하는 양심, 뻔한 잡담에 불과한 사유, 실속 없이 바쁘기만 한 일 따위에 굴복하느니 차라리 무(無, nothingness)를 직면하는 쪽을 선택했다. 내가 말하는 자들은 자신의 고독한 길을 걷는 '아웃사이더'이지, 사람들에게 신비한 문서를 가져와 오난*처럼 현실을 회피하고 바깥에 머물라고 촉구하며 세상을 더욱 오염시키는 자들이 아니다.

오늘날 어떤 사람들은 정신의학적 도움을 찾는다. 그들은 자부심과 절망, 아픈 정신과 고귀한 가치, 착한 마음과 쪼개진 관점을 지닌 낯선 젊은 피조물이다. 물론 치료사들이 알 수 있는 것은 적응하길 원하지 않았다는 그들의 자부심이 실은 오래전부터 적응할 수 없었음을 감추는 수단이라는 사실뿐이다. 하지만 언제나 그런 것은 결코 아니다. 오래 버틴 것에 대한 격한 자부심을 다르게 판단해야 할 때도 있다. 주어진 환경에 그 환경이 요구하는 수단을 통해 적응하지 못하는 것은 정체성의 참된 발달에 필수라고 느껴지는 어떤 잠재적 필요를 포기하지 않으려는 망설임일 수도 있다. 이런 경우에 치료와 관련하여 발생하는 문제는 그 환경에 청년이 왜 적응하지 못했는가의 문제를 초월한다. 그보다는 환자가 내적 일관성을 잃지 않고서 구사할 수 있는 적응 수단을 찾아내야 한다. 자신의 치료법과 목표를 안 뒤에는 '환경'이 자신에게 적응하도록 만들 만큼 유능해져야 한다. 이것이야말로 인간 적응의 본질적 부분이지만, 다윈주의적이고 프로이트주의적인 인간상의 대중적 버전에서는 이런 측면을 간과하기 쉽다.

오늘날 심리 치료가 일부 나라와 계층에서 일종의 승인된 모라토리엄이 되었다고 해서 치료에 수반되는 진단이 당면 문제를 철

---

* 창세기 38장에 등장하는 유다의 아들.

저히 규명한다는 뜻은 물론 아니다. 오히려 그 반대다. 진단은 악성 종양의 기존 위험을 제한하는 데 도움이 될 뿐이고, 또한 어떤 상황에서도 가볍게 여기지 말아야 할 경고 신호를 강조하는 데 도움이 될 뿐이다. 하지만 이 책에서 우리 관심사는 생애 위기의 일반적 서술이다. 이것은 치료 방안을 찾고 청년기의 정점에서 자아의 과업을 이해하는 데 필수 불가결한 작업이다.

상당한 억제와 퇴행으로 이어지는 극단적 형태의 정체성 혼미를 특징짓는 것은 다른 무엇보다 시간 속에서 그저 살아가는 것에 대한 불신 섞인 어려움이다. 밤낮의 일상적 교대를 무시하고, 더 활동적인 기간과 덜 활동적인 기간을 무시하고, 일하는 데 주력하는 기간과 사람들과 이야기하는 데 주력하는 기간을 무시하고, 고립과 번민과 음악 향유에 할애하는 기간을 무시하는 그런 수단은 시간을 정지시킨다. 긴장증 상태와 비슷하게 전반적으로 굼뜬 모습이 나타날 수도 있다. 이것은 마치 청년이 자신을 이 상태에서 건져줄 사건이나 사람을 기다리고 있었던 것과 같다. 그를 구출하려면 안정된 일과와 습관을 심어줄 것이 아니라, 시간의 성격 자체를 가치 있게 만들어주는 거대한 유토피아적 시각을 제시해야 한다. 하지만 다급한 청년은 자신에게 필요한 이데올로기 운동에 노골적으로 소집되지 않는다면 어떤 유토피아적 시각도 오랫동안 유지하지 못한다. 마르틴은 시간을 엄격히 통제하는 체제에 소집되었다. 그가 이 유토피아에서 무엇을 했는지 알아보자.

물론 여기에는 고통스러운 자의식도 있다. 이 자의식을 특징짓는 것은 어떤 때는 (스스로 이미 확신하는) 자신의 모습에 대한 수치심이고 또 어떤 때는 자신이 어떤 존재가 될 것인가에 대한 의심이다. 이런 자의식을 지닌 사람은 종종 일을 하지 못하는데, 이는 재능과 솜씨가 없기 때문이 아니라 기준이 남달리 높아서 탁월함에 이르지 못하는 모든 접근법을 배제하기 때문이며, 그와 동시에 자신이 남과 경쟁하고 남을 패배시키는 것을 허락하지 않기 때문이다. 이로써 그는 의무를 규정하고 경쟁을 승인하여 모라토리엄 지위를 부여하는 수습 생활과 제자 생활을 받아들이지 못한다. 이런 까닭에 마르틴은 공부를 계속할 수 없었다. 훗날 그가 보여준 과업 능력은 거의 언제나 경이로웠는데도 말이다.

특히 이런 종류의 사람은 친밀함을 꺼려 사람들에게서 물러선다. 남성이든 여성이든 신체적으로 친밀해지는 것은 모두 타인과 어우러지려는 충동을 일으키는 동시에 자율성과 개인성을 잃으리라는 두려움을 자아낸다. 사실 이런 청년이 어떻게 다른 사람을 성적으로 또는 애정을 담아 만져야 하는지 자신 없어 하는 것은 어떤 양성적 혼미 감각 때문이다. 자기성애적 꿈들에서 느끼는 고양된 성적 융합과 이성 옆에서 느끼는 완전한 고립감의 대조는 파국적이다. 주어진 상황에서 사회적 풍습이 대다수 청년에게 어떤 성적 모라토리엄을 제공하더라도, 그것이 결단으로 인한 금욕이든 성기 접촉 없는 성적 유희이든 애정이나 책임감 없는 성기 결합이든 환자는 그것을 누릴 수 없다.

우리는 마르틴이 수도원에 들어갈 때 여성들과 어떤 관계였는지 전혀 모르지만 (훗날 훨씬 강렬해져 돌아온) 자기성애적 자책에 대한 단서는 있다. 우리는 그의 아버지가 아들을 일찍 결혼시키고 싶어 한 것도 알고 있다. 마르틴이 무슨 수를 써서라도 벗어나야 했던 것은 진로와 결혼이라는 이중적 책임이었을 가능성이 다분하다. 그런 때에 음악은 사람들과 어울리는 것과 더불어 자신의 감정을 전달하는 매우 중요한 수단이 될 수 있다. 마르틴은 음악을 타인과 연결되는 다리로, 또한 거리를 벌리는 수단으로 활용하는 데 명수였다.

마지막으로 비타협적 청년들은 종교적 바탕에서든 인종적 바탕에서든 사회적 바탕에서든 다른 '종류'의 맹렬한 비난을 통해 집단 정체성을 강화하려고 날카로운 거부를 열성적으로 동원하는데, 마르틴 같은 사람은 이런 거부가 뭉툭해진다. 그는 극단적 자기거부(self-repudiation)와 모든 집단에 대한 콧대 높은 경멸 사이를 오락가락한다. 예외는 자신이 도저히 닿을 수 없는 데에 참된 뿌리를 둔, 그러면서도 의무는 전혀 느끼지 않는 집단을 대할 때뿐일 것이다. 이것은 젊은 유럽인의 '고전주의적' 갈망이나 젊은 미국인이 외국 전체주의 정당에 느끼는 매력, 동방 신비주의자의 고매한 가르침을 떠올리게 한다. 여기서 총체적이고 최종적인 가치를 찾으려는 욕구를 충족하기 위한 유일한 조건은 이 가치가 자신이 배운 모든 것에 대해 이질적어야 한다는 것이다. 마르틴이 전통적인 수도원 생활을 선택한 것 자체가 아버지의 세속적 열망에 반하는 것이었음은 이미 살펴본 바 있다. 우리는 모든 자기상을, 심지어 개인의 성장 과정에서 주입받은 지배적 가치에 정면으로 반하는 이상주의적 성격의 자기상을 **부정적 정체성**(negative identity)이라고 부른다. 이 말의 의미는 우리가 이 정체성을 가져서는 **안 된다**고 경고받았고 이 정체성을 가지려면 가슴이 미어지는 아픔을 겪어야 하지만 그럼에도 자신의 진심을 주장하면서 이 정체성을 가져야만 한다는 느낌을 받는다는 것이다. 이런 반항은 강렬한 모험심을 자극할 수 있으며 마르틴이 경험했듯 거대한 집단적 반항 추세와 결합했을 때 절연뿐 아니라 새로움을 분명 가져다줄 수 있다. 하지만 일이 잘못되면 부정적 정체성을 탐색하다가 사회적 자원이 금세 고갈된다. 실은 어떤 저항 운동도, 심지어 자부심 강한 비행 청소년 집단조차도 그런 개인을 구성원으로 받아들이지 않을 것이다. 그런 사람은 순간적 충동에 휩싸여 반항하고 굴복하기 때문이며, 목숨을 걸고서 꿋꿋이 반사회적 태도를 유지하리라는 믿음을 줄 수 없기 때문이다.

이런 청년이 환자가 되면 정체성 위기에서 나타나는 것 못지않게 깊은 퇴행이 나타난다. 이것은 어릴 적 공급받은 정체성 요소들에 일관성이 없어서 이 연결에 결함이 있다고 말할 수 있기 때문이거나, 아니면 이데올로기적 영양 부족의 극심한 상태와 맞먹는 현재 상황들에 맞닥뜨려 당혹감에 빠지기 때문이다. 이런 환자에게서 나타나는 가장 극적인 특징은 정신치료사에게 과도하면서도 모순된 요구를 하는 경향이다. 이 점에서 그들은 정말로 퇴행한다. 공개적으로든 은밀하게든 그들은 유아가 엄마에게 부여하는 것과 같은 종류의 전능함을 치료사에게 기대하기 때문이다. 유아는 탁자가 자신을 때리지 않도록, 어쨌든 딱딱하고 날카롭지 않도록 엄마가 조처했어야 하고 자신을 단단히 붙잡는 동시에 자유롭게 내버려둬야 한다고 생각한다. 즉 유아는 자신이 원하는 게 무엇인지 스스로 알지 못한다. 하지만 환자의 요구가 역설적 형태를 취하는 것은 그 자신에게 애석한 일이지만 그렇더라도 개인으로서 자신의 본질 자체와 관계가 있다. 그는 익명으로 행동할 권리를 누리고 싶어 하면서도 중요한 사람으로 대접받고 싶어 한다. 부모가 과거나 현재에 보여주지 못한 모든 모습을 치료사에게서 보기 위해 그와 융합되고 싶어 하면서도 치료사와의 동일시로 인해 집어삼켜질까 봐 두려워한다. 이 환자들의 두드러진 성질은 **총체주의**(totalism)다. 총체주의는 전부 아니면 전무 식으로 모든 차이 문제를 상호 배타적인 본질의 문제로 부풀린다. 모든 물음표를 존재 상실의 문제로, 모든 오류나 부주의를 영원한 반역으로 둔갑시킨다. 이 모든 것은 야곱이 천사와 벌인 투쟁 비슷한 것으로 귀결된다. 야곱은 축복을 얻으려고 천사와 씨름했는데, 환자가 원하는 것은 자신이 살아 있는 사람이며 그렇기에 자신 앞에 삶이 있고 그 삶을 누릴 권리가 있다는 확신이다. 그보다 못한 결과는 받아들이지 않는다. 나는 이것을 '밑바닥(rockbottom)' 태도라고 불렀으며, 도착적이고 조숙한 완결성(integrity)의 징후라고 설명했다. 이것은 새로운 존재를 위한 투쟁을 안전하게 시작할 수 있고 미래를 보장받을 수 있는 불변의 기반을 찾으려는 시도다. 환자는 정신치료사가 환자 자신을 위해 가깝고 친하고, 자신만을 위해 있고 용의주도하고, 너그럽고 자기 희생적인 맞상대가 되어주길 집요하게 요구한다. 오직 유아의 엄마만이 그런 존재가 될 수 있는데 말이다. 이 환자들이 정체성 면에서 새로 태어나 '한 번만 태어난 사람'이 (하지만 이번에는 자신이 원하는 대로) 될 또 다른 기회를 얻고 싶어 하는 것은 분명하다. 하지만 우리가 환자에게 줄 수 있는 것은 모두의 운명인 역경을 기꺼이 함께 맞닥뜨리겠노라는 각오뿐이다.

이른바 정신 분열 과정이 환자를 장악하면 밑바닥 태도는 기묘한 진화적 심상으로 표현된다. 총체적 느낌이 비인간화되다 결국 비포유류화되고 만다. 이 환자들은 자신을 게나 조개나 연체동물처럼 느낄 수 있으며, 심지어 가장 하등한 동물 수준에 존재하는 생명 활동과 운동마저 포기한 채 폭풍우 속 바위턱에 외로이 서 있는 뒤틀린 나무나 바위, 아니면 그저 불쑥 튀어나와 있는 턱이 되기도 한다. 이 문제에 대한 정신의학적 논의는 다른 책으로 미룰 수밖에 없다. 여기서는 이렇게 말하는 것으로 충분할 것이다. 무(無)와의 유희에 이르는 심각한 퇴행이 이토록 체계화된 형태로 일어날 수 있는 때는, 그러면서도 그 퇴행이 디디고 설 단단한 발판을 찾기 위해 내면의 밑바닥에 도달하려는(말하자면 실험적인) 모험인 때는 생애를 통틀어 이때뿐이다. 여기서 치료사는 환자의 미개발된 내적 자원과 접촉할 가능성을 지나치게 낙관해서는 안 되지만, 다른 한편으로 어떤 불상사 때문에 환자가 바닥에 주저앉아 재등장에 필요한 에너지를 다 써버릴지도 모른다고 끊임없이 우려할 만큼 비관적이어서도 안 된다.

또 어떤 환자들은 강박적 자책과 강박적 번민의 거짓 질서에 매달린다. 그들은 인간 세계의 모조품 질서 같은 것, 논리와 일관성의 희화화를 고집하는데, 마르틴이 그 전형적 사례다. 이런 청년의 눈은 종종 생기가 없으며 당신의 눈을 정면으로 들여다보지 않는다. 그러다 불쑥 당신의 얼굴을 훑으며 진심이 있는지, 아니면 그저 얼굴이 있을 뿐인지 살핀다. 대중적 판단에 따르면 이 환자들은 늘 "딴 데 가 있다"고 말할 수 있는데, 그러다 느닷없이 번득 나타난다. 그들은 붙임성 없고 무기력하고 냉담해 보일 수 있으며 스스로도 그렇게 느낀다고 말한다. 하지만 자신과 당신을 신뢰하는 것처럼 보이는 상호 인식의 순간들이 있는데, 그때 그들의 미소는 총체적으로 현재적이며 상대방에게 뿌듯함을 안겨준다. 상대방을 인식하는 것처럼 보이는 유아의 첫 미소만이 그에 비길 수 있을 것이다. 하지만 이때야말로 투쟁이 막 시작되는 시점이다. 사실 유아의 투쟁도 마찬가지다.

이 짧고 인상비평적인 묘사에서 나는 그들의 공통된 증상을 설명하려고 시대와 유형이 다른 사람들을 한데 묶었으며 이 책의 주제인 위대한 청년을 부각하려고 사례를 편향적으로 서술했다. 하지만 많은 독자들이 이 서술을 읽으면서 기시감을 느끼지 않을까 싶다. 그들 자신이 언젠가 이렇게 느끼고 행동했을 수도 있고 (부모나 교사이든, 친구나 젊은 배우자이든) 이런 사람을 상대했을 수도 있다. 어쩌면 이 기시감은 마르틴을 더 깊이 이해하고 그의 자기초월에 더욱 경탄하는 데 도움이 될 것이다.

2

수백 년 뒤 독일에서는 일시적 무(無)를 선택하는 문제에 대해 마르틴보다 훨씬 낮은 값을 써낸 또 다른 청년이 나타났다. 그는 마르틴과 마찬가지로 모라토리엄을 거친 뒤 독일 국가의 지도자로 재등장했는데, 건설적 측면에서는 루터에게 비길 수 없었으나 체계적인 정치적 파괴력 면에서는 루터를 완전히 압도했다. 이 사람은 물론 아돌프 히틀러다. 히틀러의 유년기에 대해 우리가 아는 것은 선전용 자서전에 나오는 것이 전부다. 이제 그가 어떤 청년이었는지 살펴보자.

젊은 시절 유일한 친구이던 아우구스트 쿠비체크 말마따나[1] 청년 아돌프는 마르틴과 마찬가지로 아버지에게 이따금 '호된 매질'을 당했다. 그의 아버지는 하급 관리의 옹졸한 권위주의와 전반적 무기력, 거기에다 간통, 음주, 학대 성향이 결합된 인물이었다(그러고도 무사할 수 있는 집 안에서만 그랬다). 이 아버지는 가난한 하녀의 사생아였는데, 아들을 공무원으로 만들겠다는 결심이 확고했다. 이 결심에는 아들이 좁은 계층 사다리의 꼭대기까지 올라가야 한다는 의도가 내포된 것이 분명하다. 하지만 아돌프는 《나의 투쟁》에서 선전용 북을 고집스럽게 두드리며 그럴 생각이 전혀 없었다고 거듭거듭 단조롭게 되뇐다. 친구의 말을 따르면, 그는 이런 아버지에 대해 한 번도 불손하게 말한 적이 없다. 하지만 그는 제 갈 길을 갔으며, 그 길은 체제 내 어떤 학교나 직업도 자신을 품을 수 없다는 확신에 의해 (적어도 부정적으로) 정의되었다. 긍정적인 측면을 보자면 그에게는 기이한 집착이 있었다.

나는 아돌프와 함께 유서 깊은 도시[오스트리아 린츠]의 낯익은 거리를 거닐었다. 도시는 평화롭고 고요하고 조화로웠다. 그럴 때면 친구는 이따금 어떤 기분에 사로잡혀 자신이 바라보는 모든 것을 바꾸기 시작했다. 저 집은 위치가 잘못됐어. 무너뜨려야겠어. 저기 공터에는 건물을 지을 수 있겠군. 저 길거리는 더 꽉 짜인 느낌을 줄 수 있도록 손봐야 해. 이 끔찍하고 엉망진창인 주택가를 없애버리고 싶어! 그러면 성까지 탁 트인 풍경을 볼 수 있을 텐데. 그렇게 그는 언제나 도시를 허물고 재건했다.[2] 그는 상상 속 건물에 온 정신을 쏟았으며 완전히 사로잡혔다. 한번은 자신이 귀신에 씌인 사람 같다고 상상했다. 그에게는 아무것도 존재하지 않았다. 시간, 잠, 배고픔도 잊었다. 거리를 걸을 때마다 그는 눈에 보이는 것이 거슬렸다. 평상시에 대여섯 가지 건축 계획을 한꺼번에 머릿속에 넣어 다녔는데, 이따금 도시의 모든 건물이 그의 두뇌 속에 거대한 파노라마처럼 늘어서 있다는 느낌을 떨칠 수 없었다. 그는 건설 중인 모든 것에 참견하고 싶어 했다. 나는 종종 얼떨떨했으며 그가 이미 존재하는 건물에 대해 말하는 건지 앞으로 지어질 건물에 대해 말하는 건지 분간할 수 없었다. 하지만 그에게는 둘 사이에 어떤 차이도 없었다. 실제 건설은 부차적 문제에 지나지 않았다. 린츠의 오래된 극장은 모든 면에서 부실했는데, 몇몇 예술 애호가들이 현대식 극장의 건축을 추진하기 위해 협회를 결성했다. 아돌프는 당장 협회에 가입했으며 아이디어 공모에도 참여했다. 몇 달간 설계도와 초안을 작성했으며 자신의 제안이 선정될 거라 철석같이 믿었다. 협회가 신축 계획을 철회하고 옛 건물을 개축하여 그의 희망을 모조리 짓밟았을 때 그는 이루 말할 수 없이 분노했다.[3]

바깥에서 보기에, 새로운 길을 찾는 일은 위험한 우울 발작으로 스스로를 드러냈다. 나는 그의 기분을 너무 잘 알았다. 그것은 그의 황홀한 헌신, 활기찬 활동과 극명하게 대조되었다. 나는 그를 말릴 수 없음을 깨달았다. 그런 때에 그는 접근할 수 없고 말이 통하지 않고 멀게 느껴졌다. 우리는 하루 이틀이 지나도록 만나지 않을 때도 있었다. 그를 보러 집에 찾아가면 그의 어머니는 나를 맞이하면서 깜짝 놀라셨다. "아돌프는 나갔단다. 널 찾고 있을 텐데." 사실 아돌프는 도시 주변의 들판과 숲을 밤낮으로 무작정 혼자 돌아다니고 있었다. 마침내 우리가 만났을 때 그는 분명히 나와 함께 있어서 기뻐 보였다. 하지만 뭐가 잘못됐느냐고 물으면 "날 혼자 내버려둬"라고 대답하거나 무뚝뚝하게 "나 자신을 모르겠어"라고 말할 뿐이었다.[4]

두 친구는 훗날 빈으로 이사했다. 그곳에서 아돌프는 미술학교에도, 건축학교에도 입학 허가를 받지 못했다. 하지만 금세 오스트리아 황제들의 성(城)인 "호프부르크를 개축하기" 시작했으며 인부 숙소를 위한 대규모 설계도를 구상했다. 그러는 한편 (프로이트가 빌헬름 플리스*를 일컫는 말인) "유일한 청중"인 친구에게 장광설을 늘어놓으며 처음에는 바그너 음악을, 다음에는 사회주의를, 마지막으로 반(半)유대주의를 권했다.

---

* 빌헬름 플리스(Wilhelm Fliess)는 독일의 의사로서 지크문트 프로이트의 동료였다. 그는 인간의 생체 리듬에 대한 이론을 제안했으며, 프로이트와의 서신을 주고받으며 정신분석 초기 발전에 기여했다.

하지만 느닷없이 **그가 사라졌다**. 쿠비체크에게 보낸 마지막 편지는 린츠의 오페라 하우스 위원회를 신랄하게 조롱하는 내용이었다. 당시 그의 나이 열아홉이었다. 그는 지독히 가난했기에 이민자와 부랑자 대상의 가장 허름한 숙소에서 지냈을 것이다. 어쨌든 그는 가족과 쿠비체크를 멀리했다.

수십 년 뒤 그가 독일군 상병(上兵) 제대 군인에다 전후(戰後) 신경증 환자이자, 혁명가에다 복수자이자, 결국에는 독재자로서 등장한 것에 대해 쿠비체크는 이렇게만 말했다.

그는 열다섯 살에 계획한 것을 쉰 살에 실행했다. 도나우강을 가로지르는 다리를 새로 건설한 일도 그랬다. 마치 계획부터 실행까지 몇십 년이 아니라 몇 주밖에 걸리지 않은 듯 충실하게 구현했다. 계획은 처음부터 존재했다. 그러다 영향력과 권력을 손에 넣자 계획이 현실이 되었다. 이 일은 섬뜩할 만큼 착착 진행되었다. 마치 열다섯 살 소년이 언젠가 자신이 필요한 힘과 수단을 소유하리라는 것을 당연하게 여긴 것 같았다. 아닌 게 아니라 무명의 소년이 고향 린츠의 재건을 위해 그린 설계도는 1938년 이후 착공한 도시계획도와 한 치의 오차도 없이 들어맞았다.[5]

쿠비체크의 회고록은 청년 히틀러를 다뤘다. H. R. 트레버로퍼는 유럽의 절반을 쑥대밭으로 만든 나이 든 히틀러를 이렇게 묘사한다.

그는 린츠에서 멋지게 은퇴할 꿈을 꾸었다. 독일이 폐허가 되었을 때에는 더더욱 정교한 건축 계획에 몰두해 있었다. 버킹엄 궁전을 재설계한 것은 (적들의 말과 달리) 자신이 쓰기 위해서가 아니었다. 그는 린츠를 위한 새 오페라 하우스와 새 미술관을 구상하고 있었다.[6]

하지만 종말이 가까워지고 확실해지자 건축가는 광신적 파괴자로 변했다. 그의 가장 큰 사랑을 받았고 가장 유능한 제자인 알베르트 슈페어는(그 자신도 건축가였으며 이후에 독일 전쟁 산업을 책임졌다) 이렇게 표현했다.

> 그는 고의로 국민을 자신과 함께 파멸시키려 하고 있었다. 더는 어떠한 도덕적 한계도 알지 못했다. 그에겐 자기 삶의 종말이 곧 모든 것의 종말을 뜻했다.[7]

슈페어는 독일 산업을 파괴하라는 히틀러의 명령을 즉각 불이행했다. 이것은 대역죄였다. 히틀러는 눈물을 흘리며 그를 용서한 지 며칠 만에 스스로 목숨을 끊었다. 슈페어의 결론은 아래와 같다.

> 그가 자신의 '사명'에 만족하지 못했다는 의심이 든다. 그는 정치인보다는 건축가가 되는 게 나았을 것 같다. 그는 종종 정치에 대한 반감을 뚜렷이 드러냈으며 군사 문제에 대해서는 더더욱 혐

오감을 표현했다. 전쟁이 끝나면 국정에서 손을 떼고 린츠에 대저택을 직접 지어 그곳에서 생을 마감할 계획을 밝혔다. 그러면 금세 잊혀 혼자가 될 수 있으리라 생각했다. 브라운 여사 말고는 누구도 곁에 두지 않으려 했다. 그게 1939년 히틀러의 백일몽이었다.[8]

트레버로퍼는 제3제국의 마지막 사령부이자 히틀러가 자살한 현장인 히틀러의 베를린 벙커를 1945년 방문했을 때 방 하나가 여전히 오페라 하우스 건축에 대한 화보로 가득했다고 말한다.[9]

이 서술은 열다섯 살에 "건설 중인 모든 것에 참견하고 싶어" 한 젊은이에게서 파괴적 측면과 건설적 측면, 자멸적 전무와 독재적 전부가 기이한 균형을 이루었음을 보여준다. 즉 히틀러는 모든 이데올로기 지도자를 특징짓는 오만한 양심과 일종의 조숙한 완결성에 휩싸여 있었다. 그는 지독히 강박적으로 **자신**의 구원 수단을 선택했다. 그것은 건축이었다. 어쩌면, 어쩌면 그가 세우는 것을 허락받았다면 파괴하지 않았을지도 모른다. 규모는 더 작을지언정 많은 비행 청소년의 출발점은 파괴적 개인의 위태로운 정체성을 좌우하는 단 하나의 재능을 사회로부터 부정당하는 것이다. 《지상에서 영원으로》의 나팔수 프루를 떠올려보라. 하지만 결국 린츠와 역사는 함께 재건되어야 했다. 실제로 제2차 세계 대전이 발발한 직후 히틀러는 우선 린츠를 재건하라고 명령했다. 때때로 역사는 한 사람이 국가적 희망과 개인적·지방적 목표를 함께 실현하도록 허락하지 않는 것처럼 보인다.

히틀러의 건축 충동이 무엇을 상징하는지 더 파고들지는 않겠다. 다만 주변머리 없고 잔혹한 아버지가 어머니의 꾸준한 존재감을 끊임없이 부정했다는 것만 지적하겠다. 아돌프의 필사적인 치유 충동을 이해하려면 이 청년의 어머니가 유방암으로 쇠약해졌을 때 그가 어떻게 돌봤는지 읽어봐야 한다. 하지만 한 소년이 어떻게 백일몽을 역사로 바꿔내고 사악한 천재로 등장할 수 있었는지, 국가 전체가 그 천재의 정서 환기력을 어떻게 국가적 열망의 실현에 대한 희망으로서, 국가 범죄를 정당화하는 근거로서 기꺼이 받아들였는지 언급하려면 매우 방대한 분석이 필요할 것이다.

현실의 주택과 도시를 허물고 새로 짓는 것이 이 사람의 본디 강박이었으며, 이 강박은 인간과 가치를 가장 조직적으로 파괴한 뒤에도 계속되었다. 우리는 과학이나 신학 같은 분야에서 더 '추상적인' 열망을 품은 다른 위인들을 정치 행위와 파괴적 군사 행위를 벌이는 사람과 비교하는 것이 어불성설이라고 믿고 싶을 것이다. 우리는 권력을 추구하는 사람을 불신하고 학문을 추구하는 사람을 숭상한다. 파괴 기계를 개발하는 데 과학자가 일조했더라도 그들의 역할을 역사적 우연으로 돌리려 든다. 물리력에 통달하고 그 힘을 지배하는 쪽으로 자신의 천재성을 발휘했더라도 그들이 파괴를 욕망했을 리 없다고 생각한다. 하지만 루터에 의해 선포되고 히틀러에 의해 세계적 위기로 치달은 국가주의(nationalism)와 발명의 시대 전체를 훑어보면 (어떤 형태로든) 총체적으로 지배하려는 의지와 파괴하려는 의지의 관계를 재검토하고 싶어질 것이다. 불멸의 미소를 창조한 레오나르도 다빈치는 시시때때로 전쟁 기계를 구상한 인물이기도 했다. 이따금 그는 작업을 멈추고 설계도를 서랍 깊숙한 밑바닥에 처박아두었다. 하지만 오늘날 우리에게 도움이 되는 것은 의식적 목표와 무의식적 동기를 전면적으로 재검토하는 것뿐이다.

젊은 히틀러의 친구가 남긴 회고록은 미래 독재자가 자신이 아무것도 아닌 존재가 될지도 모른다는 애처로운 두려움에 시달렸음을 암시한다. 이 가능성에 맞서려면 일부러 총체적으로 익명이 되어야 했으며, 이 자발적 무에서 출발해야만 그는 모든 것이 될 수 있었다. 그렇다면 전부 아니면 전무야말로 이런 사람들의 구호다. 하지만 어떤 구체적 재능과 어떤 남다른 기회가 그들로 하여금 이 선택지를 국가와 시대 전체에 부여하도록 허락하는지 우리는 거의 알지 못한다.

히틀러는 전체주의 지도자였다. 30대 중반 루터도 반란 지도자가 되었다. 어쩌면 루터 내면의 모종의 경향이 자기 나라가 히틀러 같은 지도자를 받아들이도록 준비시켰을지도 모르는데, 이 문제는 뒤에서 지적할 것이다. 하지만 지금 그의 모라토리엄은 공유된 익명성의 모라토리엄이었다. 그는 영원을 직면한 채 집단적 자기부정을 수련하는 수도회의 마르티누스 신부가 되었다. 그에게서는 파괴와 건설 사이의 투쟁이 신학적 토대에서 벌어지게 된다. 그가 선택한 문구는 **실존적 칭의**(existential justification)였다. 그는 이것을 자기 아버지의 고향 수준뿐 아니라 자기 교회의 세계적 수준에도 적용했다.

정치는 이 세상에서 세계 질서를 창조하는 가장 포괄적인 수단이며, 신학은 형이상학적 전부를 확립함으로써 인간의 실존적 전무를 해결하려는 가장 체계적인 시도다. 수도원은 애초의 구상에 따르면 그 전부에 참여할 수 있다는 희망 속에서 지상에서의 전무를 완전히 받아들이는 체계적 훈련이다. 수도원 생활의 목표는 지배하고 파괴하려는 소망과 의지를 절대적 최소한까지 줄이는 것이다. 루터는 이렇게 말했다. "나는 성스러웠다. 나는 나 자신 말고는 아무도 죽이지 않았다."[10] 이 목표를 이루기 위해 수도원은 명상을 통해 정신적 실존의 내적 갱도로 내려가는 방법을 제공한다. 그 안에 들어간 광부는 신앙의 황금이나 지혜의 보석을 가지고서 밖으로 나온다. 하지만 이 갱도는 명상적일 뿐 아니라 심리적이기도 하다. 성년의 내적 경험 깊숙이 이어져 있을 뿐 아니라 우리의 더 원초적인 층위로 내려가 유아기 출발점으로 돌아가기도 한다. 우리는 마르틴이 벌인 신학적 투쟁의 전모를 맞닥뜨리기 전에 이 점을 분명히 해야 한다. 그래야 위대함의 역사적 조건과 개인적 유년기의 사전 조건 사이에 다리를 놓을 수 있기 때문이다. 이데올로기 지도자들은 과도한 두려움에 시달리는 것으로 보이며 그들이 두려움을 장악하는 방법은 동시대인들의 생각을 개조하는 것뿐이다. 한편 그 동시대인들은 자신의 생각을 필사적으로 개조하고 싶어 하는 사람들에게 자신의 생각이 개조당하는 것을 언제나 환영한다. 타고난 지도자는 모든 사람이 어떤 형태로든 내적 삶의 깊숙한 곳에서 두려워하는 것을 더 의식적으로 두려워할 뿐인 듯하다. 그리고 그들은 자신이 답을 가졌다고 자신 있게 주장한다.

3

역사가 크레인 브린턴은 《근대 정신의 형성》에서 심리학적 관찰을 보고한다. 역사가들은 전문 심리학을 진심으로 불신하여 그로부터 거리를 두기 위해 순진함을 내세우는데, 브린턴도 심리학적 관찰을 도입하면서 이렇게 말한다. "도발적으로 말하자면 모든 정상인이 형이상학자다. 모든 사람은 자신을 '체계', '우주', 그리고 적어도 개인과 환경 사이의 직접적 주고받기를 초월하는 '과정' 속에 위치시키려는 욕구가 있다. 모든 정상인에게 그런 이해의 의식적 결여나 좌절은 일종의 형이상학적 불안으로 귀결될 것이다."[11] 그런 다음 이 이야기를 들려준다.

어른들이 대화를 나누는데 다섯 살 소년이 함께 있으면서 귀를 기울이지만 적극적으로 대화에 참여하지는 않는 광경이 떠오른다. 소년은 무언가를 생각해냈는데, 그 덕에 어른들의 세계에 비집고 들어갈 귀한 기회를 얻었다. 아버지는 소년에게 말을 시킨 뒤에 대뜸 이렇게 핀잔을 놓았다. "이건 7년 전, 그러니까 네가 태어나기 전이고 네가 엄마 배 속에 생겨나기도 전의 일이란다." 소년은 금세 얼굴이 창백해지더니 이내 눈물을 쏟았다. 소년의 마음속에서 일어난 일을 재구성하려고 시도하는 것은 위험한 일이지만, 그 말속의 무언가가 그에게 깊은 충격을 가한 것은 의심할 여지가 없다. 소년은 제 나이 또래의 여느 아이와 마찬가지로 '네가 태어나기 전'은 얼마든지 받아들일 수 있었을 것이다. 하지만 그의 부모가 대다수 진보적 부모처럼 삶의 실상을 보여주려고 이미 노력했는지는 몰라도 '네가 엄마 배 속에 생겨나기도 전'은 소년이 결코 받아들일 수 없었을 것이다. 이 문구는 그에게 단지 수수께끼를, 그가 하루에도 수백 번씩 맞닥뜨려야 하는 (사소한) 문제를 던지는 것이 아니라 근본적 수수께끼를 제기했을 것이다. 한동안 그는 우주 속에서, 아니 우주도 없이 혼자였다. 그의 불안은 지독한 형이상학적 불안이었다.

아동의 일상적 삶에서 나타나는 이 정신병리적 삽화와 그 해석을 들여다보자. 우선 이 어린 소년의 특별한 반응은 틀림없이 중층 결정되었다고 말할 수 있다. 소년은 자신이 어떻게 창조되었는지에 대해 의심을 품으면서도 귀를 쫑긋 세울 나이였다. 그의 눈에 아버지는 함께 있을 때 좀 지나치게 떠벌리는 사람처럼 보였을 것이다. 아들이 대화에 끼어드는 것에 반응하여 '배 속에 생겨나다'라는 말을 씀으로써 아이가 무에서 생겨나는 데 자신의 역할이 있었음을 강조했을지도 모른다. 그렇다면 어린 소년은 많은 '근본적 수수께끼'를 맞닥뜨린 셈이었다. 그의 아버지가 교양이 있어서 자녀를 일반적 방식으로 학대하지는 않았을지언정 매우 무례하게 하느님 행세를 했고 그와 동시에 소년의 잉태를 언급함으로써 어머니에 대한 자신의 특권을 강조했음에 유념하자. 하지만 우리는 느닷없는 자긍심의 훼손으로도, 우쭐거리는 아버지에 대한 분노로도, 잉태 행위라는 생물학적 수수께끼에 대한 불편함으로도 설명하기 힘든 무언가가 소년의 불안에 들어 있었을지도 모른다는 사실을 인정해야 한다(내가 이 어린 소년의 이야기에 흥미를 느낀 것은 이 때문이다). 이 무언가가 '형이상학적'이라고 불리게 된다면 그것은 소년의 마음이 물리적 존재의 한계를 느닷없이 이해했을지도 모른다는 것을 의미할 수 있을 뿐이다. 우리는 언제나 자신의 생물학적 기원에 대한 의심을 평범한 방어 기제와 전형적 환상으로 받아칠 수 있다. 하지만 한때 우리가 결코 존재하지 않았다는 엄연한 사실을 번번이 자각하는 것에 대해서는 무력하다. 어릴 적 부모의 후원을 박탈당할 때는 더욱 무력하다. 유아기 환상과 민족 신화에서는 신비로운 기원에 대한 집착을 볼 수 있는데, 이것은 어디서와 어떻게의 문제, 즉 존재의 '형이상학적' 수수께끼 자체를 감추려는 시도일 가능성도 있다.

브린턴이 소년에게 지적인 예의를 갖춰 '형이상학적 불안'이라고 부르는 것은 '자아 오한(ego-chill)'과 비슷하다. 그것은 우리가 존재하지 않을 수도 있다는 느닷없는 자각, 그러기에 당치 않은 선택을 할 수도 있는 창조주에게 우리가 절대적으로 의존하고 있을 수 있다는 자각에서 비롯하는 전율이다. 평상시에 우리가 이 전율을 느끼는 것은 충격을 받아 자신으로부터 한발 물러설 때뿐이다. 또한 우리는 자신의 논리적 활동을 따르는 지속적 단위로 자신을 다시 바라볼 수 있는 위치를 즉각적으로 회복하는 데 필요한 시간이나 자질이 없다. 인간은 생각하는 (따라서 존재하는) 존재로서 자기 자신을 확립할 수 없을 때 공황을 경험할 우려가 있다. 우리가 신화를 만들고, 형이상학적 사변을 펼치고, 자신을 중심적 현실로 만들어주고 유지하는 '이상적' 현실을 인위적으로 창조하는 밑바탕에는 이런 공황의 경험이 놓여 있다.

정체감은 대다수 성인에게는 결여되어 있지 않으며 이런 공황을 예방한다. 성인이 된다는 것은 무엇보다 자신의 삶을 회고적으로나 전망적으로나 연속적 관점에서 본다는 뜻이다. 자신이 누구인가의 정의는 대체로 경제생활에서 맡은 역할, 세대의 흐름에서 위치한 자리, 사회 구조에서 차지하는 지위를 바탕으로 하여 정해지는데, 이 정의를 받아들임으로써 성인은 마치 자신의 과거가 자신을 계획한 것처럼, 더 바람직하게는 자신이 **그 과거**를 계획한 것처럼 한 단계 한 단계 선별적으로 과거를 재구성할 수 있다. 이 점에서, 심리학적으로 볼 때 우리는 부모, 가족사, 그리고 국왕, 영웅, 신의 역사를 실제로 선택한다. 그 역사를 자신의 역사로 녹여냄으로써 우리는 자신을 소유자의, 창조주의 내적 위치로 이끌어 간다. 유년기와 청년기의 거듭되는 위기를 이겨내고 스스로 아이의 부모이자 보호자가 되면 대부분의 사람들은 너무 바빠서 형이상학적 질문을 던질 여력이 없다. 하지만 무의식적으로 결코 확신하지 못하는 것이 있는데, 우리가 특정한 자녀의 부모라는 사실뿐 아니라(이것은 대체로 스스로 꽤 합리적으로 설득할 수 있다) 어떤 면에서도 우리가 **첫** 원인, 즉 궁극적 원인인 카우사 카우산스(causa causans)일 수 없다는 사실이다. 이 의심은 우리가 질투심과 경쟁심, 인종적 신화와 개인적 신화, 민족중심주의와 자아중심주의를 과대평가하는 데 일조한다. 그리하여 우리는 자신이 원인이라기보다는 결과라고 느낀다. 적어도 우리가 자랑스럽게 긍정할 수 있고 그럼으로써 어떻게든 긍정하게 되는 사슬의 한 고리라고 느끼는 것이다.

우리가 우리 자신을 카우사 카우산스로 느낄 수 있으려면 필연적인 것을 받아들이되 그것을 특별한 자부심으로 장식해야 한다. 이것은 우리가 스스로 내려놓고 물러나는 능력을 지녔다는 자부심이나, 필연적인 것이 명백히 좋아서 그것이 우리를 선택하지 않았다면 우리가 틀림없이 그것을 선택했을 것이라는 자부심이다. 그렇다면 성인은 설령 자아 오한을 느낄 뻔하더라도, 자신의 존재가 요구되는 맥락, 또는 그가 타인에게 의지를 발휘하도록 타인이 그에게 의지를 발휘하거나 가시적 보답을 제공하는 기법을 숙달하는 것 같은 삶의 맥락에 자동으로 의지할 수 있다. 그는 자신의 문화적 우주를 점유한 타인들과 이렇게 기능적으로 연결되기 위해 치러야 했던 희생을 잊어버린다. 그는 **믿음**의 능력을 성취하기 위해 자신이 완전히 버림받고 불신당한다는 느낌을 극복하는 법을 배워야 했고, 자유**의지**의 감각을 성취하기 위해 자신을 의지의 상호 제약에 내어주어야 했고, **양심**의 상대적 평안을 성취하기 위해 가혹한 자기심판을 감수하고 심지어 스스로를 그 판단과 하나가 되게 해야 했고, **이성**의 기쁨을 성취하기 위해 자신이 해결하고 싶었으나 그럴 수 없었던 수많은 일들을 잊어야 했고, **의무**의 충족을 성취하기 위해 자신의 제한된 위치와 자신의 기술에 따르는 의무를 받아들여야 했음을 잊어버린다. 이 모든 영역에서 그는 종교, 법, 도덕, 기술을 조직해낸 사회 체제에 자신을 적응시키는 능력을 통해 개인적 숙달의 감각을 발달시키는 법을 배운다. 그는 희생의 축적으로부터 역사적 정체성의 일관된 잣대를 이끌어낸다. 더 나아가 마법적 전능함을 장엄하게 과시하며 기술과 과학에 참여함으로써 이 정체감을 북돋울 수도 있다. 마음속 깊은 곳에서 그는 토스카니니 같은 사람이 작품을 지휘하는 것은 곧 그 작품을 작곡하는 것이라고, 아니, 지휘하는 동안 관현악단으로부터 작품을 창조하는 것이라고 믿으며, 아인슈타인 같은 사람이 우주 법칙을 예측하는 것은 곧 그 법칙을 창조하는 것이라고 믿는다.

아동은 아직 자기를 스스로 지탱하는 것으로 보이는 그런 우주를 소유하지 못했으며, 강요받기 전에는 성인이 하는 모든 희생을 감내하려 들지 않는다. 따라서 그는 깊은 불안을 키울지도 모른다. 이 불안은 정신분석학 문헌에서 가장 충실히 기록된 현상에 속한다(성심리적psychosexual 환상과 얽혀 있을 때는 더더욱 그렇다). 정신분석학은 아동과 청년의 성적 탐색을 강조하고 체계화했으며, 성적이고 공격적인 욕동과 내용이 억압되고 위장되었다가 충동적 행동과 강박적 자기절제로 다시 나타나는 과정을 정교하게 서술했다. 하지만 이 욕동과 내용의 세기와 배타성이 어느 정도까지 자아의, 또한 미래 정체성을 건축할 재료의 갑작스러운 평가절하 때문인지는 규명하지 않았다. 하지만 아동에게는 부모가 있다. 부모가 반만이라도 이름값을 한다면 그들의 존재는 아동에게 생애 과제의 창조적 범위와 안전한 한계를 규정해줄 것이다.

실존적 정체성 문제에 가장 고스란히 노출되는 시기는 청소년기 후기다. 셰익스피어의 햄릿은 조숙하고 고결한 완결성을 지녔으면서도 여전히 오이디푸스적 갈등에 깊숙이 얽힌 청소년기 최후기의 인물인데, "사느냐 죽느냐"의 문제를 숭고한 **선택**의 문제로 제시한다. 자기관찰적인 후기 청소년은 자신을 만들고 자신을 부분적으로 결정한 부모에게서 해방되려 노력하고, 또한 아직 자신의 것으로 만들지 못한 더 넓은 조직에 속하는 문제를 직면하려 노력하면서 자신이 과거를 **선택**했고 미래의 선택자임을 스스로에게 확신시키는 일에 종종 어려움을 겪는다. 그는 자신의 왕성한 성욕, 우월한 공격적 힘, 폭넓은 지성에 감명받아, 섣부른 선택을 하거나 수동적으로 떠내려가려는 유혹을 받는다. 선택지가 몇 개 되지 않을 때는 선택들이 더 큰 최종적 권위를 누리는데, 그것은 그 선택이 그의 신분을 결정하기 때문이다(한스의 선택지에는 농부, 광부, 임차인이 있었고 마르틴의 선택지에는 법률가와 수도사가 있었다). 우리 사회에서와 마찬가지로 그는 이런저런 선택을 해야 할 때면 거짓된 자유 감각, 실험할 시간이 얼마든지 있다는 착각에 빠질지도 모른다. 그러다 자신이 놀이에서조차 틀에 박혔으며 무언가를 시도하면서 그것에 얽매이고 말았음이 불현듯 뚜렷해지는 순간이 찾아온다.

  이 모든 것이 청년에게 느닷없이 트라우마적으로 찾아오는지 여부는 사회에 달렸다. 어떤 문화에서는 유년기와 청년기에 상징적 의례를 통해 이 모든 자아 위험을 확실히 예견하도록 준비시키고, 어떤 문화에서는 자각을 제한하고 지연시켜 모든 느닷없는 사건에 대비하도록 강화하며, 어떤 문화에서는 주술 의식과 승인을 제공하여 사전에 확고하게 정의된 정체성을 지닌 집단의 구성원으로 만들고, 또 어떤 문화에서는 적, 짐승, 기계의 형태를 띠는 위험한 힘을 다스리는 사회적·기술적 방법을 가르친다. 각각의 경우 청년은 자신이 우주적 얼개의 일부임을 알게 되는데, 이 얼개는 확립된 전통에 닿아 있으며 규정 가능한 미래를 약속한다. 하지만 옛것이 붕괴하든 새것이 약진하든 급속한 변화의 시기에는 승인의 의미가 달라진다. 어떤 예식과 졸업식은 예스럽고 깊이가 있긴 하지만 더는 청년들에게 호소력이 없는 데 반해, 또 어떤 예식과 졸업식은 합리적이고 현대적이기는 하지만 경험의 신비감을 자아내는 유일한 요소인 최상의 전율을 불러일으킬 만큼 마법적이지 못하다. 많은 청년들이 미래상을 갈망하지만 부모의 교회나 동호회, 또는 단체에서 제공하는 승인과 의식이 자신보다는 부모를 영적으로 고양하기 위해 짜여 있다고 느낀다. 또 어떤 청년들은 직업학교와 대학에서 제공하는 가장된 정체성을 받아들이지만, 말끔히 다듬어진 적응성이 새로운 위기 앞에서 바스러지는 것을 본다. 학술 기관들이 가르치고 설교하는 것들은 청년의 직접적인 내면적 욕구와 외부적 전망에 부응하지 못할 때가 많다.

오늘날 우리가 이 문제를 가장 고통스럽게 직면하는 것은 지도자와 길잡이가 없는 청년이 산발적 소요와 그 밖의 과잉 행동으로 제 자신을 승인하려 시도할 때다. 그런 과잉 행동은 아버지 대에 입증된 방식으로 얻은 유의미한 확인을 일시적으로 잃어버리거나 그런 확인을 한 번도 받아본 적 없는 청년에게, 성인 세계에서는 매우 주변적인 것들을 반항적으로 시험하는 가운데 형성된 정체성을 제공한다. '검은 남작들', '초급 주교들', '나바호족', '성인들' 같은 단체명의 냉소적 허세, 때로는 살갗에 문신하기까지 하는 단체 문양, 반항적 행동 따위는 다른 사람들에게 집단 정체성의 배경을 선사하는 것을 자신들도 흉내 내려는 뚜렷한 시도다. 그런 배경으로는 진짜 가족, 귀족 가문, 자랑스러운 역사, 그리고 종교가 있다.

4

루터가 하느님에게 직접, 그리고 조금도 당황하지 않고서 이야기하고 싶어 했다는 니체의 진단은 적절하다. 거기 묘사된 마르틴은 "우리가 지금은 거울에 비추어 보듯이 희미하게 보지만 그때에 가서는 얼굴을 맞대고 볼 것입니다. 지금은 내가 불완전하게 알 뿐이지만 그때에 가서는 하느님께서 나를 아시듯이 나도 완전하게 알게 될 것입니다."*[12]라고 말한 바울보다는 더 개인적이고 더 조급한 모습이다. 하지만 마르틴의 탐색은 천둥 벼락을 대할 때의 반응 전체에서 보듯 더 유치하고 안쓰러웠다. "하느님을 화난 모습으로 보는 사람은 그분을 옳게 보는 것이 아니라 마치 시커먼 구름이 얼굴에 드리운 듯 장막을 보는 것이다."[13]

한스 루더의 아들이 한스에게서 찾을 수 없는 것을 종교에서 찾고 있었다는 말은 지극히 간단명료한 설명일 것이다(모든 해석에 완강히 반대하는 몇몇 사람들은 가장 간단하고 명료한 이 설명조차도 억지스럽다고 생각할 테지만).

얼굴과 얼굴을 대하여 보는 상호 인식의 추구는 마르틴과 모든

---

* 이때 거울은 청동 거울이어서 흐릿하게 보였다.

종교에서 볼 수 있는 한 측면인바, 외로운 청년의 가장 깊은 향수를 이해하려면 이것을 반드시 고려해야 한다. 진실한 사랑을 하는 사람은 이것을 알며 자기상실을 경험할까 봐 성적 융합을 종종 뒤로 미루는데, 이는 (성행위가 아닌) 상대방의 시선에서 더 큰 정체성을 얻기 위해서다. 서로를 긍정하면서 얼굴을 볼 수 없다는 것이 무엇을 뜻하는가는 젊은 환자에게서 알 수 있다. 그는 사랑할 수 없기에 더 퇴행한 상태인데, 치료사의 얼굴이 자신의 겁에 질린 눈 앞에서 해체되는 것을 보며 자신 또한 망각의 조각들로 쪼개지는 것을 느낀다. 젊은 남자 환자 한 명이 여성의 얼굴 수십 점을 그리고 칠했는데, 얼굴들은 깨진 꽃병처럼 갈라졌고 시든 꽃처럼 바랬다. 눈은 쌀쌀맞고 매정하거나 별처럼 아득한 곳에서 차갑게 반짝인다. 그는 온전하고 건강한 얼굴을 그리고 나서야 자신이 치유받을 수 있으며 화가라는 사실을 알았다. 이런 증상을 치료적 대면을 통해 연구하고 해결하고서야[14] 치료사는 이 환자들이 출생 첫해의 후반부 단계까지 부분적으로 퇴행했으며 당시에 인지적·정서적 성숙의 일치로 얻은 것(말하자면 친숙한 상대방의 이목구비를 알아보는 것, 상대방이 다가올 때 자신이 인식된다고 느껴 기뻐하는 것, 상대방이 찡그릴 때 불승인당했다고 느껴 슬퍼하는 것, 낯선 얼굴의 공포를 점차 다스리는 것)을 회복하려 애쓴다는 놀라운 사실을 확신할 수 있다.[15]

유아가 확고한 '대상관계(object-relationship)' 능력(개인으로서 사랑할 수 있는 능력)을 지닌 인간으로 발달하면서, 성장하는 인지 능력과 성숙하는 정서 반응이 일찌감치 얼굴에 모여드는 것은 인상적인 광경이다. 두세 달 된 유아는 얼굴 반쪽만 보고도 미소 짓는다. 색칠한 얼굴 모형이 반쪽만 보여도 그 반쪽이 얼굴 위쪽 절반이고 온전히 재현되었고 (눈에 해당하는 것으로서 뚜렷이 표현된) 점이나 동그라미가 적어도 두 개 있으면 미소 짓는다.. 더 있을 필요는 없지만 그보다 적으면 미소 짓지 않는다. 그 뒤에 입의 윤곽(반드시 미소 지을 필요는 없다) 같은 다른 조건들이 점차 덧붙는다. 18개월을 앞두고서야 아동은 자신이 어떤 얼굴 형태의 모조품, 설령 그 모조품이 웃고 있다고 할지라도 거기에는 적극적 인지 반응을 하지 않는다는 사실을 왕성하게 보여준다. 그때부터 아이는 자신이 학습을 통해 기대하는 그대로 행동하는 사람, 즉 친근하게 행동하는 친숙한 사람에게만 반응한다. 하지만 친숙함과 친근함을 이렇게 인지하면 그와 더불어 낯섦과 분노도 지각하게 된다. 이것은 많은 부모가 생각하는 것과 달리, 아동이 느닷없이 겁이 많아지기 때문이 아니라 아동이 이제는 '알기' 때문이다. 아동은 자신을 돌봐주겠노라 약속한 사람들에게 투자했으므로 자신의 투자가 상실되거나 그 약속이 무효가 될까 봐 두려워한다. 이 활동은 처음에는 작은 짐승이 최소한의 단서에 타고난 반응을 보이는 것과 비슷하게 시작되었다가 사람의 얼굴과 표정을 점차 인식하는 과정을 거쳐 결국에는 인간을 분명히 인정할 수 있을 정도의 사회적 식별력과 민감성으로 발달한다. 아동이 인간성과 그 학습 과정에 투자하고 나서 알게 되는 두려움과 불안은 작은 짐승에게는 도무지 생각할 수 없는 종류다. 작은 짐승이 만에 하나 살아남는다면 그러한 환경은 비교적 단순하고 반복적인 표지와 수법으로 이루어져 짐승 자신에게 안성맞춤일 것이기 때문이다.

물론 어머니 또는 모성 반응을 나타내는 사람들은 아기가 미소 지을 때 자신을 유일하게 가능한 모성적 인물로서, **하나뿐인** 엄마로서 인식한다고 생각하고 싶어 한다. 이것은 어느 정도까지는 좋은 일이다. 인간은 자신을 처음 돌봐주는 사람(들)의 개인적·문화적 양식에 의존하는 기간이 매우 길다. 그의 초기 자아 발달이 얼마나 확고한지는 그를 돌봐주는 사람의 양식이 내적으로 얼마나 일관되느냐에 달렸다. 따라서 상호 '고착'(어머니와 아이 사이를 묶어주는 상호 인식의 요구)을 확립하는 것이 필수다. 사실 유아의 본능적 미소는 바로 그 목적을 위한 것인 듯하다. 그것이야말로 미소의 으뜸가는 효과다. 말하자면 성인은 자신이 인식되었다고 느껴 그 대가로 사랑과 돌봄의 형태로 인식을 표현한다. 처음에는 아낌없이 베푸는 젖가슴과 보살피는 눈이 있다. 이것이 우리가 마지막에 다른 세상에서 보게 될 거라고 종교가 약속하는 모습들 중 하나일 수 있을까? 종교의 인성학이라는 것이 있는 것일까?

우리는 한 번 태어난 삶에 실패하는 사람들이 다시 태어날 기회를 얻고 싶어 한다고 말했다. 그들은 자신을 물리적으로 낳은 같은 어머니에게서 다시 만들어지기를 바라는 듯하지만, 이것은 너무 글자 그대로의 뜻에 치우친 가정이다. 그들의 모든 증상과 관계된 그 '첫 번째 탄생'은 개인으로서의 의식의 출현, 즉 인식들의 상호작용에서 태어나는 의식의 출현이기 때문이다. 그 초기 국면을 함께하는 모성적 인물이 누구든 그 인물은 첫 번째 '환경'이며, 그렇게 처음 경험되는 환경이 무엇이든 그 환경은 여전히 '어머니'와 관계있다. 자기와 성의 첫 분화와 교류가 가져다주는 안정감은 그 뒤의 모든 안정감을 떠받치는 토대다. '어머니'는 공급과 선별을 든든하게 베푸는 법을 아는 사람(들)이다. 유아의 입과 살갗과 감각이 음식, 온기, 젖을 찾으면 그에 응답하는 자극을 공급하며 유아가 자극을 너무 많이 받거나 너무 적게 받지 않도록 섭취의 양과 질을 선별한다. 따라서 새 인간은 식욕과 혐오를 자신이 얻는 개인적 돌봄(그리고 돌봄은 공급과 살핌을 뜻한다)과 더불어 경험한다. 그들은 자신의 첫 세계를 형성하는데, 돌봄받지 못한다고 느껴 홀로 불편해하고 분노하는 순간에도 그 세계의 형성에 참여한다. 하지만 그런 순간들에 대해 그는 어머니에게 신호를 보내 직접 호소하여 조만간 어머니로부터 크든 작든 반응을 끌어낼 수 있다. 어머니의 반응의 규칙성과 예측 가능성은 유아가 경험하는 최초의 세계 질서이자 공급의 근원적 낙원이다. 그리하여 생애의 첫해 동안 공급자의 실재는 일관된 경험으로서, 검증된 사실로서, 사랑과 신뢰의 건전한 투자로서 근원적 토대로부터 점차 생겨난다. 이제 유아는 일관되게 경험하고 합리적으로 검증하고 대담하게 투자할 만큼 성숙했다.

이러한 인지의 양극성은 모든 사회적 경험의 바탕이다. 누구도 이것이 시작일 뿐이고 언젠간 지나갈 것이고 어쨌든 유치하다고 말해선 안 된다. 인간은 고고학 유적처럼 층층이 조직화되어 있지 않다. 그는 자라면서 과거를 모든 미래의 일부로 만들며 모든 환경을 일단 경험하고 나면 현재 환경의 일부로 만든다. 꿈이나 꿈 같은 순간을 분석하면 언제나 무수한 과거 경험이 드러난다. 이 경험들은 의식의 문 바깥에서 현재 인상과 뒤섞이길 기다린다. 언제나 인간은 근원적 양극성이 손상되지 않았음을 확인하고 싶어 한다. 지치고 의심이 들고 확신이 없고 홀로일 때는 더더욱 그렇다. 이 사실은 신학과 정신분석학 둘 다에 의해 활용되었다.

그 첫 관계에서 인간이 배우는 것은 살아남고 제정신을 유지하는 대다수 개인이 대부분의 시간 동안 당연하게 받아들일 수 있는 것들이다. 정신의학자, 사제, 타고난 철학자만이 그 무언가가 결여되었을 때 얼마나 쓰라릴지 안다. 나는 이 초기의 보물을 '기본적 신뢰(basic trust)'라고 불렀다. 이것은 최초의 사회심리적 특성이자 나머지 모든 특성의 기초다. 호혜성에 대한 기본적 신뢰는 근원적 '낙관', 즉 우리가 살아가는 데 꼭 필요한 누군가가 거기에 있다는 믿음이다. 아이 자신의 결함이나 모성 환경의 결함 때문에 영아기에 이런 기본적 신뢰가 발달하지 못하면 아이는 정신적으로 죽는다. 반응하지도 배우지도 못한다. 음식을 흡수하지 못하고 감염으로부터 스스로를 지키지도 못하며 종종 정신적으로뿐 아니라 신체적으로도 죽는다.[16]

지각하는 주체와 지각되는 대상(이 대상은 또 반대로 자기 쪽에서 주체를 '인식'하는 것처럼 보인다)의 최초의 만남을 모든 정체감의 시작이라고 주장할 수도 있다. 그리하여 이 만남은 모든 발달의 실마리가 된다. 모든 발달은 청소년기가 끝날 무렵 사회심리적 정체성이 확립되면서 정점에 이른다. 그 시점이 되면 개인적 발달과 유의미한 전통 둘 다의 관점에서 납득할 만한 이데올로기 체제가 등장하여 어머니가 유아에게 해주던 일을 젊은이에게 해주어야 한다. 즉 위장(胃腸)과 더불어 영혼을 위한 양식을 공급하고 왕성한 성장이 도를 넘지 않도록 환경을 선별해야 한다.

하지만 이데올로기 체제를 통틀어 종교만이 공급자에게, 즉 궁극적 섭리에 호소한다는 최초의 의미를 회복시킨다. 그 공급자가 바로 궁극적 섭리(를 주재하는 존재)다. 유대교·기독교 전통에서 이를 가장 똑똑히 보여주는 기도는 이것이다. "야훼께서 웃으시며 너희를 귀엽게 보아주시고, 야훼께서 너희를 고이 보시어 평화를 주시기를 빈다."(민수기 6장 25~26절) 가장 훌륭한 간구의 태도는 알아봐주기를 갈망하여 쳐든 얼굴이다. 하느님의 얼굴은 너무 엄격해 보이기 십상이며 십자가에 매달린 예수의 얼굴은 모든 것을 버려 희생하는 수수께끼 같은 표정을 보여준다. 하지만 화가와 조각가들은 성모를 묘사할 때는 은은하게 미소 짓는 얼굴로 표현한다. 성모는 아기 예수를 향해 다정하게 몸을 숙이고 있으며 아기 예수는 평안과 유쾌함으로 반응한다. 르네상스 시대가 되어서야 아기 예수는 곧게 선 채 온전한 자신감을 내비치며 성모에게서 벗어나려는 몸짓을 한다. 동양의 화가와 조각가들의 작품에서도 이와 비슷한 평안한 미소를 찾아볼 수 있지만, 부처상은 모든 것을 아우르는 부모**와** 아이가 하나인 모습에 더 가까워 보인다. 이것은 예술 작품이며, 재능이 출중하고 시각을 중시하는 사람의 솜씨다. 얼굴을 이렇게 강조하는 관행은 종교와 결부되어 있다. 사유는 근원적인 공생적 합일을 표현하되 **도**(道)에 함축된 것처럼 확고하면서도 유연하게 유지되는 존재 상태로서 표현한다.

나라는 공통의 선물이 얼마나 큰 승리인지, 서로 알아봄으로써 확인받는다고 느끼는 능력이 이 승리를 얼마나 좌우하는지 알려면 나머지 면에서 건강하고 예쁘고 심지어 감정이 풍부한데도 '나'라고 말하는 법을 배우지 못하는 아동을 연구해야 한다. 모든 종교의 기본적 임무 중 하나는 그 최초의 관계를 재확인하는 것이다. 우리 마음속 깊은 곳에는 참으로 형**이상**학적인(**meta**-physical) 불안의 믿지 못할 기억이 일평생 남아 있기 때문이다. **메타**(meta)는 '뒤', '너머'를 뜻하며 여기서는 '이전에', '과거에', '처음에'를 일컫는다. 따라서 기본적 형태의 영웅주의적 고행, 즉 인간을 실존적 한계로부터 해방하는 한 가지 방법은 '나'의 발달 단계를 되짚어 가장 원초적 의미에서의 대상관계조차 포기하고 아래로 내려가 '나'가 모태로부터 생겨난 경계선으로까지 돌아가는 것이다. 서양 수도원 생활의 상당 부분은 기도와 속죄에 치중하지만 동양의 종교 형식은 의도적 자기상실의 기술을 연마한다. 그중 가장 체계적인 형식은 선불교일 것이다.

 루터는 훗날 "더는 아기 예수를 알지 못했다(non novi puellum)"라고 말했는데,[17] 이는 자신의 어릴 적 슬픔을 표현한 것이다. 그는 유년기를 잃었다. 공포의 순간에 그가 간구한 대상은 성모가 아니라 아버지의 직업 성인인 성 안나였다. 그리하여 루터는 당시 유행한 종교 체제에서 받아들이던 성모의 중재에 언제나 반대했다. 그가 원한 것은 **하느님**의 인정이었다. 그가 아버지와 아들이라는 주제에 더해 어머니와 자식이라는 주제의 의미를 (마리아보다는 그리스도를 통해) 경험할 수 있기까지는 그 뒤로 오랜 시간이 지나야 했다. 그런 뒤에야 그는 그리스도가 두 가지

레오나르도 다빈치의 〈성 안나와 함께 있는 성 모자〉. 성 안나는 성모 마리아의 어머니이며, 중세 독일 광부들의 수호 성인이었다.

이미지로 정의된다고 말할 수 있었다. 하나는 구유에 누워 "동정녀의 젖꼭지에 매달린(hanget an einer Jungfrau Zitzen)" 아기의 이미지, **그리고** 다른 하나는 아버지의 오른편에 앉은 남자의 이미지다.[18]

5

하지만 지고한 희망의 심상을 선사하는 근원적 합일을 우리의 유아기 과거에 파괴한 것은 무엇이고 성년기 현재에 파괴하는 것은 무엇일까?

모든 종교와 대부분의 철학자들은 그것이 **의지**(will)라는 데 동의한다. 그것은 단지 살고자 하는 의지, 무신경하고 잔인한 자기 의지다. 《종교적 경험의 다양성》에서는 보기 드물게 격정적인 구절이 하나 눈에 띄는데, 거기서 윌리엄 제임스는 살고자 하는 의지의 발현 하나를 특별히 묘사한다.

정상적 삶의 과정 속에는 광적 우울이 가득하여 근본적인 악이 판을 치는 나쁜 시기도 있다. 정신병자의 공포에 대한 환상은 모두 일상적 사실의 요소로부터 나온다. 우리 문명은 혼란 위에 세워져 있고, 모든 개인의 존재는 어쩔 수 없는 고통의 외로운 경련 속에서 자기 자신을 소멸시킨다. 만약 당신이 이에 반대한다면, 친구여, 당신 스스로가 거기에 도달할 때까지 기다리기를!

지질 연대에 살았던 육식성 파충류들을 믿는 것이 우리의 상상력으로 힘들다면, 그것들은 단지 박물관의 표본에 지나지 않게 보일 것이다. 그러나 박물관에 있는 해골들을 보면 지난 오랜 세월 동안 운이 다 된 데에 절망하여 허우적거리는 몸뚱이를 꽉 물고 있지 않은 이빨은 없다. 희생자에게 끔찍한 공포의 형상은 더욱 작은 규모로 인식된다 하더라도 오늘 우리 주위의 세상을 꽉 채울 것이다.

여기 우리의 난로 위에서, 우리의 정원에서 악마 같은 고양이가 헐떡거리는 쥐들을 희롱하거나, 부리를 타닥거리는 격렬한 새를 물어뜯고 있다. 지금 이 순간 악어와 방울뱀과 비단뱀도 우리들같이 한때를 살아가는 삶의 그릇들이다. 그것들은 길게 늘어져 있는 배를 끌면서 매일 매 순간을 혐오스러운 모습으로 채운다. 그리고 그것들 또는 다른 야생 짐승들이 산 먹이를 단단히 붙잡을 때마다 일어나는 몸서리치는 공포는, 마음이 격해진 우울증 환자가 느끼는 것처럼 말 그대로 그 상황에서는 올바른 반응이다.

사물들 전체와 종교적 화해를 이루는 것이 가능하지 않다는 것은 사실일 것이다. 정말로 어떤 악마들은 고차적 형태의 선에 봉사한다. 그러나 무엇이 되었건 어떤 선의 조직에도 들어갈 수 없을 정도로 극단적인 악의 형태들이 있고, 그와 같은 악에 대해서는 벙어리 같은 굴종 또는 무관심만이 우리가 쓸 수 있는 지략이다.[19]

윌리엄 제임스가 어떤 기분인지는 한눈에 명백하다. 이것은 극심한 우울, 강렬한 트리스티티아(슬픔)의 기분이다. '트리스티티아'라고 말하는 것은 이빨을 감추고 있는 것이나 마찬가지다. 이 시점에서 제임스는 우리보다 훨씬 과거에 있는 '지질 연대'와 훨씬 아래에 있는 파충류를 예로 든다. 이 피조물은 서로 잡아먹어도 죄가 되지 않으며 어떤 종교에도 비난받지 않는다. 또한 제임스는 잔인한 장난꾸러기 집고양이를 언급하는데, 고양이는 자신과 자연을 중개하는 인간적 제도들의 생태를 인간과 공유한다. 고양이는 자연의 한 부문과 직접적으로 상호 의존하여 먹이를 얻지 않고, 인간처럼 도구 노동의 사회적 분업의 결과로 먹이를 받는다. 그리하여 고양이와 쥐의 관계는 생태적 상호 의존의 순진무구함을 잃었으며 고양이의 욕구는 우리의 욕구처럼 다듬어졌다.

제임스가 **게걸스러운** 삶의 의지에 대한 공포를 심한 우울증(멜랑콜리아) 성향과 연결한 것은 임상적으로나 유전학적으로 옳다. 우울증 중에서도 자신의 탐욕스럽고 가학적인 구강성에 대한 공포야말로 인간이 지긋지긋해하고 꺼리고 종종 끝장내고 싶어 하며 심지어 스스로를 끝장내는 한이 있더라도 그러고 싶어 하는 대상이기 때문이다. 이 구강성은 첫 단계, 즉 치아가 없고 의존적인 단계의 구강성이 아니다. 치아 단계와 그 안에서 발달하는 모든 것, 특히 이후에 '물어뜯는 듯한' 인간 양심이 되는 전(前)단계의 구강성이다. 인간이 점점 성숙하는 기관(器官)을 이용하고 향유하고 적응법을 배운다는 이유로 더 많은 죄책감이나 더 많은 악을 느끼는 데는, 선악의 기본적 구별이 매우 이른 시기에 음산한 방식으로 스스로를 확립하는 것 말고는 다른 내재적 이유가 전혀 없어 보인다. 순진무구한 낙원의 이미지는 인류의 과거 못지않게 개인의 과거에서도 그 일부를 이룬다. 인간은 생명 유지에 필요한 모든 것을 나무에서 딸 수 있는 환경에 만족하지 못하여 더 많은 것을 원했고 금지된 것을 손에 넣고 알고 싶어 했고 선악과를 깨물었기 때문에 낙원을 잃어버렸다. 이로써 인간은 선악을 알게 되었다. 그 뒤로 인간은 이마에 땀 흘리며 일하게 되었다. 하지만 자연이 순순히 내어주지 않는 것을 억지로 빼앗으려고 연장을 발명하기 시작한 것도 이때라는 사실을 덧붙여야 한다. 인간은 순진무구함을 잃은 대가로 '앎'을 얻었다. 수치심의 대가로 자율성을 얻었으며 죄책감의 대가로 독립적 주도성을 얻었다. 그러기에 원초적 평안 뒤에 찾아오는 이차적 유화 상태(appeasement)야말로 종교적 감정과 심상의 거대한 유아기적 원천이다.

그런데 제임스의 인용문과 신기하게 짝을 이루는 것이 있으니, 루터가 훗날 하느님을 탐식자로 묘사한 것이다. 마치 고의로 죄를 지은 사람이 하느님의 용모에서 자신의 탐욕에 대한 거울상을 기대할 수 있다는 듯 말이다. 그것은 신자의 쳐든 얼굴이 자신을 내려보는 은총으로 가득한 얼굴을 보는 것과 닮은꼴이다. "그는 거대한 열성과 분노로 우리를 포식한다. 그는 게걸스럽고 걸신들린(fressige) 불이다."[20] 이렇듯 신성의 용모가 인간의 얼굴을 반영하는 그런 신 이미지 조합에서 하느님의 얼굴은 이빨을 드러낸 사나운 악마의 표정, 또는 무수한 의례용 가면의 표정을 띤다. 이 모든 노여운 용모에는 인간 자신의 욕심 사나운 구강성이 반영된다. 이 구강성은 입과 가슴이, 눈길과 얼굴이 하나이던 때의 첫 공생적 구강성이 지닌 순진무구한 신뢰를 파괴한다.

한 얼굴이 다른 얼굴의 거울상인 이 이미지에는 기이한 대응물이 있다. 루터는 더 대중적인 이미지에서 궁둥이가 악마의 주술적 얼굴임을 이미 암시한 바 있다. 악마는 몸의 어떤 부위에 자신의 얼굴을 공식적 서명으로 찍는다. 인간을 약 올리려고 까 보인다. 그런데 정작 자신은 인간의 반항적 궁둥이(또한 거기서 뿜어져 나오는 냄새)가 자기 얼굴 가까이 오는 것을 견디지 못한다. 그렇다면 궁둥이를 까 보이는 것은 나날이 도를 더해 가는 루터의 수사법의 모든 저속한 표현에서 알 수 있듯 최고의 반항이다.

이 이미지의 조합 또한 프로이트가 '항문기'라고 부른 성심리적 발달 단계에서 유아기적 대응물을 찾을 수 있다. 이 단계는 자신과 반대 방향을 향한 채 더럽고 냄새나고 유독(하다고 간주하도록 학습)한 것을 방출하는 매혹적 신체 부위가 아동에게 선사하는 관능적 경험으로부터 비롯한다. 나는 유아기 성심리적 단계에 대한 프로이트의 도식을 보충하려는 취지에서 프로이트의 **항문성**으로 특징지어지는 단계가 사회심리적 **자율성**의 확립에도 일조하는 사회심리적 도식을 제안했다. 여기서 자율성은 독립을 의미할 수 있고 실제로도 의미하지만 반항, 억지, 고집 또한 의미할 수 있고 실제로도 의미한다. 구강기에서 기본적 불신이던 것이 항문기에서는 **수치심**, 사회적 순진무구함의 상실, '체면을 잃을' 수 있고 '얼굴이 너무 빨개질' 수 있고 투명 인간이 되어 땅속으로 꺼지고 싶어질 수 있다는 화끈거리는 자각으로 바뀐다. 반항은 분명히 수치심의 정반대다. 궁둥이를 고의로 노출하는 것이 뻔뻔함을 나타내는 반항적 몸짓을 뜻하게 된 것은 납득할 만하다. 이 자세로 악마를 대면하는 것은 또 다른 도발 수법이다. 마르틴이 목소리를 내는 법을 배우고서 악마에게 쏟아내야 했던 많은 것들은 아버지와 교사에게 말할 수 없었던 것들로 이루어진, 단단히 압축되어 저장된 반항을 연료로 삼았을 것이다. 이것은 의심할 여지가 없다. 그는 머지않아 그 모든 말을 교황에게 맹렬히 퍼부었다.

루터 가족은 전통적 구조를 유지하는 동안 엄격한 도덕주의적 가부장주의를 내세웠으며, 이를 보상하기 위해 운 좋은 아이들이 마당이나 길거리, 공원에서 자유롭게 누릴 수 있는 소소하고도 만족스러운 비행(非行)은 최소한에 그쳤을 가능성이 농후하다. 금지를 일삼는 아버지의 존재감과 아버지의 처벌에 대한 두려움이 가족의 일상에 스며 있던 것으로 보이는데, 그리하여 이 감각은 침투력이 가장 강한 형태의 오이디푸스 콤플렉스가 탄생할 이상적인 부화장이 되었다. 아버지에 대한 경쟁심, 존경심, 두려움의 양가적 상호작용이 모든 자발적 주도성과 모든 환상에 죄책감과 열등감의 무거운 짐을 지웠다. 이렇듯 반항과 회피가 성공적으로 진압되고 다른 한편으로 아버지의 음주벽과 성적이고 잔혹한 방종이 도덕주의적 가면을 적나라하게 뚫고 나오는 곳에서 자녀는 조숙한 양심, 조숙한 자기조타 능력, 결국엔 복종과 반항의 강박적 혼합물을 발달시킬 수밖에 없다. 한스 루더는 '질투하는 하느님'이었다. 한스 자신이 자녀들에게 분투하는 법을 가르치기 전 아내가 자녀들에게 존재하는 법을 가르치려 시도했을 때 그는 일찌감치 개입했을 것이다. 마르틴이 성모에게 드리는 기도를 결코 받아들이지 못한 것은 어린 소년과 어머니의 유대감을 가로막은 아버지의 강압적 금지 때문이었을 것이다. 하지만 아버지가 모성을 침해하는 것은 인간이 크나큰 향수를 느끼는 그 순간에 대해 감당할 수 없는 또 다른 짐을 지우는 셈이다. 이것을 누구보다 훌륭하게 묘사한 사람이 토머스 울프다.

내가 책에서 표현하려던 아이디어, 곧 주된 전설은 애초에 달라지지 않았다. 이 주된 아이디어는 다음과 같다. 삶에서 가장 깊은 탐색, 어떤 식으로든 모든 생명에게 핵심적인 것은 아버지를 찾으려는 인간의 탐색이었다. 그 아버지는 단지 육신의 아버지가 아니고, 단지 어릴 적 잃어버린 아버지가 아니고 자신의 욕구 바깥에 있고 자신의 갈망보다 훨씬 더 우월한 힘과 지혜의 이미지였다. 그래야 자기 삶의 믿음과 힘을 그 아버지에 통합시킬 수 있기 때문이다.[21]

물론 처음에 아버지는 어머니가 아닌 자, 즉 또 다른 종류의 사람이다. 아버지는 모성적 환경의 일부인지도 모르지만, 그들의 특수성은 나중에야 경험된다. 정확히 언제인지는 말할 수 없지만 말이다. 프로이트의 오이디푸스적 아버지는 많은 것을 규명했으나, 느닷없는 설명이 그렇듯 많은 것을 모호하게 만들었다. 하긴 아버지가 어머니의 막강한 맞수인 상황은 쉽게 이해하기 힘들면서도 동시에 매우 매력적이며 경외감을 불러일으킨다. 어쨌든 아동의 정체성을 일깨우는 데 중요하게 결부되어 있다. 아버지는 우리가 있기 전에 있었고 우리가 약할 때 강했고 우리가 보기 전에 우리를 보았다. 아기 돌보는 일을 업으로 삼는 존재인 어머니가 아니기에 아버지는 우리를 다르게, 더 위험하게 사랑한다. 요정, 꿈,

증상이 입증하는 어떤 생각의 기원을 여기서 찾을 수 있지 않을까. 즉 아버지는 (몇몇 동물 아비가 그러듯) 우리가 아버지의 경쟁자로 보일 만큼 힘세지기 전에 우리를 말살할 수 있었다. 성낼 수 있는 신들(그들은 우리의 생각을 안다고 생각된다)에게 우리가 드리는 감사의 상당수는 실은 우리가 살아 있다는 것 자체를 참아주는 너그러움에 대한 감사다. 그러므로 우리는 아버지에게 두 가지 생명을 빚지고 있다. 하나는 잉태에 의한 생명이고(이것은 영특한 아동조차 유년기의 아주 늦은 시기에 가서야 머릿속에 그릴 수 있다) 다른 하나는 자발적 후원에 의한, **부성적** 사랑에 의한 생명이다.

불안과 혼란을 느낄 때 아동은 종종 어머니에게 등을 돌림으로써 아버지에게서 피난처를 찾는 듯하다. 하지만 이런 일이 일어나는 것은 아버지가 충분히 존재하지 않는 경우, 또는 올바른 방식으로 있지 않는 경우에 국한된다. 아동은 자율적 존재, 즉 자신이 영영 머물고 싶어 하는 **듯한** 모태로부터 자율성에 필요한 최초의 용기를 낼 때쯤 남성성의 특성을 자각하고 남성의 신체적 접촉과 자신을 인도하는 목소리를 사랑하는 법을 배우기 때문이다. 자녀를 붙들어주고 이끌어주는 법을 아는 아버지는 아동의 자율적 존재를 인도하는 수호자와 비슷한 역할을 한다. 무언가가 아버지의 신체적 존재로부터 자녀의 갓 생겨난 자아로 전달된다. 그 초기 경험이 아니었다면 **영성체**, 즉 인간의 몸을 나누는 일이 그토록 많은 사람들에게 그렇게 단순하면서도 위안을 주는 일이 되지는 못할 것이다. 아버지 혹은 아버지들에 의해 개인으로 산출되는 느낌, 즉 '성장하는' 느낌을 한 번도 받지 못한 사람은 자신이 반쯤 사멸한 것처럼 느끼며 어머니에게서 아버지를 찾을 수밖에 없을지도 모른다. 그리고 이 역할을 받아들인 어머니는 나중에 원망받는다. 그 이유는 아버지만이 할 수 있는 일이 있기 때문이다. 내가 생각하기에 그것은 자신의 모습과 인상이 지닌 위협적이고 억압적인 측면들과 인도하는 목소리를 가진 수호자 역할 사이에서 균형을 유지하는 일이다. 은혜로운 얼굴이 주는 인정 다음으로, 인도하는 목소리가 주는 확인은 인간의 정체감을 이루는 기본 요소다. 여기서 문제는 아버지가 타인이 판단하기에 좋은 본보기인지 나쁜 본보기인지라기보다는 그가 실체로서 확실히 존재하는가이다. 실체 없이 좋은 아버지는 최악이다.

우리가 유년기 초기를 지나 자라면서 할아버지, 삼촌, 이웃, 자애로운 스승을 비롯해 점점 많은 부류의 사람들이 우리가 새로 얻는 통찰과 기술의 '아버지'가 된다. 이런 아버지들을 '아버지 대용'이라고만 부른다면 우리는 그 잠재적 도착성을 이해하려고 애쓰다 참된 의미의 중요한 역할을 놓쳐버리게 된다. 그러면 우리 치료사들은 환자의 '아버지 전이(father-transference)'에 알맞은 비인격적 얼굴을 내보이려다 제 코를 자르고 말지도 모른다. 우리는 자신이 아버지가 아니라면 실제로 무엇인지 연구해야 한다. 청년의 삶에서 해야 할 역할에 대해 손을 씻고 외면하는 사람은 그들이 경멸하는 '나쁜' 아버지만큼이나, 비록 아무것도 하지 않았어도 악한 아버지다. 청년기 자녀는 정체성의 출발을 인도할 아버지에 더해 확립된 정체성을 보장할 아버지가 필요하다. 아주 운 좋은 아버지만이 이 일에 참여할 수 있다. 이 점에서 한스처럼 독점을 주장하는 것은 반란을 청하는 격이다. 그 반란은 속으로 조용히 타들어 갈 수도 있고 겉으로 확 타오를 수도 있다.

우리는 마르틴의 삶에서 이 모든 아버지를 만나볼 것이다. 어떤 아버지는 지상에 있고, 어떤 아버지는 하늘에 있고, 어떤 아버지는 한스의 보답 행위에 있으며, 또 어떤 아버지는 놀랍도록 새로운 생각 속에 있다. 그 과정에서 우리는 총체적 죄책감을 느껴 **얼굴을 숨기고** 철저히 아무것도 아닌 자가 되고 싶어 하는 죄인과 그의 맞상대, 즉 **등을 돌려** 영원한 어둠을 바라보는 하느님, 무시무시한 숨은 하느님의 조합에서 인간적인 얼굴과 신적인 얼굴의 또 다른 기본 배치를 알아볼 수 있을지도 모른다.

마르틴의 사례에서는 벌하는 아버지로부터 복수하는 하느님으로의 해석적 발전이 일사천리로 이루어지므로 이 중간 장에서 그의 슬픔에 어떤 다른 향수와 지독한 두려움이 숨겨져 있는지 우리 자신에게 상기시킬 필요가 있었다.

마르틴은 평수도사가 되었다. 실은 '탁발 수도사'였다. 탁발 수도사라는 이미지는 그가 기적적으로 출세하여 유명 신학자가 되기까지의 과정을 보여주는 데 (홍보 면에서) 안성맞춤인 기준점으로 단단히 자리 잡았다. 하긴 어떤 기준점에서 출발했더라도 기적적이었을 것이다. 하지만 아우구스티누스은둔자수도회는 경제적 측면에서 볼 때 걸인과는 거리가 멀었으며 수도의 측면에서 볼 때 은둔자도 아니었다. 아우구스티누스회는 비교적 부유한 수도원들의 조합으로서 번창했으며 한때는 구성원이 3만 명에 이르고 로마에 본부를 두기도 했다. 에르푸르트의 아우구스티누스회는 구내 면적이 7500제곱미터였으며 부동산, 비옥한 경작지, 포도밭을 소유했다. 마르틴은 이내 성직수도사(patres)로 받아들여지는데, 이 고학력 계급 밑에는 육체노동을 대신할 하위 계급인 평수도사(fratres)가 있었다. 그들은 삶을 바치기로 서약했음에도 평생 문맹이었으며 성직을 맡지 못했다. 따라서 마르틴이 자루를 둘러메고 동행과 함께 탁발을 나선 것은 단지 상징적으로만 탁발 수도사의 계급으로 내려간 것이었다. 상당수 탁발 수도사는 교회 내 프롤레타리아에 속했으며 그들은 수도사의 평판을 떨어뜨리기도 했다.

수도의 역사에서는 여러 대립형을 찾아볼 수 있는데, 이것을 들여다보면 마르틴의 수도회를 이해하는 데 도움이 될 것이다. 물론 수도사들은 본디 은둔자였다. 그들은 조만간 외딴 골짜기를 홀로 건너야 하기에 극단적 준비 상태를 의도적으로 추구했다. 그러다 결국 외로운 동료들의 단체를 조직했으며 나중에는 항구적인 수도회를 세우고 확고한 의례적 규율 양식을 발전시켰다. (극단적 입장들의 발전을 좌우하는 것으로 보이는) '대립의 법칙(law of opposites)'에 따라 수도는 사회로부터의 완전한 고립에서 출발하여 철저한 통제적 조직화로 끝났다. 수도의 성격을 거주 형태에 따라 정의하면 **은둔적** 수도와 **수도회적** 수도로 나눌 수 있는데, 아우구스티누스회는 가장 앞서가는 수도회에 속했다. 마치 작은 주(州)처럼 상설 모원(母院)과 지역 분원이 조직되어 있었다.

물론 은둔과 고립은 가장 기본적인 고행이다. 타인과 함께할 때의 유익, 타인과의 비교와 나눔을 포기하며 이로써 가장 적나라하고 가장 광적인 형태의 유혹을 자진하여 대면한다. 〈성 안토니우스의 고뇌〉를 그린 화가들은 이 유혹에 뚜렷한 모습을 부여하려고 노력했다. 공동의 제의 거행은 자기관찰적 집중을 잠시 멈추고 휴식을 취할 기회인데, 은둔은 이마저 허용하지 않는다. 수도 생활의 여러 측면을 고찰하려면 성 프란체스코가 스스로에게 가르친 다양한 역할을 머릿속에 그려보아야 한다. 그는 모든 대립형을 경험했는데, 그중에는 수도회 설립도 있었다. 그런 다음 그는 알베르노산 꼭대기의 숲이 우거진 탁상지에서 순수한 은둔 고행자로 돌아갔다.

그곳에서 멀지 않은 발롬브로사의 상쾌한 숲에서는 수도가 **관조**(contemplation)의 완성으로서 정점에 이르렀다. 공동생활을 하며 고된 **육체노동**을 수행한 트라피스트회와는 정반대 극단을 추구한 것이다. 아우구스티누스회는 일정한 시간의 관상을 준수했으며 최소한의 육체노동을 했는데, 대부분 자신들의 부지를 관리하는 일이었다. 하지만 수도원 인부를 두고서 농장과 포도밭을 (경작하기보다는) 관리했다. 다른 한편으로는 노래와 연구를 매우 열심히 했으며 대학들과 밀접한 관계를 유지했다.

수도의 또 다른 대립형은 영혼을 완전하기 하기 위해 선택하는 기법과 관계가 있다. 그중에는 몸을 자신의 그림자와 같은 허약한 수준으로 되돌리는 극단적 **자기포기**(self-abnegation, 금욕)도 있고 아프거나 곤궁한 사람에게 **봉사**하는 극단적 **자기부정**(self-denying, 헌신)도 있다. 아우구스티누스회는 금욕을 관례화하는 측면에서는 비교적 온건했지만(하지만 마르틴은 금세 독자적 규정을 만들겠다고 고집했다) 규율을 엄수했으며 영적 돌봄과 타인의 교육 향상을 위해 적절한 훈련을 받았다.

이로 인해 그들은 남은 대립형인 **신비주의** 대 **지성주의**에서 한쪽으로 뚜렷이 치우치게 된다. 우리가 알다시피 마르틴은 에르푸르트에서 공동생활형제단을 만나 그들이 신앙의 지성주의를 맹비난하는 것을 들었다. 아우구스티누스 수도원에서 그는 신비주의를 공부하고 토론했다. 그러면서 동시에 (지성주의적인) 스콜라주의 전통을 고수했다(훗날 자신의 독창적 종교성으로 인해 결별하기는 하지만). 그의 수도원은 일반 교과 과정이 우수하기로 정평이 나 있었으며 도미니쿠스회나 프란체스코회보다 훨씬 뛰어나다고 평가받았다.

전체로 보아 아우구스티누스은둔자수도회는 규율을 엄수하겠다고 맹세한 수도회에 속했고 전반적으로 회칙을 존중하면서도 수도원 전통에서 가장 훌륭한 것과 가장 합리적인 것을 조합하려고 시도했다. 마르틴이 수도사가 됨으로써 아버지를 거역했을지는 몰라도 자신의 시야에 들어온 곳 중에서 최상의 학교를 선택함으로써 아버지의 뜻을 받든 것은 한눈에도 명백하다.

또한 그는 종교계의 중상류층 비슷한 것을 선택했다. 당시는 전 세계가 가톨릭이었으며, 수도사가 된다는 것은 뭐니 뭐니 해도 명확하게 규정된 절차에 따라 가톨릭 제국의 성직 서열에 들어가는 입구를 찾는다는 뜻이었다. 성직의 종류로는 대외 활동, 국가·군·도시·읍에서의 사회 복지 관리, 영적 돌봄, 개인 구원을 위한 금욕적 수련 따위가 있었다. 루터가 자기 시대에 잠재한 슬픔과 자기 시대 신학의 영적 문제를 떠안고 나섰다는 사실은 그가 이데올로기적인, 어쩌면 심지어 다소 신경증적인 소수파임을 보여준다. 당시 아우구스티누스회에서 그는 이상하고 눈에 띄고 때로는 의심스러운 수도사였다.

제국을 대변하는 사람들의 절대다수는 이데올로기에 관심이 없다. 그들은 공식 신조의 현재 노선을 맹목적으로 떠들어대며, 엉뚱한 보호자에게 내기를 걸었다가 느닷없이 이데올로기 논쟁에서 지는 쪽에 서게 될 때 어떤 타격을 입는지 전혀 모른다. 예나 지금이나 우리는 신앙에 대해 어떤 결정도 내리지 않고서 살아갈 수 있다. 적당한 수준에 머물 만큼만 조심하면 된다. 그 수준이란 주교구의 수장과 그 수행원, (광신자가 화형당하는 동안) 정부를 운영하는 고위 관료, 위에서 가장 최근에 내려온 명령대로 봉사하는 영혼 없는 피고용인을 말한다. 가장 낮은 수준에서도 신앙의 이데올로기가 문제 되는 일은 거의 없었다. 점점 늘고 있던 성직자 프롤레타리아는 찢어지게 가난했으며 철저히 굴종적이었고 아무 원칙이 없었다. 스콜라주의 지식인(그들은 언제나 교리에 대해 가장 현대적인 지적 수정 작업을 실시하며, 그러기에 자신이 시대를 앞서 나간다고 느낀다)조차 영의 문제에는 사실 관심이 없었다. 개인 신앙이야 말할 것도 없었다. 이 중 어느 집단에서도 그들을 당혹케 할 그런 종류의 성실성이 결코 요구되지 않았다. 교리 이행을 무분별하게 고집할 필요도 없었다. 여느 독점 산업에서와 마찬가지로 법은 어떤 광신자나 얼간이가 문제를 공론화할 때만 편의적으로 개입했다. 그리하여 많은 주교와 사제가 첩을 두었는데, 그들의 여성 동반자는 마치 당연하다는 듯(wie sich das gehoert) '대리 사모님(Mrs. Vicar)' 같은 직함으로 불리며 존경 어린 인사를 받았다. 하지만 결혼은 법에 저촉되었다.

   귀족적이자 공직자적이고 시민적이자 학자적인 성직자는 중간에만 존재했다. 그들은 새로 등장한 중산층과 함께 경제적, 문화적, 영적으로 새로운 성실성, 새로운 정체성을 탐색했다. 마르틴은 아우구스티누스회에 입회하고서 아버지가 발디딤으로 삼고 싶어 한 계층에 해당하고 또 그것과 겹치는 성직 중산층의 일원이 되었다. 마르틴은 교회에서 가장 조직화되고 가장 진실하고 가장 덜 타락한 집단 중 하나를 선택했으며 더 나아가 융통성 있는 진로를 제공하는 조직에 들어갔다. 사회학적 표면에서는 마르틴이 기본적인 수도원 훈련을 선택한 것이 왜 아버지에게 그토록 치욕스러운 일이어야 했고 아들에게는 왜 그토록 극적인 결정이어야 했는지가 완전히 뚜렷하지 않다. 그의 아버지가 아들이 영적으로 훌륭한 인물이 되기보다는 새롭고 세속적인 의미에서 정치적 야심을 품기를 바랐음을 기억해야만 우리는 마르틴이 수도사가 되기로 한 결정이 부정적 정체성을 선택한 셈이었음을 이해할 수 있다. 그는 이내 기존의 수도사들보다 나은 수도사가 되려고 애씀으로써 더더욱 고집을 부렸다.

마르틴은 처음에는 도무스 호스피툼(domus hospitum)에서 지냈다. 그곳은 손님이 묵는 숙소였다. 구내에 있긴 했지만 경내에 있진 않았다. 여기서 그는 아버지에게서 어쨌거나 허락의 편지를 받았다. 마르틴은 수도원장 산하 입회위원회의 호의를 얻어 1년의 수습을 위한 입문을 제안받았다. 입문은 수도원장에 대한 충고해와 이발로 시작되었다(아직은 삭발하지 않았다). 그러고 나서 지정된 시각에 강당(Kapitelsaal)으로 안내받았다. 그곳에서는 수도원장이 제단 앞에 앉아 있었다. 그가 물었다. "무엇을 바라는가?" 마르틴이 무릎을 꿇고 대답했다. "하느님의 은총과 원장님의 대사(Barmherzigkeit, 면벌)를 간구합니다." 수도원장은 그에게 일어나라고 손짓하고는 몇 가지 통상적 주의 사항을 일러주었다. 예비 수련자는 결혼하지 않았어야 하고, 노예이거나 경제적으로 매여 있지 않아야 하며, 은밀한 질병을 앓고 있어서는 안 된다. 그런 다음 수도원장이 그에게 경고한다. 엄격한 과정만이 의지를 버리는 법을 가르칠 수 있을 것이다. 음식은 부족할 것이며 의복은 거칠 것이다. 밤에는 불침번을 서야 하고 낮에는 일해야 한다. 근력은 단식으로 약해지고 자부심은 탁발로 약해지며 활력은 고독으로 약해질 것이다. 그 청년은 끝까지 버티었고 마침내 수도원에 받아들여진다. 〈위대한 아버지 아우구스티누스〉가 울려 퍼지고 수련자에게 아우구스티누스회 수도복인 검은색과 흰색의 커다란 고깔과 성의(聖衣)가 입혀진다. 수도복은 앞뒤로 발치까지 흘러내려 밤낮으로, 그리고 무덤에서까지 수도사를 감싼다. 수도원장은 "하느님께서 그대에게 새 사람을 입히시길"이라고 기도한다. 수도복을 축복하는 일은 아직 미뤄두었다. 이어서 회중이 기도문을 낭송하고 모두 둘씩 짝지어 성가대석으로 행진한다. 수련자와 수도원장이 맨 뒤에 선다. 마지막 찬송이 울려 퍼지는 동안 수련자가 제단 앞에 누워 십자가에 달린 그리스도처럼 팔을 벌린다. "맨 처음 시작한 자가 아니라 끝까지 견디는 자가 구원을 받으리라." 수도원장은 이렇게 예식을 마무리하고 수련자에게 평안의 입맞춤을 보낸다.[1]

  마르틴은 이제 수도원의 소우주에 들어갈 준비가 되었다. 성직의 위계에서 그의 미래가 무엇이든 이 소우주는 교화 기간 그를 단단히 든든히 감쌀 것이다. 교화는 새로운 생각의 내용을 배

루터가 수도사로 생활한 에르푸르트의 아우구스티누스 수도원. 1669년경 모습.

우는 일일 뿐 아니라 세세하게 배치된 환경에 대한 감각적·사회적 반응을 완전히 재조건화하는 과정이기도 했다. 이 과정은 사상 개조라는 현대적 현상을 통해 우리에게도 친숙한데, 아우구스티누스회 수도원에서와 같은 오래된 절차에 담긴 직관적 지혜로부터 냉정한 심리적·정치적 과학을 만들어낸 것이다. 마르틴처럼 열정적 성실성을 지니고 그가 겪은 것과 같은 악성 퇴행이나(루터는 훗날 이런 가능성을 분명히 인정했다) 어쨌거나 매우 심란한 유혹(tentaziones)의 위험에 처한 청년은, 무엇이 공동의 대의와 목표에 이롭고 무엇이 해로운지 시시각각 결정을 대신해줄 체계적 환경을 최초의 모성적 인도가 웅장하게 되풀이되는 것처럼 느꼈을지도 모른다. 실제로 루터는 훗날 이렇게 말했다. "수도원에 들어간 첫해에는 악마가 매우 잠잠하다."[2]

여기서 수도원 체제의 몇 가지 세부 사항과 그 심리적 근거를 소개하겠다. 수련자는 길이 3미터, 너비 3미터를 살짝 넘는 방을 배정받는다. 문은 잠글 수 없으며 언제든 점검할 수 있도록 커다란 구멍이 뚫려 있다. 창문이 하나 있는데, 너무 높아서 땅이 보이지 않는다. 탁자, 의자, 등잔이 하나씩 있고 밀짚 침대에 양털 담요가 덮여 있다. 난방은 되지 않는다. 어떤 장식도, 어떤 개인적 단장도 허용되지 않는다. 이렇게 감각의 단식, 인상의 진공, 끊임없이 달라지는 사회적 단서의 결핍이 시작되는데, 이것이 교화에 필요한 환경이다. 이렇게 하면 내면의 모순적 목소리들을 두루 받아들여 새로운 정체성을 향한 길이 무엇이든 그것을 더 열렬히 붙잡을 수 있다. 들어가는 것뿐 아니라 나오는 것도 규제받는다. 미래의 웅변가가 가장 먼저 배워야 하는 것은 묵언이다. 네 면의 벽 안에서 낱말 하나도, 심지어 기도 소리조차 나와서는 안 된다. 수련장*은 그의 방에 들어갈 수 있는 유일한 사람인데, 그와는 손짓으로만 소통한다. 방을 나서면 수도원 전체가 체스판 같아서, 묵언이 의무인 시간과 장소, 의무가 아닌 시간과 장소가 각각 정해져 있다. 사적 대화는 특별 허가를 받아야 하며, 이것이 자랑이나 농담, 아첨이나 소문의 배출구가 되지 않도록 윗사람이 듣고 있어야 한다. 특히 웃음을 삼가야 한다. 긴장을 풀고 친교를 나누기가 가장 수월한 식사 시간에도(음식이 넉넉히 배급된다면 말이지만) 수도사들은 말하지 않고 듣기만 해야 한다. 입으로 음식이 들어가는 동안 귀로는 낭독(lectio)이 들어간다. 이렇듯, 주의를 산만케 하고

---

* 수련자를 지도하는 직책.

공동체 생활의 변화무쌍한 장면들로 이끌 수 있는 습관적 방식뿐 아니라 언어 접촉을 추구하는 관습적 방식까지 세심하게 제한된다. 일어난 일이나 일어날 일에 대한 한담을 통해 관점을 현재로 돌리는 행위의 유익은 설령 그것이 단지 날씨에 대한 것일지라도 부정된다. 모든 언어적·음성적 에너지, 모든 자세와 몸짓 표현은 극히 적은 고도로 정서적인 배출구로 연결된다. 그 배출구란 기도, 고해, 무엇보다 시편창이다.

24시간마다 일곱 번씩 수도사들은 성가대에서 전례식으로 기도한다(septies in die laudem dixi Tibi). 교송은 두 성가대가 서로 메기고 받는 형식이고 응답송은 독창자가 메기면 나머지가 후렴으로 받는 형식이다. 이 활동은 술 취하는 것보다 시편에 맞춰 "진정한 마음으로 노래를 불러 주님을 찬양하는" 것이 낫다는 에베소서 5장 19절의 명령을 따른 것이다. 아우구스티누스회는 시편창(Psalmodia)에 자부심을 느꼈으며 명성을 떨쳤다. 노래에 절대적 중요성을 부여했던 마르틴이 규율 엄수와 지적 성실성에 목소리 연마를 결합한 이 수도회를 선택한 것은 분명 우연이 아니었다. 마르틴이 훗날 교수가 되고서 한 첫 강의의 주제가 바로 시편이었다. 이것은 교과 과정에 따른 우연의 일치였을지도 모르지만 강의 내용은 그렇지 않았다.

"시편의 시보다 심오하거나 친밀하거나 오래 남는 시를 들어본 적 있는가? 시편의 취지는 혼자 있을 때 노래하라는 것이었다. 알다시피 예배를 드리려고 한 지붕 아래 회중이 모였을 때 시편을 노래하기는 하지만, 시편을 읊조리는 사람들은 더는 다중의 일원이 아니다. 시편을 노래할 때면 자신 속으로 침잠하게 된다. 남들의 목소리가 귓전에 울려 퍼지지만 그것은 자기 목소리를 반주하고 증폭하는 것에 불과하다. 시편을 낭송하려고 모인 무리와 연극을 보거나 연설을 들으려고 모인 무리 사이에서 이 차이를 본다. 전자는 살아 있는 영혼들이 함께하는 참된 회중이며 그 안에서 각자는 따로따로 존재하고 존속한다. 후자는 형체 없는 덩어리이며 각 구성원은 인간 군중의 한 조각에 불과하다."[3] 이렇게 말한 사람은 스페인의 철학자이자 비정통적 개신교인 우나무노다.

첫 번째 전례를 위해 수도사들은 새벽 2시경 종소리에 잠을 깬다. 한여름만 예외인데, 이때는 이 전례를 긴 하루의 끝에 실시한다. 전례는 하느님의 어머니 마리아(sanctae dei genetrici)에게 드리는 기도로 시작된다(마지막 전례도 이 기도로 끝난다). 마리아는 엄격하게 심판하는 아들에게 탄원한다. "그대는 죄인의 유일한 희망이니."

음식은 정오까지 먹지 않으며 단식 기간에는 이른 오후까지, 즉 네 번의 전례를 마칠 때까지 금식한다. 전례 사이에는 살림, 공부, 수련자가 수련장에게 지시받아 하는 일이 있다.

첫해에는 정상적인 밤낮의 교대에 덧씌워진 기상과 휴식의 새 일과에 적응하는 문제와 세세한 규칙과 회칙을 전통적 근거와 함께 체득하는 문제에 충분한 시간과 주의를 쏟으면서 모라토리엄(유예)이 형성되었다. 이 기간에는 개인의 번민과 자책을 잊을 수 있었다. 이 모라토리엄을 강화한 것은 몰아붙이고 낙인찍고 체계적 고해에 의해 공동의 악마를 함께 다스리는 공동체적 관습이었다. 개인화된 악에 사로잡혀 고독하고 자기거부적 희생자가 되는 것(마르틴은 이 일을 겪은 적이 있었으며 조만간 또 겪게 된다)과 막강하면서도 잘 정의된 공동의 적을 군사적으로 물리치는 일에 동참하는 것 사이에는 큰 차이가 있다.

고해의 관례와 방법은 잘 알려져 있다. 임상가의 특별한 관심거리는 주간 합동 고해(Schuld capitel)다. 수도사들은 다 함께 엎드려 가장 나이 많은 사람부터 한 사람씩 규칙 위반을 고해했다. 하지만 다른 수도사로 하여금 자신에게 들킨 위반을 고백하도록 3인칭으로 촉구함으로써("형제 X가 기억하길 바랍니다") 형제들을 비판하기도 했다. 우리 시대에 진화한 집단 치료의 원리를 보면 이런 상호 고해와 비판이 왜 집단에 유익한지 알 수 있다. 이 행위들은 모두 완벽히 동등하게 적용되었으며 주제는 공동 관심사에 국한되었다. 이에 따라 가능한 고해의 종류와 상대적 적절성이 뚜렷이 서술되었다. 더 개인적인 사안은 정기적 고해나 특별 요청에 따른 추가적 고해에서 다뤘다. 한 전기 작가에 따르면 "중죄는 전적으로 그리고 오로지 수도원장 몫이었다."

이것이 수련자가 지키는 일과였다. 적응하지 못하는 사람은 어느 때든 떠나거나 다른 수도회의 문을 두드리거나 일상에 복귀할 수 있었으며 그래도 전혀 비난받지 않았다. 하지만 마르틴 같은 청년이 이 경험의 첫 국면 동안 이 모든 체제 안에서 유익한 침묵, 악에 대한 걱정을 명명하고 소통하는 입문 체계, 노래하는 목소리(그의 '갈등으로부터 자유로운' 표현 영역)를 위한 신앙적 규율이라는 스스로 선택한 감옥을 발견했으리라는 말은 일리가 있다. 이 모든 방식들이 모라토리엄처럼 작용한 덕에 그는 최고의 폭발력을 가진 결정들을 미룰 수 있었다. 수도원 안에서는 덜 폭발적인 내적 잠재력을 지닌 개인들이 지속적인 내면의 평안을 찾을 수 있고, 그와 더불어 수도원 체제의 최종적 제약과 (여기에서 가능한) 도피에 부합하는 성격으로 변화할 수 있다는 사실 또한 인정해야 한다. 그중 몇몇이 진정으로 영적이고 성격학적인 완성에 도달했음은 의문의 여지가 없다. 가톨릭 수도원 같은 교화의 학교에 심리학적 지혜가 있음은 의심할 여지가 없다. 이 학교들은 이날까지도 이따금 문헌에 구체적으로 묘사된다. 다른 역사적 시기에 전혀 다른 이데올로기를 위해 쓰인 비슷한 교화 방법과 비교하면, 어떤 믿음을 가르치는가와 무관한 공통의 심리적 근거가 드러난다. 현대 중국*의 사상 개조 체제를 연구하는 사람들은 성공의 필수 요소를 다음과 같이 제시한다. 가족과 공동체로부터 분리되고 바깥 세상으로부터 고립되는 것, 감각 수용이 제한되고 말의 힘이 어마어마하게 확대되는 것, 사생활이 없어지고 형제애가 극단적으로 강조되는 것, 그리고 물론 형제애를 주창하고 대표하는 지도자들에게 공동으로 헌신하는 것이다.[4]

교화의 과제는 개인을 세상으로부터 오랫동안 격리하여 예전 가치가 자신의 의도와 포부로부터 철저히 떨어져 나가도록 하는 것이다. 이 과정은 유년기에 학습하고 청년기에 연습한 것을 대

---

* 1949년 사회주의 혁명 직후의 중국.

부분 대체할 만큼 깊은 새로운 확신을 그의 내면에 만들어내야 한다. 그렇기에 이 훈련은 명백히 일종의 충격 요법이다. 오랜 형성기를 거쳐 자라난 것을 짧은 시간에 대체할 것으로 기대되기 때문이다. 따라서 교화는 박탈에 치밀함을 기해야 하고 격려의 너그러운 공급에 정확성을 기해야 한다. 개인을 그가 아는 세상으로부터 격리하고 자기관찰적·자기비판적 힘을 키워 정체성 혼미의 지점에 도달시키되 정신병적 해리에는 미치지 않도록 해야 한다. 그와 동시에 새로운 확신을 그의 무의식에 단단히 심어 그것이 신의 의지나 모든 역사의 경로인 듯한, 즉 그에게 주입된 것이 아니라 줄곧 그의 내면에 있으면서 풀려나기를 기다리고 있었던 것인 듯한 환각을 일으키도록 한 뒤에야 조심스럽게 세상에 돌려보내야 한다.

청소년기 후기가 교화에 가장 바람직한 시기이고 어느 연령대에서든 청소년기 후기의 성격을 지닌 사람들이 최상의 교화 대상인 것은 이치에 들어맞는다. 청소년기에는 이데올로기적 재편성이 필수로 진행되며 많은 이데올로기적 가능성이 기회, 지도력, 우정에 의해 위계적으로 배치되기를 기다리고 있기 때문이다. 하지만 어떤 지도력이든 이를 위해서는 개인을 공간적 배치와 시간적 일과로 둘러싸는 동시에 세상으로부터 오는 감각을 제한하고 성적 욕동과 공격적 욕동을 차단할 힘이 있어야 한다. 그래야 새로운 욕구가 새로운 세계상에 열렬히 달라붙을 것이기 때문이다. 청소년기에 개인은 자신의 욕동이 무질서한 발현에 노출되었다는 느낌을 어느 때보다 많이 받는다. 또 자신의 내면 세계에 질서의 외양을 부여하기 위해 과도하게 체계화된 생각과 과도하게 가치를 부여받은 말을 그 어느 때보다 많이 필요로 한다. 따라서 그는 혼자서 자기 자신, 자신의 몸, 자신의 상념을 대면하게 되며 옛 친구들과 함께 있을 때는 받아들이지 않을 금욕적 제약을 기꺼이 받아들인다. 그는 교화의 필수 조건(sine qua non)인 사생활 박탈을 받아들일 것이다. (교회는 은둔주의를 토대로 하는 이데올로기 체제가 된 적이 한 번도 없다.) 선악이 모든 처음에 존재하고 모든 미래까지 지속되는 힘으로서 명확히 정의되어야 한다는 것은 두말할 필요도 없다. 따라서 과거에 대한 모든 기억은 박탈되거나 섬세하게 조율되어야 하며 모든 의도는 공통의 유토피아에 초점을 맞춰야 한다. 실없는 말은 결코 허용되지 않는다. 말은 언제나 값어치가 있어야 한다. 새로운 이데올로기를 총체적으로 받아들이는 데 도움이 되는 말이거나 그렇지 않은 말이거나 둘 중 하나여야 한다. 실제로 올바른 말, 힘찬 노래, 남들 앞에서의 적나라한 고해가 연마되어야 한다.

    러시아의 인민재판이나 중국의 사상 개조를 목도하고서 우리가 어안이 벙벙한 것은 우리의 것과 다른 이데올로기 체제에 대해 진정성을 인정하는 것이 얼마나 어려운가를 보여준다. 여기에는 우리 자신의 이데올로기가 우리가 참으로 받아들이는 것의 구조에 의문을 제기하고 그 구조를 분석하는 행위를 금지하는 탓도 있다(그러지 않으면 안 된다). 그래야만 우리가 스스로의 선택으로 믿게 되었다는 허구를 유지할 수 있기 때문이다(실은 배척당하거나 제정신을 잃지 않으려면 믿는 것 말고는 선택의 여지가 없었는데도 말이다). 게다가 우리는 다른 체계에 몸담은 사람에게서 논리적 결함을 보거나 무엇보다 그들이 위선적이고 현혹당했다고 생각하려는 경향이 더 크다. 그리하여 다른 시대나 나라의 교화된 개인이 자신의 이데올로기에 사로잡힌 상태에서 평안과 자유를 누리고 생산성을 발휘할 가능성이 있는 데 반해 우리는 자극의 노예가 되고 자유롭게 선택된 오만 가지 인상과 기회에 늘 얽매인 채 왠지 부자유스럽다고 느낄 수도 있음을 납득하지 못한다. 루터 말마따나 영성이 없는 사람은 자신의 껍데기가 된다. 다른 한편으로 실제 세계에서 방향을 잡을 기회를 빼앗긴 사람은 내적 확신의 환각적 노예가 될 수 있다. 그는 어떤 대가를 치르더라도 그 확신을 받아들여야 하기 때문에 무슨 수를 쓰더라도 환각을 유지해야 한다.[5]

이것은 방금 서술한 수도원 체제뿐 아니라 더 새로운 이데올로기 전향 체제에도 깔려 있는 심리 법칙이다. 모든 체제는 청년기의 정체성 혼미를 처음에는 악화하고 그다음에는 치유하는 실험이다.

따라서 경직된 수도원 체제에 근거가 있음이 원칙상 승인되어야 한다. 임상가 입장에서는 성가대의 경건한 규율과 경쟁하는 지하의 합창처럼 긴장, 끌림, 혐오의 어떤 대리 표현이 발달하는지 궁금하지 않을 수 없지만 말이다. 획일성이라는 소박한 배경에 비추어보면 수도사 한 사람의 특이함이 실로 똑똑히 드러날 수밖에 없다. 문학적 반항인(프로테스탄트) 제임스 조이스는 모든 거창한 문제들이 고해와 미사로 해결될 것처럼 보일 때 젊은 예술가를 괴롭히는 것을 묘사했다. "유치하고 자기답지 않은 결함에 쉽사리 빠지곤 하는 것을 보고 그는 놀랐다. 〔예컨대〕 어머니의 재채기 소리를 듣는다든지 …… 그가 〔예수회〕 스승들에게서 걸핏하면 볼 수 있었던 그 사소한 노여움의 폭발들, 가령 경련하는 입이라든지 꽉 다문 입술 그리고 상기된 얼굴 따위가 그의 마음속에 떠오르자, 그 겸허한 생활 수행에도 불구하고 그는 의기소침해졌다."[6] 우리는 곧 이 초창기에조차 크고 작은 짜증이 마르틴에게 쌓였음을 보게 될 것이다(이 짜증들은 훗날 그가 서원을 깨뜨린 뒤 어마어마하게 부풀어 오른다). 하지만 수도원 첫해가 "훌륭하고 고요하고 신실했다"는 그의 말은 믿어도 좋을 것이다. 무엇보다 자신의 수련장을 (그가 솔직했다면 말이지만) 좋게 평했기 때문이다. "그는 그 빌어먹을 고깔 아래로는 의심할 여지 없이 훌륭한 기독교인이었다."[7] 기초 훈련을 받는 동안 많은 교육자에게서 최상의 것이 나오고 다른 교육자에게서는 최악의 것이 나온다. 이것이 모순적으로 보이는 까닭은 인간 양심이 힘과 의로움을 결합하도록 요청받는 모든 상황에서 최선의 것과 최악의 것이 얼마나 가까운지 알지 못하기 때문이다. 아무리 완고한 고참이라도 새로 들어온 신참을 만나게 되면 자신이 헌신적이고 순종적인 삶을 바친 분야가 존경할 만하고 영감을 받은 분야라고 스스로를 설득하고 싶어진다.

입문 1년 뒤 루터는 '수도 선서'를 승인받았으며 이번에도 제단 앞의 수도원장에게 인도되었다. "이제 그대는 우리를 떠나거나 세상을 버리거나 둘 중 하나를 선택해야 한다. 하지만 그대가 선서한 뒤에는 어떤 이유로도 순종의 멍에를 벗을 자유가 없음을 덧붙인다. 멍에를 벗을 자유가 있는 동안 자발적으로 받아들였기 때문이다."

또다시 새 의복이 나온다. 이번에는 수도원장이 공식적으로 축복한다. "주님, 당신의 뜻에 따라 수도복을 입는 자에게 영생도 허락하소서." 이제 수도원장이 수련자의 옷을 벗긴다. "주님께서 그대에게서 옛 사람과 그가 이룬 모든 것을 벗기신다." 그러고는 이렇게 말한다. "주님께서 그대에게 새 사람을 입히신다." 시편 창이 울려 퍼진다. "저, 마르틴 형제는 전능하신 하느님과 거룩하신 동정녀, 그리고 이 수도원의 원장인 비난트 형제님께 순종하고 성 아우구스티누스회의 규칙에 따라 무소유와 독신의 삶을 죽을 때까지 살아갈 것을 본회 총대리의 이름으로 선서하고 맹세합니다."[8]

마무리로 수도원장은 마르틴에게 순종의 대가로 영생을 약속한다.(Si ista servas, promitto tibi vitam aeternam. 만약 이것들을 지킨다면, 그대에게 영생을 약속하노라.)

선서가 끝나고 얼마 지나지 않아 마르틴은 사제가 되기로 정해졌다는 말을 듣는다. 마르틴 정도의 실력으로 석사 학위를 딴 사람에게는 예상된 결과였다. 훗날 교수로 선발된 것도 마찬가지였다. 어느 경우든 그는 자신의 진로를 개인적으로 선택할 수 없었으며 반대쪽으로 결정할 수도 없었다. 이것은 평수도사를 넘어서는, 그리하여 애초의 서원을 넘어서는 첫 단계였다. 순종은 다시 한번 그를 새로운 졸업을 위한 권위의 야심 찬 계획과 대면하게 했으며 또 다른 졸업들이 기다리고 있었다.

이 시점에 그가 그 뒤로 영원히 그럴 것처럼 유혹으로부터 자유로웠으며 그와 동시에 세세하게 짜인 삶의 일부로 살았음은 의문의 여지가 없다. 이런 조건에서 속으로 이글거리는 문제를 지녔으되 자신의 수많은 필요를 보살피는 환경에 맞서지 않으려는 정직한 소망을 품은 마르틴 같은 청년이 커다란 양가감정으로 규정되는 강박·집착 상태를 점점 발달시킴으로써 반항적 성질을 억누르는 것은 정신의학적으로 충분히 이해할 수 있는 일이다. 그리하여 그의 자기의심은 수도회의 요구에 과장되게 순종하는 강화된 자기준수의 형태를 띠며 권위에 대한 그의 의심은 권위적 서적들에 대한 지적으로 꼼꼼한 탐구 형태를 띠게 된다. 이 활동은 한동안 악마를 제자리에 붙들어두게 된다. 하지만 마르틴도 한스도 오랫동안 혼자 있을 수 있는 사람은 아니었다.

사제직을 준비하는 과정 중 하나는 가톨릭의 기본 개념에 대한 저작들을 연구하는 것이었다. 이 저작들 중에서 돋보이는 것으로 가브리엘 비엘(Gabriel Biel)의 《미사전문》 해설서가 있다. 이 책은 마르틴을 깊이 감동케 하고 이내 깊이 심란케 했다. 마르틴은 이 책을 읽으면 "심장에서 피가 흘렀다." 그는 교리에 몰두했지만 《미사전문》이 그에게 심란했던 이유는 그리스도의 임재 자체와 피 흘리신 희생의 본질 자체를 다른 이들에게 전달하는 사제의 지고한 가치를 자신이 어느 정도까지 받아안아야 하는지가 명백해졌기 때문이다. 강박적 번민에 빠지는 마르틴의 성향은 지고한 가치가 자신이 의례에 접근하는 내적 상태와 절차 자체에 대한 조심에 달렸다는 사실에 매달렸다. 흥미롭게도, 말실수를 하거나 낱말이나 구절을 자기도 모르게 되풀이하는 것은 정해진 말의 효과를 반감하는 것으로 간주되었다. 하지만 비엘은 어느 날에든, 고해하지 않은 중죄가 있다는 합리적 의심이 있을 때만 사제가 미사를 집전하지 못하도록 할 수 있다고 분명히 강조한다. 수도회 규칙을 고의로 멸시한 경우에만 미사를 금지할 수 있다는 것이다. 일단 미사를 드리기 시작하면 전에 기억하지 못한 중죄가 문득 떠오르더라도 미사가 끝날 때까지 덮어두어야 한다. 이 너그러운 해석은 성직 절차에 대한 다른 권위자의 전반적 논조와 잘 맞아떨어졌다. 그 권위자는 비엘처럼 오컴주의자인 파리대학교의 장 제르송(Jean Gerson)이었다. 하지만 마르틴의 머릿속에서 모든 규칙은 점점 고문으로 바뀌어 갔다. 수도원 규칙 자체는 우리 양심의 자질에 속하는 자책을 의례적으로 정교화한 것이며 이런 까닭에 수도원 사제는 세상의 많은 악으로부터 보호받고 고해에 의한 은총이라는 특별한 수단을 갖췄기에 규칙에 짓눌리지 않고 규칙을 다스릴 수 있으리라 기대되었다. 미사 때 입을 특별한 전례복은 완전하고 올발라야 했고, 딴생각은 하지 말아야 했으며, 중요한 구절은 머뭇거리지 않고, 특히 되풀이하지 않고 읊어야 했다. 이 모든 간단한 규칙들이 마르틴을 근심케 할 잠재적 걸림돌이 되었다.

사제의 첫 미사는 특별한 의미가 있는 졸업이었다. 따라서 기념 행사가 계획되었으며 관례에 따라 가족이 초대되었다. 루터는 특이한 탁상담화에서 이렇게 말했다. "그때 햇불의 불빛 아래서 신랑(그리스도)이 성무일도(horas canonicas)를 받았어요. 이어 젊은 사제는 혹 어머니가 살아 있다면 그리스도가 어머니와 춤을 추듯이 어머니와 춤을 춰야 했어요. 그리고 모든 사람이 울었죠."[9]

문헌에서는 루터의 어머니가 초대받았는지 언급하지 않는다. 아마도 남성 친지만 참석하는 것이 상례였을 것이다. 마르틴은 아버지를 초대했으며 아버지는 수도원에서 자신의 일정에 맞춰주면 참석하겠다고 답장했다. 수도원에서는 그의 요구를 들어주었다. 한스는 만스펠트 시민 스무 명으로 이루어진 의기양양한 대열을 이끌고 지정된 날 도착했다. 수도원 식사를 위해 헌금할 20굴덴도 가져왔다. 경탄하는 구경꾼 한 명은 이렇게 말했다고 한다. "그곳에 절친한 친구가 있으신가보군요."

그날 일어난 두 가지 결정적 사건인 미사 중 마르틴의 불안 발작과 이어진 연회에서 한스의 요란한 분노 발작은 여러 형태로 전해진다. 두 사건에 대한 더 극적인 버전들에서는 공개적인 소란이 일어났다고 주장한다. 그 버전에 따르면 마르틴은 의례를 중단하고 달아나려다 윗사람에게 제지당했으며 아버지는 연회 중에 자리에 모인 수도원 인사들을 비난했다. 루터 본인은 훗날 두 사건이 윤색되는 데 종종 일조했는데, 대화 중 튀어나온 것이거나 아니면 순전히 자신의 머릿속에서 일어난 일을 실제로 일어난 것처럼 말하기도 했다. 이것은 그의 탁상담화 어휘가 소탈한 허풍을 띠었기 때문이기도 하고, 청중이 그의 말을 곧이곧대로 받아들였기 때문이기도 하고, 그의 뚜렷한 회고적 극화 성향 때문이기도 했다. 나는 '투사(projection)'라는 용어를 남발하지 않기 위해 이 성향을 **역사화**(historification)라고 부를 것이다. 이 말은 루터가 실제로는 자신의 생각과 감정 속에서만 일어난 것을 시간과 공간 속에서 일어난 구체적 사건으로 기억했을지도 모른다는 뜻이다. 이 점에서 그는 자신에게 솔직했다. 그가 광부의 세계에서 구체적이고 세세한 풍문을 접하며 자란 탓에 이 성향이 더욱 커진 것은 분명하다. 이 성향은 루터가 자신의 마지막 정체성을 역사적 성격으로서 받아들여야 했을 때 활짝 꽃피었다.

우선 미사를 살펴보자. 루터는 훗날 자신이 유다처럼 세상에서 달아나는 기분이었고 "가장 자비로우신 아버지(Te igitur clementissime Pater)"에게 호소하는 구절을 낭송하면서 실제로 달아나는 동작을 취했다고 말했는데, 이것은 말 그대로 그의 마음이었을 수도 있고 아닐 수도 있다. 그는 문득 자신이 하느님에게 직접, 중재자 없이 말하게 되리라는 느낌에 사로잡혔다.[10] 교수(셸)는 이것을 믿을 수 없다고 생각하는데, 그 이유는 이 구절 뒤에 하느님의 아들을 아버지를 향한 우리의 탄원을 전달하는 분으로 일컫는 구절(Per Jhesum Christum filium tuum Dominum nostrum supplices rogamus et petiamus, 우리 주 예수 그리스도, 당신의 아들을 통하여 우리가 간절히 빌고 청합니다)이 온다는 사실을 루터가 알았을 것이 틀림없기 때문이다. 하지만 설령 루터가 이 구절을 간과하는 일이 일어났을지라도, 우리는 "믿음이 없었던(weil kein Glaube da war)" 탓에 불안으로 "죽는 줄 알았다"는 그의 확언을 받아들여야 한다.[11] 하지만 그가 실제로 제단을 떠나려는 몸짓을 취했다고 말하는 목격자는 한 명도 없다.

루터에게서 종종 볼 수 있듯 과장과 추측은 그의 운명적 순간을 특징짓는 단순한 극적 배치를 강화할 수도 없고 파괴할 수도 없다. 이 순간 그의 앞쪽에는 성체(聖體)의 임재(presence)가, 뒤쪽에는 아버지의 임재가 있었다. 그는 아직 "스스럼없이" 하느님과 이야기하는 법을 배우지 못했으며 천둥 벼락을 만나기 전 집에 갔다 온 뒤로 아버지를 본 적이 없었다. 그렇기에 친아버지와 하느님 아버지를 중재하려던 이 순간에도 둘 다에게 순종해야 한다는 생각에 가슴이 찢어지는 듯했다. 나는 이 압축되고 강렬한 경험에서 (셀 교수가 그러는 것처럼) 신학적 갈등에 배타적 우선권을 부여하거나 (정신의학자 레이테르가 그러는 것처럼) 개인적·신경증적 갈등에 배타적 우선권을 부여하고 싶지는 않다. 이 순간 마르틴은 모든 청년이 조만간 그래야 하듯 삶의 대분수령(Great Divide)에 맞닥뜨렸다. 이 대분수령은 미래로 이어지는 지류들과 과거를 찾는 퇴행적 개울들을 단칼에 분리한다. 그의 앞에는 성체의 불확실한 은총이 있었고 그의 뒤에는 아버지의 잠재적 분노가 있었다. 그 순간 그의 신앙에는 훗날 시편 강의에서 드러난 중재적 성격의 확고한 표현이 결여되어 있었다. 그는 그리스도의 살아 있는 관념을 전혀 얻지 못했다. 사실 그는 중보(仲保)의 수수께끼 전체가 지독히 두려웠다. 이 모든 사실 때문에 그는 몇몇 신학적 문제에 극도로 민감했을 것이다. 그가 이것들을 참된 도덕적 문제로 마주하고 거기에 맞설 용기를 낸 것은 오랜 시간이 지난 뒤였다.

영성체의 오랜 역사는 그 의미를 분명하게 하기보다는 모호하게 하는 데 일조했다. 영성체는 바울 시절 (최후의 만찬으로 드러난) 그 유월절 식사를 기념하는 매우 경건한 식사로 시작되었다. 유월절 식사는 제의적 식사로서 피를 바치는 희생과 의식을 길게 이어 가는 지극히 승화된 형태의 것인데 그 절정은 주술적이고 영적인 충전을 위해 살을, 그러니까 처음에는 인간의 살을, 다음에는 짐승의 살을 먹는 것이었다. 최초의 성만찬에서는 공동체가 "감사를 드렸다." 그들은 같은 덩어리에서 빵을 먹었고 같은 잔에서 포도주를 마셨으며 이로써 그리스도가 부탁한 대로 그의 희생적 죽음을 기억했다. 이것이 승화된 행위인 이유는 그리스도가 스스로 선택하고 인간적인 지고의 희생을 했기 때문만이 아니다("나는 양이다"). 이에 더해 그는 각 사람의 책임을 개인적인 것으로 만들어 누구도 피할 수 없도록 했다. "그러므로 각 사람은 자기를 반성해 보고 나서 그 빵을 먹고 그 잔을 마셔야 합니다. …… 우리가 스스로 자기를 반성하기만 하면 심판을 받지는 않을 것입니다."[12] 최초의 공동체가 성만찬 의례에서 식탐을 억제하지 못해 바울에게 나무람을 당한 것은 사실이지만, 어쩌겠는가, 그들은 우직한 민초였던 것을.

그 뒤로 별로 우직하지 않은 사람들, 그러니까 교회의 이론가와 정치가들이 성만찬 의례에 관여하면서 성만찬은 처음의 형태에서 달라졌다. 모든 전체주의적 현실이 혁명적 이상과 다르듯 말이다. 이 차이는 우연한 것이 아니라 세상사의 심리적 본성에서 비롯한다. 청년의 반항에 의해 쫓겨난 것은 중년의 교조주의에 의해 복귀하기 마련이다. 교조는 총체적 권력을 부여받고 나면 퇴치된 것을 회복시키고 옛 야만적 모호성을 냉정하고 과도하게 규정된 율법주의로서 다시 들인다. 이 율법주의는 무력하기 짝이 없기에 한때 신앙이 다스리던 곳에서 이제는 법이 득세하고 그 법은 영적·정치적 공포를 통해 강제되어야 한다. 양심과 교조가 공포와 손잡으면 인간은 자연에서나 자신의 원초적 역사에서나 모든 것 밑으로 가라앉는다. 그는 어떤 신도 만들어내지 못한 지옥을 지상에 창조한다.

"빵이 하나이고 우리 모두가 그 한 빵을 나누어 먹으니 우리 많은 사람이 한 몸을 이루고 있습니다."[13]라는 말을 들었을 때와 "'이것은 너희를 위하여 주는 내 몸이니 이것을 행하여 나를 기념하라' 말씀하셨습니다."[14]라는 말을 초기 기독교인들이 들었을 때 그들은 무의식적인 것의 심상을 사람들의 시상(詩想)과 합쳐야만 만들어낼 수 있는 종류의 주술적 체계에 동참했다.

우리의 무의식은 자신의 언어 이전 유년기 초기 이미지를 간직한다. 우리는 사물이 분리되었다는 것과 이름에서 드러나는 차이를 알기 전에 모종의 기본적 존재 양태를 경험했다. 우리는 한때 자신이 생명의 성분(단지 음식뿐 아니라 우리가 긍정적인 것으로, 우리 존재를 긍정하는 것으로 경험할 수 있었던 모든 것)을 공급하는 모태와 하나라고 느꼈다. 개인적 온기를 느꼈으며 감각과 기대의 자양분을 공급받았다. 하지만 (심지어 처음에는 좋게 느껴진 물질을 비롯하여) 나쁜 성분이 우리가 신뢰하는 수용 기관을 질식시키거나 우리 자신의 내장 안에서 우리를 중독시키는 듯한 사건 또한 경험했다. 이런 때에는 오로지 돌봄만이, 근원적 카리타스(caritas, 사랑)만이 좋은 성분을 새로 주입하여 우리를 구할 수 있었다. 어떤 면에서 우리가 깊숙한 내면에서 알 수 있는 것은 이것이 최선이다. 이 최초의 경험 층은 일평생 효과를 발휘한다. 이 경험 층은 원초적 환경에서는 중요한 신체의 살과 피를 섭취함으로써 유익한 물질을 얻는다는 미신적 생각과 행위로 이어지는데, 여기서 악은 물질과 신체에 의해 물질과 신체에 가해진 저주와 동일시되며 마법을 통해 퇴치된다.

나는 《유년기와 사회》에서 캘리포니아 연어잡이 인디언 부족의 일상적 제의를 기록했는데, 그 글은 남달리 탐욕스럽고 지독히 자본주의적인 부족이 아동들에게 어떻게 먹기의 성스러움을 각인하는지 보여준다. "식사를 할 때 앉는 자리에는 위아래가 있었으며 아이들은 정해진 방식에 따라 식사를 해야 했다. 예컨대 숟가락에는 음식을 조금만 올려야 하고 숟가락을 입으로 가져갈 때는 손을 천천히 움직여야 하며 음식을 씹는 동안에는 숟가락을 내려놓아야 했다. 가장 중요한 것은 음식을 먹는 이 모든 과정에서 줄곧 부자가 되는 생각을 해야 한다는 것이었다. 모든 사람들이 돈과 연어에 생각을 집중할 수 있도록 식사 시간에는 침묵을 지켜야 했다. …… 유록족은 돈이 나무에 주렁주렁 달려 있고 제철이 아닌데도 연어가 강을 거슬러 올라오는 모습을 상상했다."[15]

더 이성적인 사람들은 이 문제를 드러내놓고 다루지 못한다. 그들은 이 문제를 다소 해로운 기벽으로 표현하거나 아니면 자신들의 꿈에서 풀어낸다. 꿈이라는 자연의 선물 덕에 우리는 자신의 무의식과 교감하여 명료한 시야를 얻을 수 있다. 이 무의식적 생각 속에는 개인적 회복과 창조적 활동을 위한 커다란 힘이 놓여 있으며 문화적 제도들은 예술적 형태나 제의적 형태의 치유력으로 이 힘을 증가시킬 수 있다. 하지만 이 생각 속에는 우리의 가장 큰 취약함과 악용당할 가능성도 놓여 있다. 우리가 아무리 이성적이더라도 우리의 무의식은 자신을 발현할 방법을 찾기 때문이다. 우리가 창조적 발현을 허용하는 시간과 장소에서 살아가지 않는다면 우리는 무의식을 악용하는 법을 아는 전문가와 지도자의 손쉬운 먹잇감이 되며 그들이 성공을 거두는 마법 같은 이유를 이해하지 못한다. 그리하여 그들의 성공은 권력에 의한 부패에 일조한다. 교조적 지도자가 최악인데, 도덕적으로 혹독한 기준과 반대로 도덕적으로 극히 방자한 기준을 멋대로 조합하기 때문이다. 바로 그런 혼합으로 그들은 우리의 양심을 장악할 수 있다. 그들은 우리의 지각을 무디게 하여 신화적 현실에 옭아매는 법을 안다. 우리는 완전히 믿지도 못하고 그렇다고 아예 믿지 않을 수도 없는 그런 신화적 현실 속에 놓인다.

"이것은 내 몸이다"라는 그리스도의 말이 진심이었는지, "이것은 내 피로 맺는 새로운 계약의 잔이다"[16]라는 말이 "이것은 …… 내가 흘리는 계약의 피다"[17]보다 그의 취지에 더 가까운지의 문제는 수백 년간 엄격한 도덕적 기준의 문제가 되었다. 이것은 결국 제의적 살해로 이어졌으며, 그러는 동안 신학자들은 옛 형태와 새 형태의 창조적 사유를 억눌러 자신의 지위를 강화했으며, 영적 공포와 역병 공포 때문에 예민해진 대중은 경비가 삼엄한 천국의 문을 향해 몰려갔다.

의미심장하게도 초기의 원초적 영성체를 일컫는 이름은 감사함을 뜻하는 '에우카리스티아(Eucharistia)'에서 무가치한 것을 버린다는 뜻의(또는 그렇게 여겨진) '미사(Missa)'로 바뀌었다. 무엇이 가치 있는지 선택하는 일은 본디 자기관찰적 책임이었으며 내적 조건을 '맛보는' 것과 가까운 행위에 의해 달성되었다. "주님의 몸이 의미하는 바를 깨닫지 못하고 먹고 마시는 사람은 그렇게 먹고 마심으로써 자기 자신을 단죄하는 것입니다. 여러분 중에 몸이 약한 자와 병든 자가 많고 죽은 자도 적지 않은 것은 이 때문입니다."[18] 그 뒤 이 일은 한낱 '행위(works)'에 의한 가치 판단의 문제로 발전했다. 그 행위란 무의미하고 우상 숭배적인 의례에 점점 더 참여하는 것이었다. 실제로 바울은 자기관찰적 규율을 발휘할 수 있는 사람보다 병들고 잠든 사람이 많다고 생각했다. 그렇다면 대중심리학 관점에서 볼 때 초기 기독교는 너무 많은 사람에게 너무 많은 것을 요구했다고 말할 수 있을 것이다. 우리의 신바울주의자 마르틴 루터가 자신의 시대에, 심지어 자기 자신에게 너무 많은 것을 요구했으며 결국 루터파 국교회가 주어진 역사적·개인적 상황에서 이룰 수 있는 최선이었다고 말할 수 있는 것 또한 분명하다. 하지만 인간 의식의 가장 큰 진보는 너무 많은 것을 요구한 사람들에 의해 이루어진다. 또 그럼으로써 그들은 추종자들이 과도한 압박에 시달리다 결국 타협주의자가 되거나 교조주의자가 되는 상황을 초래한다. 따라서 인간 의식의 이러한 진보를 끊임없이 재규정하고 최선의 것이 결국은 선에 맞서는 최악의 적이 되는 일이 어떻게 거듭거듭 일어나는지 물어야 한다. 최선의 것을 찾는 심의회는 마침내 그리스도의 몸과 피가 정말로 또한 물질적으로 빵과 포도주에 담겼다고 천명했다. 이 천명은 법으로 만들어져 사상 통제와 공포 수단에 종속당했다. 성만찬은 도덕적 힘으로서 시작되었으며, 만일 그 도덕적 힘이 영구적 공동체 부흥의 내재적 부분으로 남는 것이 허용되었다면 지금까지도 살아 있을지 모른다.

이 모든 생각은 마르틴이 첫 미사를 거행하던 시점의 의식적 마음과 신학적 사상과는 거리가 멀었던 것 같다. 하지만 그의 이후 행동은 그 시점에 이 생각들이 초보적 형태로 그의 마음속에 이미 들어 있었음을 입증한다. 대다수 전기 작가들은 미사 자체에 대한 마르틴의 의심이 불안 발작이 일어나는 데 영향을 주었다고 볼 수는 없다고 주장한다. 몇 년 뒤에도 그는 로마의 어떤 제단 앞에서 미사를 드린다는 생각에 병적으로 몰입하지 않았던가? 어찌나 심하게 몰입했던지 교황청에서 제공하는 구원을 위해 특별 헌금을 낼 수 있도록 부모가 이미 죽었더라면 좋았을 것이라고 생각하기까지 했다. 하지만 임상적 정신이 보기에 미사에 대한 매우 강박적이고 당시의 완전히 절망적이던 집착은 루터가 이 문제를 정면으로 직시할 수 있기 한참 전에 영성체가 양심의 오랜 거리낌과 양가감정에 의해 좀먹혔음을 보여줄 뿐이다.

앞에서 인용한 루터의 말에서 알 수 있는 대로 그는 첫 미사를 드리던 중에 자신이 중재자 없이 하느님을 직접 대면해야 한다는 느낌에 휩싸였다. 이제 우리는 그의 또 다른 임박한 조우를 논의해야 한다. 그것은 이승의 아버지와 만난 사건이다. 루터의 불안을 설명하려 노력한 전기 작가들이 그가 충동적 고향 방문 이후 아버지를 보지 않았고 억지로 얻어낸 허락의 결과를 보기 위해 아버지를 직접 대면한 적이 없었다는 사실을 강조할 필요를 느끼지 않았다는 게 놀랍지 않은가? 마르틴은 아버지가 본질적으로 달라지지 않았으며 마르틴에게 자식으로서 마땅히 순종해야 함을 상기시키리라는 것을 예견하지 못했을까? 아버지는 아들이 자식으로서의 순종 의무를 결코 완전히 저버리지 않았고 앞으로도 결코 그러지 않을 것이며 그럴 수도 없음을 잘 알고 있었으니 말이다. 마르틴의 첫 미사에서는 아버지에 대한 순종의 역설이 고스란히 드러났다. 수도사의 정체성을 찾던 마르틴은 사제, 즉 영성체에 참여하여 성체를 나눠주는 사람이 되라는 명령을 받았다. 그가 기꺼워했을 거라고 말하는 것은 전혀 잘못 짚은 것이다. 여느 위대한 청년과 마찬가지로 마르틴은 자신이 진로의 다음 단계로 나아갈 가치가 있다고 결코 생각하지 않았다. 훗날 그는 교수가 되라는 명령을 받았을 때 자신이 틀림없이 죽을 거라고 생각했고 실제로도 그렇게 말했다. 더 훗날 뜻밖에도 위풍당당하게 보름스에 발을 디딘 뒤 자신이 민중의 개혁가 임무에서 벗어날 수 없음이 분명해졌을 때 그는 황제 앞에 참으로 온순하게 서 있었으며 목소리가 하도 작아서 들릴락 말락 했다. 항상 그랬듯이 그는 우선 자신이 의도하지 않은 채 찬탈한 역할에 맞게 성장해야 했다. 막중한 책임을 맡은 성직자로서의 미래 정체성을 향한 이 최초의 불안한 출발은 아버지에게 목격되어야 했다. 아버지는 그것을 자신의 아들이 무엇보다 한스의 아들이라는 정체성으로부터 최종적으로 탈출하는 것으로 여겨 악담을, 그것도 그 자리에서 퍼부었다. 성체의 신비적 임재와 아버지의 억압적 임재를 분리하려는 전기 작가들의 시도는 그날 일어난 사건, 그 뒤로 영영 그를 떠나지 않을 사건의 관점에서 보면 전혀 타당하지 않았다.

    마르틴이 아버지의 임재(presence)를 요청했음은 부정할 수 없다. 그의 아버지가 그를 떠나보낼 수 없었듯 그도 아버지를 떠나보낼 수 없었다. 마르틴은 자신이 아버지의 온전한 지지(gantzen Willen)를 얻어내지 못했음을 알고 있었다. 하지만 의례가 끝나고 이루어진 회합에서는 사정이 달랐다. "우리가 식탁에 둘러앉고서 나는 어린아이 같은 착한 처신으로 아버지에게 말하기 시작했다. 아버지가 틀렸고 내가 옳다는 것을 입증하고 싶어서 이렇게 말했다. '아버지, 제가 수도사가 되는 걸 원하지 않으셨지만 그렇다고 왜 그토록 완강하게 반대하시고 그토록 격분하셨나요? 제가 평안으로 가득한 안온하고 거룩한 삶을 살고 있는 지금도 여기서 저를 별로 보고 싶어 하지 않으시는 것 같군요.' 하지만 [아버지는] 모든 박사와 학자와 신사들 앞에서 이렇게 말했다. '너희 학자들은 아버지와 어머니를 공경하라는 성경 말씀도 읽어보지 않았더냐?'"[19] 다른 사람들이 그와 논쟁하기 시작하자 한스 루더는 저주에 가까운 말을 내뱉었다. "하느님, 저것이 유령의 미혹이 아니었길 바랍니다(Satanae praestigium, Teuffel's Gespenst)."[20] '저것'은 물론 마르틴의 '다마스쿠스로 가는 길'이라 할 에르푸르트로 가는 길에 만난 천둥 벼락을 가리킨다. 루터는 위대한 인물이 되고서 아버지에게 공개적으로 이런 글을 썼다. "아버지는 다시 저를 그토록 솜씨 좋게 정통으로 때렸습니다. 평생 제 안에서 이보다 더 크게 울려 퍼지고 더 단단히 붙박인 말을 들어본 적이 없습니다. 하지만 말입니다." 그는 사건이 일어나고 10년이 더 지난 뒤 아버지를 자신의 입장에 놓으며 덧붙였다. "하지만 저는, 나의 정의를 확신하며 한 인간을 대하듯 아버지의 말에 귀를 기울이고서 깊은 경멸감을 느꼈습니다(Te velut hominem audivi et fortiter contempsi). 제 영혼 속에서 아버지가 그때 한 말을 저는 지금도 가볍게 여길 수 없습니다."[21]

어떤 결정적 순간에, 위대한 인물이 오랜 세월이 흐른 뒤에야 쓸 수 있는 것("한 인간을 대하듯 아버지의 말에 귀를 기울이고서")을 우리가 명확하게 느끼고 차분하게 부모에게 말할 수 있다면 우리는 무엇이든 내어주지 않겠는가? 하지만 그때는 마르틴도 침묵에 빠졌다. 훗날 털어놓았듯 그는 아버지의 말 속에서 하느님의 음성을 들었으며 이는 두 임재의 융합을 운명적으로 영구적인 것으로 만드는 데 일조했다. 아버지는 "약혼식에 하듯" 축복을 내리지 않았고 하느님은 그에게 성체의 경험을 허락하지 않았다고 그는 느꼈다. 하지만 한스의 아들 마르틴은 그보다 못한 것에 만족할 순 없었다. 그는 아직 "하느님께 직접 이야기할" 올바른 말을 찾지 못했다.

이제 그는 혼자였다. 홀로 자신의 기질과 맞섰으며(그의 아버지는 이 기질 때문에 그가 독신 서약을 저버릴 것이라 예견했다) 홀로 자신의 분노와 맞섰다(그의 아버지가 보여주었듯 이 분노는 루더 집안에 단단히 뿌리 박혀 있었다). 믿기 힘들어 보이긴 하지만, 이 늦은 시기에 마르틴은 유아기 투쟁으로 다시 빠져들었다. 그것은 아버지에 대한 순종을 놓고 벌인 투쟁이었을 뿐 아니라 아버지와의 동일시를 놓고 벌인 투쟁이기도 했다. 이 퇴행과 더불어 갈등의 개인화로 인해 그는 수도원의 방식에 대한 믿음과 첫해에 그를 그토록 '경건하게' 뒷받침한 윗사람들에 대한 믿음을 잃었다. 그는 수도원에서도 혼자였으며 이것은 금세 행동에서 나타났다. 그는 자신을 믿는 사람들에게조차 점점 이해할 수 없는 사람이 되어 갔다. **의롭다고 인정받는 것**(칭의)은 신앙인으로서 그에게, 그의 강박은 신경증 환자로서 그에게, 그의 집착은 신학자로서 그에게 걸림돌이 되었다.

2

아버지가 (말하자면 새로운 결혼을 허락하여) 자신을 떠나보내길 거부한다는 루터의 불만은 여러 면에서 의미심장하다. 그의 불만은 한스의 아들인 자신이 직업적 참회의 수동성에 안주할 수 있다고 믿기 위해 얼마나 애썼는지 보여준다. 그의 내면에는 그의 시대에 가장 강력한 정신들 중 하나의 놀라운 힘이 저장되어 있었다 (똬리를 틀고 있었다고 말하고 싶을 정도다). 축하 만찬에서 그가 내뱉은 유치한 항변은 똑같은 자기기만 시도를 드러내 보여준다. 그의 아버지가 수상한 낌새를 챈 것은 전혀 놀랄 일이 아니다. 마르틴이 아버지가 쏘아붙이는 말에서 하느님의 음성을 들은 것도 전혀 놀랄 일이 아니다. 그것은 (아버지와 아들의) 기질적 친연성의 목소리이자 세련된 신학으로 설명하기에는 **자신들의** 악마가 너무 거칠고, 교정된 수도원 생활에 적응하기에는 **자신들의** 기질이 너무 억세다는 의기양양한 공동 확신의 목소리였다.

영적 실패작이었던 이 서품식은 마르틴과 수도원 생활의 밀월을 끝장냈으며, 둘의 결혼을 최종적 이혼의 운명으로 몰아넣음으로써 루터의 다음 국면에 대한 모든 회고적 정보에 혼란을 일으켰다. 그가 수도원에 머무는 동안에는 이 다혈질적이면서도 인상 깊은 수도사에 대해 기록할 만한 것은 별로 없었다. 그가 수도원 생활과 극적으로 결별한 뒤에야 그와 나머지 수도사들은 그의 수도사 시절을 신랄하게 평가하기 시작했다. 하지만 무엇이든 이혼으로 끝나면 회고적 명료함을 모조리 잃게 마련인데, 그것은 이혼이 한 사랑의 게슈탈트(Gestalt, 형체)를 두 미움의 게슈탈텐(Gestalten, 'Gestalt'의 복수형)으로 쪼개기 때문이다. 이혼 이후에는 "죽음이 우리를 갈라놓을 때까지"라는 맹세가 잘못된 전제에 따른 약속이었다고 해명해야 한다. 사랑이라고 쓴 모든 것을 이제 증오라고 읽어야 한다. 배우자가 실제로 얼마나 좋았는지 나빴는지 말하는 것은 불가능하다. 서로에게 나빴다고 말할 수 있을 뿐이다. 그러다 변호사들이 들이닥쳐 모든 문제를 양쪽 배우자 누구도 생각지 못한 분쟁으로 몰아간다.

훗날 루터가 자기 자신에 대한 최선이자 최악의 변호사가 되었을 때 그는 새로운 정신, 새로운 결혼을 표명하는 장엄한 논문들을 썼다. 논쟁으로서 이 논문들은 옛 사실과 이론들을 신중히 검토하기보다는 그냥 한쪽으로 치워버렸다. 하지만 루터는 또한, 무엇보다 사적으로 이것들이 자신에게 주관적으로 무엇이 되었든 그것을 옛 조건 속으로 (앞에서 정의한 의미로) 역사화했으며, 그 자신의 역사화는 무절제한 이혼의 온갖 경솔, 신파, 천박을 보여준다. 그의 발언 중에는 윗사람들이 자신에게 끊임없이 깨어 있고 기도하고 성경을 읽으라고 권하여 자기고문을 부추기는 바람에 건강이 두루 나빠졌다는 주장도 있다. 하지만 그는 유난히 비가 많았던 1510년 에르푸르트에서 로마까지 걸어갔다가 쌀쌀한 알프스산맥을 넘어 돌아오고서도 잠깐 감기를 앓은 것이 고작이었다고 스스로 밝힌 적이 있다. 또한 미사 중에 '에님(enim, 즉, 실은, 물론)' 같은 사소한 라틴어 낱말의 생략을 고려하라는 수도원의 공식 방침이 간음과 살인 못지않게 중대한 죄라고 불평하기도 했다. 하지만 루터가 이 발언들에 중요성을 부여했다는 비난, 또 루터가 실제로 수도원에 입회할 때 유일하게 개인적으로 지참할 수 있었던 책인 성경으로 공부할 권리와 기회를 위해 싸워야 했다는 식의 기이한 역사화에 중요성을 부여했다는 비난의 상당수는 그의 추종자들을 향해야 한다. 그들은 루터를 정당화하는 데 그런 과장이 전혀 필요하지 않음을 알지 못했으며 자신들의 종교 지도자가 말년에 얼마나 어수룩하고 무책임한 이야기꾼이었는지 결코 알고 싶어 하지 않았다.

  루터의 과거 동료들은 자신들이 여전히 충실히 섬기는 교회로부터 루터가 떨어져 나간 뒤 그에 대해 평가를 내렸는데, 그 평가들을 액면가로 받아들이는 것 또한 똑같이 불가능하다. 그가 떠나기 전 동료들 사이에서는 그의 유별남(그는 이후에 스스로 이렇게 말했다. "나는 틀림없이 매우 이상한 형제였을 것이다"[22])을 오늘날 우리가 '긴장'으로 치부하는 것으로 여기려는 경향이 있었던 듯하다.

몇몇은 심지어 그의 충동적 성격이 교회에 유익해 보이는 동안에는 그것을 전통적인 바울식 충동으로 기꺼이 해석하기까지 했다. 하지만 그가 몇몇에게 **새로운** 바울처럼 보이기 시작한 뒤 그의 모든 활동은 귀신 들린 결과로, 또한 한낱 개인적 심술로 재평가되었다. 루터의 의학적 비평가들처럼 이 의견들을 활용하여 주기적 정신 이상을 진단하는 것은 허용할 만한 일이 아닌 듯하다. 비록 적응의 귀재 에라스뮈스가 훗날 논쟁의 열기가 한창 뜨거울 때 루터를 미쳐 날뛰는 광인이자 주정뱅이라고 부르긴 했지만 말이다.

어쨌든 나이 먹은 루터는 이 책의 논의 대상이 아니다. 마르틴에 대해 보고된 발작과 환각은 히스테리성이었던 것 같다. 마르틴은 침대에 누운 채 자신이 천사들 가운데서 지내는 환상을 품었을지도 모른다. 그러다 기분이 돌변하여, 너무 과하게 빛나는 것에 대한 광부의 의심을 수긍했던 기억을 일깨우고서는 천사가 실은 악마라고 생각했을 것이다. 하지만 우리는 그런 환상에서 진짜 환각의 특징을 하나도 찾아볼 수 없다. 오히려 겉으로 드러나는 내적 삶에 대한 루터 자신의 많은 기록과 마찬가지로, 이것은 그의 아버지가 '진짜 (금이라고) 믿을 수 있는지' 따져보았던 것과 같은 종류의 명백하고 강박적인 자기시험을 나타낸다. 어느 날 밤 악마가 시끄럽게 소란을 피우자 마르틴은 악마를 물리치는 최선의 방법은 노골적 경멸이라는 그의 공식을 실행하는 차원에서 그냥 책을 챙겨 잠자리에 들었는데, 이런 투박한 만스펠트식 사고방식에 대해서도 같은 말을 할 수 있다. 오늘날 학생들은 이런 환각을 조퇴 핑계로 삼을 수 있다면 반색할지도 모르겠다. 하지만 저 시절 루터가 극심한 불안에 시달렸고 곧잘 식은땀을 흘리며(그의 말로는 "악마의 목욕") 잠에서 깨었다는 것, 그에게서 악마 공포증이 생겨났고 이것이 전형적인 강박적 양가감정에 의해 그리스도의 빛나는 이미지 같은 최고선이 악마의 유혹에 불과할지도 모른다는 두려움을 점차 포함하게 되었다는 것, 윗사람들의 끈기 있는 설득에도 불구하고 그리스도를 오로지 벌하러 오신 분으로 여겨 두려워하고 심지어 미워하게 되었다는 것, 기이한 무의식적 발작을 일으켰고 성가대석의 발작 때는 경련이 동반되었다고 의심된다는 것은 확실한 사실로 보이며 그의 친구들에 의해 상세하게 기록되어 있다. 오늘날 우리라면 이런 발작이 순종적이고 경건한 자기절제를 고수하려고 애쓰면서도 공격할 적법한 외부 대상이나 휘두를 적법한 무기를 찾지 못한 청년에게 쌓인 분노의 내부적 결과일지도 모른다고 느낄 것이다.

마르틴의 삶이 오늘날 우리가 (연장된 청소년기와 다시 깨어난 유아기 갈등을 지닌 청년에게서 나타나는) 경계성 정신장애 상태라고 부를 만한 것에 이따금 접근했을 가능성은 얼마든지 있어 보인다. 하지만 이혼의 양측에서 훗날 만들어내어, 당시 새로 등장한 황색 언론에서 신나게 떠들어댄 캐리커처들은 마르틴이 사제직, 행정직, 교사직에서 책임 있는 자리의 사다리를 한 번의 미끄러짐도 없이 한 발 한 발 올라갔다는 역사적 사실을 설명하지 못한다. 개혁가가 되었을 즈음 그는 평수도사이기는커녕 수도원장이자, 수도원 열한 곳의 지구장 대리였고, 교구장 대리가 맡던 교수 자리의 뒤를 이은 신학 교수였다. 그 뒤로 10여 년간 이 결혼은 더 나빠질 수 없을 정도로 나빠졌다.

하지만 그가 점점 바빠지는 바로 그 시기에 수도원의 현실은 그의 광적 집착에서 점차로 두 번째 자리를 차지하게 되었다. 자신이 맡은 임무의 공식적 의미와 광적인 내적 투쟁 사이의 간극이 그 자신에게뿐만 아니라 (어쩌면) 그의 윗사람과 동료 몇몇에게 점점 불길하게 보이는 동안에도 루터가 자신에게 요구되는 임무를 수행할 수 있었다는 사실에서 우리는 그의 전반적 강인함과 지적 건전함을 알아볼 수 있다. 그와 동시에 점차 커져 가는 자기주장의 신학 체계가 변동하는 기분과 직관적 생각의 조각들 위에 세워졌다. 이 과정은 훗날 '성탑의 계시'에서 절정에 이르렀고 개념적 통합에 도달했다. 이런 길고 고통스러운 부화 기간은 위대한 청년, 그러니까 살아 있는 피조물을 자신이 돌볼 준비가 되었을 때만 출산할 수 있는 위대한 청년에게서는 결코 드물지 않다. 그것을 돌볼 수 있으려면 먼저 정체성을 실현할 주요 요소(마르틴의 경우는 말씀)를 찾아내고, (마르틴이 비텐베르크에서, 슈타우피츠 주변에서, 인문주의자들 사이에서만 발견한 것과 같은 종류의 우정에서) 친밀감(intimacy)의 가능성을 보아야 한다. 수도원에서는 정체성 감각, 친밀감의 가능성, 산출 능력의 발견이라는 세 가지 요인 전부가 총체적 칭의 감각을 얻기 위한 생사의 투쟁에 단단히 결부되어 있었다. 이 칭의 감각은 마르틴이 육신의 아버지와 하느님 아버지 둘 다에게서 부정당한 것인데, 이 감각이 없다면 호모 렐리기오수스(종교적 인간)는 어떤 정체성도 획득하지 못한다.

수도원 시절 중반의 마르틴을 위대한 청년으로 묘사하기는 힘들 것이다. 비록 개신교 전기 작가들은 이 불가능한 묘사 임무에 온 힘을 바쳤지만, 그를 훗날 위대해진, 그리고 무척 파괴적인 인물이 된 아픈 청년으로 묘사하는 일이 더 수월했을 것이며, 실제로 그런 묘사가 열성적으로 시도되었다. 나는 이 두 학파 모두에 빚을 지고 있지만 나 스스로 정한 과제의 한계 내에서, 마르틴이 어떤 면에서 위대한 청년이자 동시에 환자인지 서술하려고 노력할 것이다. 인류가 위대한 인물이자 환자를 감당할 수 있는가는 또 다른 문제다. 이 문제에 접근할 수 있으려면, 우리가 좋아하는 영웅이 겪는 '고통'과 더불어 위대한 인물에게 꼭 필요한 것은 아닌 '광기'를 알아보는 법을 먼저 배워야 한다. 우리의 삶은 짧지만 우리가 위인으로 선택하고 지지하고 묵인하는 인물들의 영향력은 세 번째, 네 번째 세대를 훌쩍 넘어서도 여전히 느껴지는 저주일 수도 있기 때문이다.

위대한 청년의 경우, 또 (혼란과 갈등을 정당화하려면 무슨 수를 쓰든 위대함의 성흔stigmata을 내보이라고 윽박질러서는 안 되는) 많은 중요한 청년들의 경우 일관성, 내적 균형, 능숙함은 도무지 적절한 기준이 아니다. 오히려 그들에게 특별한 갈등이 필요함을 인정해야 하며, 때로는 그런 갈등이 극도로 절실한 것으로 느껴질 수 있어야 하고 또 그렇게 판단될 수 있어야 한다. 몇몇 청년이 자기 사회가 안착한 절충적 패턴으로부터 소외당했다고 느끼지 않는다면, 자신의 의지에 반하여 고립을 무릅쓰고 자신의 실존 문제를 대면하는 독창적 방법을 찾도록 스스로를 밀어붙이지 않는다면, 사회는 젊음을 되찾고 인간 양심을 반항적으로 팽창시키는 데 꼭 필요한 길을 잃을 것이다. 그러면 사회는 기술적·사회적 변화에 발맞출 수 없다. 우리가 여기서 하고 있는 것처럼 되짚어보자면, 이런 팽창의 단계는 당사자가 몰락으로 떨어질 위험도 안고 있다. 그런 단계를 되짚어보는 것은 위대함의 근원을 더 잘 이해하기 위해서이기도 하고, 패배에 가까운 경험이 안긴 트라우마가 위대한 인물을 평생 따라다닌다는 사실을 인식하기 위해서이기도 하다. 루터가 마치 벼락이 자신의 등 바로 뒤에 내리치려는 듯 느끼며 살아가고 행동했다는 키르케고르의 말은 앞에서 인용한 바 있다. 게다가 위대한 인물은 몰락할 뻔한 경험의 트라우마를, 또한 정체성이 암살당할 뻔한 경험에 대한 깊은 원한을 창조성이 폭발하는 시절과 그 너머 쇠퇴의 시절까지 간직한다. 그는 증오와 원한을 보루처럼 자신의 체계에 쌓아 올린다. 결국 보루는 체계를 처음에는 단단하게 만들지만 마지막에는 푸석푸석하게 만든다.

3

자신의 내세를 위해 또 온 인류의 내세를 위해 수도사로서 참회하는 것이 마르틴의 업이었다. 많은 사람들의 눈에 이것을 전업으로 삼는 것은 이상해 보인다. 하지만 가장 개인적인 방식으로 칭의를 추구하면서 마르틴은 영적 문제를 특별한 방식으로 해결하도록 고안된 직업적 방법들을 이용했다. 루터가 훗날 일컬은 대로 "양심을 그슬리고 지지는" 해결책이었다. 어쨌든 그의 가장 개인적인 탐색이 겪은 우여곡절은 체제 밖에서는 설명할 수 없다.

이 체제는 그를 향해 절반 넘게 다가왔다. 마르틴 같은 청년에게서 신경증적 긴장을 특별히 격화하기 위해 발명된 훈련 과정 중에서 가장 효과적인 것은 그 시절의 수도원 훈련이었다. 훗날 루터는 다른 수도사들이 미치는 것을 보았고 자기도 그렇게 될 것 같았다고 말했다. 하지만 이 조건에서 미치광이가 된 사람의 수가 다른 종류의 교화에서 실패할 운명의 사람의 수보다 많았다고 가정할 이유는 전혀 없다. 이데올로기적 값어치를 하는 교화에는 위험도 따르는데, 이 때문에 일부 사람들은 원래대로 돌아가고 또 어떤 사람들은 지고의 초월에 도달한다.

이 연관성을 생각하면 나 자신의 직업에 대해 생각하게 된다. 기이한 유사성에 최대한 주목해보도록 하겠다. 훈련을 받는 젊은 (별로 젊지 않은 경우도 왕왕 있지만) 정신분석가들은 총체적이고 중심적인 개인적 관여가 요구되는 훈련 절차를 거처야 하는데, 그 개인이 자신과, 또 그때까지 삶을 함께한 사람들과 관계를 맺을 확률은 수도사를 제외한 어떤 직업 훈련보다 크다. 정신분석 훈련에 주어지는 대가가 적어도 일부 나라에서는 높은 소득이기 때문에, 수십 년간 정신분석가가 성 연구에 주로 몰두한 것처럼 보였기 때문에, 특정한 역사적 조건에서는 정신분석적 권력이 다른 어떤 권력 못지않게 부패할 수 있기 때문에 모종의 음란한 기운이 정신분석 훈련을 특징짓는다고 종종 간주된다.

하지만 미래의 정신분석가는 개인적 정신분석을 경험해야 한다. 이것은 대인 관계에서의 체계적 금욕을 환자 치료와 온전히 병행하는 '치료'다. 수십 년간 정신분석가들은 거의 매일같이 진료를 해야 한다는 형식적 조건을 피분석자의 '자유 연상(free association)'을 끌어내기 위한 자연적 조건으로 받아들였다. 하지만 자발적 생산을 위한 자연적 조건은 새로운 종류의 금욕주의를 연습하는 것과 더불어 금욕주의가 자극하는 자유로운 언어 자료를 대량으로 판단하는 폭넓은 실험을 진행하는 것이다.

여기에는 무엇보다 내가 '소모품 얼굴(expendable face)'의 금욕주의라고 즐겨 부르는 것이 있다. 피분석자가 소파에 기대 눕고 머리맡에 분석가가 앉는다. 둘 다 상대방의 얼굴을 외면하되 분석가는 환자의 언어 행위에 매우 세심하게 주의를 기울이면서 기법상 필요할 때만 개입한다. 물론 그는 피분석자의 얼굴은 볼 수 없어도 몸짓과 자세 변화는 볼 수 있다. 반면에 피분석자는 천장이나 책꽂이 꼭대기, 또는 똑같은 그림을 몇백 시간 동안 보게 된다. (희미하게 빛나는 대리석으로 만든 작은 모조품 그리스 조각상에 감사하고 싶다.) 시야의 제한, 운동이나 이동의 금지, 누운 자세, 얼굴 소통의 부재, 떠오르는 생각과 심상에 대한 의도적 노출, 이 모든 것은 평상시와 같은 기억과 명상을 촉진하는 효과만 있는 것이 아니라 '전이 신경증(transference neurosis)'도 일으킨다(이것은 예상된 효과다). 즉 피분석자의 증상이나 맹점을 특징짓는 비합리적이고 종종 무의식적인 사고 내용과 감정이 분석가와 분석 상황에 전달된다.

분석가는 무의식적 생각의 패턴을 계속해서 끈기 있게 설명한다. 즉 자료가 자신에게 따분한지 충격적인지, 매력적인지 역겨운지, 생각을 자극하는지 격분시키는지 이야기한다. 하지만 얼굴에 대한 사뭇 경건한 부정과 모든 겉면에 대한 체계적 불신이 인간의 직업적 삶에서 연장으로 쓰이면, '무의식적인 것'에 대한 강박적 집착으로, 내적 과정이야말로 인간적인 것들의 유일하게 참된 본질이라고 교조적으로 강조하는 행태로, 인간 삶에서 언어적 의미에 대한 과대평가로 이어질 수 있다는 말에는 일리가 있다. 이 방법에 내재하는 위험과 가능성은 마르틴의 자책에 내재하는 것과 닮은꼴이다. 얼굴을 돌리고 어떤 개인적인 의미에서도 비난하거나 정당화하기를 거부하는 정신분석 선생의 귓속으로 어떤 유혹이 들려온다. 그가 한 번도 꿈꾼 적 없는 유혹, 또는 꿈을 이해하기 시작하고 자기기만의 술책을 간파하기 전에는 자신이 꿈꾸었음을 결코 알지 못하는 유혹이다. 충동들은 전달되는데, 어떤 충동은 약간의 지체된 표출을 얻기 전에 전달되고 어떤 충동은 그 후에 전달된다. 한동안 이 충동은 예비 분석가의 이전 적응을 엉망으로 만들 수도 있다. 자신과 가까운 사람들에 대한 적응도 그 중 하나인데, 그들은 왜 남들을 치유하기 위해 자신이 환자가 되어야 한다는 것인지 평생 이해하지 못한다. 그렇지만 일단 이 과정이 시작되면 오로지 중요한 것은 예비 분석가가 타인의 무의식적 동기를 인식할 수 있을 만큼, 자신의 무의식과 대화하는 능력을 키우고 자신이 환자의 전이 신경증에 움츠러들지 않고 그걸 감내할 수 있는 준비를 갖추는 것이다. 환자들은 예비 분석가를 좋은 부모로 만들기도 하고 나쁜 부모로 만들기도 할 것이며 사제조차 감히 불러일으키거나 참아내지 못할 만큼 즉흥적인 언어로 예비 분석가를 신격화하고 비방할 것이기 때문이다. 그러므로 예비 분석가 자신의 전이 신경증은 환자들의 전이 신경증에 노출되기 전에 치유될 것으로 기대된다.

하지만 예비 분석가가 환자를 보기 전에 우선 훈련의 주관적 국면인 개인적 분석이 이 새로운 과학에 대한 수년에 걸친 실무적·이론적 훈련에 접목되어야 한다. 이것은 특정 훈련 기관에서 육성하는 특별한 자각 능력과 몸에 밴 개념화에 대한 훈련을 뜻한다. 이 기관들은 대체로 (종종 멀리서 온) 특정 지도자 개인이나 그의 사상에 의해 설립되거나 그것을 중심으로 설립된다. 그렇지만 요즘에 와서는 통일된 기준이 국가 규모에서 조직화되고 있다. 하지만 개인적인 것, 직업적인 것, 조직적인 것의 이러한 조합에 의해 풀려나게 되는 '파괴적 정신과 창조적 정신'은 어떤 조직의 규칙으로도 온전히 담을 수 없고 어떤 기존 경험으로도 일관되게 예측할 수 없음이 분명하다. 그러므로 정신분석에도 제 나름의 수도사, 수도, 수도원이 있다.

나의 요점은 다음과 같다. 정신분석은 인류 역사상 처음으로 성(sexuality)을 온전히 드러냈으며 성의 모든 변이와 변화, 그리고 성이 논리와도 윤리와도 무관함을 속속들이 밝혔다. 하지만 이 사실 때문에, 새로운 금욕주의, 즉 도덕적 자각 면에서 새로운 걸음을 내디디는 영웅적 자기포기가 발명되었다는 사실이 가려지고 말았다. 비합리적인 것을 미적, 도덕적, 논리적 고찰로 합리화하는 일은 인간이 언제나 무척 자랑스러워한 것인데, 이것이 깊디깊은 물의 수면에 생긴 잔물결에 지나지 않은 것이 되고 만 것이다.

급진적 치유 방법으로서 정신분석에 대해 우리가 말할 수 있는 것은 이것을 견뎌낼 능력이 있고 증상 치유를 넘어서서 질병 치유를 달성할 만큼 명석한 사람들에게 유익하다는 것뿐이다. 하지만 지적 경험으로 보자면 정신분석은 의식의 통제로부터 완전히 벗어나 있는 마음 한구석을 특별히 자극하고 그곳에 접근하는 다른 금욕적 방법들과 비슷하다.

이렇듯 정신분석을 짧게 들여다보면서 우리는 더 생각 깊은 수도사들이 자신들의 절차에서 무엇을 맞닥뜨렸는지, 마르틴을 가르친 수도사들이 무엇을 놓고 마르틴과 대립했는지 명확히 이해할 준비가 되었다.

이를테면 마르틴의 트리스티티아(슬픔)를 예로 들어보자. 일정한 유형과 수준의 트리스티티아는 수도사의 요건이었다. 트리스티티아 성향이 남보다 큰 수도사도 있었고 작은 수도사도 있었다. 바로 그런 까닭에 이것을 훈육되고 공유되는 문제로 만들 필요가 있었다. 훈육은 인간이 필멸하는 존재이고 구조적으로 불완전하다는 사실을 잊지 않도록 경계심을 지녀야 한다는 뜻만은 아니었다. 이 사실에 대한 끊임없는 자각을 자족적인 우울한 번민으로 전락시켜서는 안 된다는 뜻이기도 했다. 따라서 체계적 묵상과 직업적 고해를 통해 체계화된 자기관찰을 발전시켜야 했다. 대다수 필멸자(인간)는 유혹을 피하거나 고해하는 것으로 충분했지만 수도사는 유혹을 향해 나아가 맞서야 했다. 그것이 참되고 내적인 굳건함을 끊임없이 시험하는 방법이었기 때문이다. 그는 동기를 체계적으로 의심하는 습관을 길러야 했는데, 그러면서도 행여나 자책에 시달리거나 자기비난을 피학적으로 추구하지 않도록 조심해야 했다.

정신분석에서도 숨겨진 생각과 잠자는 유혹을 '자유 연상'을 통해 드러내는 특수한 방법을 쓸 때 비슷한 난점이 발생한다. 이 방법은 어떤 식으로도 선별하지 않고 어떤 생각 흐름이든 자유롭게 따라가고 정직하게 말로 드러내기 위해 자신의 의식을 샅샅이 살피는 것이다. 물론 우리의 깜냥으로는 얼추 비슷하게 하는 것이 고작이다. 자신이 이 일을 할 수 있다고 말할 만큼 자신만만한 사람은 확실히 이 일에 재능이 없다. 그렇다고 해서 시도만큼은 누구나 할 수 있다거나 해야 한다는 것은 아니다. 어떤 사람들은 의식적 통제가 너무 경직되어 있는데, 그들은 이런 통제가 최고로 요구되는 다른 분야에서 두각을 나타낼 수 있다. 또 의식으로 실현하려는 충동이 너무 강렬하게 쇄도하는 사람들이 있는데, 이런 사람들의 경우에는 이런 충동이 발화되지 않을 때 오히려 더 생산적으로 쓰일지도 모른다. 게다가 어떤 사람들은 이 자유 연상 방법을 쓰다가 어느 때보다 더 상황이 나빠질 수도 있다. 예상되는 결과가 이런 위험의 감수를 정당화하는지 판단하기란 까다로운 일이다. 하지만 훈련을 잘 받은 사람들은 대체로 어느 정도 자신감을 가지고서 판단할 수 있다.

내적 자유를 절제된 방식으로 키우기 위해 고안된 이런 확실한 방안이 치료법으로, 또 전문적 훈련 방법으로 널리 쓰이면, 표준화되어서 많은 사람들에게, 이런 고된 자기검사에 대해 한 번도 생각하지 않았고 특별한 재능도 없는 사람들에게 혜택을 줄 수 있을 것이다. 표준화된 절차에는 통일된 응용법이 필요한데, 이 방법을 처음 접한 사람들에게는 너무 획일적이었을 것이다. 여기서 훈련 담당 분석가는 (분명히 드물긴 하지만) 동전의 반대쪽을 자각한다. 마르틴의 윗사람들이 자신에게 맡겨진 청년이 위대한 인물인 것을 알고서 난감해한 일 말이다. 그런 사람이, 참으로 독창적인 자기검사의 잠재력과 독창성에 딸린 지독한 자부심을 지닌 그런 사람이 우리에게 훈련받겠다고 지원한다면 우리는 그를 알아볼 수 있을까? 그를 받아들일 수 있을까? 그를 잡아둘 수 있을까? 그는 싹트기 시작한 자신의 독창성을 이미 확립된 우리의 방법에 맞출 수 있을까? 점점 표준화되고 감독화되는 훈련 체계 안에서 그를 올바르게 응대할 수 있을까? 하지만 이 의문들은 너무 우리 자신에게 치우쳐 있다. 저런 사람은 우리가 어떤 방법을 쓰든 제 자신을 돌볼 것이다. 마르틴이 어떻게 헤쳐 나갔는지 살펴보자.

고독과 익명을 독창적으로 탐색하는 과정에서 마르틴은 묵언, 규율, 경배, 고해에 신적인 성격이 있음을 느꼈다. 그는 하느님에게 순종하는 삶으로 도피하고 싶어 한 것이 틀림없다. 그것은 결국 아버지와 화해하고 아버지에게 순종하는 것으로 간주될 터였다. 아버지는 이 계획에 어떤 무의식적 허세가 존재했든 놓치지 않고 꼬집었다(이유가 없진 않았다). 그리고 그 뒤 지나친 순종이라는 양가감정의 형식이기는 해도 반항이 시작되었다. 나는 마르틴의 첫 미사에 뒤이은 시기를 그렇게 해석한다. 즉 규칙을 너무 꼬치꼬치 지키려고 노력함으로써 수도를 우스꽝스럽게 만들려 시도했다는 것이다. 몇몇 비범한 청년은 마르틴이 수도원에서 그랬던 것처럼 자신을 사회생활의 평범한 구석에 가두고는 대량의 강박적 보상 작용으로 바리케이드를 치는데, 이 상황에서 그들은 자신을 겉보기에 매우 작은 존재로 만들고 매우 잘 빠져나가는 존재로 만들어야만 그 요새 같은 감옥에서 탈출할 수 있다. 극심한 자기포기는 여러 신경증 파편들이 합쳐진 혼합 신경증과 함께 발달할 수도 있는데, 이것은 때로 정신증의 경계선에 이르기도 한다. 이 증후군은 심한 정체성 혼미의 일종으로서 논의된 바 있다. 온갖 비참한 혼란에 빠지면 일반적으로 문제를 일으키는 데서 활력을 찾고 극단적 무력함에서 반항적 조롱을 추구하고 요점, 결정적 핵심, 참된 지점에 도달하려고 고집하는 행동에서 기묘한 정직함(또한 정직한 기묘함)을 추구할 수 있다.

그렇게 마르틴은 지도수도사들을 괴롭히기 시작했다. 다른 한편으로 지도수도사들이 그를 사제라는 새 역할과 학자와 교사라는 미래 역할에 끼워맞추기 시작했을 가능성도 얼마든지 있다. 그는 처음에는 이 모든 역할을 거부했지만 나중에는 순종과 비범한 재능으로 맞아들였다. 하지만 훈련은 그가 감당하기 힘든 금욕적이고 자기관찰적이고 학구적인 차원에 진입한 것으로 보인다. 예전에는 수도가 그를 충동으로부터 지켜주는 잘 짜인 직물처럼 느껴졌으나 이제는 자책이 좀벌레처럼 그 직물을 좀먹기 시작했다. 그리하여 그는 정체성 혼미를 심화하는 성적 과민성과 과도한 양심의 동맹에 취약해졌다. 그는 이 동맹에 맞서려고 수도의 방법을 두 배로 동원했으며 그 결과 이따금 세 가지 전부로부터 멀어졌다. 그것은 심란한 욕동(그의 '욕정'), 뒤숭숭한 양심, 수도의 수단과 목적이었다.

이를테면 그는 고해할 때 진실을 말하려고 어찌나 안달복달했던지 행위뿐 아니라 의도까지 시시콜콜 털어놓았다. 비교적 용납할 만한 순물을 점점 작은 불순물로 쪼갰고, 유혹들을 유년기에서 출발하는 역사적 순서대로 늘어놓았으며, 몇 시간 동안 고해한 뒤 앞선 발언을 정정하기 위해 특별 시간을 요청하기도 했다. 이 과정에서 그는 극도로 강박적인 동시에 적어도 무의식적으로 반항적이었음이 분명하다. 실제로 그의 지도수도사는 고해를 방해한다는 이유로 처벌하겠다고 그에게 으름장을 놓았다. 우리는 고해가 전통적 방법이었고 수도원의 효율성을 해치지 않으면서 일반적 요건을 충족하도록 구성되었음을 유념해야 한다. 고해하는 수도사가 틀에서 벗어나지 않도록 뒷받침하는 방법들이 있었는데, 이를테면 죄를 고해할 때 다섯 가지 감각의 죄, 일곱 가지 대죄, 십계명을 어긴 죄의 순서를 따르는 것이다. 신실한 사람조차 죄의 종류가 이토록 어마어마하게 제시되면 할 말이 거의 없어서 오히려 안도감을 느낄 것이다. 하지만 마르틴은 정반대로 어마어마한 것을 수많은 사소한 것으로 만드는 성향이 있었다. 한번은 윗사람 슈타우피츠가 편지에서 그리스도는 그런 하찮은 문제에 관심이 없으니 차라리 고해할 만큼 자극적인 간음이나 살인(아마도 부모 살해)을 저지르는 게 낫겠다며 마르틴을 조롱했다.[23] 하지만 마르틴을 가장 절망케 한 것은 자신의 말을 진지하게 받아들이려 들지 않는 윗사람들의 태도였다. 그는 그런 순간에 자신이 '송장'이 된다고 말했다.

이 모든 일은 강박의 고전적 사례다. 수단에 끝까지 집중하고 이 수단들에 대해 끊임없이 생각함으로써 오히려 목표로부터 점점 멀어지는 것이다. 그 목표란 무언가를 **느끼는** 것인데, 마르틴의 경우에는 자신이 하느님의 눈에 의롭다고 느끼는 것, 하느님의 마음에 들 가능성이 있다고 느끼는 것이었다. 그는 이 목표로부터 멀어지고 있음을 적나라하게 드러냈다. 훗날 시편 강의에서는 참회의 효과를 설명하면서 청중에게 아우구스티누스의 고해를 좋은 예로 소개한 뒤 이렇게 덧붙였다. "여기서 저는 참회를 말하기는 하지만 그 참회가 느껴지지는 않습니다(Quia extra compunctionem sum et loquor de compunctione)."[24] 오히려 자신이 필사적으로 버리고 싶어 하는 것을 강렬하게 느꼈다. 그것은 무가치한 성적 유혹, 좀스러운 분노, 저급한 신성모독이었다. 이 모든 것이 그의 아버지가 품었던 의심을 입증하고 그럼으로써 그의 강박을 형성하는 비밀 무기 중 하나가 되었음을 명심해야 한다. 그 무기란 아버지에 대한 노골적 불순종(수도사가 되는 것 자체)을, 하느님에게 순종한다는 구실(그럭저럭 괜찮은 수준보다 더 나은 수도사가 되는 것)로 아버지의 예언(형편없는 수도사가 되는 것)에 은밀하게 순종하는 행위로 둔갑시키는 것이었다.

이 시점에서 우리는 위대한 청년 반란자의 특징에 주목해야 한다. 그것은 굴복하려는 유혹과 지배하려는 욕구의 내적 분열이다. 위대한 청년 반란자는 한편으로는 포기하려는 성향과 패배 환상(루터는 성공이 임박하면 때 이른 죽음의 예감에 사로잡히곤 했다)을,

다른 한편으로 자신뿐 아니라 자신을 침범하는 모든 세력과 사람들에게 맞서 주도권을 쥐려는 절대적 욕망을 품으며 이 둘 사이에서 고뇌한다. 이념적 인간에게서는 두 번째 특징인 독재 욕구가 역설적으로 스스로를 드러낼 수도 있다. 처음에는 수동성에 굴복하는 것처럼 보이지만 결국은 그것이 수동성을 속속들이 간파하여 청산하려는 적극적 시도였음이 입증된다. 그는 몰락을 앞둔 시기에도 자신이 디디고 설 수 있는 '밑바닥'을 찾아 주도성 감각을 회복할 수 있는 위치에 오르려고 투쟁한다. 그러고 나면 자신의 사회가 토대로 삼은 전제들을 총체적으로 재평가하는 길로 나아갈 수 있다. 시편 강의에서 우리는 루터의 신학이 된 '총체성'이 생겨나는 것을 볼 수 있다. 하지만 우선 그가 초기에 자신의 발언을 전면적으로 수정한 예에 주목해야 한다. 이 발언들은 그의 위기가 진행되는 동안 신경증적 과장과도, 비행적 일탈과도 구별되지 않았다.

이렇듯 자신이 훗날 "고되고 무익한 기술(laboriosa illa et inutilis ars)"[25]이라고 부르게 된 고해에 대해 그는 이것을 우월한 정직성으로 위반했다. 그는 고해로부터 얻은 재확신이 정말로 경건한 느낌인지 아닌지, 또는 마지못한 참회(단지 처벌이 두려워 행한 참회)를 회개(심판자 하느님에 대한, 또한 인류에 대한 참된 사랑에서 절정을 이루는 완전한 참회)와 실제로 구별할 수 있는 사람이 있는지 판단하기가 불가능하다는 것을 알게 되었다. 우리는 마르틴의 우유부단한 태도가 아들로서의 실패를 개인적으로 또 신경증적으로 가리키고 있음을 쉽게 알 수 있다. 실제로 자식 위치에서의 절망감을 하느님 눈앞에서의 인간 조건으로 과격하게 전이함으로써, 또한 (말하자면) 우주적 시험 사례를 고집함으로써 그는 신앙에 이르는 새로운 길을 찾거나 그 일에 실패하거나 둘 중 하나로 스스로를 몰아넣었다고 말할 수 있다. 신학적으로 보자면 이것은 훗날 모든 행위에 대한, 즉 특별한 노력과 성과로 의로운 하느님의 은총을 얻으려는 모든 시도에 대한 그의 가장 급진적인 재평가의 일부가 되었다. 다른 한편으로 장 제르송이 제기한 타협, 즉 하느님이 인간에게 자기 능력으로 할 수 있는 일(quod in se est)만 요구한다는 주장에 대해 마르틴은 덜 엄격한 이 요건이 연약함을 내세우려는 핑계이자 하느님과 거래하려는 수작이라고 여겨 거부했다. 그는 이런 자유주의를 "유대인, 튀르크인, 펠라기우스* 추종자들이나 쓰는 꼼수"(요샛말로 하자면 "영국인, 교황절대주의자, 볼셰비키의 위험")라고 불렀다. 대죄와 소죄를 등급으로 나누는 것은 특히나 불가능해 보였다. 대죄가 (정의에 따라) 사랑이라는 삶의 원칙을 어기는 죄라면 그런 죄를 저지른 사람이 어떻게 신앙으로 돌아가는 길을 찾을 수 있겠는가? 신앙은 대죄가 있는 곳에 깃들지 않는다(Fides non stat cum peccato mortali). 그의 끝은 분명히 전면적 비관주의였다. 그는 인간이 지상의 법이나 규율을 실천해서는 하느님의 은총을 얻을 수 없다고 주장했다. '사랑의 행위'로 영생을 얻으려는 뻔뻔한 시도를 영적 매춘(fornicatio spiritus)으로

---

* 펠라기우스(Pelagius, 354?~418?)는 4~5세기에 활동한 신학자다. 인간이 하느님의 은총 없이 노력만으로 선해질 수 있다고 주장하며 아우구스티누스와 논쟁했다. 418년 카르타고 공의회에서 펠라기우스주의는 공식적으로 이단으로 규정되었다.

규정했다. 그리하여 모종의 결단을 요구하는 막다른 골목에 다가갔는데, 이 결단이 어찌나 총체적이었던지 그 온전한 함의가 그에게 드러난 것은 오랜 시간이 지난 뒤인 '성탑의 계시'에서였다. 그 함의는 말하자면 믿음이 행위 **이전**에 있어야 한다는 것, 강요되거나 규정된 모든 일은 무관심이나 증오로부터, 또한 믿음, 사랑, 기쁨, 의지(Glaub, Lieb, Lust, und Willen) 없이 시작된다면 영적 실패로 끝날 운명이라는 것이다.

마르틴의 고해적 자책과 관련하여 우리는 '욕정'(사람을 죄로 이끄는 타고난 욕동)의 문제와 '리비도(libido)'의 특수한 문제에 대해 처음으로 듣게 된다. 두 문제는 '화(ira)'와 '성마름(impatientia)' 다음으로 마르틴을 유혹에 빠지게 했다. 지금까지 서술한 모든 것으로부터, 또한 역사적 정보를 토대로 예상해야 하는 것으로부터 우리는 마르틴의 지독히 억눌린, 말하자면 훈련되지 않은 분노와 증오가 결국 매우 심란하게 터져 나올 것이라 충분히 상상할 수 있다. 자신을 성스럽지 못한 분노의 상태에 몰아넣은 것이 종종 미사 집전 자체였다는 그의 말은 놀랍지 않다. 다른 한편으로 이 과민한 청년에게서 성적 긴장이 다른 종류의 긴장을 동반했으며 이 과양심적인 청년에게서 성적 긴장이 성적 죄악과 동치되었음은 의심할 여지가 없다. 하지만 신경증적인 성적 긴장을 선천적 욕동의 압박 탓으로만 돌릴 수는 없다. 어떤 때는 금욕을 견딜 수 있으면서도 다른 때는 왕성한 성 능력을 발휘할 수 있는 쪽이 더 남자답고 덜 신경증적인 사람임은 의심할 여지가 없다. 마르틴의 경우에 그가 독신을 유지할 수 없으리라는 아버지의 예언과 독신을 유지할 수 있으리라는 윗사람들의 추정은 이 문제에 어떤 생물학적 질문으로도 답할 수 없는 의미를 부여했다. 게다가 바깥세상의 유혹(운이 좋고 욕동이 강하지 않으면 피할 수 있는 죄)과 짐승처럼 수도사를 에워싸는 텐타티오네스(유혹)는 구별해야 한다. 왜냐하면 텐타티오네스는 수도사가 자신의 훈련 방법으로 그 유혹을 길들일 수 있는지 보려고 일부러 불러일으키기 때문이다. 정신분석가들도 이런 차이를 안다. 결국 개인으로 하여금 지성적으로 욕동을 다스리게 해주는 것은 두 경우 모두 체계적인 자기관찰이며, 이것이 처음에는 이전에 한 번도 겪어보지 못한 광란을 일으킬 수 있다. 루터는 "최후에 분노가 있다(Et tandem furor fiat)"라고 말하고는, 리비도적 문제를 있는 그대로 판단하기 위해 그저 생각하기만 해도 그 문제가 우리의 정직함을 방해한다고 덧붙였다.(Quando magis alignis cogitat de libidine deponenda, tanto magis incidit in cogitatione, ut altera alteram trudet. 욕망을 떨쳐내려 하면 할수록 그 생각에 더 깊이 빠지게 되며, 하나의 생각이 다른 생각을 밀어낸다.)[26]

훗날 루터는 때로는 순진하게, 때로는 노회하게 자신의 성생활에 대해 솔직히 털어놓으며 이 문제의 여러 측면을 드러냈는데, 이는 한낱 충동에서 비롯했을 수도 있고 그의 독특한 홍보 감각에서 비롯했을 수도 있다. 그 결과 그는 자신의 말을 해석하는 거의 모든 학파에 딱딱 들어맞는 인용문을 제공하게 되었다. 개신교 저자들은 그를 독일에서 배출한 성인으로 묘사하고자 그를 무색무취의 청년으로 내세우며 그의 남성성을 영험한 베이스 음성에만 국한한다. 그 정도가 하도 심해서 이 저자들이 루터를 '심리적으로 유아기 상태에 있는(psychoinfantile)' 사람으로 만든다는 정신의학자(레이테르)의 말이 일리가 있을 정도다. 다른 저자들 또한 루터의 말을 인용하여 그를 은밀하게 죄를 짓는 과잉 성욕 수도사로, 애초에 독신에는 걸맞지 않은 인물로 묘사했다.

  모든 권위자가 동의하는바, 루터가 여성과 부적절한 관계를 맺었을 가능성은 희박하다. 루터는 이런 혐의를 완강히 부인하며 성직 기간을 통틀어 단 세 명의 여성에게서만 고해를 받았다고 주장했으며, 그 일들이 기억나기는 하지만 자신은 여성들의 얼굴을 바라보지도 않았다고 말했다. 생활 여건으로 보건대 그가 이 방면에서 길을 잃고 헤맸을 리 만무하다. 다른 한편으로 자기성애 경험에 대한 언급이 단지 자신의 성적 기벽을 특징짓는 개인적 고해였을 리 없다. 오히려 그것은 독신 조건을 조명하려는 취지였으며 이것이 수면으로 끌려 올라오는 것은 신학 논쟁에서 제기될 때뿐이다. 루터가 말하는 성충동의 상태는 대부분 그것을 판단하고 억제하려는 시도 자체로 인해 악화한 것들이었다. 그는 몽정을 처음에는 "신체적 필요에 대한 반응(ex necessitate corporali)"[27]으로 언급하지만, 자신은 이 허용되고 겉보기에 생물학적인 배출이 심리적 갈등으로 끌려 들어가고 역설적으로 금식 때문에 악화했음(Si quando ego maxime eiunabam …… sequebatur pollutio)을 암시한다.[28] 몽정은 일반적으로 죄의 고의가 있는 행위와 고의가 없는 행위의 경계선에 있는 것으로 생각되었다. 이것은 수도사들이 몽정한 날 오전에 미사를 거의 드리지 않았다는 그의 주장에서 분명히 알 수 있다.

루터는 초기 강의에서 '단독 방출'을 일으킬 수 있는 자발적 방법에 대해, 또한 수면 중에나 심지어 각성 상태와 낮에도 스스로의 내적 동의 없이(prefer consensum) 일어나는 비자발적 방출에 대해 자세히 이야기하고는 "이런 일이 많은 사람에게 일어난다(ut multis contingit)"라고 덧붙인다.[29] 정신의학자의 눈에 이 강의에서 루터가 논의하는 주제는 성직자의 일상이라기에는 너무 자세해 보인다. 하지만 시험을 앞뒀거나 지각할 것 같은 긴장 상태에 처한 청년에게서 일어나는 것으로 알려진 각성 상태에서의 비자발적 방출은 수도원 같은 상황에서 더 흔할 가능성이 있다. 이런 곳에서는 노심초사하는 상태가 영적 공포 수준까지 치닫기 때문이다. 어쨌든 루터의 상충하는 언급들에서 구체적 형태의 성적 죄악을 찾고자 한다면 임상적으로 가능성이 가장 큰 경우는 일반적 긴장 상태 때문에 이따금 느닷없는 자연 발생적 사정을 겪었다는 것이다. 이런 사건이 일어나면 예민한 청년은 자신이 의도하지 않은 것에 대해 죄책감을 느끼고 자신이 즐길 형편이 아니었다는 사실에 안도감을 느낄 것이다. 하지만 무엇보다, 그런 사정을 두고 루터는 일상적 고해에서 털어놓아야 하는 것보다 큰 무의식적 의도(더 큰 쾌락과, 특히 더 큰 반항)가 그 안에 있다고 의심하거나 심지어 미루어 짐작했을 것이다. 나는 (정신의학자가 의심하는) 자위보다는 자연 발생적 사정이 루터의 논의 주제였다고 생각한다. 청년 루터의 지나친 자책 성향 전체가 임상가의 눈에는 아마도 유년기 자위에서 비롯했을 죄책감을 암시한다는 사실은 인정해야겠지만 말이다. 하지만 사실과 통계는 여기서 별로 중요하지 않다. 마르틴 같은 청년은 극히 드물게 일어난 일만으로 자신의 삶이 죄악으로 물들었다고 평가할 것이며, 언제든 원칙 문제에 우선 집착할 것이기 때문이다. 즉 자신에게 '우연히 일어난' 것이라 해도 자신이 '의도했다'고 볼 수 있는지, 심지어 어느 정도의 의식만 있는 상태에서도 언제 그리고 어떻게 알 수 있는지에 집착한다.

제임스 조이스는 젊은 예술가가 묵상의 영향으로 사창가 방문 습관을 버린 뒤 받게 되는 유혹을 서술하면서 성적 유혹을 비롯한 이 모든 유혹을 기본적으로 특징짓는 고충, 즉 적극적 의도와 수동적 휘둘림(drivenness)의 문제를 묘사했다.

그가 기도나 묵상을 하는 동안 다시 그에게 속삭이기 시작한 육체의 집요한 목소리에 그의 영혼이 다시 한번 휩싸였다고 느끼게 된 지금 이렇게 자기를 방기하겠다는 생각은 그의 마음에 위태로운 매력을 지니고 있었다. 어떤 순간적인 생각에서 그가 단 한 번만 동의하면 그 동안 이루어놓은 것을 모두 허물어뜨릴 수 있다는 것을 알게 되니까 자기에게는 힘이 있다는 강력한 느낌이 들었다. 그는 자기의 맨발을 향해 서서히 밀려오는 물을 느끼면서, 아무 소리 없이 소심하게 다가오는 힘없는 잔물결이 처음으로 자기의 열띤 피부에 와닿기를 기다리고 있는 것 같았다. 그 물결이 와서 닿을 무렵, 그리고 그것에 죄 많은 응낙을 하기 직전에, 그는 자기 의지의 갑작스러운 행위 아니면 갑작스러운 화살기도를 통해 구원받고, 그 물결에서 멀리 떨어진 마른 기슭으로 안전하게 피하고 있었다. …… 자기는 아직 죄악에 굴복하지 않았으며 아직도 모든 것을 허물어뜨리지 않았다는 생각이 들어 새로운 힘과 만족감의 전율이 그의 영혼을 뒤흔들었다.[30]

이런 사건들이 습관적으로 일어나는 곳에서는 여기에 필요한 독특한 의식 조건이 (이 사건들이) 애초에 입증하려던 신경의 긴장을 악화하는 일도 물론 얼마든지 일어날 수 있다.

그렇다면 성이 마르틴에게 첨예한 문제가 된 것은 대체로 옳은 일을 행하고 생각함으로써, 그른 일을 삼감으로써, 고백으로 고해성사를 완성함으로써 칭의를 얻을 가능성을 서술하는 것과 연관된다. 이 모든 가능성은 '달랠 수 없는 하느님을 섬김(me habere deum non propitiam)'으로 인한 가장 극심한 트리스티티아의 그림자 속에서 불가능성으로 바뀌었다. 나중에야, 즉 외딴 바르트부르크에 납치되어 비교적 편안하고 수도원 일과로부터 해방된 삶을 살게 된 뒤에야(그는 불만을 제기하긴 했지만 이 일을 훌륭히 해냈다) 인간 루터는 자신이 '독신 생활의 자살'이라고 부른 것에 스스로가 기질적으로 걸맞지 않다는 문제를 온전히 대면했다. 그러고서 그는 하느님이 남녀를 온전한 정신의 필수 요소로서(ut etiam negando insanias) 만들었다고 결론 내렸다. 하느님이 우리에게 살과 피와 정액을 준 것은 결혼하여 도착증에 빠지지 말라는 뜻이었다는 것이다. 그렇지 않으면 온 세상이 소돔의 타락으로 가득할 것이었다(aloque horrendis sodomis omnia complebuntur).[31] 루터는 나이를 먹은 뒤 저녁 식탁에 둘러앉은 자녀와 학생들에게 자신이 결혼 이후 악마의 유혹을 받을 때 아내의 특정 신체 부위를 만졌으며[32] 악마가 가장 큰 전투에서 패한 것은 "바로 침대에 누운 케테(Käthe) 곁에서"[33]였다고 주저 없이 말했다.

하지만 수도원에서 명확히 규정된 것은 어떻게 살아야 하는가가 아니라 사물을 어떻게 개념화해야 하는가의 문제였다. 이 분야에서 마르틴은 위대한 청년으로서 자신이 고통을 받는 대로 관찰했고 자신이 패배를 맞는 대로 묘사했다. 몇몇 전기 작가들은 루터가 욕정과 리비도라는 용어를 쓸 때 대체로 '일반적인 생명력' 같은 사회적으로 받아들여지는 것을 가리켰다고 암시하고 싶어 하는 데 반해 다른 전기 작가들은 루터가 언제나 직접적 성행위를, 주로 자신의 성행위를 뜻했다고 생각하는 쪽을 선호한다. 하지만 마르틴은 사실 '리비도'가 인간에게 무시로 퍼져 있다고 결론 내림으로써 프로이트를 분명히 예고했다. 그는 성행위의 성공적 억압을 리비도 자체에 대한 승리의 증거로 받아들이기를 거부했다. 그는 순결이 얼마든지 가능하기는 해도 그것이 희귀한 은사이며 기쁘게 지켜질 때만, 마치 성 프란체스코를 일컬어 말하듯 "전인격으로 순결을 사랑할(totus homo est qui chastitatem amat)"[34] 때만 참되다고 느꼈다. 그는 줄곧 이것을 가장 바람직한 상태로 여겼지만, 억지로 순결을 지키려 애쓰는 것은 아무짝에도 쓸모없다고 생각했다. 성적 자극에 영향받는 것 또한 전인격이기 때문이다(totus homo illecebris libidinis titillatur).[35] 그는 이렇게 말했다. "알아차렸을 때는 이미 늦었다. 불길이 타오르면 눈이 먼다."[36] 또한 그는 리비도가 자극되어 충족되지 않으면 전인격이 중독되어

"차라리 죽는 게 나을" 지경이 될 것임을 깨달았다.37

성직자들은 이 모든 루터의 생각 변화가 쇼펜하우어의 의지에 담긴 비관주의와 프로이트의 리비도에 담긴 범성욕주의를 예고했다고 비꼬았다. 루터가 두 사람과 마찬가지로 욕동의 총체적 힘을 인정해야 한다고 점차 인정하게 된 것은 사실이다. 이 태도를 패배주의라고 부를 수도 있을 것이다. 마르틴의 최초 통찰은 그가 개인적 패배로서 경험한 것을 토대로 삼은 것이 분명하다. 하지만 그의 태도는 이런 문제에서의 정직성을 낙관적 부정의 문제로 만들거나 자기기만 말고는 그 무엇에도 유익하지 않은 하찮은 승리의 문제로 만드는 것에 대한 거부로 볼 수도 있다.

성의 힘에 대한 마르틴의 급진적 재규정은 그가 결국 영적·심리적 전선 전체에 대해 확립한 새 기준선의 한 측면에 불과하다. 여기서 가정하는 윤리적 비관주의와 철학적 역설은 사실 심리학적 진실이다. 우리가 삶의 주요한 측면에 숙달했다고 적극적으로 주장할 수 있으려면 우선 자신이 그것에 완전히 의존하고 있음을 온전히 깨달아야 할 때가 많다. 여기서 마르틴은 심리학적 통찰력을 여지없이 발휘한다. "몸이 없으면 우리는 존재하지 않을 것이고 기능할 수 없으므로 몸의 힘이 없어도(sine vitiis carnis) 우리는 존재할 수 없고 기능할 수도 없다."38 이렇듯 그는 자유의지 문제를 펠라기우스와 아우구스티누스의 엄격한 신학적 논증으로부터 우리의 생물학적·심리학적 견해를 예고하는 논증으로 송두리째 옮긴다.

위의 몇몇 대목에서 나는 마르틴의 전면적 생각 변화에서 두드러지는 점들을 나타내기 위해 나이 든 루터의 말을 인용했다. 하지만 〈롬바르두스에 대한 메모〉(1508~1509년)를 쓴 초기 시절에도 그는 욕정, 즉 우리의 타고난 욕동이 원죄의 잔재라고 말한다. 이 발언에서 마르틴은 부지불식간에 공식 교리를 거스르고 심지어 오인용하기까지 했다. 공식 교리는 그리스도의 희생 덕분에 우리가 백지상태로 태어나며 우리의 욕동이 발동시키는 것은 중죄의 성향에 불과하고 그런 성향은 고해성사로 다스릴 수 있다고 말한다.

마르틴의 강의에서 매우 점진적으로 나타난 몇 가지 재규정을 예고하면서 나는 그의 신학적 자책에서 개인적 갈등의 부분들로 (내 생각에는 옳게) 간주된 측면들을 묘사하고자 한다. 그의 점진적이고 급진적인 생각 변화는 훗날이 되어서야 내적 일관성을 얻었다. 그것은 자신의 생각을 자신의 가르침에서 명시적으로 천명하고 옹호해야 했을 때였다. 그가 자신의 말에 귀 기울이고 그것이 좋게 들린다고 결론 내리기 전까지, 청중의 눈에서 비슷한 판단을 보기 전까지, 그에게 자신의 생각 변화는 종종 편린들로만 존재할 때처럼 불완전하게, 말하자면 내적 평안에 이르는 공인된 길에 대한 청소년기의 부정처럼 보였다. 그는 구원에 이르는 자신만의 길을 찾았다고 주장하는 동시에 하느님에 대한 의식적이고 노골적인 증오, 도발, 고집의 상태를 자신의 가장 큰 대죄(heisse Ich peccatum mortalem)[39]로 규정하기에 이르렀다. 또한 죄의 양(quantum)과 질(quid)의 공식적 단계와 은총을 회복하는 데 필요한 조건을 배우고 설교할 수 있었으면서도 이 단계와 조건을 도무지 납득할 수 없었다. 비엘에게서 똑똑히 볼 수 있듯 모든 오컴주의적 자유주의에는 결코 배제할 수 없는 조건이 하나 있다. 그것은 마음을 다하고 오직 하느님만을 위해 꾸준히 하느님을 바라고 그분의 피조물을 사랑해야 한다는 것이다. 이 모든 논증은 자책에 시달리지 않는 직업인의 삶을 감당할 만하고 유용하게 만들기 위해 명시적으로 고안된 것이지만 마르틴에게는 수많은 의문의 씨앗이었다. 그는 마음을 다하는 사랑을 직접 찾다가 가망이 없어 상심하고는 정반대로 치달아 온 힘을 다해 자신이 오히려 하느님을 증오한다고 고백했다. 그는 훗날 이렇게 말했다. "그들은 우리에게 의심을 가르친다."[40] 실제로 (이미 의심하는 사람에게서) 오컴주의보다 더 의심을 악화하는 체계는 생각하기 힘들 것이다.

또 마르틴은 평생에 걸쳐 불행한 사랑을, 신비주의를 추구했다. 그의 안에 있는 모든 원초적 미신과 독일인적 소박함은 하느님과의 신비적 합일에서 피난처를 찾아야 했을 것이다. 그 합일은 어떤 칭의 논증도 필요로 하지 않았으며 실은 모든 '생각하기'를 배제했다. 마르틴은 하느님의 '창조되지 않은 말'이 자신의 영혼 안에서 탄생하길 갈망했다. "정말로 당신의 몸속으로 파고드는(senkt sich ins Fleisch)"[41] 종류의 확신이 자신의 몸에 배어들기를 바랐다. 신비주의자는 마르틴이 욕망한 바로 그 총체적 경신(tota corde와 tota mente, omni affectu와 toto intellectu)이 '달성될 수 있는 것'이라고 선언한다. 보나벤투라는 교리보다 은총에, 지성보다 향수에, 공부보다 기도에 기대는 게 낫다는 조언으로 그를 "거의 미칠 지경으로 몰아갔다."[42] 하지만 애석하게도 마르틴은 열심히 애썼지만 그런 노력의 결실을 결코 '맛보지' 못했음(ullum unquam gustum ...... sensi)[43]을 인정해야 했다. 그는 하느님에게 이르는 길을 **느낄** 수 없었다.

여기서 알 수 있는 사실은 크나큰 열정의 잠재력을 가진 사람이 자신이 아무것도 느낄 수 없음을 절감했다는 것이다. 이것은 강박적 성격이 맞닥뜨리는 최후의 곤경이다. 즉 그는 자신이 간절히 느끼고 싶던 느낌을 **잡을** 수 없었던 데 반해 이따금 (성가대석에서 일어난 발작처럼) 느낌이 오히려 공포증과 추한 분노의 형태로 **그를 사로잡았다**.

이 모든 일은 그를 최종적 총체주의로 이끌어 하느님을 두렵고 신뢰할 수 없는 아버지의 역할에 고정했다. 이로써 순환이 완성되고 억압된 것들이 한꺼번에 돌아왔다. 여기서 하느님의 위치는 마르틴이 벼락을 계기 삼아 신학으로 도피하려 했을 때 그의 아버지가 차지했던 위치와 거의 비슷하기 때문이다. 의미심장하게도 마르틴은 그리스도의 이름을 듣거나 십자가에 달린 구세주의 얼굴을 문득 지각했을 때 마치 벼락에 맞은 듯한 느낌을 받았다. 첫 미사 동안 그는 모든 중재에 대해 공허함밖에 느끼지 못했는데, 이제는 하느님의 아들이 행한 희생 노력을 증오하기 시작했다. 이것은 임상가들이 고백 강박이라고 부르는 것인데, 아버지의 의심대로 첫 벼락에 무언가 문제가 있었음을 인정한 셈이었다. 그렇게 해서 마르틴이 말한 대로 찬미가 끝나고 신성모독이 시작되었다. 이런 경멸과 고의적 불신의 면전에서 하느님은 무시무시하고 책망하듯 분노한 모습으로만 나타날 수 있으며 인간은 하느님이 보는 앞에서 엎드릴 수밖에 없다(projectus a facie oculorum tuorum). 마르틴은 얼굴과 얼굴을 대하여 하느님을 만나는 것으로부터, 하느님을 인식되어야 하는 모습대로 인식하는 것으로부터, 하느님에게 직접 이야기하는 법을 배우는 것으로부터 어느 때보다 멀어졌다.

이 지점은 마르틴이 파편화로 인한 소멸을 발견하게 되는 '밑바닥'일 수도 있었고, 자신의 참된 정체성과 시대의 정체성을 융합하여 새로운 전체를 짓는 '밑바닥'일 수도 있었다. 그는 위대한 청년의 행운과 기지를 발휘하여 자신의 정체성을 뒷받침할 아버지 같은 존재를 발견했다(임명했다고 말해야 할지도 모르겠지만). 그 존재는 바로 슈타우피츠 박사였는데, 마르틴에게 무엇이 필요한지 이해하고 그와 논쟁하기를 거부하고 그가 일할 수 있도록 해주었다.

서품받은 지 1년 반쯤 지난 1508년 겨울 스물다섯 살의 마르틴은 비텐베르크에 있는 아우구스티누스회 수녀원에 파견되었다. 그곳에서는 작센 선제후의 개인적이고 매우 두둑한 후원하에 새로운 대학이 건립되고 있었는데, 선제후의 바람은 또 다른 작센인 작센 공국의 유서 깊은 대학인 라이프치히대학교를 능가하는 것이었다. 비텐베르크를 시베리아 불모지로 여겨야 할지, 중요한 학문적 전초 기지로 여겨야 할지는 분명하지 않다. 어쨌든 종교개혁의 미래 요람은 마르틴이 처음 보았을 때는 도시라고 말하기 힘들었다. 인구는 2천 명이었고, 세금을 부과받을 만큼의 소득을 거두

루터의 보호자 현명공 프리드리히 3세. 크라나흐의 1527년경 작품.

는 사람은 5분의 1에도 미치지 못했다. 주된 산업은 양조업이었으며 이렇다 할 교역은 전무했다. 성, 만성교회 참사회 회의장, 대학 강당, 성모 마리아 교구 교회 같은 주요 건물이 허름한 도시를 굽어보고 있었으며 시장은 "똥 무더기"였다.

비텐베르크에서 마르틴은 인문주의자들을 만나 평생지기가 되었다. 그는 훗날 보호자가 될 현명공 프리드리히(프리드리히 3세)에게 귀인으로 평가받았으며 (당면한 미래에 가장 중요하게는) 슈타우피츠 박사와 친분을 쌓았다. 그는 관구 총대리이자, 20대 후반의 마르틴에게 아버지 같은 후원자였다. 슈타우피츠는 마르틴이 설교하고 강의하길 바랐다. 정신의학자는 슈타우피츠가 그저 루터에게 "무언가 할 일"을 주고 싶어 했을 뿐이라고 가정하는데, 이것은 그의 의도를 과소평가한 것이 틀림없다. 슈타우피츠 본인이 무심코 그렇게 말한 적이 있긴 하지만 말이다. 아닌 게 아니라 구식 '작업 치료'에서는 취미를 활용한다. 사실 슈타우피츠는 마르틴을 키워 자신의 자리를 물려줄 생각이었다. 그것은 아우구스티누스회가 비텐베르크대학교에 마련한 두 자리 중 하나였는데, 슈타우피츠가 여러 행정 업무와 대외 활동 때문에 등한시하던 자리였다. 이렇게 그는 빼어나면서도 아직 조마조마한 문하생의 특수한 요구와 녹록잖은 지역 현실의 특수한 요구를 하나의 행동 계획으로 통합하는 방면에서 참된 교육 치료사 역할을 했다. 슈타우피츠가 위대한 웅변가이자 말씀 해석자라는 마르틴의 종착지를 알아보았고 폭력적이라고 볼 법한 마르틴의 반항을 억눌렀다는 사실로 보건대 그는 치료적 용기와 행정적 수완을 겸비한 인물이었다. (그가 즐겨 찾는 수업 장소였을) "배나무 아래에서" 마르틴은 슈타우피츠가 자신에게 교수직을 준비하라고 닦달하여 "자신을 죽이고 있다"고 말했는데, 이에 대해 슈타우피츠는 널리 알려지게 될 답변을 내놓았다. 그는 이렇게 말했다. "그거 잘됐군. 하느님께서는 천국에서도 자네 같은 사람이 필요하실 테니까."[44] 그는 마르틴의 우물쭈물하는 자책을 종종 이렇게 무장 해제하는 식으로 대답했던 듯하다. 지배적 위치에 있는 사람만이 감당할 수 있는 단도직입과 유식한 파격이 깃든 이 익살스러운 대답을 통해 슈타우피츠는 마르틴에게 새로운 말 기술을 가르쳤다. 이를테면 이렇다. "그는 유별나게 경건해지려 애쓰기를 포기했다는 식의 말로 하느님께 오랫동안 거짓말을 했으나 성공하지 못했습니다."[45] 슈타우피츠는 사제나 교사라기보다는 행정가와 정치가에 가까웠다. 옷매무새가 단정하고 견문이 넓었으며, 썩 심오하거나 박식하지는 않은 기민하고 다정한 대학 총장을 빼닮았지만 젊은이에게 자신이 이해받고 있다는 느낌을 주는 드문 능력의 소유자였다. 그는 마르틴을 신뢰할 수 있음을 알고 있었다. 실제로 루터는 격동의 30년간 그의 자리를 충실히 지켰다. 그가 결국 슈타우피츠의 수도원 관구를 모조리 쑥대밭으로 만들었다는 사실은 다른 문제다. 이것은 슈타우피츠의 근시안을 보여주는 증거로 볼 수도 있고 그렇지 않을 수도 있다. 예술가 혈통인 이 수더분한 인물은 젊은 마르틴에게서 다듬어지지 않고 진정으로 때 묻지 않은 무언가를 감지했을는지도 모른다. 어쨌든 슈타우피츠는 마르틴에게 그의 독특한 텐타티오네스(유혹)가 평범한 운명을 넘어선 것을 가리킨다고 주저 없이 단언했다. 그는 고해자로서도 마르틴에게 자신의 초기 텐타티오네스를 고백하고 설교와 강의에 대한 두려움을 털어놓는 데 주저하지 않았다. 이 역고해는 놀라울 뿐 아니라 치료적이었다. 당시 슈타우피츠는 설교단에 서는 것을 전혀 불편해하지 않았기 때문이다. 그는 원고를 보면서 설교하지 않았다. 한번은 성경에 나오는 이름을 죽 읊다가 막히자 회중에게 말했다. "이렇게 자만심이 벌받는군요."[46]

물론 슈타우피츠는 자신이 일조한 홀로코스트의 범위를 막연하게조차 예상하지 못했다. 그가 자신이 **실제로는** 이해하지 못한 손아랫사람을 왜 이토록 격려했는지 추측하는 것은 매혹적인 일이다. 내가 받은 인상은 슈타우피츠가 수많은 수더분한 독일 귀족과 마찬가지로 자신이 청소년기 후기에 지녔다고 생각했을 창조성과 잠재력에 향수를 느꼈으며, 이 창조성과 잠재력을 교회 정치인이자 현실 정치인의 역할에 희생시킨 것을 한탄했으리라는 것이다. 이렇듯 그는 루터에게서 참으로 종교적인 무언가를 아버지처럼 길러내는 일을 즐거워했는지도 모른다. 한편 루터는 긍정적인 종류의 완전하고 끈질긴 '아버지 전이'로 반응했는데, 윗사람이 지닌 재기의 깊이를 종종 과대평가했으며 그의 말에 자신을 활짝 열어 실제 아버지가 말한 사악한 증언에 맞서고자 했다. 그 시절 동안 슈타우피츠가 그에게 한 말에 대해 루터는 나머지 모든 권위자의 선언에 대해서와 달리 결코 신물이 나지 않았다. 오히려 루터는 훗날 자신이 그에게 신학적 빚을 졌다고 인정했다. 슈타우피츠는 그 사실을 부인한 것이 거의 확실하지만 말이다. 루터는 그를 "복음에서의 아버지"라고 불렀다.

    종교개혁이 일어났을 때 슈타우피츠는 교회에 잠잠히 머물다 다른 수도회로 옮겨 오스트리아 티롤에서 한직을 수행하던 중 세상을 떠났다. 그러는 동안에도 루터는 자신이 유혹에 빠져 죽을 뻔했을 때(ersoffen) 그가 자신을 구해주었을 뿐 아니라 이 새로운 신학의 온전함을 떠받치는 구체적인 기본적 통찰을 제시했다며 꾸준히 그의 공로를 인정했다. 루터의 주장을 따르면, 슈타우피츠는 루터에게 참된 참회란 하느님의 사랑을 기대하기 때문이 아니라 이미 가졌기 때문에 할 수 있는 것이라고 말한 적이 있다. 이것은 완전히 뒤집힌 시간 관점을 단순하게 구성한 것인데, 루터는 훗날 이것이 성경에서 훌륭히 입증되었다고 생각했다. 슈타우피츠가 실제로 이렇게 말했을지도 모른다. 다른 사람들도 틀림없이 비슷한 말을 했을 것이다. 이 발언이 마르틴에게 그토록 예언적인 의미를 띤 것은 단지 마르틴에게 갓 떠오른 생각들에 내재한 총체적 반격과 극단적 역전을 뒷받침할 절호의 순간에 적절한 사람이 그 자리에 있었기 때문이다. 모든 전통적 방법들이 점점 절망적인 고립감만을 입증하는 것처럼 보이던 때에 슈타우피츠가 충분한 신뢰를 일깨워준 덕에 마르틴은 조만간 내면 깊은 곳에서 발견하게 될 생각들을 실험할 수 있었다. 이것은 치료적 지렛대다. 치료자는 우호적인 상황과 환자의 절박한 개방성이라는 조건에서 심금을 울리는 딱 알맞은 말을 하는 법을 안다. 마르틴의 경우 이것이 병적인 양심이 출현하기 오래전 잃어버린 유아기 신뢰의 심금이었음은 의심할 여지가 없다. 좋은 아버지로서의 치료자는 모성적 신뢰의 효능에 회고적 승인을 내리고, 그럼으로써 처음부터 존재하던 선에 회고적 승인을 내린다. 하지만 치료자의 선언이 의미가 있으려면 현실이 이에 대해 지고한 비준을 해야 한다. 마르틴은 성경을 더 공부하면서 거룩한 말씀이 **자신**의 말에 목소리를 부여하려고 천 년 동안 기다렸다는 증거를 얻었다. "나는 믿음이 있으므로 의롭다 하심을 받았다." 이 말이 전 세계에 울려 퍼졌다.

슈타우피츠는 평범하면서도 이 관계의 맥락에서는 인상적인 말들을 남겼다. 행진에서 마르틴이 '가장 신성한 것'을 높이 쳐든 슈타우피츠를 뒤따라 걷다가 공포로 졸도할 뻔하게 만든 것이 그리스도였을 수도 있다는 주장을 슈타우피츠가 부정하는 말은 앞에서 인용한 바 있다. 이 사건은 남근적 아버지에 대한 유아기적 두려움이 분출된 신경증 증상이었을지도 모른다. 그전에 슈타우피츠가 마르틴을 훈계한 일은 더 중요하고 더 긍정적이다. "그리스도라 불리는 바로 그 사람을 잘 보아야 하네(den Mann anzusehen, der da heisst Christus)."[47] 그저 평범한 수준에 있는 슈타우피츠의 말에는 신학자들이 거듭거듭 언급했듯 이렇다 할 독창적인 것이 전혀 없다. 하지만 그는 그 말을 우연히도 알맞은 때에 알맞은 장소에서 했다. 아마도 배나무 아래였을 텐데, 그 그늘에서 슈타우피츠는 마르틴에게 아주 오랜만에 자애로운 부모와 함께 있다는 느낌을 처음으로 선사했다. 이 발언은 마르틴에게 의심을 그만두고 눈으로 보기 시작해야 한다는 것, 감각과 판단력을 구사해야 한다는 것, 그리스도를 자신과 같은 남성으로서 붙들어야 한다는 것, 이름, 이미지, 후광에 겁먹지 말고 하느님의 아들 안에 있는 사람에게 동일시해야 한다는 것을 뜻했다. 어쩌면 슈타우피츠는 이 중 어떤 말도 하지 않았을지도 모른다. 우리는 누군가가 옳은 말을 했다고 믿거나 기억하고 싶을 때가 있는데, 어쩌면 슈타우피츠는 단지 거기에 딱 알맞은 사람이었는지도 모른다.

행진에서 일어난 불안 발작은 임상가들이 양가적 '아버지 전이'라고 부르는 것을 마르틴이 슈타우피츠에게 느꼈음을 암시한다. 마르틴은 그를 신뢰하는 법을 배웠기에 자신이 일찍이 그리스도의 이미지와 연관시킨 처벌과 복수의 콤플렉스에 그를 엮어 넣지 않을 수 없었다. 이 콤플렉스는 어떤 신뢰나 믿음에도 실제로 제압되지 않았으며 어떤 형태로든 끝까지 루터에게 남아 있었다. 슈타우피츠에 대한 그의 양가감정은 자신의 아우구스티누스회 관구 안에서 정치적 투쟁에 관여한 일에서 표현되었을지도 모른다(그때 그는 슈타우피츠와 맞섰다). 루터는 훗날 슈타우피츠를 객관적으로 판단할 수 있었는데, 그를 '다소 쌀쌀맞다(frigidulus)'거나 '강렬함이 부족하다(parum vehemens)'고 일컬었다. 하지만 루터는 언제나 그를 두 가지 관념을 준 '아버지'로 지칭했다. 하나는 믿음이 먼저라는 관념이고 다른 하나는 우리가 하느님의 아들을 대면할 수 있고 그를 인간으로서 바라볼 수 있다는 관념이다. 슈타우피츠가 마르틴의 윗사람으로서 그를 웃게 만들 수 있었다는 사실도 잊으면 안 된다. 유머는 자아가 억압적인 양심으로부터 영토를 일부 되찾는 순간을 나타낸다. 특히 슈타우피츠는 마르틴에게 말할 기회를 주었으며 설교하고 강의하게 했다. 루터는 말씀 중독자이자 종이었다. 그런 사람은 자신이 하는 말을 귀로 듣기 전에는 자신이 무슨 생각을 하는지 모르며 누군가 이의를 제기하기 전에는 자신이 하는 말을 스스로 얼마나 확실히 믿는지 알지 못한다.

하지만 교육자의 예리함 이외에 무엇이 슈타우피츠를 이끌었을까? 전하기로 그는 임종 때 "여자보다 더한" 애정으로 마르틴을 사랑했다고 한다.

마르틴은 도덕철학 교수 자리를 1년쯤(1508~1509년) 지킨 뒤 에르푸르트로 소환되었다가 공식 임무를 띠고 로마에 파견되었다. 로마에서 돌아온 뒤 곧장 비텐베르크에 재파견되었으며 1512년에는 신학 박사가 되었다. 하지만 마르틴이 겪은 모라토리엄의

끝으로 가서 그를 설교자이자 강사 루터로 만들기 전에 저 기이한 막간에 주목해야 한다. 그것은 미래 종교개혁가가 로마 기독교계의 중심과 맞닥뜨린 폭풍 전야의 고요였다.

괴테 시대에는 예술과 과학을 하는 독일과 북유럽 사람들이 이탈리아를 처음 여행한 시점을 기준으로 삼아 자신의 삶을 그 '이전'과 그 '이후'로 나누는 것이 유행이었다. 마치 생각하고 느끼는 인간으로서 인문주의적 인식이 완전히 무르익으려면 북유럽의 규율과 사상에 지중해 연안의 스타일과 관능이 결합해야 한다는 듯 말이다.

루터도 로마에 갔다. 하지만 이 방문과 그의 반응에 대해 우리가 아는 사실로 보건대 그는 수도사다운 자기절제를 발휘했을 뿐 아니라 남부의 자연과 문화에 대해 시골 사람처럼 무지했으며 (10년 뒤 그가 교황의 사실상 적수가 된 것을 고려하면) 이상하게도 무명이었다. 1510년 가을 루터는 도보로 로마를 향해 출발했다. 로마에 있는 총대리 집무실을 찾아가 작센 지회 소속 여러 아우구스티누스회 수도원들의 긴급 청원을 제출하는 임무를 맡은 두 명의 수도사 중 한 명이었다. 이 수도원들은 교황 칙서에서 공포한 계획에 반대했다. 그 계획이란 작센 전 지역의 관구 총대리로 막 임명된 슈타우피츠에게 수도회장 마리아노 데 제나차노(Mariano de Genazzano)의 권고에 따라 지회 산하 스물아홉 곳의 수도원을 재편할 막강한 권한을 부여한다는 것이었다. 스물두 곳은 계획에 찬성했지만 일곱 곳은 반대했는데, 그중에는 규모와 영향력이 가장 큰 두 곳인 뉘른베르크와 에르푸르트의 수도원이 있었다. 그들은 슈타우피츠 몰래 대표자 두 명을 로마에 보내기로 결정했다. 공식 대변인은 루터보다 연상인, 뉘른베르크에서 온 수도사였을 것이다. 그의 의무적 수행인(socius itinerarius, 여행 동반자)이 에르푸르트에서 온 루터 신부였다(아우구스티누스회 수도사는 결코 혼자 여행하지 않았다). 정치적 원칙, 불가피한 복종, 지역적 충성심, 개인적 양가감정이 정확히 어떻게 어우러졌기에 마르틴이 이 임무를 위해 선발되었는지는 알 도리가 없다.

마르틴의 여정은 그가 아무런 감흥도 밖으로 내보이지 않았다는 사실 때문에 오히려 특이한 사건이었다. 미래의 종교개혁가는 지방의 통상적 임무를 띠고 수도로 향하는 선배 수도사의 수행인 자격으로, 남독일과 북이탈리아를 건너고 알프스산맥과 아펜니노 산을 넘었다. 오로지 두 발로 걸었고 날씨는 대체로 지독했다. 마침내 그는 "이탈리아 르네상스와 마주쳤지만" 아무것도 눈여겨보지 않았다. 마찬가지로 그에게서 특별한 점을 발견한 사람도 아무도 없었다.

그는 피렌체를 통과했는데, 그곳에는 세워진 지 몇 년 되지 않은, 그때도 대중적 볼거리였던 미켈란젤로의 거대한 다비드상이 시뇨리아 광장의 포치에 서 있었다. 이 조각상은 청년이 어둠의 거인들로부터 해방된 사건을 선포했다. 10여 년 전 사보나롤라(Girolamo Savonarola)가 피렌체에서 화형당했다. 그는 불같은 진실성을 지닌 사람이었는데, 마르틴처럼 학자의 길을 가려다가 그 길에 이데올로기적 결함이 있음을 알았다. 또 집을 떠나 수도사가 되었는데, 오래 잠복해 있던 웅변가의 능력을 스물아홉 살에 느닷없이 터뜨리며 교황을 '적그리스도(Antichrist)'라고 비판하는 설교를 시작했다. 또한 지역 정치 운동의 지도자가 되었을 뿐 아니라 북부 반란자들의 국제적 운동을 이끌었다. 이런 사보나롤라를 루터는 훗날 성인으로 불렀지만, 이 여행 당시 르네상스의 화려한 장관과 열정적 영웅주의 둘 다 그의 눈에는 주로 이탈리아적이고 이국적인 것으로 보였을 것이다. 사보나롤라의 그리스도교 유토피아주의와 사회적 지도력은 마르틴이 느꼈을지도 모를 어떤 반항적 갈망과는 아주 동떨어져 보였음이 틀림없다. 그가 피렌체에서 주목한 것은 헌신적이고 고요한 개혁(Riformazione)이 요란하고 찬란한 부흥(Risorgimento)과 나란히 추진되는 광경이었다. 그는 이름 모를 귀족들이 빈민에게 베푸는 개인적 은전을 존경했으며 병원과 고아원의 위생적이고 민주적인 관리를 눈여겨보았다.

그와 그의 동행은 수도원 밖의 업무를 최대한 짧은 시간에 끝냈으며(수도사들은 그래야 했다), 일정을 활용하여 (당시의 상례대로) 기독교 세계의 중심에서 총고해를 했다. 이전에도 이후에도 많은 여행자와 순례자가 그랬듯 고대 카시아 가도(Via Cassia)에서 '그 도시'(로마)를 처음 바라보았으며, 포폴로 문(Porta del Popolo)*을 통과해 도시로 들어서자마자 그들이 머물 수도원으로 향했다. 마르틴은 여장을 풀고는 심부름을 하러 출발한 듯하다. 마치 오늘날의 기업이나 조합의 공식 대변인이 자신들에게 불리하게 결정된 문제를 놓고서 담당관을 만나려고 연방 수도로 향하는 심정이었으리라. 그는 숙소와 부서를 오가는 데 많은 시간을 썼으며 대기실에서 더 많은 시간을 썼다. 담당관 본인은 한 번도 보지 못했으며 청원의 처분 결과를 알지 못한 채 떠나야 했다. 그러는 동안 꼭 봐야 할 명소들을 보았으며 거기에서 걸맞은 감동을 받으려고 애썼다. 또한 뒷소문도 많이 들었는데, 고국에 돌아갔을 때 틀림없이 내부 정보로 퍼뜨렸을 것이다. 하지만 대체로 수도의 내부 사정은 그에게 여전히 수수께끼였다.

  하지만 한 가지 점에서 마르틴은 대다수 여행자와 달랐다. 그는 대부분의 여정을 담담하게 밟긴 했지만 몇몇 통상적 명소에서는 간절한 순례자의 열의를 발휘했다. 남는 시간에 로마에서 성대하게 치러지는 의례에 참가하려 한 것으로 보건대 그는 '행위(works)'를 완수함으로써, 제의적 열성으로 자신의 내적 불안을 달래고자 최후의 노력을 한 듯하다.

  고대 로마의 장관에 압도당하고 교황의 사치에 대한 격분으로 끓어오르는 탁발 수도사를 머릿속에 그리는 사람들은 무엇보다 당시 로마시가 황무지였다는 사실에 실망할 것이다. 마르틴은 산타 마리아 델 포폴로 성당 근처 아우구스티누스회 수도원에서 시내 중앙까지 매일 걸으면서 이곳을 가로질러야 했다. 고대 도시는

---

* 북쪽에서 로마로 들어오는 주요 관문.

1084년 노르만인들에게 불탄 뒤로 아직 복구되지 않은 상태였다. 사람이 살고 있음을 보여주는 유일한 건축물은 수도원, 사냥꾼 오두막, 귀족의 여름 별장뿐이었으며 주민이라고는 도적 떼뿐이었다. 이 중세 도시는 인구가 에르푸르트의 두 배밖에 되지 않았고 에르푸르트의 차분한 상인 정신도 이 테베레강의 도시에서는 거의 찾아볼 수 없었다. 교황령 로마 자체는 내각, 공관, 금융 기관, 호텔, 여관을 갖춘 행정 수도의 특징을 지니고 있었는데, 당시에는 모든 고관들에게 버림받은 상태였다. 그들은 교황을 따라 전선(戰線)에 가 있었다. 모든 수도회는 로마에 본부와 모(母)수도원을 두었지만, 업무차 방문한 수도사는 자기 수도회의 관리인 사무실을 지나 바티칸에 더 가까이 갈 수 없었다. 마르틴이 만날 수 있었던 사람들은 몇몇 관료, 로비스트, 악덕 변호사, 다양한 공직을 맡은 주재관, 그리고 그들 모두를 에워싼 남녀 매춘부들뿐이었다.

르네상스의 장관으로 말할 것 같으면 도시 건축에서는 아직 그런 모습을 찾아볼 수 없었다. 위용 있는 도로들이 계획되고 부분적으로 건설되었으며, 로마로 이동 중이던 르네상스를 맞이하기 위해 웅장하지만 외관이 무척 딱딱하고 단순한 궁전 몇 곳이 세워져 있긴 했다. 하지만 삶과 예술의 통일적 양식을 갖춘 것이 설령 존재했더라도 그것은 대부분 출입이 금지된 이 궁전들의 내부에 감춰져 있었다. 길거리는 여전히 중세적이었다. 미켈란젤로가 시스티나 성당 천장화를 그리고 있었고, 라파엘로가 교황이 지내는 방들의 벽을 장식하고 있었지만, 이것은 사적인 작업이었으며 귀족층 인민(popolo)이라면 몰라도 일반 백성에게는 그림의 떡이었다. 평범한 외국인이야 말할 것도 없었다. 성 베드로 대성당이 개축되고 있었는데, 공간을 마련하기 위해 낡은 건물이 여럿 철거되었지만 대성당은 그로부터 100년이 지나도록 완공되지 못했다. 양식 면에서는 카이사르풍의 고대 건축이 부흥했지만 바쁜 독일인 수도사의 눈에는 그저 이탈리아풍으로 보였을 것이 틀림없다. 그가 미술 작품에 관심을 둔 경우는 흥미로운 역사적 사건이나 어마어마한 크기, 또는 새 양식에 열광하는 법을 딱히 배우지 않은 사람조차 어김없이 감명시키는 놀라운 사실주의 기법을 접했을 때뿐이었다.

로마의 영적 가능성을 흡수하려는 지방 사람다운 열의에 사로잡힌 마르틴은 교회 일곱 곳을 방문했으며 그러는 내내 금식했다. 마지막이자 가장 중요한 순서인 성 베드로 대성당에서의 영성체를 준비하기 위해서였다. 그는 번창하는 성유물 산업과 거리를 둘 생각이 전혀 없었기에 사랑하는 성 안나의 팔을 보려고 열심히 찾아갔다. 팔은 나머지 유골과 분리된 채 교회에 전시되어 있었다. 그는 경외감을 품고서 성 베드로와 성 바울의 유골 절반을 봤다. 이 절반의 유골은 나머지 절반을 소장한 교회와의 형평성을 위해 무게를 달아 나누어진 것이었다. 교회들은 이 성인들의 신체 일부를 자랑스러워했다. 후대의 몇몇 성인들은 영혼이 떠나간 직후 부유한 입찰자에게 즉시 발송하기 위해 뼈를 추릴 수 있도록 푹 삶아졌다. 이런 유골을 비롯한 성유물을 가지고서 다양한 교회들이 일종의 상설 시장을 열었다. 입장료를 내면 대리석에 찍힌 예수의 발자국이나 유다의 은화를 볼 수 있었다. 이 은화를 한번 본 사람은 1400년간의 연옥 신세를 면할 수 있었다. 라테라노 대성당에서 성 베드로 대성당까지 거룩한 길을 따라 걷는 것은 예루살렘에 있는 성묘(聖墓)까지 순례하는 것 못지않게 내세에 이로웠다. 그리고 훨씬 저렴했다.

성유물이 오로지 민중을 위한 것이고 교회 지식인들은 신앙과 이성을 조화시키려 애썼다고 말하는 것은 쉬운 일이다. 루터는 언제나 민중의 한 사람이었다. 시대를 막론하고 매우 지적이면서도 정부의 선전이나 지배적 경제 체제의 홍보에 이의를 제기하지 않는 사람들이 있는데, 마르틴도 최악의 상업주의에 익숙해져 있었다. 비텐베르크 시절 현명공 프리드리히는 모세의 불타는 떨기나무 가지, 가시 면류관의 가시, 구유의 밀짚 같은 성유물을 전시했다. 심지어 동정녀의 머리카락 한 올과 젖 한 방울도 전시되었다. 물론 훗날 루터는 이런 '악취 나는' 관행의 상업주의와 어리석음에 분노했지만, 로마에 있을 때는 자신이 그토록 함께하고자 했던 민중을 중세 황혼기로부터 깨우려 들지 않았다. 꿈틀거린 것은 그의 강박적 증상들뿐이었다. 그는 '미친 성인'처럼 온 교회를 헛되이 휘젓고 다녔다. 그러다 마침내 라테라노 대성당의 스물여덟 계단을 무릎걸음으로 올라가며 매 계단마다 주기도문을 외었다. 기도를 드릴 때마다 영혼 하나가 연옥에서 풀려날 것이라 확신했다(그 영혼에게 의견을 묻지는 않았는데, 이에 대해 그는 몇 해가 지난 뒤에야 비로소 말할 수 있었다). 그렇지만 꼭대기에 올랐을 때 그가 생각할 수 있었던 것은 이것뿐이었다. "그게 진실인지 아닌지 누가 알지?" 하지만 그때 그는 계단을 오르면서 고전적인 강박적 사고에

6장 내면의 혁명 — 죄의식에서 믿음으로 295

빠져 있었다. 부모를 더 확실히 구원할 이 천금 같은 기회를 활용할 수 있도록 두 사람이 죽었더라면 하고 바랄 '뻔'한 것이다.

또한 전형적으로 그는 자신에게서 가장 큰 자책을 불러일으키는 바로 그 의례, 말하자면 미사가 모욕당하는 것에 무척 속상했다. 로마 사제들이 낮은 목소리로 "너는 빵이니 쭉 빵일지어다. 너는 포도주이니 쭉 포도주일지어다.(Panis es, panis manebis, vinum es, vinum manebis.)"*라고 중얼거리더라고 독일인 창녀들이 웃으며 말하는 것을 들었을 때는 질겁했다. 실제로 사제들이 미사를 부리나케 집전하는 모습은 느리고 경건한 독일인인 그의 눈에 명백해 보였다. 그는 전통 있는 제단에서 흠 없이 미사를 드리고 이 미사에서 최대한의 가치를 얻으려 작정하고 이곳에 왔다. "빨리빨리(Passa, passa)"라는 말을 듣고 싶지는 않았다. 성 세바스티아노 성당에서는 사제 일곱 명이 한 제단에서 불과 한 시간 만에 미사를 해치우는 광경을 목격했다. 가장 좋지 못한 것은 그들이 라틴어를 몰랐으며 그들의 경솔하고 능글맞고 규율 없는 몸짓이 엉터리 흉내처럼 보였다는 사실이다. 그는 특별히 토요일 상크타 상크토룸(Sancta Sanctorum)** 예배당 입구 앞에서 미사를 드리고 싶었다. 이 미사는 어머니의 구원에 실질적으로 한몫할 것이기 때문

---

* 빵과 포도주가 그리스도의 살과 피로 변했다는 성변화(聖變化) 교리를 부정하는 말이다. 성변화의 근거는 마태복음 26장 26~28절에 나와 있다. "그들이 음식을 먹을 때에 예수께서 빵을 들어 축복하시고 제자들에게 나누어주시며 '받아 먹어라. 이것은 내 몸이다' 하시고 또 잔을 들어 감사의 기도를 올리시고 그들에게 돌리시며 '너희는 모두 이 잔을 받아 마셔라. 이것은 나의 피다. 죄를 용서해주려고 많은 사람을 위하여 내가 흘리는 계약의 피다.'"
** 교황의 전용 기도실.

이었다. 하지만 애석하게도 너무 많은 인파가 운집한 탓에 마르틴의 어머니를 비롯한 많은 어머니들이 기회를 얻지 못했다. 그렇게 그는 돌아가 소금에 절인 청어를 먹었다. 하지만 이 모든 걸림돌과 방해물은 당시 마르틴에게 교회가 쇠퇴하는 징조가 아니라 이탈리아의 국가적 성격을 보여주는 것이었다. 그가 로마에서 편안함을 느낀 교회는 딱 한 곳, 산타 마리아 델 아니마였다. 그곳은 독일 교회였는데, 그는 그곳 성당지기를 오랫동안 좋게 기억했다.

루터는 훗날 이 70일간의 여행에 대해 (기록이 보여주는 대로만 보면) 몇 가지 단상만 남겼고 그것도 전부 실용적인 것이었다. 그는 로마의 웅장한 수로에 감탄했고 피렌체 귀족들이 고아원과 병원을 잘 운영한다며 찬사를 보냈으나 그들이 자랑스러워했을 그 밖의 장점들은 무시했다. 성 베드로 대성당의 음향이 쾰른의 돔과 울름의 성당만큼이나 나쁘다고 판단했다. 기름진 포강 유역을 좋아했지만 스위스는 그에게 "척박한 산투성이 나라"였다.

루터는 르네상스를 무시했으며 조각상이나 그림, 화가나 작가 중 그 누구의 미적 특성도 논하지 않았다. 이것은 개인적 각주일 뿐 아니라 역사적 각주이기도 하다. 훗날 역사책에서 말끔하게 분류되는 시대의 출발점들이 실은 하나임을 이해하려면 시간이 걸리기 때문이다. 깊은 생각에 사로잡힌 사람들에게는 더욱 그렇다. 심지어 역사가 언론과 같은 수준의 자의식에 도달한 오늘날에도 중요한 흐름과 사건은 여전히 우리 눈앞에 보이지 않을 수 있다. 루터가 르네상스를 눈여겨보지 않았다고 해서 그 자체로 그가 르네상스인이 아니었다는 뜻은 아니다. 에라스뮈스는 1년 먼저 로

우피치 미술관에 있는 마르틴 루터와 그의 아내 카타리나 폰 보라. 크라나흐의 1529년작.

마에 있었고 (라파엘로가 벽화를 그리던) 교황의 방에 들어가봤는데도 미켈란젤로나 라파엘로를 한 번도 언급하지 않았다. 게다가 마르틴은 특히 종교적 자기중심주의자이고, 인간이나 하느님에게 말하는 법을 배우지 못했을 뿐 아니라 르네상스가 요구하는 대로 화려하게, 되살아난 토박이말로 이야기하는 법도 배우지 못했다. 그는 라틴어, 그리스어, 히브리어를 공부한 작센 출신의 지방 사람이었으며, (자신의 폭발적 요구로 인해) 자국민에게 이야기하기 위한 독일어를 새로 만들어내야 하는 처지였다.

하지만 오늘날 피렌체 우피치 미술관에 가면 르네상스 미술의 장엄한 작품들 사이에서 크라나흐(Lucas Cranach)가 그린 작고 정교하고 냉철한 마르틴 루터 초상화를 볼 수 있다.

2

 이 지점에서 우리는 성 토마스 아퀴나스의 동료들이 저지른 실수에 쉽게 빠져들 수 있다. 그 실수란 우둔한 (그리고 이 경우에는 심지어 독일의) 황소*가 하지 **않은** 말에 지나친 인상을 받는 것이다. 어떤 사람들은 루터 같은 사람이 고작 몇 년 만에 위대한 종교개혁가로 자란 것에 경탄했다. 또 어떤 사람들은 그가 혹한의 알프스산맥을 되짚어 돌아오면서 잘 정돈된 분노로 끓어오르고 있었다고 생각했다. 하지만 그가 이 여행에서 보인 행동과 훗날 그것에 대해 한 발언은 르네상스에 전혀 영향받지 않은 중세인의 이미지를 그에게 씌우는 근거가 되었다. 그는 르네상스를 전혀 알아보지 못한 듯했기 때문이다.

 그는 시각적인 면에서 이례적일 만큼 무뎠다. 하지만 나는 이렇게 생각해볼 것을 제안한다. 루터의 잠재된 창조성이 아직 그 끝에 이르지 않았다고 말이다. 창조적 사상가는 인상을 받는 데뿐 아니라 반응을 보이는 데에도 종종 오랜 시간이 걸린다. (프로이트는 "음악적 소음"에 무반응이었고 다윈은 고급 문학을 역겨워했다. 20대가 끝나갈 때에도 아직 프로이트는 정신분석가가 아니었고 다윈은 진화론자가 아니었다.) 그때까지 그는 마치 이른바 자신의 전의식 속에

---

* 토마스 아퀴나스의 스승 알베르투스 마그누스(Albertus Magnus)가 아퀴나스에게 붙인 별명이 '우둔한 황소'다. 아퀴나스가 과묵하고 덩치가 컸기 때문이다. 알베르투스 마그누스는 이 황소가 지금은 조용하지만 훗날 그 울음이 온 세상에 울려 퍼질 것이라 예언했다고 한다. 여기서 저자는 아퀴나스의 별명인 황소를 루터에 빗대고 있다.

서 살아가며, 자신이 받은 인상을 언어적 이미지가 아닌 다른 방식으로 저장하여 자신의 감정이 섣부른 결론을 내리지 않도록 했다. 루터가 강박적 '보유(retentive) 성향'이라거나 심지어 정신적으로나 영적으로나 변비에 걸렸다고 말할 수도 있다(실제로 평생 변비로 고생했다). 하지만 이 보유 성향(조만간 '분출explosive 성향'과 교대로 나타나게 된다)은 그가 지닌 자질의 일부였다. 우리는 성심리적 에너지가 승화될 수 있다고 여기는 것과 마찬가지로, 사람이 자신의 생물심리적·성심리적 구성 방식으로부터 창조적 적응의 주요한 양상을 끌어내는 법을 배울 수 있으며, 또 그래야 한다는 점을 인정해야 한다. 엄격한 보유 성향에 의해 억제되고 지배받는 마르틴의 이미지는 감정을 다스리고 말을 삼가는 이미지로 보완되어야 한다. 그러다 마침내 그는 자신이 **진정으로 뜻하는**(mean)* 것, 정말로 깊이 생각해 온 것을 단번에 분출하듯 말할 수 있었다. 이런 '총체적' 인간은 자신이 무엇을 생각하는지 알려면, 그것의 '지적 의미'와 그것을 **진정으로 뜻하는** '내적 감각'을 결합하는 것이 필수적이다. 나의 주된 주장은 루터가 그렇게 자신의 생각을 **진정으로 뜻하게** 된 뒤 그의 (초기 강의의 최초 형태에서 나타난) 메시지에 진짜 르네상스적 태도가 담겼다는 것이다. 하지만 르네상스는 무언가에 **맞서** 나타나므로 루터와 동시대인들에게 이데올로기적 선택지이던 교리(도그마)의 요소들 중에서 그가 초기 강의에서 새로 천명한 것은 무엇이고 되살린 것은 무엇이고 절

---

* 내면에서 진정으로 받아들여 확신함.

연한 것은 무엇인지 간략하게나마 논의해야 한다.

우리의 문제는 종교적 신조와 실천이 한 시대의 정체감에 어떻게 이바지하는가에 초점을 맞춘다. 모든 종교는 위대한 미지의 존재에 '고차원의 정체성'이 깃들어 있다고 가정한다. 시대와 장소에 따라 사람들은 이 정체성에 특별한 외양이나 형상을 부여하며, 이로부터 우리가 **실존적**이라고 부르는 자기 정체성의 일부를 차용하는데, 각각의 영혼은 자신의 실존 자체와 맺는 관계에 의해 정의된다. (이 맥락에서 우리는 개인적 정체감을 체계적으로 감소시키는 수도원적·금욕적 기법에 오도되면 안 된다. 이 기법들은 오히려 개인이 매우 확고한 정체감을 가지고 있는지 평가하는 최고의 검사법일 수도 있기 때문이다.) 절대주의적 도덕성을 지닌 '인격적 창조주'의 형상을 지닌 고차원의 정체성과, 지상에서는 전체주의적으로 바뀌면서도 하늘에서는 더 인간적으로 바뀐 아버지상의 독특한 기독교적 조합은 종교가 부여한 바로 그 실존적 정체성을 중세인에게서 조금씩 빼앗았다. 이것이 우리의 주장이다.

머리말에서 지적했듯 이것은 결코 종교의 문제라고만 볼 수 없다. 중세 교회가 공식 이데올로기에 독점권을 행사할 수 있긴 했지만 말이다. 언제나 문제는 주어진 시기에 세계상에 실제로 영향을 끼치는 사건, 제도, 개인을 포함한다. 이것들이 개인의 정체성 요구에 막대한 영향을 주기 때문이다. 이러한 영향은 매우 의식적이거나 일반적으로 의도되거나 공식적으로 승인되거나 구체적으로 강요될 수도 있고 그렇지 않을 수도 있다. 이 문제는 역사심리적이며, 내가 할 수 있는 일은 암시하는 것뿐이다. 여기에는 두 측면이 있다. 주어진 역사적 순간에 이데올로기가 **정말로** 효과를 발휘하도록 하는 것은 무엇일까? 그 이데올로기가 당사자 개인에게 발휘하는 효과의 본질은 무엇일까?

잠시, 과학적 진리에 의해 드높여진 지배적 정체성을 자랑하는 우리 시대의 위대한 이름들을 떠올려보자. 다윈, 아인슈타인, 프로이트는 우리 시대의 담론, 어휘, 자기점검에 의심할 여지 없는 영향을 끼쳤고 지금도 끼치고 있지만, 틀림없이 자신은 그런 식으로 영향을 끼칠 의도가 전혀 없었다고 부정할 것이다(의식적이고 계획적인 이데올로기 장인인 마르크스는 논외로 한다). 그들은 사실 자신들에게 대중적으로 부여된 관념, 또는 자신들에게서 모호하고 익명적으로 도출된 관념들의 덩어리를 자신의 원래 사상, 방법론, 개인적 철학과 행위와는 전혀 다른 것으로 치부할 수 있다. 다윈은 인간을 짐승으로 격하할 의도가 없었다. 아인슈타인은 상대주의를 설교하지 않았다. 프로이트는 철학적 범성욕주의자도 아니었고, 도덕적 자기중심주의자도 아니었다. 프로이트는 인간의 의지가 무의식적 동기에 의존한다는 사실을 입증함으로써 인간의 이미지를 바꾼 것에 대해 세상이 결코 자신을 용서할 수 없으리라고 말했는데, 이것은 새로운 인간의 이미지를 받아들이기 어려워하는 역사심리적 문제를 정면으로 지적한 것이었다. 마찬가지로 다윈은 인간과 짐승 세계의 관계를 입증함으로써, 코페르니쿠스는 지구가 우주의 중심이 아님을 밝힘으로써 용서받지 못할 죄를 저질렀다. 프로이트는 더 나쁜 운명을 예견하지 못했다. 말하자면 세상이 자신의 주장을 사소한 반쪽짜리 진실, 엉뚱한 과장,

기발한 왜곡, 의도의 단순한 희화화로 쪼개어 거대한 충격을 흡수할 수 있으리라는 사실 말이다. 하지만 그 충격은 (전부는 아닐지라도) 많은 동시대인들의 내밀한 균형에 어떤 식으로든 영향을 끼친다. 분명히 그것은 위대한 인물들이 이해받고 신뢰받기 때문이 아니라, 그들이 인간이 우주와 우주 속에서 자신이 차지하는 위치를 바라보는 방식의 거대한 변화를 상징한다고 여겨지기 때문이다. 이러한 변화는 정치적·경제적 발전이 가세하여 결정된다. 위대한 인물의 비극은 이데올로기 과정의 지도자이면서도 피해자라는 것이다.

때때로 거대한 제도는 이데올로기 과정을 독점하고 안정화하고 장악하려 한다. 교회도 그런 제도였다. 나는 이 관점에서 루터의 종교적 의례와 공부에 작용한 주된 이데올로기적 영향 몇 가지를 재규정해보려고 한다.

기독교는 여느 위대한 운동과 마찬가지로 자신의 영웅적 시기가 있었으며, 이 시기는 거듭거듭 신화적 정당성을 부여하기 위해 호출되었다. 하지만 그 시기가 진지하게 재조명된 적은 거의 없다.

바울 시대 초기 기독교인들에 대해 우리가 아는 사실들은 그들이 파국적 폭풍 이후에만 볼 수 있는 맑고 깨끗한 대기에서 살아갔다는 인상을 풍긴다. 이 폭풍은 물론 그리스도의 수난이었다. 그는 모든 인간을 위해 죽었다. 그리하여 그의 추종자들이 보기에 전쟁과 평화, 축제와 광란, 도취와 후회라는 인간 순환을 특징짓는 파괴와 복구의 회전목마가 한동안 멈췄다. 그리스도 전설에는 인간 사회에서 가장 희귀하고 가장 강력한 힘인 총체적 임재와 절대적 초월이 담겨 있었다. 몇 마디 단순한 말이 이 세계의 허울과 가식을 다시 한번 꿰뚫었다. 그리스도의 말은 아이의 언어이자 무의식의 언어이며 모든 영적 전통의 타락하지 않은 핵심의 언어였다. 다시 한번 개인 영혼의 필멸성이 영적인 힘의 중추가 되었으며, 새로운 시작의 미약함은 산을 옮기겠다는 약속이 되었다. 죽음이 온전히 받아들여진 채로 지상에서의 최고 정체성이 되어 사소한 정체성들의 필요를 대체했으며, 가난한 자와 부유한 자, 병든 자와 건강한 자, 무지한 자와 박식한 자에게 적어도 하나의, 의문의 여지 없는 평등을 확실히 가져다주었다. (세속적 재화와 사회적 정체성을) 박탈당한 사람들은 다른 무엇보다, 오랫동안 침체돼 죽어 있던 자신의 내면에서, 잊혔던 메아리가 울려 퍼지게 하는 말을 듣고 또 듣고 싶어 했다. 이 열망으로 인해 그들은 하느님이 저 먼 외부 공간 어디에선가 선택된 사람을 통해 특정한 역사적인 순간에 말씀하셨다고 믿게 되었다. 구세주가 자신이 하느님의 아들이라는 생물학적 우화를 설파했기에 사람들은 아들의 거룩한 계보가 실제로 존재한다고 믿었다. 하지만 애석하게도 그들은 아들을 가까스로 하느님으로 만들어내자마자 하느님 아버지를 너무나 인간적인 수준으로, 그런 (신적인) 아들에게는 너무나 인간적인 수준으로 끌어내렸다.

 초기 기독교인들은 질투 때문에 서로 죽이는 일 없이 함께 식사하고 그리스도의 명령에 따라 그의 몸을 나누는 형제자매일 수 있었다. 강박적 율법에서 벗어나 신앙을 따라 의례와 규범을 즉석에서 만들어낼 수 있었다. 하느님의 아들(人子)의 타락하지 않은 자기희생이 모든 아버지의 아버지 하느님에 의해 정당한 것으로 인정받지 않았던가? 역사는 죽었다. 그들은 세속적 조직의 '수평적' 관계를 무시할 수 있었다. 닳고 닳아 더러워지고 교환 가치 면에서 영원히 상호 모순적이고 누군가를 영원히 속이고 모두를 번번이 속이는 어리둥절한 온갖 화폐들의 교환을 무시할 수 있었다. 각 사람의 영혼을 하늘에 있는 고차원의 정체성과 연결하여 자비의 화폐를 내려보내고 신앙을 하느님에게 다시 올려보내는 '수직적' 관계에 집중할 수 있었다. 세계 역사에서는 이따금 초기 기독교인들 같은 공동체가 존재했으며 지금도 존재한다. 그것은 마치 꽃밭과 같지만, 아무도 개별 구성원을 백합으로 착각하지는 않을 것이다. 바울도 그러지 않았다. 공동체로서 그들에게 개별 자아의 합보다 큰 빛을 부여한 것은 '초월을 아는 정체성'("우리는 안다. 그러므로 우리는 영원 속에 존재한다.")이었다. 바울은 마치 정원에 모인 아이들에게 이야기하듯 그들에게 이렇게 말했다. "하느님의 말씀을 받은 사람들이 차례로 다 말씀을 전하게 되어 모든 사람이 배우고 격려를 받게 될 것입니다."[1] 이런 정체성은 겉으로는 취약해 보여도 직접적 확신의 측면에서는 탄탄하다. 훌륭한 전도자와 훌륭한 선교자에게 공통된 현실 감각을 그 안에 지니고 있기 때문이다.

나는 불과 20년 전 미국 남서부의 작은 푸에블로*에서 **아가페**의

---

* 푸에블로 원주민들의 부락.

유쾌함을 보여주는 사소하고 일시적인 예를 보았다. 푸에블로는 집단으로 불복종 행위를 저질렀다가 로마 교회로부터 파문당했는데도 종교 축일을 준비하고 있었다(내 기억에 부활절이었던 것 같다). 남자들은 교회의 어도비 벽돌 벽을 수리하고 있었고 청년들은 인간 사슬을 엮어 개울에서 물동이를 날랐으며 여자들은 화사한 색상으로 차려입은 채 교회 건물을 닦고 훔쳤다. 제단이 있던 곳에는 주름살투성이에 명민하고 위엄 있는 연장자 한 명이 앉아 있었다. 그는 나이가 가장 많고 가장 최근에 임명된 사제였는데, 성모상 제작을 감독하고 있었다. 성모상은 색색의 거대한 헝겊 공 위에 관을 쓴 작은 머리를 올려놓은 모습이었다. 그녀의 둥그스름한 가슴 언저리에 작은 분홍색 아기 인형이 놓여 있었다. 성모를 둘러싼 것은 양초가 아니라 커다란 옥수숫대였다. 옛것과 새것 중에서 가장 좋은 것을 결합하여 종교를 즉흥적으로 만들며 사람들을 하나로 묶는 조화로운 유쾌함은 법의 통제에서 벗어난 결과인 것만 같았다. 그들은 파문 결정을 무시하고서 역사적 진공으로부터 홍겨운 에너지를 얻었다. 물론 몇몇은 자기 집에서 부루퉁하고 걱정스러워했다. 사제의 모습이 보이지 않았는데, 그는 뒤편에서 절차에 따라 제의적 살해를 당하고 있었다.

초기 기독교인들은 조직화된 세계, 사물의 수평적 관계, 시공간의 사건들을 뒤흔들었다. 비역사적으로, 비위계적으로, 무조건적으로 그들은 가부장적 법이라는 유대인의 정체성, 세계시민주의라는 로마인의 정체성, 심신의 조화라는 그리스인의 정체성을 실체가 없거나 쓸모가 없는 것으로 치부했다. 모든 인간적 질서는 단지 이 세상에 속한 것이었으며 이 세상은 눈앞에 다가온 종말을 향해 나아가고 있었다.

물론 기독교에도 초기의 조직화 시대가 있었다. 기독교는 지상의 프롤레타리아를 해방해 이 세계가 머지않아 이운 뒤 또 다른 세계에서 승리를 거둔다는 사상에 기반한 영적 혁명으로 출발했다. 하지만 언제나 그렇듯 종말은 연기되기 마련이며 그동안은 관료제가 세상을 준비 완료된 상태로 유지해야 한다. 그러려면 이중 시민권에 대한 행정적 계획과 이론적 규정이 필요하다. 하나는 수직적 시민권으로 **때가 되었을 때** 효력이 생기며, 다른 하나는 수평적 시민권으로 언제나 **지금** 효력을 발휘한다. 수평적 시민권과 수직적 시민권의 교차점을 처음으로 생각해내고 분주히 만든 사람은 바울이다. 그는 유대교 랍비, 로마 시민, 그리스 철학자 사이에서 너무도 대도시적인 정체성 갈등을 겪다 회심했기에 제국 건설자이자 교리 정초자가 될 수밖에 없었다. 세계 방방곡곡을 다닌 그의 육신은 로마에 당도한 뒤 참수당하고 말았다. 하지만 그의 조직화된 증언(testament)은 그리스도에게 선택받은 후계자인 '반석 같은' 베드로의 증언과 합쳐져 결국 로마라는 수평적 제국의 수도에서 인간의 모든 수직적 관계를 위한 영구적 정박지이자 지상의 종착역을 세웠다. (루터는 이전 신학 논증을 처음으로 새로이 천명하면서 자신을 바울의 복음주의적 정체성과 동일시했다. 바울의 관리자적 열정, 성직자적 정체성과도 동일시할 준비가 얼마나 많이 되어 있었는가는 훗날 그 역할이 자신에게 떠맡겨지기 전에는 알지 못했다.)

초기 영지주의적 정체성이 희생의 핏속에서 번성했으나, 그 희생은 점차 교리에 의해 희생되었다. 그리하여 수평적 관계의 힘을 녹여버릴 수 있었던 유일한 무기인 그 희귀한 승화, 그 초월의 축일이 상실되었다. 그리하여 철학적으로나 교리적으로나 주된 관심사는 (그리스도) 희생을 재규정하는 일이 되었다. 그것은 희생의 마법이 약한 사람과 순진한 사람의 믿음뿐 아니라 강한 사람의 의지와 야심 찬 사람의 주도성, 사유하는 사람의 이성을 점점 넓어지는 궤도 안에서 계속 묶어두도록 하기 위한 것이었다. 또한 각 집단에서 이중 시민권은 분열된 정체성을 의미했다. 하나는 영원하고 언제나 임박해 있는 정체성이었고, 다른 하나는 세속적 신분의 정형화된 위계질서 안의 정체성이었다. 이 모든 집단을 아우르는 신학을 만들고 주기적으로 다시 만들어야 했다.

그리하여 철학자들이 이 집단들을 위한 임무에 착수했다. 그것은 수직적 관계를 수평적 관계에 이론적으로 연결하여 수평적 관계의 정체성들이 여전히 위계질서 속에서 서로에게 엮여 있으면서 그 가치와 양식을 교회로부터 계속해서 얻도록 하는 것이었다. 이데올로기 독점이 유지되려면 관료적·의례적 중심에서부터 주변부의 군사적·방어적 전초 기지에 이르기까지, 그것이 만들어낸 모든 정형화된 역할을 보장하면서도, 공통된 초정체성(Super-Identity)의 중앙 집중적 원천에 대한 공통의 연결을 튼튼히 유지해야 한다. 로마 교회는 (중앙의 통치체가 규정하고 옹호하고 부여하는) 이데올로기적 교리를 이 땅에 있는 **모든** 정체성의 배타적 조건으로 만드는 일에서 어느 교회나 어느 정치 조직보다 성공했다. 이 총체적 요구를 전체주의적으로 만든 것은 공포의 동원이었다. 이 경우 언제나 공포가 (다른 경우에서처럼) 몸서리치는 신체에 직접 가해지는 것은 아니었다. 공포는 미래 세계에 대한 예언일 수도 있었다. 전형적인 방법은 누가 언제 공포를 맞닥뜨리게 될지 아무도 알 수 없게 만드는 것이었다. 개인이 극히 나쁜 짓을 저질렀을 수도 있고 그러지 않았을 수도 있다는 사실, 그래서 자신의 영원한 내세 조건을 망쳤을 수도 있고 그러지 않았을 수도 있다는 사실 때문에 그의 지위와 내적 상태는 구원을 독점하는 자들에게 전적으로 좌우되며 그에게 남은 정체성은 잠재적 죄인이라는 정체성뿐이다. 모든 공포 정치가 다 그렇듯 중앙의 통치 기구는 공작원들의 과도한 열의에 대해 자신들은 책임이 없다고 언제나 주장할 수 있다. 사실 정기적으로 격정적 선언을 발표하여 자신이 테러리스트들을 저지했다고 주장할지도 모른다. 하지만 이 선언은 결코 낮은 곳까지 도달하지 않는다. 그곳에서는 사람들이 날것의 삶을 살아가면서 서로의 박해자가 되며 그 시작은 아동의 교화(indoctrination)다.

그렇다면 한 가지 철학적 문제는 수직적 관계가 교회에 세운 이 땅의 정박지, 하늘에 있는 보이지 않는 목적지, 그리고 그곳을 오가는 데 필요한 교통편을 규정하는 것이다. 이것은 인간의 정체성이 하느님의 숨겨진 얼굴 속에 있으며, 하느님의 정체성이 인간의 드러난 얼굴 속에 있다는 문제다. 마치 어두운 거울로 흐릿하게 보거나(고린도전서 13장 12절) 미소의 그림자를 통해 감지하듯, 인간과 신이 서로를 인식할 가능성에 대한 문제이기도 하다. 철학자들은 구체성과 실체성을 회피하지 않았다. 우리가 언급하는 모든 관념은 우리가 생각할 수 있는 만큼 최대한, '사물을 닮은(thing-like)' 것으로 이해해야 한다. 이 사물의 세계에서 인간은 누구인가? 자신의 목소리를 하느님에게 전달하고 또 하느님의 메시지를 받으려면, 하느님과 소통하려는 희망을 품고 나아갈 때 어떤 자질을 갖춰야 하나? 하느님은 누구인가? 하느님은 지상에 투자한 것을 위해 지상의 삶에 참여하고자 어디서 어떤 자질을 발휘하는가? 그리스도가 필멸자가 된 신이며 하늘에 돌아가 다시 하느님 옆에, 하느님 안에 앉아 있다는 생각은 그가 죽은 뒤 고작 수백 년 만에 교리가 되었다. 그때가 되자 이 문제는 (당시 철학에 의해 완전히 주도되던) 막 싹트던 과학적 호기심과 연결되었고, 이는 영지주의적 직접성(immediacy)에 철학적 사변을 결합하고 거기에 자연의 관찰을 결합한 답변을 요구했다. 이 모든 과정은 교회의 교리에 대한 순종의 틀 안에서 이루어졌다.

플라톤의 절대선, 즉 순수한 이데아의 세계는 사유하는 사람들이 보기에 인격적 신 관념을 대체할 수 있는 강력한 대안이었으며, 그 반대편에는 절대악, 즉 개별적 현상과 세속적 몰두의 세계가 있었다. 기독교는 플라톤주의와 아리스토텔레스주의를 흡수하면서도 그에 맞서 스스로를 방어했다. 그리하여 (천상과 지상의) 두 세계 중 어느 쪽이 상대적으로 더 본질적인 정체성인가, 어느 세계가 주도권을 쥐고 차이를 만들어내는가가 더없이 중요한 문제가 되었다. 더 실재적인 것을 인식하는 사람은 그 자신이 더 실재적으로 바뀌고, 덤으로 더 덕스럽게 바뀌는가? 여기서 누가 주도권을 쥐는가? 하느님은 우리가 움직이길 기다리는가, 아니면 하느님이 우리를 움직이는가? 우리에게는 주도권을 발휘할 재량이 있는가? 그렇다면 그것에 대해 어떻게 알고 활용하는 방법을 배우는가? 그리고 언제 그것을 빼앗기는가?

데카르트의 "나는 생각한다. 그러므로 나는 존재한다."라는 선언은 아우구스티누스로부터 출발한 중세 철학에 종지부를 찍었다. 아우구스티누스는 인간의 사고 능력에서 하느님의 존재뿐 아니라 하느님의 은총을 보여주는 증거도 발견했다. 아우구스티누스는 인간의 '내면의 빛'을 '사랑의 주입(infusio caritatis)'의 깨달음이라고 생각했다. 그래서 우리가 '사랑의 정체성(caritative identity)'이나 '주입된 정체성(infused identity)'에 대해 이야기할 수 있다는 것이다. 루터가 아우구스티누스를 사도 이후와 자기 이전의 가장 위대한 신학자라고 칭송한 이유는 딱 하나다. 아우구스티누스가 자신의 모든 신학의 중심을 믿음에 두었기 때문이다. 아우구스티누스는 (훗날 루터가 그랬듯) 인간의 완전한 '페르디티오(perditio, 타락)', 즉 인간이 완전히 버려진 상태라는 데 대해 일말의 타협도 없었다. 또한 하느님만이 '스스로 존재한다'는 사실을 확신했다. 아우구스티누스는 말했다. "사물은 있되 있지 않다. 사물이 있는 이유는 하느님으로부터 그 존재가 비롯하기 때문이며,

있지 않은 이유는 존재**이지** 않고 존재를 **가질** 뿐이기 때문이다. 사물은 한꺼번에 존재하는 것이 아니라 스러지고 계승함으로써 존재한다. 모두 합쳐져 우주를 완성하며 우주의 한 부분이다."[2] 분명히 인간도 은총 없이는 전혀 다를 바 없을 것이다. 인간 역시 스러지니 말이다. 은총이 없으면 인간의 정체성이란 그저 인간이 인간으로 이어지는 것일 뿐이다. 하지만 하느님은 인간에게 정신과 기억을 선사했으며 이로써 정체성의 기초를 마련했다.

이것은 모두 나의 내면에서, 즉 나의 '기억'이라고 하는 거대한 공간에서 이루어지는 일들입니다. 그 기억 속에는, 하늘과 땅과 바다, 그리고 내가 거기에서 지각한 것들 중에서 망각한 것을 제외한 모든 것들이 내게 있습니다. 또한 그 기억 속에서 나는 내 자신을 만나고, 내 자신을 기억해냅니다. 즉 내가 언제 어디에서 무엇을 했고, 그것을 행했을 때 어떻게 느꼈는지를 기억해냅니다. 그 기억 속에는, 내가 직접 경험하거나 다른 사람들로부터 들어서 기억하게 된 모든 것들이 있습니다. 기억 속에 저장되어 있는 이 모든 것들로부터, 내가 과거에 경험한 것들이나 그러한 과거의 경험 때문에 믿게 된 것들과 비슷한 것들을 무수히 만들어낼 수도 있고, 과거의 것들 자체를 여러 가지로 구성해볼 수도 있으며, 과거의 것들로부터 미래의 행위들과 일들과 소망들을 구성해볼 수도 있는데, 이 모든 것들은 내 생각 속에서 현재적으로 있습니다. …… 나는 주님에 대해서 배운 때로부터 주님을 기억해 왔고, 주님을 기억해 내고자 할 때마다, 나의 기억 속에서 주님을 발견해 왔기 때문에,

주님이 내 기억 속에 거하신다는 것은 확실합니다.³

아우구스티누스는 인간의 완전한 타락에 대해 비관적인 말을 했는데도 불구하고, 자신의 기억 속에서 자기 자신을 직접 대면하는 것에 오히려 매우 기뻐하는 듯하다. 그렇지만 그가 자신을 그렇게 만날 수 있는 것은 하느님의 사랑(카리타스)이 베푸는 선물이다. 바울이 이렇게 말하지 않았던가. "도대체 누가 여러분을 남보다 낫다고 보아줍니까? 여러분이 가지고 있는 것들 모두 하느님께로부터 받은 것이 아닙니까? 이렇게 다 받은 것인데 왜 받은 것이 아니고 자기의 것인 양 자랑합니까?"⁴ 자신의 기억 속에서 스스로를 바라보면서도 하느님에게 감사하지 않는다면, 그것은 나르시시즘(자기애)이다. 아우구스티누스는 이것을 '자만(praesumptio)'이라고 부르는데, '교만(superbia)'과 더불어 인간의 가장 큰 죄인 '자아광증(egomania)'을 이룬다고 봤다. 왜냐하면 인간은 인간으로 태어났을 때 모든 자유의지를 박탈당해 출생부터 병들었기(morbus originis) 때문이다. 그리스도의 희생 덕분에 인간은 세례를 통해 이전 세대가 저지른 죄로부터 구원받을 수 있지만, 여전히 욕정(concupiscentia), 즉 "죄의 부싯깃, 불쏘시개(fames peccati, 죄의 굶주림)"에 짓눌려 있다. 인간은 '자연적 존재'인 호모 나투랄리스(homo naturalis)에 불과하지만 하느님의 은총을 주입받아 마음이 재창조되어 '영적 존재'인 호모 스피리투알리스(homo spiritualis)가 될 희망이 있다.

아우구스티누스에게 욕정은 탐욕이며, 그렇기에 리비도이기도 하다. 그러나 그 자체가 죄는 아니며 죄의 재료에 불과하다. 그것이 죄가 되는 것은 인간이 '동의(consensus)'할 때이다. 하느님은 사랑의 자유로운 행위로 인간에게 자신의 욕동과 동일시하지 **않을** 능력을 선사한다. 하지만 인간이 죄를 지어도 하느님은 자격 없는 자에게조차 자비를 베푼다(misericordia indebita). 그러므로 우리가 어떤 존재이고 어떤 존재가 되든, 무엇을 할 수 있고 무엇을 하게 되든 그것은 하느님에게서 온 선물이다. 즉 우리에게서 비롯한 것이 아니라 하느님에게서 비롯한 것이다(Ex Deo nobis est, non ex nobis). 하지만 아우구스티누스는 자유의지를 모조리 포기하긴 했어도 수직적 계단을 올라가는 길을 보여주는데, 그 이정표는 향유(fruitio)와 완성(perfectio)이다. 아우구스티누스의 신학은 이후의 신학들과 비교하자면 모성적 신학이다. 그 안에서 가련한 인간은 그리스도의 희생 덕분에 자신의 삶의 기회를 타고났고, 성장, 향유, 완성의 가능성이 자신에게 열려 있으며, 은총의 젖에서 언제나 자신의 몫과 그 이상을 기대할 수 있음을 영원히 확신한다.

성 아우구스티누스는 플라톤주의를 받아들여 변형함으로써 교회를 플라톤주의로부터 구해냈다. 성 토마스 아퀴나스는 중세에 다시 나타난 아리스토텔레스주의로 같은 일을 했다. 당시 아리스토텔레스주의는 아랍과 유대 의학자들과 신비주의자들에 의해 지적으로 더 화려해진 상태였다. 이데아를 지향하던 플라톤주의는 아퀴나스의 연구를 통해 자연의 사실과 힘을 새로이 지향하면서 확장되었다. 최고 진리(prima Veritas)이자 최고선인 하느님은 최고 계획자이자 창조자로서 피조물에게 자신을 드러낸다고 여겨졌다. 하느님은 카우사 카우산스(원인의 원인, 제1원인)다. 인간은 카우사 세쿤다(causa secunda), 즉 '제2원인'에 불과하지만 창조된 세계의 계획된 일부이자 이 세계를 숙고하고 이론화하는 자로서 자신이 필요한 존재임을 느낄 수 있다.

아리스토텔레스는 플라톤을 그대로 놔둔 채 보완했다. 하느님은 '오직 은총(sola gratia)'으로 존재했으며, 은총에서 비롯된 것(quod est ex gratia)과 자유의지에서 비롯된 것(quod est ex libero arbitrio)을 구별하는 일, 다시 말해 하느님이 준 사랑에서 생겨난 것과 인간이 하느님한테 받은 이성과 자유의지로 성취할 수 있는 것을 구별하는 일이 중요했다. 하느님은 "모든 존재자가 존재하는 원인이기에" 스스로 필연적인 유일한 존재다. 하지만 아리스토텔레스가 이성과 의지에 더 큰 재량을 부여한 것은 분명하다. 이성과 의지는 "피조물의 창조 행위"에 적극적으로 참여했으며 이러한 행위를 통해 인간의 정체성은 자기검증(self-verification)의 독립적 방법을 얻었다. 신학 용어로 말하면 이것은 하느님이 세상에 드러낸 질서(ordo)로부터 하느님의 선함을 읽어내는 과정이었다. 인간은 형상과 유사성, 이미지와 관념을 사유함으로써 관찰 능력을 행사할 수 있다. 인과 관계를 확립하고 궁극적으로 그것을 실험으로 검증할 수 있으며 그럼으로써 하느님을 보조하는 계획자이자 실행자가 될 수 있다. 아우구스티누스에게서 두 세계 사이의 수직적 관계를 따라 전달되는 화폐는 믿음과 사랑이었다. 아퀴나스는 여기에 이성에 의해 인식된 형상과 질서라는 화폐를 더했다. 하느님의 메시지는 '신적 질서(ordo divina)'에서 인식할 수 있으며 인간의 자질에는 질서를 인식하는 능력이 포함된다. 그리고 인간의 '내적 형성 능력(inner formability)'에는 정해진 질서가 있다. 인간은 이 모든 질서를 조율할 수 있도록 직관적 통찰, 신앙에 기반한 지각, 합리적 이성에 의한(per rationem rationalem) 인식 같은 여러 기관을 부여받는다. 한편 인간의 이성은 선악의 문제를 판단할 수 있고 실은 판단하도록 사물의 질서에서 매우 높은 위치를 부여받는다. 이것은 추측에 의한 확실성(certitudo conjecturae)에 도달하는 것이 고작일지도 모른다. 하지만 어쨌든 아퀴나스는 믿음과 희망을 위한 자리만 있던 곳에 능동적이고 합리적인 추측을 위한 자리를 마련했다. 그의 철학에서 관조자로서 인간은 '이론가'라는 새로운 정체성을 얻는다. 따라서 우리는 토마스주의를 **합리적 정체성**을 중심으로 하는 철학이라고 말할 수 있다. 여기서 합리적 정체성이란 이성에 의해 인식된 신적 질서에 의해 검증되는 정체성이다.

    토마스주의를 통해 신학이 관찰과 사변에 대한 아리스토텔레스주의적 분투를 자신의 것으로 받아들였음은 분명하다. 이 분투는 르네상스 시대에 지배적 요소가 되었다. 하지만 관찰과 추론을 위한 인간의 자질은 여전히 신의 격려를 필요로 했다. 그래야 두 세계 사이의 협력(cooperatio)을 활용할 끈기(perseverance)를 얻을 수 있었다. 철학과 신학, 이성과 신앙에 대해 이보다 큰 종합은 상상할 수 없었다. 그 직접적인 결과는 존엄한 신앙심, 흠 없는 사유, 그리고 시대 전체의 위계적·의례적 양식에 걸맞은 통합된 세계관이었다. 하지만 루터의 의문은 이 종합에서 이성이 신앙에 통합되는 것이 아니라 양심의 문제가 이성의 영역에 끌려 들어가는 것이 아니냐였다.

아퀴나스는 건축적인 사상가이며, 질서 안에서 하느님의 메시지를 인식하는 그 자신이 그 **질서**의 표현이었다. 그와 동시에 중세적 정체성의 최고 표현을 대표했다. 그 정체성은 성당과 의례 속에서 거창하면서도 세밀한 **양식화**(stylization)로 드러났는데, 성당은 영원을 위해 건축되었으며 의례는 특별한 사건들의 소우주에서 하느님의 질서를 상징하는 알레고리였다. 의례주의를 받아들이면 집단은 상징적인 장식적 방식으로 행동하여 질서 정연한 우주를 재현할 수 있다. 각각의 입자는 나머지 모든 입자와의 상호 의존성에 의해 정체성을 얻는다. 의식적 양식화에서 수직적 관계와 수평적 관계가 만난다. 위계질서에 형식을 부여하는 교회의 천재성은 영성체에서 궁정으로, 시장으로, 대학으로 전파되어 중세인의 정체성에 색깔과 모양과 소리의 기준점을 제시했다. 또한 중세 의례주의자들은 소소하고 상세한 행동 규칙을 만듦으로써, 상징적이고 알레고리적인 질서에서, 신분과 계급의 고정된 영원성 안에서 인간에게 위치를 부여하려고 노력했다. 그리하여 인간은 차별화된 역할과 복장으로 구별되는 의례적 정체성을 <u>스스로</u>에게 부여함으로써 소소한 질서뿐 아니라 거대한 질서에도 참여했다.

하지만 의례적 소우주에서 능동적 자기영속화와 자기검증은 성직 귀족과 세속 귀족의 소수 집단에 국한되었다. 대중은 구경꾼으로서만, 거울에 비친 모습을 또 비춰 보는 존재로서만 참여할 수 있었다. 이 기생적인 의례적 정체성이 심리적 위력을 대부분 잃은 것은 지배 계층의 과도한 양식화가 시대의 점점 커져 가는 위험(역병과 매독, 튀르크인, 교황과 군주의 반목)을 방어하기에 역부족임이 드러났을 때다. 그와 동시에 (인간이 차용한 신성에 대한 감각에서 언제나 확고한 요인인) 물질적·정신적 전쟁의 확립된 질서가 화약의 발명과 인쇄기의 발명으로 와르르 무너졌다.

루터가 대학과 수도원에서 일상적으로 접한 지적·종교적 삶을 자극한 것은 거대한 철학적 대립의 주인공들인 실재론과 유명론, 그리고 여기에 더해 종교적 신비주의라는 세 가지 주의(ism)였다.

실재론은 관념 세계가 참으로 존재한다고 가정했다. 실재론이 철학적이지 못하게도 성유물에 대한 물신 숭배(이를테면 하늘에서 떨어진 운석 조각을 다른 세계에서 온 전령으로 여기는 것)와 얽혀 있음을 가장 잘 보여주는 것은 아퀴나스가 죽은 직후 제자들이 그의 시신을 삶아 썩기 쉬운 살을 발라내고 뼈를 나눠 가졌다는 사실이다. 실재론적 사유는 독단론자 루터에게 거의 영향을 끼치지 못했지만 시대정신(Zeitgeist)을 지배했는데, 이는 루터의 비공식적 발언, 특히 귀신론과 연관된 발언에서 종종 드러났다. 우리는 루터가 평생 귀신론에 사로잡혀 있었음을 알고 있다. 하지만 그는 귀신론이 자신의 신학적 사유와 과학적 판단에 끼어들지 못하게 했다. 등 뒤의 악마는 그에게 언제나 현실적 존재였다. 악마론이 중세에 만연하지 않았다면 그를 편집증 환자라고 말할 수 있을 정도였다(그의 지성과 종교적 직관은 다른 차원에서 작동하는 듯했기 때문이다). 하위징아는 이렇게 말했다.

실재론은 문화 전반의 고유한 경향이었다. 왜냐하면 정말로 중요한 것은 지적 능력이 뛰어난 신학자들의 논쟁이 아니라, 예술과 윤리와 일상생활에서 상상력과 사고방식을 좌우하는 관념이기 때문이다.[5]

중세적인 의미에서 보면, 모든 실재론은 궁극적으로 의인화 형태를 취한다. 중세 사람들은 관념을 독립된 실체로 여기고, 그것을 눈으로 직접 보고 싶어 했다. 그러자면 의인화 이외에 달리 방법이 없었다. 이렇게 해서 알레고리가 태어난다. 그러나 알레고리는 상징주의와 같은 것이 아니다. 상징주의란 두 관념 사이의 신비한 연관을 표현한다. 반면에 알레고리는 그런 관계의 개념에 눈에 보이는 형체를 부여하는 것이다. 상징주의는 매우 심오한 정신의 기능인 데 반해, 알레고리는 피상적이다. 알레고리는 상징적 사고를 표현하는 데 도움을 준다. 하지만 동시에 살아 있는 관념을 형체로 대체함으로써 그 상징적 사고를 위험에 빠뜨린다. 상징의 힘은 알레고리 안에서 쉽게 상실된다.[6]

교회가 죄는 물질이나 실체가 아니라고 가르친 것은 분명한 사실이다. 그러나 모든 것이 서로 합심하여 인간의 마음속에 그런 생각을 불어넣고 있는데, 교회가 어떻게 그런 잘못을 막을 수 있겠는가? 죄라는 것을 더럽혀지고 타락한 물질로 생각하고 따라서 인간은 그 죄를 씻어버리거나 파괴해야 한다고 생각하는 원시적인 본능은, 죄악을 극도로 체계화함으로써 또는 죄를 형체적으로 표현함으로써 그리고 심지어 교회 자체가 회개라는 방법으로 죄를 씻어줌으로써 더욱 강화됐다. …… 카르투시오회 수도사 데니스(Denis)는 사람들에게 그가 죄를 열병이나 차갑고 썩은 체액이라고 말한 것은 단지 비유에 지나지 않았다는 것을 상기시키려 노력했으나 허사였다.[7]

다음 구절은 루터가 몸의 구역과 양태에 이따금 집착한 이유를 짐작할 수 있는 중세적 배경을 알려준다.

    신적 은총의 주입은 음식이 흡수되는 것 같은 이미지나 몸을 씻기는 듯한 이미지로 묘사된다. 한 여성 신자는 자신의 온몸이 예수 그리스도의 피에 잠겨 있다고 느끼면서 기절했다. …… 그 모든 뜨겁고 붉은 피는 하인리히 주조의 입을 통해 그분의 가슴과 영혼으로 흘러들어 갔다. 시에나의 카타리나는 그리스도의 옆구리 상처에서 흘러나온 피를 마신 성인들 중 한 사람이다. 또 성 베르나르, 하인리히 주조, 알랭 드 라 로슈 같은 사람들은 성모 마리아의 가슴에서 젖을 맛보았다.
    라틴어 이름으로 알라누스 드 루페, 네덜란드 친구들이 반 데르 클리프라고 부르던 알랭 드 라 로슈는 중세 후기에 프랑스인 특유의 극단적인 신앙심과, 구체적으로 비전(환상)을 보는 풍부한 신앙을 갖춘 주목받는 인물이었다. …… 알랭 드 라 로슈는 갖가지 죄를 상징하는 괴물들을 보았다. 괴물은 역겨운 성기에서 유황 불길을 내뿜고, 먹구름과 같은 연기로 컴컴하게 대지를 뒤덮었다. 그는 환상 속에서 '배교의 매춘부'라는 괴물을 보았다. 그 괴물은 배교자들을 삼켰다가 토해내고 다시 삼키고 그들을 어머니처럼 입 맞추고 쓰다듬었으며, 그 자궁에서 끊임없이 배교자들을 탄생시켰다.[8]

하위징아의 분석에는 면벌(대사) 문제의 단서가 들어 있다. 실재론은 땅 위의 '흙'에 초자연적 실재성을 부여하는 데 역할을 했듯 은총 자체에도 금전적 실체성을 부여했다. 이로써 수직적 관계는 무의식과 신비주의가 금이라고 불렀다 흙이라고 불렀다 할 만큼 극도로 양가적인 수수께끼 같은 성분이 흘러 다니는 체계로 확립되었다. 여분의 공덕(works of supererogation)을 쌓으면 천국의 보화가 된다는 개념은 오래된 것이었다. 하지만 교회가 이 보유 재산을 매각하여 처분할 수 있다는 자본주의적 해석이 공식적으로 정립된 것은 1343년 교황 클레멘스 6세 때였다. 클레멘스는 보화를 널리 나누어주면 공덕이 증가하고, 그럼으로써 보화가 계속 쌓일 것이라는 교리를 확립했다. 루터는 결국 실재론이라는 도그마가 취한 이 형태와 싸우게 되는데, 그는 연옥에 있는 영혼의 처지를 단박에(헌금함에 동전이 떨어지자마자 땡그랑 소리가 나듯) 바꿀 수 있다는 현찰 직거래 방식의 면벌에 단호히 반대했다.

통속적 귀신론과 손잡은 혼란스런 실재론이 인간의 정체성에 위험이 된다는 것은 분명하다. 다른 세계가 미치는 영향은 조율

가능한 문제로서 우리에게 내려오며 인간은 주술적 사고와 행동으로 그 영향을 다스리는 법을 배울 수 있다. 하지만 주술이 억압적 초실재에 대해 잠깐은 승리할 수 있을지 몰라도 장기적으로는 인간의 도덕관념을 발달시키거나 지상의 정체성에 대한 현실 감각을 강화하지는 못한다.

실제로 독일 신비주의는 체계적인 철학적 내용이 빈약하며, 루터는 자기 신학의 기본 신조를 확립한 이후에야 가장 체계적인 신비주의자 요하네스 타울러(Johannes Tauler)를 읽었다. 타울러는 하나의 주의(ism)를 주창했는데, 그것이 극단적일지는 몰라도 영적 가능성의 지속적인 한 축을 이루는 것은 사실이다. 타울러가 보기에 하느님은 모든 범주와 구분이 끝나는 곳에서(on alien underscheit) 시작하며, 태어나지 않은 빛(ein ungeschaffen Licht)이다. 하느님에게 나아가려면 '랍투스(raptus, 탈혼 상태)', 즉 인간이 자신의 이름, 특성, 의지를 잃는 완전한 수동성의 황홀경을 발달시킬 수 있어야 한다. 인간이 달성해야 하는 경지를 올바로 일컫는 낱말은 독일어에만 있는데, 그것은 '겔라센하이트(Gelassenheit)'로, 사물을 그대로 오가도록 **내버려두는** 총체적 상태를 의미한다. 여기에는 모든 기독교인의 조건인 '총체적 죄인 됨을 받아들임'이 포함되지만 이때 과도한 후회나 우울을 동반하지는 않는다. 그러므로 자기 내면의 어둠과 흐릿함(nebulas et tenebras)으로 돌아가면 '아인케어(Einkehr, 내적 침잠)'를 위한 준비가 되는데, 아인케어는 영적 창조의 토양이자 자궁인 '젤렌그룬트(Seelengrund)'로의 귀향을 의미한다. 여기에는 혼인(das Hochgezeit)을 위한 만남의 장소가 있으며 하느님은 일순간 매우 능동적으로 바뀐다. 하느님이 오는 것은 눈 깜박하는 속도만큼 빨라서(in einem Snellen Blicke) 온 세상을 훑는다(ueber alle die Wise und die Wese in einem Blicke). 하지만 명심하라. 하느님의 눈에서 나오는 이 광선은 하느님을 보려 하는 자를 뚫고 들어가지 않는다. 어떤 노력도 내려놓은 채 전적인 수용의 상태에 있는 사람에게만 찾아온다.[9]

우리가 여기서 맞닥뜨리는 체계는 영지주의의 위치보다 훨씬 뒤로, 유아기 신뢰의 상태보다 훨씬 아래로 물러난다. 모태와의 공생 상태, 영적 탯줄에 영양을 공급받으며 떠 있는 합일의 상태로 돌아가는 것이다. 우리는 그것을 **수동적 정체성**(passive identity)이라고 부를 수 있을 것이다. 이것이 서양이나 동양의 다른 체계와 뚜렷이 일치하는지, 독일 신비주의로서 구별되는지는 여기서 주목해야 할 문제가 아니다. 루터는 이것을 멀찍이서 우러러보았지만(그는 타울러의 작품에 서문을 썼다) 지적으로나 기질적으로나 맞지 않았으며 어떤 면에서 두려워하기도 했다.

사물은 사물이고 관념은 관념이라는 견해에 바탕을 둔 위대한 상식적 정체성은 대부분 오컴이 확립했다. 그의 영향은 **실재론**(realism)이라는 용어의 의미를 '있는 그대로의 사물'로 바꾸는 데 일조했다. 오컴주의가 열렬히 이데올로기화되던 시점은 신앙의 제국이 지극히 구체적이고 지극히 인간적인 실체들로 쪼개지려던 찰나였다. 고리대금업자, 변호사, 경찰서장의 마음을 지닌 하느님이 그런 실체였고, (멀리 있는 하느님에게 다가가는 것이 아니라) 협상할 수 있는 성스러운 고모와 삼촌 같은 성인들의 가족, 국가가 된 교회, 전쟁을 치르는 군주인 교황, 스스로 경외심을 잃었고 타인에게 경외심을 불어넣지도 못하기에 속이 훤히 들여다보이고 경멸받아 마땅한 사람이 되어버린 사제들, 수직적 관계의 세속적 끝에서는 현찰로 값이 매겨지고 다른 쪽 끝에서는 연옥에서 보내는 억겁의 세월로 값이 매겨지는 의례 따위가 그런 실체였다.

오컴은, 어찌됐든 오컴주의는 수직적 관계를 수평적 관계로부터 끊어냈다. 둘을 나란하게 만들었다고까지 말할 수 있을지도 모르겠다. 오컴주의는 하느님, 혼, 영 같은 실체를 이곳 지상의 마음이 접할 수 있는 대상으로 여기지 않았다. 하느님은 확증할 수 있는 특성이 하나도 없으며 우리가 '생각'할 수 있는 어떤 일반성의 근거가 되지도 않는다. 우리는 그의 의도나 책임을 알 수 없다. 그의 권능(potentia)은 절대적(absoluta)이다. 하느님은 무한한 범위(infinita latitudo)를 포괄하며, 인간이 아무리 성스러울지언정 올바른 성향을 발달시켜 하느님에게 의무를 지우거나 강요할 방법은 전무하다. 우리가 바랄 수 있는 것은 심판의 날이 찾아왔을 때 우리가 하느님 보기에 합당하고 하느님이 우리에게 정상 참작(extenuatio legis)을 해주는 것뿐이다. 우리가 할 수 있는 일은 교회에 순종하고(오컴은 불순종했지만) 합리적으로 행동하는(ratio recta spes) 것뿐이다. 왜냐하면 우리는 하느님의 법조차 논리의 지배를 받는다고 가정할 수 있기 때문이다. 프랑스의 유명한 오컴주의자 제르송은 루터가 즐겨 인용하는 저자였고 그의 목회론은 사제가 되려고 공부하는 모든 사람의 필독서였는데, 그는 심지어 심판의 날 하느님의 판결이 너무 비합리적이지는 않으리라 기대할 수 있다고 주장하기까지 했다.

이 세상에서는 인간의 직관적 지식이 뚜렷이 인식하듯 하나의 사물이 구체적이고 직접적인 실재성을 지니고 있다. 하지만 사물을 상징하는 기호는 말을 내뱉는 숨결(flatus vocis)에 불과하다. 관념, 곧 보편자는 오로지 우리가 의미를 부여하는 마음 작용(significando)에만 존재한다. 우리는 관념에 사물의 성질을 부여한 다음 내키는 대로 그 양을 늘릴 권리가 전혀 없다. "필요하지 않은데도 많은 것을 가정해서는 안 된다(Non est ponenda pluralitas sine necessitate)"는 말은 '절약의 법칙'을 확립한 유명한 문장이다. 이 법칙은 자연과학의 탐구를 날카롭게 다듬었으며 이제는 힘과 메커니즘을 최소한으로 동원하는 모형으로 인간을 축소하라고 요구하며 심리학을 들볶는다.

그렇다면 대체로 오컴의 유명론은 계몽주의 철학에 선행하는 중세적 형태의 회의주의와 경험주의다. 몇몇 역사가는 오컴의 사유가 데카르트의 수학에 선행할 정도로 성숙하게 작동했다고 생각한다. 하지만 일부 가톨릭 사상가들이 '오컴주의적이다'라는 말을 '펠라기우스주의적이다'보다 더 나쁘게 여기는 이유는 얼마든지 짐작할 수 있다. 여러 면에서 오컴은 유산(流産)된, 실패한 루터였다. 오컴 역시 교황을 적그리스도라고 불렀다. 군주가 교황청(Curia)보다 우위에 있다고 주장했다. 또한 초기 기독교가 표방한 절대주의에 매료되었는데, 교회를 영원히 당혹스럽게 한 프란체스코회 코뮤니즘(communism)이 바로 그 절대주의였다. 하지만 오컴은 심정적으로는 실용주의 철학자였다. 루터 자신이 명민함을 발휘하여 오컴의 실용주의적 회의주의를 인정하긴 했어도, 진정으로 마르틴을 감명시킨 것은 수평적 관계로는 결코 수직적 관계에 접근할 수 없다는 오컴의 논증이었다. 오컴은 개인적 경험으로서의 참된 신앙이 모든 성당 건물과 위계 서열 속에서, 삶의 모든 의식화(儀式化)와 생각의 모든 형식화 속에서 상실되었음을 입증했다. 질서 잡힌 수평적 관계 위에 예측 가능한 수직적 관계가 탄탄하게 놓이리라는 꿈은 신앙심이 가장 깊은 사람들에게 아무런 도움을 주지 못했으며 신앙심이 없는 사람들을 그 시대의 어마어마한 위험에 방치했다.

이 중세적 사고 경향과 대조적으로 르네상스인은 지상의 상대적 현실을 어떻게 생각했을까?

무엇보다 르네상스인들은 열한 번째 하늘 아래 갇힌 인간 정체성을 되찾았다. 세계라는 극장의 주변부에서 하느님의 변덕에 휘둘리는 '잠시 빌린 실체'로서 살아가기를 거부했다. 르네상스인은 인간중심적이었으며 ('하느님에 의해 창조된'이라고 형식적으로 덧붙인) 그의 존재는 자신의 실체로부터 비롯했다. 이 실체가 그의 실행적 중심이었다. 그의 지리적 중심은 자신의 노력을 통해 태양계의 중심이 아니라 변두리임이 드러났지만, 인간 자신이 자신의 중심이라는 감각을 되찾았다면 그 중심에 대칭하는 우주적 중심이 없다는 것이 무슨 문제였겠는가? 로렌초 데 메디치의 피렌체에 있는 플라톤 아카데미의 원동자(原動子) 중 한 명인 피치노(Marsilio Ficino)는 이 점을 분명히 밝혔다. 그는 이렇게 말한다. "인간 영혼은 하등한 것들의 모든 이성과 모형을 그 안에 지닌다. 인간 영혼은 이 하등한 것들을 자기 것으로 재창조한다. 인간 영혼은 모든 것의 중심이며 모든 것의 힘을 소유한다. 어떤 것에서 떠나지 않고도 다른 것으로 돌아서서 그것을 꿰뚫을 수 있다. 그것이 사물의 참된 연결이기 때문이다. 그렇기에 마땅히 자연의 중심이라고 불릴 수 있는 것이다."[10] 《인간 존엄성에 관한 연설》(1494년)의 저자 피코 델라 미란돌라(Giovanni Pico della Mirandola)는 "인간의 지고하고 놀라운 행운"을 찬미했다. "(하느님은) 인간이 원하는 바를 갖도록 허락하셨고 되고 싶은 존재가 되도록 허락하셨습니다. …… 인간이 태어날 때 하느님 아버지께서는 갖은 모양의 씨앗과 온갖 종류의 종자를 넣어주셨습니다. …… 카멜레온같이 무엇이나 될 수 있는 우리의 특전을 누가 경탄하지 않겠습니까?"[11]

이 인문주의자들에 따르면 인간 삶의 극장은 각각 특별한 소질의 힘으로 둘러싸여 있는데, 이 소질은 각자에게서 직공, 화가나 조각가, 천문학자, 의사, 정치가의 재능을 띤다. 레오나르도 다 빈치에게 소질은 훈련받은 예리한 눈, 곧 "보는 법을 아는 것"이었으며, 이는 "자연의 점"이었다. 그 점 안에서 "우리 반구(눈)의 이미지들이 나머지 모든 천체의 이미지와 더불어 들어가고 지나간다. 서로 침투하고 서로 교차함으로써 합쳐지고 하나가 된다."

"이것은 기적이다. 지극히 작은 공간에 섞여 있기에 형태는 사라졌지만 이내 재창조하고 재구성할 수 있다."[12] 미켈란젤로는 지성의 인도를 받아 "대리석으로 둘러싸인" 관념을 조각해낼 수 있는 손에서 이 중심을 찾았다.[13]

이 견해는 다시 한번 신체 기관과 기능의 위계질서를(특히 몸이 마음을 섬기거나 몸이 곧 마음인 한) 인간 정체성의 기준으로 삼는다. 르네상스의 관능성은 중세에 금욕주의와 과잉이 번갈아 나타난 것과 대조적으로 몸을 직관적이고 규율 잡힌 실재의 연장으로 삼으려 애썼다. 몸이 죄인됨으로 병약해지거나 마음이 독단에 묶이는 것을 허용하지 않았다. 인간의 감각과 직관이 겉모습, 사실, 법의 세계와 온전히 상호작용해야 한다고 주장했다. 다빈치는 이렇게 말했다. "정신적인 것이 감각을 통과하지 않으면 헛되며, 해로운 진실밖에 내놓지 못한다."[14] 하지만 여기에는 규율 잡힌 관능, 즉 '정확함(exact fantasy)'이 내포되어 있으며, 우리의 기능적 본질을 검증하는 일이 하느님이 준 정신 기관과 하느님이 우리의 터전으로 삼은 세계의 만남에 좌우되도록 한다. 어느 때든 우리가 지닌 소질의 본질적 부분과 하느님이 준 세계의 조각이 계속해서 서로를 확인하는 한 하느님의 정체성이나 우리의 정체성에 대해 어떤 증명도 필요하지 않다. 이것이 자연 안에서 작용하는 법칙이다.

피치노는 이 견해를 이데올로기적 극한까지 밀어붙였다. 그의 말은 여러 면에서 여전히 우리의 세계상에 대한 이데올로기적 시금석이자 한계로 남아 있다. 그는 말한다. "인간이 (말하자면) 천체를 만든 작가인 하느님과 거의 같은 천재성을 지녔음을 누가 부정할 수 있으랴? 도구와 천체의 재료를 얻을 수만 있다면 인간 또한 어떤 식으로든 천체를 만들 수 있음을 누가 부정할 수 있겠는가?"[15]

정신분석 이론에 친숙한 사람이라면 르네상스가 아주 뛰어난 '자아 혁명'이라는 생각을 떨칠 수 없을 것이다. 르네상스는 자아의 실행 기능을 대규모로 회복한 사건이었다. 감각을 향유하고 힘을 행사하고 착한 양심을 함양하는 과정에서 자아의 실행 기능이 인간중심주의적 자만에 이를 정도로 회복되었다. 이 모든 것은 부정적 양심에 쏠리는 인간 성향을 조직적이고 폭력적으로 악용하던 교회로부터 되찾은 것이다. 마르틴 시대의 로마 기독교는 부정적인 외부적 양심에 절대적 힘을 부여하는 대가로 몸으로부터의 해방을 약속했다. 이 양심은 죄의식을 근거로 삼는다는 점에서 부정적이며, 도덕성의 근거와 불순종의 결과를 유일하게 아는 징벌 기구에 의해 규정되고 재규정된다는 점에서 외부적이다. 르네상스는 인간을 부정적 양심으로부터 해방해주었으며, 그렇게 해방된 자아는 다방면의 활동에 필요한 힘을 끌어모을 수 있었다. 자아의 허영심이 초자아의 의로움보다 높은 위치를 회복하면서 피치노의 언어로 표현된 이데올로기적 유토피아가 확립되었다. 르네상스인은 프로이트가 "보철구를 단 신"이라고 부른 존재가 될 자유를 얻었으며, 이 신의 못된 양심을 어떻게 없앨 것인가의 문제는 신학뿐 아니라 정신의학까지도 점령하게 되었다.

루터처럼 작센 출신인 니체는 르네상스의 뒤늦은 독일인 대변자이자 유럽의 즐거운 도덕주의자임을 자부했다. 니체는 루터의 로마 여행에 대해 잘못된 정보를 얻고 루터의 95개조 논제가 '르네상스'에 맞선 독일 농민의 봉기라고 믿은 탓에, 메디치 가문이 (중세적 영성을 완전히 흡수할 만큼) 성숙한 르네상스 정신을 교황에게 불어넣지 못한 것은 루터의 때아닌 개입 때문이라고 비난했다. 니체는 루터가 교회를 수세로 몰아넣어 교회로 하여금 '개혁된 신조'를, 즉 교회가 살아남을 수 있는 '평범성'을 발전시키고 강화하도록 했다고 생각했다. 에라스뮈스도 니체보다 350년 앞서 루터가 인문주의의 꿈을 망쳤다고 비난했다. 루터가 르네상스의 시각적 장관과 관능적 정교함을 전혀 보지 못한 것은 사실이다. 또한 에라스뮈스의 지성에 대해서도 지독한 의심을 표했다. 루터는 에라스뮈스에게 이렇게 썼다. "당신은 참된 경건함이 무엇인지 알지 못합니다(Du bist nicht fromm)."[16] 루터가 몇 년간 르네상스인 같은 장엄함을 과시하면서 역사의 무대를 차지하긴 했지만, 그의 삶이 비대해진 편협함으로 마무리되었음은 의심할 여지가 없다.

하지만 혹자는 마르틴이 심지어 에르푸르트로 걸어 돌아오면서까지 르네상스의 궂은 일을 행할 준비를 하고 있었다고 말할 수도 있다. 그것은 르네상스에 내재하는 개인주의적 원칙을 여전히 공고한 교회의 본거지, 곧 '보통 사람의 양심'에 적용하는 것이었다. 르네상스는 예술과 과학에 몸담은 사람들에게 넉넉한 자유를 베풀었다. 그들은 자신의 작품을 예술과 과학의 열매에 의해, 즉 미적이고 논리적이고 수학적인 증거에 의해 확인받았다. 그럼으로써 (사물을 생생하게) 시각화하는 자와 말하는 자, 학자와 건축가가 해방되었다. 하지만 르네상스는 참으로 새롭고 탄탄한 삶의 방식을 확립하지도 못했고, 새롭고 현실적인 도덕성을 확립하지도 못했다. 회화적 표현, 언어적 표현, 건축적 구성에서 엄청난 진보가 이루어졌지만 대다수 사람들의 내적 전선에서는 여전히 채워지지 않은 것이 남아 있었다. 로렌초 데 메디치는 여생 동안 "위엄 있게 여가를 즐기려고" 시골로 물러난 직후 애석하게도 일찍 세상을 떴는데, 그가 임종 때 사람을 보내어 사보나롤라를 불러들였음을 잊어서는 안 된다. 로렌초의 영적 비판자들 중에서 가장 확고한 원칙을 지닌 그 사람만이 그의 마지막 고해신부가 될 자격이 있었다. 피치노는 젊은 시절 제자들을 "플라톤 안에서 사랑받는 그대여"라고 불렀으나 결국 40대에 수도사가 되었다. 피코 델라 미란돌라는 청년일 때 《인간 존엄성에 관한 연설》을 썼지만, 30대 초반에 숨을 거둘 때 사보나롤라의 헌신적 추종자였으며 수도원 생활을 염두에 두고 있었다. 이 사람들은 모두 어떤 식으로든 여성을 몹시도 사랑했거나, 어쨌든 자신의 남성성을 몹시도 사랑한 남성들이었다. 레오나르도 다빈치와 미켈란젤로처럼 '여성 없이 산' 남성들은 남성적 자아의 패배를 장대한 방식으로 발견하고 인식했다. 시스티나 성당에서 영원한 지옥을 마주 보는 인간은 실존적 절망을 가장 더 적나라하게 보여주었으며, 미켈란젤로의 피에타*는 본질적인 인간 비극을 가장 위엄 있게 보여주었다. 미켈란젤로의 비현실적이고 비역사적인 조각상을 제대로 평가하려

---

* 기독교 미술에서, 십자가에서 내린 그리스도의 시체를 무릎 위에 놓고 애도하는 마리아를 표현한 주제.

면 델라 로비아와 델 사르토와 라파엘로가 제작한 르네상스 성모상과 비교해야 한다. 그 조각상들에서는 소년 예수가 기쁘고 단호한 표정을 지으며 제 발로 서서 세상에 손을 뻗고 있는 데 반해 미켈란젤로의 조각상에서는 영원히 젊은 어머니가 다 자라 나이 먹은 아들의 (제물로 바쳐진) 시신을 무릎으로 받치고 있다. 인간이 영원성에 대해 내놓는 총체적 대답은 삶의 어느 한 시기에 뭐라고 말하는가에 있는 것이 아니라 모든 시기에 했던 모든 발언의 균형에 있다. 심리학적으로 말하자면 르네상스인의 내면에는 모든 필멸자가 짊어진 것과 같은 모순이 들어 있었다. 역사는 새로운 이데올로기 공식들이 물질에 대한 새로운 정복과 맞아떨어지기만 하면 그것들을 하나로 엮어내며, 인간이 중간에 나가떨어져도 아랑곳하지 않는다.

루터는 아직 정복되지 않은 비극적 양심의 전선을 자신의 생애 과업으로 받아들였다. 이 전선을 규정한 것은 그의 개인적 욕구와 최상급의 재능이었다. 그는 시편 강의에서 이렇게 말했다. "우리가 신랑과 함께하는 신부처럼 하느님과 함께 거해야 하는 장소는 양심입니다(Locus noster in quo nos cum Deo, sponsas cum sponsa, habitare debet …… est conscientia)."[17] 양심은 우리와 하느님이 남편과 아내처럼 서로 함께 살아가는 법을 배워야 하는 내면의 장소다. 심리학적으로 말하자면 양심은 자아가 초아자와 만나는 곳이다. 즉 그곳에서 우리의 자아는 긍정적 양심과 조화로운 결혼 생활을 할 수도 있고 부정적 양심과 별거 생활을 할 수도 있다. 루터가 부정적 양심에 내면화된 청각적 위협, 즉 분노의 목소리를 정식화하는 일에 가장 근접한 순간은 '거짓 그리스도'에 대해 이야기할 때였다. 거짓 그리스도는 "이번에도 내가 말한 것을 행하지 않았구나(Hoc non fecisti)"[18]라며 우리를 꾸짖는 자다. 이 책망은 부정적 정체화를 일으키며 시커멓고 절망적인 낙인으로써 영혼을 지진다(conscientia cauterisata, 불로 지져진 양심).

한스 루더의 아들은 이 전선에서 임무를 수행하기에 제격이었다. 하지만 그 임무는 그가 창조한 것이 아니었다. 유대교·기독교의 유산 전체에 내재한 부정적 양심의 비대증에서 비롯했다. 루터 말대로 이 유산 안에서 "그리스도는 모세보다 무시무시한 독재자이자 재판관이 된다."[19] 하지만 부정적 양심이 비대해질 수 있는 것은 인간이 정체성을 갈구할 때뿐이다.

우리는 부정적 양심의 이 (기이하기는 하지만) 보편적인 전선을 루터의 작업이 펼쳐진 제한된 영역(locus)으로 받아들여야 한다. 그러면 원전으로의 열성적 회귀, 단호한 인간중심주의(그리스도 중심이긴 하지만), 또 (루터 자신이 천재성과 장인성을 발휘한) 지방어의 목소리 수용 같은 그가 사용한 연장이 실은 르네상스의 연장이었음을 알 수 있을 것이다.

3

마르틴은 로마에서 돌아온 뒤 비텐베르크 수도원으로 영구 전출되었다. 어떤 사람은 그가 에르푸르트 아우구스티누스회에 의해 쫓겨났다고 말하고 어떤 사람은 슈타우피츠의 영향으로 비텐베르크 수도원에 영입되었다고 말한다. 실상을 보면 그의 친구 요한 랑게도 함께 가야 했다. 몇 년 뒤 루터는 관구 전역에 대한 자신의 영향력이 커지자 랑게를 에르푸르트 수도원장으로 임명할 수 있었다.

마르틴의 설교와 가르침 경력은 비텐베르크에서 본격적으로 시작되었으며 그가 죽을 때까지 한 번도 중단되지 않았다. 처음에는 동료 수도사들에게 (선택 과목으로) 설교했는데, 나중에는 주민들도 그의 수도원 내 설교를 청강했다. 그는 성모 마리아 교회의 주임신부가 되었다. 교수로서는 고급 과정에 등록한 수도사와 대학생들에게 강의했다. 자신의 생각을 대중에게 들려주어야 하는 상황에 몰려서야 그는 자신의 언어 표현이 풍성한 스펙트럼에 걸쳐 있음을 깨달았으며 자신의 상충하는 성격을 표현할 용기를 얻었다. 그는 가슴에 설교하고 머리에 강의하기 위해 서로 다른 두 양식을 구사하는 법을 익혔다. 설교에서는 즉석에서 심금을 울리려 했지만, 강의에서는 사상가로서 점진적이고 체계적으로 발전하는 모습을 보였다.

설교자 루터는 수도사 마르틴과 다른 사람이었다. 자세는 당당하고 곧았으며 말투는 느리고 또렷했다. 루터 하면 후년의 펑퍼짐하고 뚱뚱한 몸과 둥그스름한 얼굴이 떠오르지만 초기의 루터는 결코 그렇지 않았다. 깡마르고 뺨이 푹 파였으며 턱이 야무지게 튀어나왔다. 갈색의 작은 눈은 사람들에게 아주 다양한 인상을 남긴 것으로 보건대 틀림없이 대단히 매혹적이었을 것이다. 크고 튀어나온 것처럼 보일 때도 있었고 작고 움푹 꺼진 것처럼 보일 때도 있었다. 어떤 때는 깊고 측량할 수 없어 보였고 또 어떤 때는 별처럼 반짝거렸다. 매의 눈처럼 날카롭거나 번개처럼 무시무시하거나 제정신이 아닌 듯 무언가에 사로잡혀 있을 때도 있었다. 그의 얼굴에서는 강렬한 갈등이 드러났다. 임상가가 보았다면 매우 영특하고 교활하고 (억제할 수 없는 두려움이나 분노에 사로잡힌 듯) 냉혹한 사람의 강박적 성격을 보여준다는 인상을 받을 법하다. 이렇듯 상충하는 외모 때문에라도 루터의 따뜻함과 재치, 어린아이 같은 솔직함은 상대방을 완전히 무장 해제시켰을 것이다. 그의 성격에는 좀처럼 무너지지 않는 온전한 자제력이 깃들어 있었다. 루터가 상대방이 제 눈을 똑바로 들여다보는 것을 좋아하지 않았다는 말이 있다. 무언가를 생각하려 할 때 표정에서 다 드러난다는 사실을 알고 있었기 때문이라는 것이다. (프로이트도 마찬가지였다. 자신이 정신분석 환경을 그렇게 꾸민 것은 "응시당하고" 싶지 않은 탓도 있다고 인정했다.)

마르틴의 태도는 수도사에게 요구되는 온순함과 점차 모순을 빚었다. 실제로 몸을 뒤로 젖힌 자세여서 넓은 이마가 하늘을 향해 도도하게 들렸으며 짧은 목에 얹힌 머리는 넓은 어깨 사이와 강인한 가슴 위에 놓였다. 선제후 현명공 프리드리히의 전속 사제이자 자문관 슈팔라틴 같은 사람들은 그를 무조건적으로 우러러본 데 반해 프리드리히 같은 사람들은 루터와 함께 있으면 불편함을 느꼈다. 루터는 이따금 선제후와 지근거리에서 지내야 했으며 훗날 선제후의 노련한 외교술과 군사적 보호 덕에 목숨을 건질 수 있었지만, 대화하려고 "개인적으로 만난 적은 한 번도 없었다"고한다. 하지만 선제후는 루터의 설교를 종종 들었는데, 때로는 자신을 비롯한 군주들을 질타하는 내용이었다.

설교자이자 강사로서 루터는 세계 문학을 자유롭게 인용했으며 신학적 진실함으로 가득했다. 그 자신의 스타일은 원전에 대한 인문주의적 열의, 정의(定義)에 대한 스콜라주의적 애정, (우리가 보기엔 끔찍한) 알레고리의 중세적 유산으로부터 천천히 발전했다. 허황한 미사여구를 내뱉은 적은 거의 없었다. 사실 그는 무뚝뚝함과 소탈한 단순함으로 금세 유명해졌는데, 그의 인문주의자 친구들 중에는 이 점을 마뜩잖아하는 사람도 있었다. 그들은 더 세련된 방식으로 충격을 주고 싶어 했다. 하지만 루터는 (놀랍게도!) "빈말이 아니었다." 설교자에게 알레고리와 우화의 소재인 모든 짐승 중에서 루터가 돼지를 좋아하게 된 것은 에라스뮈스에게 달가울 수 없었다. 후년에 루터의 걸쭉한 입담이 이따금 노골적인 돼지포르노(porcography)였음은 의심할 여지가 없다. 그는 설교하면서 신경증 증상에 시달렸다. 설교를 하기 전, 하는 동안, 한 뒤에 현기증에 시달렸다. 현기증을 일컫는 통속적 독일어는 '슈빈델(Schwindel)'인데, 이 낱말에는 중요한 이중적 의미가 있다. 사칭범의 사기 행각에도 쓰이기 때문이다. 그가 주로 꾼 악몽 중 하나는 회중 앞에 섰는데 하느님이 '구상(Konzept)'을 보내주지 않는 것이었다.

정신의학자(레이테르)는 루터가 설교로 성공을 거뒀을 때 균형이 잘 잡힌(ausgeglichen) 사람이 되지 못한 것이 오로지 내인성 질병 탓이라고 생각하지만 그것은 잘못된 판단인 듯하다. 어쨌든 루터는 루터파가 아니었거나, 스스로 말했듯 형편없는 루터파였다. 양심의 전선에서는 너저분한 일이 결코 끊이지 않았고, 거짓된 옛말이 결코 바로잡히지 않았으며, 새로운 순수함이 영원히 흐릿한 채로 남아 있었다. 루터는 설교자로서 인정을 받게 되자 며칠마다 정력적으로, 때로는 강박적으로 설교했다. 여행 중에는 자신을 받아주는 교회와 시장에서 설교했다. 훗날 질병이나 불안 때문에 집을 떠날 수 없을 때는 아내, 아이, 손님들을 불러 모아 그들에게 설교했다.

영감을 받은 목소리, 진심인 목소리, 진정 인격적으로 소통하는 목소리는 루터에게 새로운 종류의 성사가 되었다. 성체의 신비로운 임재와 함께하는 동업자이자 심지어 경쟁자였다. 그는 자신이 여러 해 동안 겪은 고통을 통해 줄 수 있게 된 것을 복음으로 전달하는 사람이라고 느꼈다. 모든 것을 아우르는 언어적 너그러움이 그의 내부에서 발달하여, 직업적 이야기꾼과 경쟁하는 것이 아니라 가장 무지한 사람조차 자신의 말을 알아들을 수 있도록 이야기하고 싶어 했다. 그는 이렇게 말했다. "어머니가 아이에게 젖을 먹이듯 설교해야 합니다." 이것은 당시 모든 계층 구성원에게 가장 호소력 있는 태도였다. 예외가 있다면 '대표 없는 과세'에 반대하는 1517년 설교였는데, 이 설교로 그는 전국적 유명 인사가 되었다. 그즈음 그는 새로 개발된 소통 수단을 손에 넣었다. 10년이 채 지나지 않아 12개 도시의 30개 인쇄소에서는 루터나 그 주변의 헌신적 기록자들에게 받은 원고 혹은 받아 적은 글을 재깍재깍 출판했다. 루터는 유명 설교자가 되었으며 학생들에게 특히 인기가 있었다. 특별한 날에는 군주와 귀족에게 설교했다.

강사 루터는 설교자 루터나 수도사 루터와 다른 사람이었다. 그의 전문 분야는 성경 강해였다. 그는 고전 교재(《표준 주해집》과 《니콜라우스 주해서》)와 아우구스티누스회의 중요한 선배 학자들의 사상을 꼼꼼히 연구했다. 또 당대의 인문주의 학자들의 사상에 정통했으며 에라스뮈스의 그리스어 문헌 연구와 로이힐린의 히브리어 문헌 연구가 바로잡은 내용들도 잘 알고 있었다. 언어학자로서 그 어떤 스콜라주의자 못지않게 꼬치꼬치 따지고 들어갈 수도 있었고, 그 어떤 인문주의자 못지않게 상상력을 발휘할 수도 있었다. 첫 강좌에서 그는 생각의 나래를 펼치려 했다. 이따금 스스로 혼란스러워하기도 하고, 이따금 죽이 맞는 사람을 찾아 주위를 둘러보기도 했지만 결국 자신만의 외로운 방식으로 날아올랐다. 그에게 매혹된 청중이 상황을 제대로 파악한 것은 자신들의 터전에서 전국적 소동이 벌어진 뒤였다. 그즈음 루터의 역할이 어찌나 정치화되고 이데올로기화되었던지 그의 초기 강의들은 사람들에게 잊혔으며 19세기 후반과 20세기 초반에야 재발견되었다. 루터는 자신의 모든 신학적 전사(前史)를 자신이 유명인이 된 1517년에 일어난 사건들로 압축하는 습관이 있었기 때문에 그가 역사에 뛰어들었을 때 그의 신학의 개요가 이미 완성되었다는 사실은 20세기 들어서야 인식되었다. 1517년 이후 그의 강의는 정치와 선전이 되었으며 루터는 대다수 사람들이 아는 그 루터가 되었다.

하지만 여기서 우리의 관심사는 처음, 즉 '성경이라는 토대'에 대한 마르틴의 생각이 탄생한 시점이다. 그의 시대에 성경 강해는 구약이 그리스도의 삶과 죽음에 대한 예언이라는 전통적 가정을 (학문적으로, 공들여, 기상천외하게) 입증하는 일이었다. 세계사는 말씀에 담겨 있었다. 창세기는 단지 창조에 관한 이야기가 아니라 성경 전체에 대한 은밀한 알레고리적 색인이었으며, 그 정점은 그리스도의 수난이었다. 성경 강해는 이데올로기적 게임이었고, 이를 통해 교회는 새로운 신학적 노선에 따라 자신의 역사에 대한 성경의 예언을 해석할 수 있었다. 그것은 고차원적 형태의 지적·언어적 활동이자 스콜라 철학의 기량을 뽐낼 기회였다. 하지만 여기에는 규칙이 있었으며 제대로 강해하기 위해 받아야 할 교육과 갖춰야 할 소질이 있었다.

중세 세계에서 성경을 해석하는 방법은 네 가지였다. '문자적 해석(literaliter)'은 성경 구절의 실제 역사적 의미를 강조했고, '알레고리적 해석(allegorice)'은 성경의 사건들이 기독교 역사, 교회의 탄생, 교리를 상징한다고 여겼으며, '교훈적 해석(tropologice)'은 성경이 신앙인에게 걸맞은 행동을 비유적으로 표현했다고 받아들였고, '영적 해석(anagogice)'은 성경을 내세에 대한 표현으로 간주했다. 루터는 이 기법을 자신의 목적에 맞게 이용하면서도 언제나 진실하고 한결같으려 애썼다. 이를테면 구약의 할례* 의무는 외적 행위가 중요하지 않다는 자신의 새로운 통찰을 예견한 것이라고 생각했다. 하지만 이 해석에는 할례 언약이 남성적 허영심의 실행 기관을 공격함으로써 겸손을 강조한다는 생각도 표현하고

---

* 남자의 성기 끝 살가죽을 끊어 내는 풍습.

있다고 여겼다. 루터는 윤리적 탐구를 진행하면서 점차 나머지 해석 방법들을 폐기하고 교훈적 해석에 집중했다(tropologicem esse primarium sensum scripturae, 교훈적 해석이 성경의 주요한 의미다).[20] 그에게 성경은 지금 여기의 신앙인에게 하느님이 건네는 조언이 되었다.

시편은 새 성경 강사(lector bibliae)가 된 루터가 1513~1514년 학기에 진행한 첫 강좌 주제였다. 전통에 따르면 시편의 저자 다윗 왕은 무의식적 예언자이고 그의 노래는 그리스도가 하느님이나 교회에 하게 될 말, 또는 다른 사람들이 그리스도에게, 또는 그리스도에 대해 하게 될 말을 미리 나타낸 것으로 해석해야 했다. 우리의 요점은 신플라톤주의적 해석, 성례전적 해석, 신비주의적 해석, 스콜라주의적 해석의 무르익은 조합으로부터 루터교파가 탄생했음을 입증하는 데 있다. 우리가 초점을 맞출 개인적 갈등과 신학적 이설은 당시 그의 학문적 역량과 책임감 있는 가르침을 단단한 토대로 삼았다. 이것을 가장 뚜렷하게 보여주는 것은 마르틴의 말에 아무도 눈살을 찌푸리지 않았다는 사실과 (그에 관한 한) 그의 말이 훌륭한 신학이었고 자신이 교회 안에서 새로 맡은 역할에 충실했다는 사실이다. 게다가 초기 루터교파가 풍기는 인상에도 불구하고 루터는 설교와 강의에서 자신의 일에 헌신했으며 신앙적 확신의 문제에서만 자신의 성격 표현이 나타나도록 했다. 루터는 강의에서 회개의 깊이에 대해 논하며 "저 자신은 여기에 도달하려면 아직 멀었습니다"[21]라고 솔직히 털어놓았다. 하지만 황제를 대면하려고 보름스를 떠나기로 한 날 아침 설교에서는 역사

〈보름스 의회에서의 마르틴 루터〉. 독일 화가 안톤 폰 베르너(Anton von Werner)의 1877년 작. 1521년 보름스 의회에서 신성로마제국 황제 앞에서 이야기하는 모습을 묘사했다.

적 만남을 위해 곧 출발하리라는 사실을 언급하지 않았다.

그의 강좌는 매주 한 번씩 열렸으며 2년간 진행되었다. 루터는 교수직을 수행하면서 전문가답지 않게 무척 애먹었다. 심경 변화를 꼼꼼히 기록했으며, 올바른 낱말을 찾아낸 통찰을 설명하면서 편집자 같은 솔직함을 발휘했다. 청중에게 이렇게 말하기도 했다. "저는 이것을 아직 완전히 이해하지 못합니다."[22] "이 말을 지난번 마지막으로 했을 때는 오늘처럼 잘하지 못했습니다." 그는 이렇게 권했다. "우리는 쓰고 읽는 일에 더 능숙해지는 법을 배워야 합니다(Fateamur nos proficere scribendo et legendo)."[23] 자신이 이랬다저랬다 하는 것을 숨기려 들지 않았으며("추상적인 것과 구체적인 것을 뒤섞고 말았습니다")[24] 이따금 우격다짐을 벌인다는 사실

6장 내면의 혁명 – 죄의식에서 믿음으로 341

도 털어놓았다. "딱딱한 껍데기에 둘러싸인 문헌에 대해 할 수 있는 일은 돌멩이로 후려치는 것뿐입니다. 그러면 놈은 연한 속살(nucleum suavissimum)을 드러낼 것입니다."[25] 이런 말을 떠올렸을 때는 여백에 표시를 남겨 기념했다. 그의 솔직함이 스콜라주의 신학자들의 고상한 자의성(恣意性)과 전혀 다르고 신앙과 이성의 격차를 합리화하는 그들의 양식화된 방법과도 천양지차임은 분명하다. 루터의 자의성은 울퉁불퉁한 점과 매끈한 면을 둘 다 드러내는 생생한 강의의 일부다. 첫 시편 강의는 설익은 느낌이 든다. 루터의 정식화가 완전히 성숙한 것은 바울이 로마인들에게 보낸 서신(로마서)에 대한 강의(1515~1516년)에서였다. 하지만 여기서 우리의 관심사는 완성된 신학이라기보다는 연장된 정체성 위기의 해법이므로, 시편 강의에서 진정한 루터주의가 처음 나타난 장면까지만 살펴보도록 하겠다.

4

시편 강의 노트에는 그가 시편을 연구하면서 훗날 연구자들이 성탑의 계시와 연결 지은 통찰들을 이미 체계화하고 있었음을 보여주는 극적인 증거가 들어 있다(학자들은 성탑의 계시가 일어난 날짜를 확정하려고 애썼지만 아무도 성공하지 못했다). 루터가 로마서 1장 17절을 곱씹고 있는데 마지막 문장이 문득 명확해지더니 그의 전 존재에 스며들고 낙원의 문을 열어주었다. "복음에는 하느님의 의로움이 나타나서 믿음으로 믿음에 이르게 합니다. 기록된 바 '오직 의인은 믿음으로 말미암아 살리라' 한 것과 같습니다." 이 말씀의 힘은 삶과 영원의 시공간을 새롭게 지각하는 데 있었다. 신학자들은 하느님이 최후의 심판을 내릴 때 우리가 이 땅에서 한 일을 잣대로 삼는다고 생각했지만 루터는 하느님의 정의(justice)가 미래의 심판의 날에야 드러나는 것이 아님을 깨달았다. 이 정의는 지금 여기 우리 안에 있다. 하느님이 우리에게 살아갈 믿음을 주었고(우리는 지각하기만 하면 된다) 우리는 그리스도 자체인 말씀을 이해함으로써 그 정의를 지각할 수 있다. 이 지각에 이르는 상황에 대해서는 나중에 논의하겠다. 가장 먼저 관심을 끄는 것은 이 지각이 시편 강의와 어떻게 연결되는가이다.

루터의 통찰은 이전에는 (전적으로) 성탑의 계시에서 얻어졌거나, (종종) 훨씬 후대에 얻어진 것으로 알려졌으나 1929년에 발표된 주목할 만한 연구에서 에리히 포겔장(Erich Vogelsang)은 일찍이 시편 강의에서 이 통찰이 온전하고도 극적으로 나타난다는 사실을 밝혀냈다. 이것이 포겔장의 주장처럼 루터가 강의에 몰입했을 때, 즉 1513년 후반에 계시가 실제로 '일어났다'는 의미인지는 신학적 논쟁거리이며, 나는 여기에 끼어들 생각이 없다. 나의 주요 관심사는 (지연된 정체성 위기를 겪는 유능한 사람들에게 중요한 나이인) 서른 살쯤에 루터 신학의 전체가 그의 총체주의적 재평가의 단편들로부터 처음 나타났다는 사실이다.

포겔장의 연구가 주목받는 이유는 루터의 글에서 실은 이전 학자들의 인용문인 것들을 가려냈기 때문이다. 이를 통해 포겔장은 루터의 원래 언급들이 실제로 어떻게 전개되고 발전했는지 밝혀낸다. 게다가 그는 원문에서 대체로 간과되던 차원을 연구하는데, 이것은 기념비적인 바이마르 판본*에서는 찾아볼 수 없다. 이를테면 '고고학적' 차원이 있다. 이것은 강의 준비 원고와 강의를 받아적은 기록, 나중에 적거나 덧붙인 글에서 볼 수 있는 생각의 겹들을 말한다. 포겔장은 어떤 종이와 잉크가 쓰였는지 조사하고, 서체의 변화에 주목했으며, 루터가 메모의 여러 대목에 직접 부여한 크고 작은 개인적 중요도(밑줄과 여백의 자화자찬 표시로 알 수 있다)를 분석했다. 포겔장은 시편 강의의 텍스트를 관통하는 '영적 폭풍'의 경로를 밝혀냈다. "루터가 시편 강의(Psalmenkolleg)에서 '주님의 정의로 나를 건지소서(in justitia tua libera me)'**라는 성경 구절을 청중에게 전문적으로(ex professo) 해석해줘야 하는 과제를 맞닥뜨렸을 때, 이 과제는 그로 하여금 매우 개인적인 결단에 직면하게 하고, 천둥이 내리치듯 그에게 충격을 주고, 그가 평생 떠올리기만 해도 몸을 떨게 했던 가장 심각한 유혹 중 하나를 불러일으켰다."[26]

이것은 노년의 루터도 인정한 바다. 그는 이렇게 말했다. "시편에서 '주님의 정의로 나를 건지소서'를 처음 읽고 노래했을 때 저는 겁에 질렸습니다. 이 말들에, 하느님의 의에, 하느님의 심판에, 하느님께서 하시는 일에 깊은 적개심을 느꼈습니다. 제가 아는 것이라고는 '하느님의 정의(iustitia dei)'가 가혹한 심판을 뜻한

---

* 루터의 주요 저작을 집대성한 판본.
** 시편 31편 1절. "야훼여, 내가 주님께 피하오니 나를 영원히 부끄럽게 하지 마시고 주님의 정의로 나를 건지소서."

다는 것뿐이었기 때문입니다. 그분이 저를 가혹하게 심판함으로써 저를 구원하신다고요? 그렇다면 저는 영원히 죄에 빠져 살 처지였습니다. 하지만 그러다 하느님께 감사하게도(gottlob) 영문을 알게 되고 '주님의 정의'란 하느님께서 그리스도의 정의라는 공짜 선물로 '우리를 의롭다 하심'을 뜻한다는 사실을 알게 되었습니다. 그러자 문법(grammatica)이 이해되었고 시편을 참으로 음미할 수 있게 되었습니다."[27]

포겔장은 루터의 투쟁을 보여주는 흥미로운 서지학적·필적학적 증거를 찾아낸다. 그는 이렇게 쓴다. "《드레스덴 시편》*을 통틀어 시편 31편 1절의 이 주석(Scholie)만큼 개인적 절망을 이토록 직접적으로 증언하는 페이지는 없다. 이 강의들을 꾸준히 연구하며 귀를 훈련한 사람은 그 어디서도 발견하기 힘든 격렬하고 열정적인 언어를 여기서 감지한다. 결정적 구절인 '주님의 정의로 나를 건지소서'에 이르렀을 때, 루터는 공포와 불안으로 펄쩍 뛰는데, 그런 탓에 큰 위안을 주는 구절 '내가 나의 영을 주님의 손에 부탁하나이다'(5절)가 귀에 들어오지 않는다."[28] 루터의 첫 미사에서 마르틴이 느낀 유혹(tentatio)에 대해 셸 교수가 한 말을 떠올려보라. 교수는 마르틴이 그리스도를 중보자로 언급하여 위안을 주는 구절을 보지 못하고 자신에게 닥친 절망의 '밑바닥'을 시험하는 쪽을 선호했다고 말하며, 이를 "참된 믿음이 전혀 없었기 때문"이라고 설명한다. 포겔장은 이어서 이렇게 말한다. "그는 곧바

---

* 루터가 주석을 단 시편집.

로 '주님, 저를 불쌍히 여기소서'(9절)로 넘어가고는(여기서 필체가 극도로 흥분되고 어수선하며 밑줄이 잔뜩 달려 있다), 여섯 번째 시편의 구절 '주님의 진노로(Ex intuitu irae dei)'*로 돌아가 떨리는 양심으로 기도한다. 심지어 서른한 번째 시편의 구절 '나의 앞날이 주의 손에 있사오니(in te speravi Domine)'(15절)로 그를 이 유혹에서 건져내려 할 때에도, 그는 논의의 방향을 오히려 더 거세게 틀어 여섯 번째 시편의 말씀으로 돌아간다."²⁹

포겔장이 지적하진 않지만 우리가 놓칠 수 없는 사실이 있다. 이 시편들은 다윗이 자신의 적과 (다윗이 결론 내리고 싶어 하는 바에 따르면) 하느님의 적을 고발하는 표현이며, 여기서 다윗은 하느님의 진노가 적의 머리에 내리기를 바랐다가 하느님의 자비가 적의 머리에 내리기를 바랐다가 하며 오락가락한다. 포겔장이 언급한 것 말고도 시편 31편에는 루터가 간과한 구절이 또 있다. "그들이 나를 잡으려 몰래 친 그물에서 빼내소서. 주님은 나의 힘이십니다."³⁰ "내가 허망한 거짓을 숭상하는 자들을 미워하고 주님께 의지합니다."³¹ 에르푸르트 시절의 루터에게는 아마도 적이 없었을 것이다. 하지만 마르틴에 대해 "허망한 거짓을 숭상하고" "몰래 그물을 친" 또 다른 적이 있었다. 그의 아버지는 아들에게 품은 계획이 틀어지자 아들의 영적 삶을 저주하고 아들이 유혹에 빠지리라 예언하고 아들의 다가올 반항을 예언하지 않았던가? 마르틴이 질투심 많은 아버지로부터 자신의 강박적 양심을 해방하

---

* 시편 6편 1절. "야훼여, 주님의 분노로 나의 죄를 묻지 말아주소서. 주님의 진노로 나를 벌하지 말아주소서."

고 중세 신학으로부터 자신의 사상을 해방해 칭의를 얻고자 투쟁하는 동안, 하느님의 충만한 정의에 대한 이 새로운 통찰은 (심리학적으로 말하자면) 타오르는 증오의 기질 없이 참된 계시적 해법으로서 경험될 수 없었다. 이 점은 루터가 자신을 그리스도와 동일시하는 문제를 논의할 때 다시 살펴보겠다. 시편 저자가 적에 대해 내뱉는 불만은 그리스도의 수난을 둘러싼 사회적 상황을 떠올리게 하기 때문이다. 그리스도 또한 자신이 하느님의 아들임을 증명하라는 조롱조의 도발을 받았다. "그가 하느님을 신뢰하니 하느님이 원하시면 이제 그를 구원하실 것이다. 그의 말이 나는 하느님의 아들이라 하였으니."[32]

시편 강의가 71편 2절*에 이르자 루터는 다시 "주님의 정의로 나를 건져주소서"라는 구절을 만났다. 이번에도 "나를 보고 깔깔대던 자들이 창피를 당하고 도망치게 하소서"라는 구절이 앞에 있었다(70편 3절). 하지만 이제 그의 기분, 관점, 어휘는 극적인 변화를 겪었다.[33] 그는 로마서 1장 17절(성탑의 계시를 받은 구절)을 두 번 인용한 뒤 "그리스도의 믿음이 곧 하느님의 정의이다(Justitia dei …… est fides Christi)"라고 결론 내린다. 그 뒤 (포겔장에 따르면) 새롭고 기본적으로 '프로테스탄트적인' 표현들이 열정적으로 쏟아지는데, 그중 일부를 곧 살펴보겠다. 이 표현들의 중심에는 그리스도가 중보자임을 루터가 최종적으로 받아들인 것과 인간이 하느님의 아들 자격이 있다는 새로운 개념이 있다.

---

* 시편 71편 2절, "주님의 정의로 나를 건져주소서. 나를 보호해주소서. 귀를 기울여 들으시고 구해주소서."

이것은 혁신이었다. 이 강의들에서, 오직 이 강의들에서만 루터는 아우구스티누스가 자신의 영적 각성을 설명한 구절을 네 번 인용한다. 두 번은 시편 31편으로 인한 극적 혼란과 관계있고, 두 번은 시편 71편과 관계있다.

그렇다면 성탑의 계시는 루터가 이 강의를 준비하는 동안 일어났을 가능성이 매우 크다. 그게 아니라면 한 번의 계시가 아니라 일련의 위기가 있었을지도 모른다. 첫 번째 위기는 시편에 대한 이 원고에서 추적할 수 있을 것이며, 마지막 위기는 학자들이 시점을 특정하는 데 애를 먹는 그 계시 사건에 대한 루터의 기억에 고정되어 있다.

그 사건은 루터의 마음속에서 이전의 깊은 우울의 시기와 연관되어 있는 듯하다. 그때 그는 때 이른 죽음을 다시 예감했다. 연구자들은 이 사건의 보고를 읽으면서 사건의 '장소' 때문에 선입견을 품었다. 루터는 그곳을 '수도사의 은밀한 장소, 감미로운 방, 뒷간(Secretus locus monachorum, hypocaustum, cloaca)'으로 지칭한다. 교수(셀)에 따르면 이 목록의 기원은 1532년 탁상담화를 받아 적은 글이다. 루터는 이렇게 말했다고 한다. "성령께서 제게 이 기술을 내려주신 것은 Cl.에서였습니다(Dise Kunst hatt mir der Spiritus Sanctus auff diss Cl. eingeben)."[34] 매우 비판적인 교수가 보기에 원전 기록자들 중 가장 믿음직하다고 평가받는 뢰러(Georg Rörer)는 Cl.을 '뒷간(cloaca)'으로 기록했다. 그런데도 셀은 이 해석을 일축한다. 실제로 루터의 기록된 발언을 통틀어 가장 난감한 이 발언을 두고서 정숙한 사람들은 불편함에 몸을 움찔

거렸고 진지한 학자들은 경멸적 불신을 드러내며 콧대를 높였다. 정신의학자(레이테르)는 Cl.이 변소를 가리킨다는 것을 인정하면서도, 여느 사람과 마찬가지로 오만하게 결론 내린다. 어쨌거나, 중요한 일이 **어디서** 일어나는가는 사건의 본질과 무관하다는 것이다.

하지만 이 모든 장소 문제는 특별히 언급할 가치가 있다. 특정한 정신의학적 연관성을 드러내기 때문이다. 특히 여기서 언급된 장소는 특별한 신체적 필요에 부응한다. 장소의 역할이 순조롭게 수행될 때에는 감정적 연관성이 숨겨진다. 하지만 정신의학자 본인이 지적하듯 루터는 평생 변비와 배뇨 장애로 고생했다. 이 증상에 어떤 신체적 원인이나 결과가 연결될 수 있는지는 차치하고 그 역할 자체는 보유와 배출의 기관 양태와 관계있다. 이것은 반항적 아동에게서 매우 분명하게 나타나며 성인에게서는 양가적 행동의 모든 양식에서 드러난다. 자신의 언변이 유아기와 청소년기의 속박에서 벗어난 이 특정 시기에 마르틴이 지독한 억제와 보유 성향에서 분출 성향으로 변모했음은 의심할 여지가 없다. 그는 자기표현을 발산하는 뜻밖의 방법을 발견했으며 그와 더불어 자기 성격의 다면적 힘을 찾았다.

마르틴의 영적 계시에 이런 순수하지 못한 상황이 관련되었다는 주장에 반대하는 사람들은 바울의 간질성 발작을 기억하지 못하며(신체적 돌발 증상은 괄약근 통제력 상실을 종종 동반한다) 감정적·영적 경험에 진정성을 부여하는 몸과 영혼의 총체적 관여도 부정한다. 학자들은 자신들이 비슷한 계시를 얻었을 때를 떠올리며 책상 앞에서 그런 일이 일어나는 쪽을 선호한다. 자신이 실은 딴 데 앉아 있었다는 루터의 발언은 밤낮으로 명상하는 긴장감이 이 창조적 순간에 자신의 존재를 꿰뚫는 배출구를 찾았음을 의미한다. 루터의 사적 언급을 읽어본 사람이라면 그의 총체적 존재에 언제나 내장이 포함된다는 사실을 누구도 의심할 수 없다. 게다가 당시 사람들은 일차적 신체 기능의 감정적 결과(또한 감정에 미치는 결과)를 우리보다 훨씬 개방적으로 표현하고 훨씬 구체적으로 개념화했다. 우리는 통속극에서나, 불편함을 웃음으로 털어낼 수 있는 상황에서는 이 결과가 자연스레 이해되도록 내버려두지만, 진지하게 받아들이라는 요청을 받으면 당황해한다. 그러면 마치 오래전에 떠나보낸 것에 대해 이야기하듯 대수롭지 않게 말하는 쪽을 선호한다. 하지만 여기서 억압된 의미는 비합리적인 방어적 태도에서 분명히 드러난다. 우리가 정서적 거부감과 함께 떠나보낸 것은 흙과 똥을 적어도 무의식적으로 연상시키기 때문이다. 바울은 자신이 그리스도를 위해 버린 모든 반짝이는 것을 공공연히 "배설물로" 치부했다.

계시, 즉 불현듯 빛으로 가득 차는 내적 경험은 언제나 거부, 정화, 축출과 연관된다. 루터가 이 거부를 적나라한 신체적 관점에서 경험하고 보고하려 했다면 이것은 이런 문제에 대한 루터의 자유분방한 태도에 전적으로 부합할 것이다. 마치 순수한 존재가 창조되는 '젤렌그룬트(Seelengrund)'에서 하느님을 만나는 것과 마찬가지로, 그에게 뒷간은 악마를 만나는 '더러운 땅(dirt ground)'과 같았다. 그것은 루터에게 신체적 자아의 '반대쪽 끝'에서 때로는 재치 있게, 때로는 고통스럽게, 때로는 터무니없게 생생한 이미지였다.

이 모든 것의 정신의학적 연관성은 루터가 나중에 보여준 언어적 변화 때문에 부각된다. 그의 언어적 자유는 이따금 저속한 방종으로 변질되었고, 초창기의 습관적이던 유쾌한 상스러움을 훌쩍 뛰어넘었다. 그는 심한 우울증에 사로잡혀 자신의 우울한 자기거부를 항문적 이미지로도 표현했는데, 우울 발작이 일어났을 때 저녁 식탁에서 이렇게 말했다(그리고 제자들은 열심히 받아 적었다). "나는 냄새 고약한 똥 같소. 세상은 거대한 똥구멍 같고. 우리는 조만간 서로를 놓아주게 될 거요."[35] 우리는 루터가 결코 부정하지 않은 사실을 간과할 권리가 없다. 반항적이고 파괴적인 본성을 억누르기 위해 한때 묵언을 선택했던 사람이 마침내 자신을 묶은 족쇄를 푸는 법을 배웠을 때 자기 시대의 가장 위대한 웅변가를 풀어놓았을 뿐 아니라 맹렬한 분노를 발산하는 가장 우뚝한 기질과 가장 거대한 능력을 풀어놓았다는 사실 말이다.

문제는 이 모든 것이 얼마나 비범한가, 얼마나 병적인가가 아니라 우리가 두 루터 중 한 명만 취할 수 있는가이다. 이 문제는 결론부에서 다시 다룰 것이다. 지금으로서는 마르틴의 독재적 양심에 대해 아는 것, 그리고 그의 격정적 기질에 대해 알아가기 시작하는 것이 강사 루터가 강의를 하면서 어떻게 자기 균형감과 정체성을 찾는지 이해하는 데 도움이 될 것이다. 그와 더불어 인간이 하느님과 자신에 대해 맺는 관계를 새롭게 규명하는 과정을 살펴볼 것이다.

이제 루터의 첫 강의 주제를 정신분석적 통찰과 나란히 논의하겠다. 독자들 가운데 신학자들은 루터가 철학으로부터 신학을 구해냈지만, 결국 신학이 심리학에 의해 이용당하는 신세가 되고 만 게 아닌지 의문이 들 것이다. 반면에 정신분석가들은 내가 정신의 구조에 루터의 하느님의 공간을 마련하려고 애쓰는 건 아닌지 의심할지도 모르겠다. 하지만 내 목적은 그보다 온건하다. 나는 루터가 인간의 조건을 재규정한 것이 그의 신학에서 핵심인데, 이 재규정이 임상가들이 정신적 고통을 앓는 개인들의 회복 과정에서 볼 수 있는 것과 같은, 내면의 역동적 변화와 구조적으로 유사하다는 놀라운 사실을 밝히고자 한다. 간단히 말하자면 나는 루터가 "성인을 위한 종교성"의 토대를 놓는 과정에서 자신이 힘겹게 얻은 성년기의 특성들을 드러냈음을 보여주려 노력할 것이다. 그가 겪은 '신앙의 르네상스'는 자신의 자아 주도성(ego-initiative)이 기운차게 회복되었음을 나타낸다. 이를 설명하기 위해 나는 세 가지 개념에 초점을 맞출 것이다. 첫째는 목소리와 말을 신앙의 도구로서 긍정하는 것, 둘째는 그리스도의 고난에서 하느님의 '얼굴'을 새롭게 인식하는 것, 셋째는 의로운 삶을 재규정하는 것이다.

1505년 이후 루터는 "썩어빠진 아리스토텔레스주의"가 신학에 끼친 유독한 영향을 거침없이 비난했다. 그는 자신이 스콜라주의 때문에 신앙을 잃었고 바울 덕분에 신앙을 되찾았다고 말했다. 또한 스콜라주의적 논쟁을 혀(linguae)와 이빨(dentes)로 묘사함으로써 이 문제를 기관 양태의 관점에서 바라본다. 이빨은 단단하고 사나우며 분노와 화를 표출하는 말을 빚는 데 반해 혀는 말랑

말랑하며 은근히 설득한다. 악마는 이 양태를 이용하여 순전히 지적인 신기루를 불러낼 수 있다(mira potest suggere in intellectu).³⁶ 하지만 말이 심장을 채우기 위해 들어가려고 통과하는 기관은 귀다. 말의 본질은 '귀에 들림'에 있기 때문이다(natura enim verbi est audiri).³⁷ 다른 한편으로 믿음은 보아서 생기는 것이 아니라 들어서 생긴다(quia est auditu fides, non ex visu).³⁸ 따라서 그리스도에게, 또 모든 그리스도인에게 건넬 수 있는 최고의 찬사는 밝고 열린 귀(aures perfectas et perfossas)를 가졌다는 것이다.³⁹ 하지만 거룩하고 성스러운 문제로 인식되려면, 지적일 뿐 아니라 동시에 감동적(affectionalis)이고 도덕적(moralis)인 문제로도 인식되어야 한다. 따라서 보기 전에 들어야 하고 이해하기 전에 믿어야 하며 포착하기 전에 사로잡혀야 한다. "믿음은 자리요, 영혼의 기관이다(Fides est 'locus' animae)."⁴⁰ 이 말은 전에도 누군가 했던 것이 틀림없지만 루터가 강조하는 것은 아우구스티누스적 '주입'이나 유명론적 '순종'이 아니라 (진정한 르네상스적 접근 방식인) 하느님에게 받은 내적 '장치'를 통한 자기검증이다. 이 장소(locus), 이 장치(apparatus)는 찾고 탐색하는 나름의 방법이 있으며, 자기만의 **수동성**을 발달시킬수록 성공한다.

역설적이게도 많은 청년(그리고 완고한 아버지의 아들)이 자신의 영역에서 위대한 인물이 되려면 자신의 유능함에 대한 자료가 자신에게 말하도록 허용하는 깊은 수동성을 배워야만 한다. 프로이트는 플리스에게 보낸 편지에서 이렇게 말했다. "그것이 제 안에서 움직여 제가 감지할 수 있을 때까지 기다려야 합니다(bis es sich in mir ruehrt und ich davon erfahre)."[41] 이 말이 여성적으로 들릴지도 모르겠는데, 실제로도 루터는 여성의 수태(sicut mulier in conceptu)의 태도를 노골적으로 언급했다.[42] 하지만 사람들이 이런 수동적 태도와 양태를 여성적이라고 부르는 것은 오로지 가부장제의 압력이 우리를 그것들로부터 소외하기 때문이다. 이 양태는 모든 유기체의 생득권이며, 우리의 모든 부분적 기능과 총체적 기능이 수동성과 능동성의 신진대사를 바탕으로 하기 때문이다. 남성적인 남성은 언제나 자신이 스스로 자신을 만들었고 어쨌거나 어떤 평범한 여인에게서도 태어나지 않은 척하고 싶어 한다. 많은 사춘기 의례(미국 남서부 지역의 '키바Kiva*에서 이루어지는 재탄생'을 생각해보라)에서는 남성만이 이해할 수 있는 종류의 영적 어머니로부터 새로 탄생하는 과정이 극적으로 표현된다.

루터의 수동성을 품은 신학과 심리학은 **기도 상태**에 있는 사람의 신학과 심리학이다. 이 상태에서 그는 자신이 하느님에게만 말할 수 있는 것을 온전히 진심으로 표현한다. 루터는 자신이 어떤 사람이나 제도에 대해 죄를 지은 것이 아니라 오직 하느님에게, **나의** 하느님에게 죄를 지었다고 말한다(Tibi soli peccavi).

그렇다면 기도에 의한 거듭남은 두 가지 면에서 수동적이다. 이것은 하느님 아버지에게 굴복한다는 뜻이면서, 성경의 모태로부터(ex matrice scripturae nati)[43] 다시 태어난다는 뜻이기도 하다. '모태'는 남자 중의 남자에겐 '어머니(mater)'에 가장 가까운 말이

---

* 푸에블로 원주민들의 의례적 공간. 종교적 재탄생을 상징하는 신성한 장소다.

다. 하지만 그는 도발하는 아버지에 의해 명확하게 억압되고 역설적으로 강화된 고집 센 양태를 발달시키기 오래전에 어머니가 그에게, 탐구하는 입과 탐지하는 감각으로 세상을 만지는 법을 가르쳤음을 기억하지 못하며 인정하지도 않을 것이다. 남자 중의 남자가 발달하는 과정에서 수동성을 얻는 것은 힘든 일처럼 보이지만 이것은 자신의 가장 오래되고 가장 무시된 양태를 능동적으로 구사할 능력을 되찾은 것에 불과하다. 이제 명시적으로 수동성을 가르치게 된 루터가 마치 어머니가 아이에게 젖을 물리듯 강연자가 청중에게 영적 양식을 먹여야 한다는 결론에 도달할 수밖에 없는 것은 우연일까? 우리가 말하는 종류의 수동성에는 그것을 받은 기억뿐 아니라 그것을 준 모성적 존재와의 동일성도 내재한다. "선한 것의 영예로운 점은 남들에게 흘러 나간다는 것입니다."[44] 나는 루터가 성경에서 마침내 자신이 인정할 수 있는 어머니를 발견했다고 생각한다. 그는 자신이 너그러움에 마음을 열고 남들에게, 마침내 어머니의 아들에게 베풀 수 있게 된 것을 성경 덕으로 돌릴 수 있었다.

   루터는 라틴어로 말할 때는 '수동적'이라는 의미로 '파시바(passiva)'와 '파시부스(passivus)'라는 낱말을 썼다. '패시브(passive)'라는 영어 번역은 올바른 것으로 받아들여야 한다. 하지만 독일어로 말할 때는 종종 '파시비슈(passivisch)'를 썼는데, 이것은 더 능동적으로 수동적이다. 영어로는 '패시픽(passific)'이라고 하면 비슷할 것이다. 나는 과거의 '수동적'과 '능동적'이라는 양상의 차이가 실은 '에를레벤(erleben)'과 '한델른(handeln)', 즉

경험하는 상태와 **행동하는** 상태의 차이라고 생각한다. '수동성'이라는 밋밋한 낱말에서는 유의미한 함축이 사라진다. 그렇게 사라지는 것들 중에는 감각을 통해 수용적으로 살아가고, 직관의 목소리를 자신의 의지로 **겪어내고**, **수난**(passion)을 살아가는 총체적 태도가 있다. 그 총체적 수동성 속에서 인간은 숙고된 자기희생과 자기초월을 통해 무(無)에 직면하여 자신의 능동적 위치를 되찾고 그럼으로써 구원받는다. 이것이 '십자가의 어리석음'*의 지혜에 담긴 심리학적 수수께끼 중 하나일 수 있을까?

설교자이자 기도자인 루터가 보기에 말씀의 임재를 얼마나 깊이 지각하는지는, 총체적인 감정적 반응에 달려 있다. 그 반응은 그것을 '진정으로 뜻한다'(mean)는 데 의심의 여지를 전혀 남기지 않는 것이다. '진정으로 뜻할' 수 없는 감정에 대해 말하는 것이 역설적으로 들릴지도 모르겠다. 하지만 의례와 의식의 거행이 그것을 하는 동안 '걸칠' 수 있고, 그 뒤에는 주일 복장과 함께 옷장에 '걸어둘' 수 있는 일시적 감정을 불러일으키는 것은 분명하다. 인간은 가장 깊은 숭배나 절망에서 태어난 상징과 행동을 (심리적으로 '자동화'할 수 있는 것과 마찬가지로) 의식화(儀式化)할 수 있다. 하지만 감정이 깊고 오래가는 효과를 발휘하려면, 또는 루터 말대로 감동적(affectionalis)이고 도덕적(moralis)이려면, 단지 압도적인 것으로서 경험될 뿐 아니라 어떤 면에서 자아에 의해 정당한 것으로, 심지어 선택되다시피 한 것으로 승인되어야 한다. 사

---

* 고린도전서 1장 18절. "멸망할 사람들에게는 십자가의 이치가 한낱 어리석은 생각에 불과하지만 구원받을 우리에게는 곧 하느님의 힘입니다."

람이 감정을 '진정으로 뜻할' 때 그것은 의미 있는 것을 나타내며, 스스로 의미를 지니게 된다. 우리의 자아와 양심의 상대적 성질이 이런 탓에, 자아가 양심의 절대적 목소리로부터 책망하는 소리를 들은 뒤 평정을 되찾으면, 우리는 자신이 믿도록 배운 것을 '진정으로 뜻하게' 되며 우리의 감정은 믿음, 확신, 권위, 의분 같은 긍정적 양심의 감정이 된다. 이 감정들은 모두 주관적 상태이고, 강한 정체감의 특성이며, 타인의 정체성을 강화하는 필수 불가결한 도구이기도 하다. 루터는 믿음의 문제가 경험의 문제라고 이야기한다. 경험이 얼마나 유익한가는 얼마나 집중적이고 표현적인가에 달렸다(quanto expressius et intensius). 하지만 경험이 냉담하면(frigidus) 단지 유익하지 않은 것이 아니라 지독한 결핍이 입증된 꼴이다. 강렬한 확신이 없는 사람은 파괴적 능력을 지닌 로봇이기 때문이다.

이 표현은 한때는 혁명적이었으나 오늘날에는 설교단에서 흔히 들을 수 있다. 이것은 모든 '웅변적 화폐'를 통틀어 가장 부풀려진 것, 즉 교회와 강당에서, 정치 선전과 구전 광고에서 들리는 신앙적 항변(protestation)의 바탕이다. 이 항변은 상황에 맞게 개작되는데, 그것은 사람이 자신의 전체로서 뜻하고 매 순간 살아내는 것만이 진실이라는 것이다. 프로테스탄티즘(protestantism)의 계승자인 우리는 바로 그 '뜻하는' 소리로부터 관습과 겉치레를 만들어냈다. 독일어 표현 '남자답게 가슴을 불쑥 내민 확신(Brustton der Überzeugung)'에서 시작된 개념은 여러 형태로 권위적 호소력을 발휘했으며, 최근에는 텔레비전 아나운서의 우스운 심각한 표정에서 볼 수 있다. 이 모든 상황은 루터가 우리의 영원한 내적 전선 중 하나의 개척자였으며 그의 말이 자신의 이름으로 비뚤어져버린 바로 그 지점에서 (여느 위대한 인물이 그래야 하듯) 그의 투쟁이 계속되어야 한다는 것을 뜻한다.

정신치료사, 즉 감정과 도덕의 영역에서 직업적으로 말하고 듣는 사람은 인간이 자신이 진짜로 뜻하는 바를 좀처럼 진짜로 알지 못한다는 사실을 너무 잘 안다. 인간은 거짓을 말하려다 진실을 드러내고 종종 진실을 말함으로써 거짓말을 한다. 이것은 심리적 진술이다. 정신분석적 방법은 (그 방법이 완전한 정직함을 전달하는 척하지 않을 때) 일정 기간이 지나면 상대방이 실제로 뜻하는 바를 대략적으로 밝혀낸다. 하지만 문제의 핵심은 단순하다. 참으로 중요한 문제에서 사람은, 특히 아동은 사람들이 실제로 뜻하는 바가 무엇인지에 대해 대체로 무의식적이기는 해도 굉장히 뚜렷하게 지각하며, 조만간 진짜 사랑에 극진히 보답하고 암묵적 증오에 정통으로 복수한다. 예의 바른 말, 겉치레식 상냥함, 값싼 솔직함, 올바름이라는 벽으로 분리된 가족 구성원들은 서로 이야기를 주고받을 때 감정을 미세하고 무의식적으로 드러내면서(신체적 불만과 몸의 괴로움은 말할 것도 없다) 서로 걱정하고 비난하고 깎아내리고 살해한다.

그렇다면 '진정으로 뜻함'은 신앙적 항변의 문제가 아니며 언어적 명시성(명확히 말로 함)은 믿음의 징표가 아니다. '진정으로 뜻함'은 다시 새로워지는 과정에 있는 이데올로기와 하나가 되는 것, 자신의 리비도적 분투를 성공적으로 승화하는 것을 의미하며,

해방된 기량을 통해 분명히 드러난다.

루터는 성경 말씀을 들을 때 선입견 없는 귀로 들은 것이 아니다. 선입견 없는 접근법을 취하기 위한 그의 방법은 양쪽 다 듣는 것, 즉 성경에서 나오는 말씀과 자신에게서 울려 퍼지는 메아리를 둘 다 듣는 것이었다. 그는 이렇게 말했다. "당신의 성향이 어떻든 하느님 말씀이 당신에게 내리실 것입니다."[45] 여기서 성향은 각자가 가장 절실하게 뜻하는 것들의 내적 구성을 의미한다. 루터는 자신이 이렇게 말할 수 있을 때 그것을 '진정으로 뜻한다'는 것을 알았다. 말씀을 말하는 것은 그가 가진 종류의 수동성에 알맞은 활동이었다. 여기서는 "믿음과 말씀이 하나가 되어 무엇으로도 꺾을 수 없다(Der Glawb und das Worth wirth gantz ein Ding und ein unuberwintlich ding)."[46]

시편 강의에서 루터는 바울이 고린도 교회에 보낸 첫 번째 서신(고린도전서)에서 상응하는 두 구절을 스물다섯 번 인용한다(반면에 로마서 강의에서는 한 번만 인용한다). 첫 구절은 이것이다.

유대인은 표적을 구하고 그리스인은 지혜를 찾으나 우리는 십자가에 못 박힌 그리스도를 전하니 유대인에게는 비위에 거슬리는 것이요 이방인에게는 어리석게 보이는 것이지만 …… 하느님의 어리석음이 사람보다 지혜롭고 하느님의 약함이 사람보다 강합니다.[47]

하느님의 이러한 역설적 어리석음과 약함은 루터에게 신학적 절대 원리가 되었다. 성경에는 십자가를 참조하지 않고(extra crucem) 이해할 수 있는 낱말은 단 하나도 없으며 이것은 모두 이해될 것이고 이해될 수 있다고 그는 외쳤다. 이와 관련하여 바울은 다른 구절에서 이렇게 말했다.

> 형제 여러분, 내가 여러분에게 나아가 하느님의 증거를 전할 때에 말과 지혜의 뛰어남으로 그렇게 한 것이 아닙니다. 그것은 내가 여러분과 함께 지내는 동안 예수 그리스도, 특히 십자가에 달리신 그리스도 외에는 아무것도 생각하지 않기로 하였기 때문입니다. 사실 나는 여러분에게 갔을 때 약하고 두렵고 몹시 떨었습니다.[48]

그리하여 루터는 십자가에 대한 모든 신학적 트집을 버렸다. 아우구스티누스는 십자가에서 그리스도가 "내 하느님, 어찌 나를 버리셨나이까(Deus meus, quare me dereliquisti)"라고 외쳤을 때 실제로는 버림받지 않았다는 의견을 표명했다. 하느님의 아들이자 하느님의 말씀으로서 그리스도 자신이 하느님이기 때문이라는 것이다. 하지만 루터는 이 의견에 동의하지 않았다. 그는 본질들의 플라톤적 융합보다 실존적 역설을 상정한 바울이 진실에 더 가깝다는 느낌을 떨칠 수 없었다. 루터는 그리스도가 자신이 완전히 버림받았다고 느꼈으며 지옥에 떨어지는 상황을 진지하고도 능동적으로 예찰(豫察)했다고 주장했다. 여기서 루터는 중세의 숭배적 용어와는 사뭇 다른 열성적 용어로 이야기했다. 모든 피조물 중에서 유일하면서도 각 사람 안에서 살아가는 사람, 또한 모든 사람을 **위해** 죽었으면서도 모든 사람 **안에서** 죽고 있는 사람에 대해 이야기했다. 중세 신학에서는 각종 성인들 덕분에 인간이 실존적 고통을 고스란히 감당하지 않을 수 있게 되었다고 주장하는데, 루터가 그 모든 상황을 거부한 것은 분명하다. 그는 그토록 필사적으로 그토록 오랫동안 대적하고 극복하려 했던 것을 이제는 신의 선물로 받아들였다. 그것은 마치 이미 지옥에 떨어진 듯 완전히 버림받았다는 느낌(sicut jam damnatus)이었다.[49] 이제 그는 최악의 유혹이란 어떤 유혹도 받지 않는 것이라고 말한다. 하느님이 전혀 노엽지 않은 것처럼 보일 때 오히려 하느님이 가장 노여워하고 있음을 알 수 있다는 것이다. 루터는 '자신이 할 수 있는 일을 하라'고, 현명한 계획을 세워서 죄짓는 일을 미연에 방지하라고, 모든 의례를 지키고 힘닿는 데까지 꼬박꼬박 헌금을 내서 구원받으려 애쓰라고, 자신이 "내면의 마땅한 모습대로" 겸손하고 평안하다고 확고하게 느끼라고 권면하는 모든 선의의(bone intentionarii) 종교인에게 경고한다. 그 대신에 루터는 자신의 윗사람들이 그의 악덕(우리가 보기에는 증상)이라고 여긴 것, 즉 죄인됨의 '밑바닥'을 단호하게 탐색하는 것을 미덕으로 바꿨다. 그래야만 하느님이 심판하듯 인간이 그 자신을 심판할 수 있다는 것이다(conformis deo est et verax et Justus).[50] 이런 동조(conformity)가 하느님의 심판을 대면했을 때의 완전한 수동성이라고 생각할 수도 있겠지만, 이것이 실제로는 진정한 죄책감을 찾아 양심의 변방을 훑는 능동적 자기관찰임에 유의해야 한다. 이런 태도는 비인격적이고 기계적인 면죄를 받아들이지 말고 진정한 죄책을 상대하라고, 개인 자신이 진정으로 자기심판이라고 뜻하는 것을 '하느님의 심판'으로 인식하라고 촉구한다.

이 모든 것은 무의식적 기법으로 해석될 수 있는 개인적 적응의 한 측면일까? 아들 마르틴은 아버지에게서 자기 신앙의 진정성에 대한 승인을 받아낼 수 없었기 때문에 개인적 차원에서 깊은 고통을 받았으며, 자식으로서 순종하는 기간이 지나치게 연장되면서 이런 아버지의 말을 내면에 품었는데, 이제는 종교적 차원에서 자식의 고통을 자발적으로 받아들이는 역할을 맡는다. 아마도 자신의 오랜 '아들됨'을 그리스도를 닮은 자의 승리로 만들려고 한 것인지도 모른다. 첫 미사에서 제단(하늘에 계신 아버지)을 마주 보는 동시에 분노한 이승의 아버지와 대면할 순간을 기다리면서 마르틴은 그리스도의 중보자 역할에 대한 구절을 '간과'했다. 하지만 지금은 자신의 내면에서 그리스도를 찾으면서 신경증적인 절충적 정체화를 넘어선 내적 위치를 확립한다. 그는 기도하는 인간의 정체성에서 핵심을 찾으며, 기독교 이데올로기가 중요한 진전을 이루도록 한다. 우리를 '위하여'('대신하여'라는 의미에서) 죽은 대리인이라는 그리스도 개념을 루터가 버린 것은 분명하다. 또 그는 모방하거나 비굴하게 숭배하거나 과거에 일어난 사건으로서 제의적으로 기억해야 할 이상적 인물이라는 그리스도 개념도 폐기했다. 그리스도는 이제 기독교인의 정체성에서 핵심이 되었다. "그리스도는 오늘 여기 내 안에 계십니다(quotidianus Christi adventus)."[51] 고통의 수동성은 긍정되어 하루하루의 수난이 되며, 그 수난으로 인해 타인의 원초적 희생은 인간의 무가치함을 매우 능동적이고 주체적으로 긍정하는 일이 된다. 그리고 인간의 무가치함에 대한 긍정은 그 자신의 주체적 선택에 의해 그의 실존적 정체성이 된다.

인류에게 구원자로 추앙받는 사람들은 평범한 사람이 온갖 자기기만과 타자 착취를 통해 피하려고만 하는 '통찰'을 오히려 대면하여 영속적인 말로 서술한다. 이 사람들은 세상 구석구석 천년만년 퍼지는 목소리의 마법으로 자신의 주장을 입증한다. 그들의 수난에는 선택, 장악, 승리의 요소들이 들어 있으며 조만간 그들에게 '왕 중의 왕'이라는 칭호가 부여된다. 그들의 가시 면류관은 훗날 그들의 계승자에게는 교황관이 된다. 한동안 이 최초의 혁명적 개인주의자 루터는 구세주를 교황권과 의례, 위계와 사상 검열로부터 구원하여, 그가 탄생한 곳, 즉 각 사람의 영혼으로 돌려보냈다.

이것은 양심의 차원에서 르네상스 인간중심주의의 대응물 아닐까? 루터는 하늘을 과학에 맡겨두고는 자신의 고통과 믿음에 대해 알 수 있는 것에, 자신이 뜻할 수 있는 것에 스스로를 제한했다. 한때는 아버지들과 하느님 아버지의 낯빛을 어둡게 하던 성난 구름을 몰아내고자 했으나 이제는 그리스도의 삶이 곧 하느님의 얼굴이라고(qui est facies patris) 말했다.[52] 수난은 인간이 하느님에 대해 알 수 있는 유일한 것이며, (정당하게 대면한) 갈등은 인간이 자신에 대해 알 수 있는 유일한 것이다. 최후의 심판은 언제나 현재의 자기심판이다. 그리스도가 살고 죽은 것은 인간이 미래의 심판에 대한 두려움 때문에 가난해지도록 하기 위해서가 아니라 오늘 풍요로워지도록 하기 위해서였다. "왜냐하면 심판은 우리

안에 넘쳐나는 그리스도의 수난 자체이기 때문입니다(nam judicia sunt ipsae passiones Christi quae in nobis abundant)."[53] 루터는 강의 중에 이렇게 말했다. 화가들이 그리스도의 수난을 묘사하는 것을 보면 우리가 그리스도의 십자가에 못 박힌 것 말고는 아무것도 알지 못한다는 성 바울의 말에 동의하는 것 같다고 말이다.[54] 기질적으로 루터와 가장 가까운 미술가는 뒤러인데, 그는 자신의 얼굴을 그리스도의 얼굴에 아로새겼다.

루터의 신학적 발전에서 드러나는 특성들은 모든 사람이 거쳐야 하는 심리적 성숙의 단계인 부자 관계의 내면화, 그에 따르는 양심의 결정화(crystallization), 행하는 자와 인간으로서 정체성의 안전한 확립, 그에 따르는 기본적 신뢰의 재확인에 빗댈 수 있다.

루터에게 하느님은 시간과 공간의 변두리에 숨은 분이 아니라 "우리 안에서 일하시는 분"이 되었다. 하느님에게 향하는 길은 "할 수 있는 일을 함"으로써 목표를 향해 나아가는 고된 분투가 아니다. 하느님의 길은 내면에서 움직이는 것이다(via dei est, qua nos ambulare facit).[55] 하느님은 이제 약한 존재가 되었으나 개인에게는 더 인격적인 존재가 된다. 제일 마지막에 대면해야 하는 위협이 아니라 우리 안에서 언제나 시작하는 존재가 된다. 따라서 하느님의 아들은 언제나 다시 태어난다. "그러므로 우리도 다시 태어나고 새로워지고 재생되어야 합니다(ita et nos semper oportet nasci, novari, generari)."[56] '충분히 행하다'는 언제나 시작한다는 뜻이다(Proficere est nihil aliud nisi semper incipere).[57] 그러므로 수직적 관계와 수평적 관계의 모든 역설이 만나는 지점은 인간 자신의 분열된 본성에서 찾을 수 있다. 두 왕국(regna), 즉 신의 은총이라는 실재론의 영역과 동물성이라는 자연주의적 영역이 인간의 내적 갈등과 실존적 역설 안에 존재한다. 그것은 기독교인이 이 땅에서 동시에 간직해야 하는 두 성격과 두 소명이다(Die zwo Personen oder zweierlei ampt).[58]

이 두 가지 성격이 무엇인지는 중요하지 않다. 신학자, 철학자, 심리학자가 저마다 인간을 다르게 절단하며, 절단면이 일치하도록 해봐야 헛수고다. 우리가 짚어야 할 요점은 루터가 **내면적** 갈등을 겪는 인간과 자기관찰의 완성을 통한 구원을 새롭게 강조했다는 점이다. 개별 인간이 '아들의 수난'이라는 상징을 통해서만 하느님을 알 수 있다는 루터의 정식화된 표현은 개인의 실존을 훗날 키르케고르의 실존주의와 프로이트의 정신분석이 추구하게 되는 새로운 방향으로 재규정했다. 두 사람의 방법은 체계적으로 개인을 그 자신의 경계선으로 이끄는데, 여기에는 종교적 엑스터시의 경계선도 포함된다.

방금 신학적 용어로 표현한 것을 좀 더 심리학적으로 다시 표현해보자. 우리가 '부정적 양심'이라고 부른 것은 프로이트가 개념화한 초자아가 자아에 가하는 압박과 여러 면에서 일치한다. 이 압박이 개인이나 집단 안에서 지배적이면 주관적 시공간의 특정 측면이 강화된 특별한 실존 감각이 경험의 질 전체에 그늘을 드리운다. 우리는 정말로 못된 양심의 찰나적 순간을 겪을 때마다 강렬하게, 또 심한 우울증(멜랑콜리아)을 겪을 때는 더 강렬하게 이것을 알게 된다. 그때 우리는 기묘하게 수축되고 마비되어, 우리가 완성으로부터 아득히 떨어져 있다고 날카롭게 속삭이는 내적 목소리의 희생자가 된다. 임박했지만 모호하고 예측할 수 없는 운명이 닥칠 때 그 완성만이 우리를 구할 수 있는데 말이다. 심판이 임박했는데도 우리는 아직 죄인이다. 충분히 선하지 못하고 어쩌면 너무 멀리 가버렸는지도 모른다. 이 우울한 상태에서(루터는 세속적 성공이 절정에 도달했을 때 어느 때보다 깊이 우울에 빠져들었다) 잠시나마 위로를 얻으려면 그 목소리와 고통스러운 거래를 하는 대가를 치러야 한다. 그 거래는 어쩌면 조만간 우리가 새로운 시작을 위한 디딤판을 발견하리라는, 또는 어쩌면 심판의 시간에 어떤 미지의 저울에 따라 우리가 간신히, 하지만 거뜬히 받아들여져 입장할지도 모른다는 희망을 선사한다(몇몇 자긍심 강한 사람들은 **그럭저럭 해 나가는 것**만으로 천국에 들어갈 수 있느냐고 물었지만). 그동안 우리의 강박적 자책은 '아마도 조만간', '이미 거의', '조금만 더', '아직 거기까지는', '어쩌면 다음번에'를 놓고서 이를 앙다물고 애를 쓸 것이다. 물론 모든 마음이 저절로 이렇게 하는 것은 아니다. 하지만 누구나 어느 정도는 그렇게 하며, 거의 누구나 모든 출구를 하나만 빼고 막아버린 이데올로기 체제에 의해 어쩔 수 없이 참여하게 된다. 그 하나의 출구는 꼭 맞아떨어지는 희망과 절망의 상징으로 장식되었으며 체제의 흥행사, 건축가, 심문관이 지키고 있다.

하지만 어떤 사람들에게는 그런 상태가 (개인적 이유 때문에) 습관적으로 바뀐다. 어느 분야가 됐건 종교주의자들은 이런 사람들

가운데서 모집된다. 민족 전체가 이 잠재적 상태를 세계상으로 빚어내기도 한다. 윌리엄 제임스는 라틴 인종이 죄의 압박을 "복수형인 병들과 죄들"로 더 쉽게 구분해 보이는 데 반해 독일 인종은 "죄(Sin)를 단수형으로 생각하는 경향이 있고, 대문자 S는 우리 본성의 주관성에 뿌리 뽑을 수 없게 주입되어 있으며 피상적이고 단편적인 수술로는 죄를 결코 제거할 수 없다고 생각하는" 경향이 있다고 말했다.[59] 이것이 사실이라면 기후와 밀접한 관계가 있는지도 모르겠다. 태양이 마치 사라져버리기라도 할 것처럼 확실히 물러나는 북유럽의 겨울은 긴 어둠과 치명적 추위를 오랫동안 이어 가 회복 불가능성의 감각을 심어주거나, 아니면 그런 가능성에 대한 총체주의적 적응을 강제할 것이다. 루터는 주기적 우울증 상태에 거듭 빠져들어 절망과 질병을 최종적인 것으로, 죽음을 임박한 것으로 받아들일 수밖에 없었다. 그렇기에 그가 자신의 비관적이고 철학적으로 매우 불합리한 관념(이를테면 개인의 운명이 노력과 무관하게 미리 완전히 결정되었다는 관념)에서 표현한 것은 다름 아닌 기분의 차가운 '밑바닥', 암흑의 완전한 배경이었는지도 모른다. 북유럽 사람들에게 그것은 봄의 조건이다.

> Der Sommer ist hart fuer der Tuer
> Der Winter ist vergangen
> Die zarten Blumen gehn herfuer;
> Der das hat angefangen
> Der wird es auch vollenden.

이 시는 다만 겨울이 지나갔고 여름이 문 앞까지 왔으며 꽃이 피고 있고 이런 과정을 시작한 이가 누구이든 틀림없이 끝맺으리라고 말한다.

자아가 초자아를 의기양양하게 견제하는 그런 마음 상태는 부정적 양심이 엄격히 분리하는 양극단을 화해시킬 수 있다. 자아가 우세하면 전일적 상태가 되고, 양극단을 깎아내지 않은 채 융합하는 경향이 있다. 루터는 개인적 회복 상태에서 (억압적 심리 상태에서 회복하는 여느 사람과 마찬가지로) 새로운 전체를 위한 주춧돌의 원천인 육중한 '총체주의'에 의존했다. 온전한 사람에게는 총체적 상태들이 균형 잡혀 있다. 루터가 선포했듯 우리는 총체적 죄인(totus homo peccator)이요 총체적 의인(totus homo justus)이며 언제나 저주와 축복을 둘 다 받은 존재, 살아 있으면서 죽은 존재다. 그러므로 우리는 무슨 수를 쓰더라도 하나의 절대적 단계에서 다른 절대적 단계로 넘어갈 수 없다. 하느님에게 받은 자각 기관을 이용하여 지금 여기에서 인간 조건의 역설을 아우를 수 있을 뿐이다. 심리학적으로 말하자면 어느 순간이든, 어떤 행동이나 생각을 하든 우리는 욕동**과** 양심에 의해 우리가 다 의식할 수 없는 수준으로까지 공동 결정된다는 것이다. 우리의 자아가 가장 강할 때 우리는 욕동의 지나친 부정에 짓눌리지 않고, 누릴 수 있는 것을 누리고, 거부할 수 있는 것을 거부하고, 자신의 창조성에 따라 그 부정적인 것들을 승화할 수 있다. 이때 우리는 우리 양심의 절대주의를 항상 감안한다. 우리 양심의 절대주의 성향은 사소한 희생이나 속죄로는 결코 누그러뜨릴 수 없으며 언제나 전체 행위의 일부로 남아 있을 수밖에 없다. 이렇듯 루터는 프로이트가 심리학적으로 정립한 것을 자신의 용어로 말했다. 즉 우리가 완전히 휘둘리거나 **아니면** 완전히 의로운 것은 표면적 모습에 불과하다는 것, 우리는 가장 의로울 때 깊은 내면에서는 공허하며, 욕정이나 탐욕에 가장 크게 휘둘릴 때야말로 못된 양심이 작용하고 있음이 언제나 드러나게 된다는 것이다. 하지만 바로 이 내적인 심리적 조건이 (신학적으로 말하자면) 하느님을 '극도로 곤란한' 속성으로부터 구해낸다. 이 속성은 마르틴이 과거에 하느님을 용서할 수 없던 이유인데, 말하자면 영원토록 아버지여야 할 하느님이 어떤 특별히 기특한 순간에만 아버지 노릇을 한다는 것이다. 자아에게 영원은 언제나 지금이다.

루터는 영적 강림의 '지금 여기'를 강조하고 언제나 출발점에 서 있어야 한다(semper incipere)고 강조하는데, 이것은 신앙의 발판일 뿐 아니라 정신분석가들이 '자아 강도'라고 부르는 내적 상태를 지배하는 시공간적 성질이기도 하다. 자아에게 과거는 불변의 과정이 아니며 임박한 운명에 대한 준비로서만 경험되는 것도 아니다. 오히려 과거는 (과거를 현재에 맞추되 대개는 부지불식간에 망상적이지도 않고 고의로 부정직하지도 않은 정도로 맞추기 위해) 잊고 조작하고 이상화하는 편리한 수법을 구사하는 현재적 장악의 일부다. 자아는 과거의 상실과 박탈을 체념할 수 있으며 미래의 불가능한 것을 요구하지 않는 법을 배울 수 있다. 자아는 현재의 환상을 즐기며, 의심과 불안에 맞서 모든 가정 중에서 가장 불안정한 가정인 현재의 환상을 지켜낸다. 흠결 없는 현재성을 떠올리게 하는 과거의 경험들을 쉽게 기억해냄으로써 현재의 환상을 지켜내는 것이다. 건강한 자아에게 시간의 흐름은 '정체성 과정'을 떠받친다. 그러므로 (프로이트가 힘주어 지적했듯) 죽음을 두려워하지 않는다. 건강한 자아에게는 죽음 관념이 없다. 하지만 건강한 자아는 부정적 양심에 대해, 욕동에 대해, 현실에 대해 장악력을 잃는 것은 두려워한다. 자아에게 이 전투에서 지는 것은 산 죽음이며, 거듭거듭 이기는 것은 자신의 삶을 만들어내는 것 같은 느낌을 준다. 신학 용어로 하자면, 살아 있는 것은 하느님에게서부터 나와 자유롭고 자발적으로 나아가지만 자연적으로 (즉 생물학적으로 설명할 수 있는 방식으로) 나아가지는 않는다(creaturae procedunt ex deo libere et voluntarie et non naturaliter).[60]

어느 주어진 순간에든 인간에게 존재하는 총체적 죄인됨과 총체적 구원이라는, 루터가 새로 천명한 말들이 알레고리적임은 쉽게 입증할 수 있다. 악의적으로 보자면 이 말들은 마르틴을 특별한 위기로부터 건져내기 위해 고안되었다고 해석할 수 있다. 그 위기는 영적인 고양과 지독한 침울을 아우른다. 권력과 복수와 여성과 음식과 맥주에 대한 욕구는 말할 것도 없다. 하지만 이 모든 모순이 공존하는 데는 나름의 심리학적 근거가 있으며, 모순들이 양립할 수 없다는 데서 오는 분노에도 그런 근거가 있다. 마르틴의 신학적 재정립은 심리학적 사실을 함축하는데, 말하자면 자아가 행위에서(in practice), 정서에서(in affectu) 힘을 얻음으로써 욕동의 총체적 힘과 양심의 총체적 힘을 동시에 받아들일 수 있게 된다는 것이다. 그러려면 루터가 '하느님의 손으로 이루신 것

(opera manum dei)'[61]이라고 부르는 것에 양분을 주어 키워야 하는데, 행함과 사랑의 이 특별한 조합만이 우리의 정체성을 검증하고 확인한다. 이 조건에서는 겉보기에 '복종'이던 것이 '지배'가 되며 겉보기에 수동성이던 것이 능동적 추구를 위한 새로운 에너지의 방출이 된다. 부정적 양심이 자아의 목적을 위해 일하게 하려면 회피하지 않고 거기에 직면해야 한다. 또 욕동을 다스리고 창조적으로 활용할 수 있는 정도는 향유와 자각과 일을 통해 그 욕동의 힘을 얼마나 인정할 수 있는가에 달렸다.

자아가 이 화해를 성취하지 못하면 우리는 제3의 내적 시공간의 먹이가 될지도 모른다. 이 시공간의 특징은 프로이트가 '이드(id)'라고 부른 것이 지배한다는 것이다. 이 상태의 위험은 프로이트가 생물학적 본능으로 간주한 것에서 비롯하는데, 자아는 이 본능을 자신의 밑과 밖에 있는 것으로서 경험하는 동시에 이 본능에 도취한다. 이드에 의한 지배는 시간과 공간이 한 방향으로, 소망 충족을 향해 정렬된다는 뜻이다. 우리는 시간과 상황이 해소와 만족을 지연시킬 때 긴장이 커지고, 기회가 생길 때 충동이 가속된다는 사실만을 안다. 자기추진적 의지는 과거에 배운 것과 현재에 지각하는 것을 깡그리 무시하는 경향이 있다. 예외는 과거와 현재가 소망의 목표 지향성에 연료를 공급할 때뿐이다. 루터는 마치 프로이트 이론을 아는 듯 이것을 정식화했는데, 그에 따르면 이 이드 도취가 총체적 중독으로 발전하는 것은 그것을 오만하게 부정할 때다.

몇몇 수도 방법은 모든 자아 위험을 날것 그대로 맞닥뜨려야 하는 지경까지 체계적으로 내려가는데, 그곳에서 우쭐거리는 양심을 기도로 기죽이고 욕동을 금욕으로 길들인다. 또 수도자 스스로 자신의 정체성을 체계적으로 버림으로써 현실의 압박을 패배시킨다. 하지만 참된 수도는 늦게 발달하며 성숙한 자아에게만 가능하다. 훗날 루터는 서른 살이 안 된 사람은 결코 수도원 생활에 완전히 투신할 수 없다고 말했는데, 그 이유는 그 자신이 잘 알고 있었다.

'행함(work)'에 대한 루터의 재규정은 아마도 그의 나머지 모든 정식화보다 심하게 오해되었을 텐데, 그 예외가 있다면 당연하게도 성과 관계된 것들이다. 이 민감한 두 영역 모두에서는 이론과 실제가 완전히 분리되었다. 위대한 인물이 애초의 표현으로 무엇을 의미했는지 판단하려면 그가 당시에 무엇에 **맞서** 이야기했는지, 또는 이전의 어떤 부풀려진 말을 바로잡으려 했는지 찾아보는 게 언제나 유익하다. 위대함의 바탕은 이전의 부풀려진 말(대개는 남들이 한 말이지만 스스로 한 말일 때도 있다)을 과도하게 바꾸어 천명하는 것이기 때문이다. 이 새로운 천명은 우리 자신의 전선에 대한 우리의 지각을 일시적으로 날카롭게 벼리는 한 살아 있게 된다. 다음 시대가 되면 이 천명이 낳은 관념들이 다시 과도한 비판의 타깃이 될 테지만 말이다. 루터는 행위에 대해 이야기하면서 여론의 분위기에 맞섰는데, 당시는 종교 문제와 관련하여 사람이 자신의 내면(또는 돈지갑)에 있는 임무를 얼마나 많이 해냈는지 묻는 분위기였다. 루터가 반대한 행위는 헌신적 일의 성격이나 성질과는 하등의 관계가 없는 겉치레식 성무(聖務)였다.

루터는 당대의 기독교가 바울과 그리스도의 기독교성을 망각하고 "유대인, 튀르크인, 펠라기우스주의자들이나 쓰는" 관념으로 돌아갔으며 특히 정해진 의례를 지키는 것을 너무 강조한다고 생각했다. 루터가 의도하는 바를 알려면 그가 로마에 갔을 때 천국에 가는 무료 쿠폰과 유료 쿠폰에 집착한 것을 떠올려보기만 하면 된다. 그는 훗날 사람들의 태도를 이렇게 희화화했다. "그는 성 야고보 성당으로, 로마로, 예루살렘으로, 여기저기로 내달리고 성 브리지다에게, 이 성인에게, 저 성인에게 기도하며 오늘도 내일도 금식하고 여기저기서 고해하며 이것저것 묻지만 평안을 찾지 못한다."[62] 그는 이것을 유대교 '율법'으로의 퇴행으로 여겼으며, 규율 엄수를 꼬치꼬치 따지는 것에서 의로움의 과잉을 느꼈다. 그 자신이 너무나 잘 알듯 세세한 의례를 강박적으로 준수하다 보면 부정적 양심이 득세하여 하루의 일분 일분을 최후의 심판의 축소판으로 갈라놓는다. 이렇게 얻은 소소한 자기구원이 미덕으로 간주되는데, 이 미덕은 믿음에 내어줄 시간이 전혀 없으며 남에게 도움될 수 있는 한순간의 평안도 남겨두지 않는다. 이와 관련하여 독일어뿐 아니라 영어에서도 많은 실마리를 얻을 수 있다. 옳은(richtig) 일을 **하는**(do) 사람은 자신이 의로운(recht) 사람 **이다**(be)라고 생각하며 타인 위에 군림할 권리(rechthaben)를 **가졌다**(have)고 주장한다.

이 내면적 정신 사슬에 맞서 루터는 행함(work)을 처음부터 그 자체를 위해 한다는 생각을 자신의 완전히 새로운 시공간 구성에 맞도록 다시 강조했다. 누구도 옳은 행위를 한다고 해서 의로운 것은 아니며 **만일** 그 사람이 의롭다면 행위가 의로운 것이다(quia justus, opera justa). 성경 구절을 독일식으로 재천명한 글에서 그는 이렇게 말한다. "그대가 기적을 행하고 튀르크인을 모조리 목졸라 죽여도 사랑에 반(反)하여 죄를 저지르면 무슨 소용이 있겠는가?"[63]

성(性)과 행함의 문제에서는 인용을 엉뚱하게 하기가 쉽다. 니체조차 행함의 문제에 대해 루터를 오독하여 선한 행함을 위해서는 연습과 실천이 믿음만큼이나 필요하며 종종 믿음에 선행한다고 주장했다. 니체는 당시 쇼펜하우어의 금욕주의와 염세주의에 반대하는 글을 쓰고 있었으며 의지와 행동을 최고의 미덕으로 복권시킬 작정이었다. 그는 루터가 행위(works)에는 반대했으나 행함(work)에는 무척 찬성했다는 사실, 두엄을 만들고 아기를 씻기고 집을 청소하는 활동조차 믿음으로 행한다면 성스럽다고 인정했다는 사실을 외면했다.

자신의 행함에 대한 루터의 태도를 보자면 그는 연설을 주업으로 삼을 수 있게 되고서야 자신의 생각을 알고 신뢰하는 법을 배우고, 또한 하느님을 신뢰하는 법을 배울 수 있었다. 그는 강의를 맡았을 때 경건한 열심이 아니라 비극적 갈등의 감각을 느꼈지만 강의를 준비하면서 감정적으로나 지적으로 생동감을 느꼈다. 이것은 행위가 아니라 가장 훌륭한 의미에서 행함이었다. 사실 루터는 스콜라주의적 기량의 전통에 맞서 자기 본업 전체의 언어적 행함을 더 진정하게 추구했다. 그의 방식을 보면 덜 근사하게 말하고 더 참되게 뜻하는 것이 더 나은 행함이며 더 나은 소통술이라고 확신했음을 알 수 있다.

우리는 루터의 새로운 천명에서 심리학적 진실을 엿볼 수 있다. '자아가 제대로 작동하는' 사람은 (어떤 이유로든, 또는 누구를 위해서든) 자신이 해야 하는 일에서 '의미'를 찾을 수 있다면 좋은 일을 할 수 있다. 이건 언제나 쉽게 해결할 수 있는 문제는 결코 아니다. '강한 자아'라는 용어를 너무 가볍게 여기면 안 된다. 자신이 하고 있는 일을 해서는 안 되는 사람이 많다. 그 일을 잘하기 위해 너무 큰 내적 대가를 치르고 있다면 말이다. 효율성의 측면에서는 좋은 일이라고 해도 다른 측면에서는 나쁜 일일 수도 있다. 요점은 일을 얼마나 효율적으로 하느냐가 아니라 그 일을 하는 사람의 이데올로기적 세계 안에서 그의 전 생애에 걸쳐 얼마나 유익한가다. 일의 개별적 좋음은 숙달된 절차의 합을 넘어서는 어떤 기술적 좋음에서 드러날 것이다. 일의 정신이 중요하다고 주장했다는 점에서 루터는 마르크스의 선배였다. 하지만 물론 루터는 정치적으로나 경제적으로나 새로운 차원의 이데올로기로서 진보를 예견하지는 못했다(인간을 이데올로기로부터 해방하는 데 일조하기는 했지만). 그의 관점은 수공업자의 관점이었다. 그는 어느 직업이든 개인적 완성에 이르는 길로서는 대등하게 좋지만, 잠재적인 평생 감옥으로서 대등하게 나쁘다고 생각했다.

우리는 언제나 이 세 차원(자아, 초자아, 이드)의 시공간에서 살아가며 어느 것을 강조하느냐에 따라 서로 구별된다. 우리는 모두 일부 시간에는 욕동에 휘둘렸다가 양심에 시달렸다가 하지만, 영혼, 칼, 돈의 전체주의적 힘이 끊임없이 우리를 짓누르려 한다는 세계상에도 불구하고 대개는 자아가 지배하는 시공간에서 그럭저럭 살아간다. 각각의 역사적 시기에는 정체성의 빈틈이 없고 양식의 빈틈이 있다. 모든 가능한 세계 중에서 최상의 세계에는 각각 휘둘림과 짓눌림의 독특한 과잉을 보여주는 긴장과 열광이 있다. 인간은 결코 전적으로 자신의 시대에서 살 수 없지만 전적으로 자신의 시대 밖에서 살 수도 없다. 그의 정체성은 때로는 시대의 정체성과 어우러지고 때로는 그 시대의 정체성과 목숨을 걸고 싸운다. 하지만 새로운 긍정적 양심이 솟아나 역사 변화의 신선한 고랑에 이데올로기 씨앗을 심는 것은, 마르틴의 양심 같은 압도적인 부정적 양심이 루터의 예민함과 권력 욕동에 연결될 때다. 이 모든 참신한 시작에는 내가 이 논의에서 간추리려 노력한 자아 특징들이 공통으로 들어 있다.

　루터의 신학에는 해결되지 않은 개인적 문제가 담겨 있는데, 그것은 신학 자체보다는 정신분석학으로 접근하는 쪽이 수월하다. 이 미해결의 개인적 문제가 훗날 뚜렷해지는 것은 인생 행로가 느닷없이 바뀌면서 강사이자 설교자로서 얻어낸 자신의 정체성이 위협받을 때이며, 더더욱 뚜렷해지는 것은 내면에 저장된 자기증오가, 또한 불순종을 용납하지 못하는 지독한 옹졸함이 중년의 위기로 인해 전면에 드러날 때다. 그런데 시편 강의에서는 이 문제가 루터의 강사로서의 정체성 안에서 비교적 균형을 이루고 있었다.

시편 강의에서는 하느님 자신이 자비로운 아버지상에 합류한다. 루터는 시편 102편 13절 "주여 일어나소서. 시온을 불쌍히 여기소서."를 이렇게 해석한다. "이 일어남, 이 일어섬은 하느님의 편에서 인간이 되는 가장 자애롭고 은혜로운 행동을 뜻한다. 여기서 그분이 우리를 당신의 경지로 끌어올리기 위해 우리에게 오셨기 때문이다."[64]

루터의 최초 설교들을 연구하면 그가 깊은 강박적 투쟁으로부터 자기치유를 하는 과정에서 종교적 수단과 자기관찰적 수단으로 실존을 다스리는 데 기본이 되는 원리를 부지불식간에 표현하게 되었음을 알 수 있다. 다음 문장에서 보듯 그는 로마서 강의를 위한 메모에서 교수로서 더욱 완벽에 가까워졌고 교리 신학자로서 더욱 명료해졌다. "완벽한 자기통찰은 완벽한 겸손이고 완벽한 겸손은 완벽한 앎이며 완벽한 앎은 완벽한 영성이다."[65] 그와 동시에 루터는 하느님의 속성을 바꿈으로써 이 분노의 상처를 치유하려는 시도에 정점을 찍는다. 하느님은 기분이 오락가락하여 하찮은 아들이 이해할 수 없는 이승의 아버지가 되는 것이 아니라 '진실로 불쌍히 여기는 분노(ira miseri-cordiae)'의 속성을 부여받는다. 이 개념 덕분에 루터는 마침내 하느님이 아버지임을 받아들이고 그에게 의로움을 부여할 수 있었다.

매우 독립적인 정신의 소유자만이 로마 기독교 이전 기독교의 원칙을 이렇게 재천명할 수 있으며, 올바르게 단순한 사람만이 자기가 로마 교회를 계속 살게 해주면 로마 교회가 자신에게 설교하게 해주리라는 헛된 믿음을 품을 수 있다. 이 자기기만은 루터가 비텐베르크 교회 대문에 95개조 논제를 못 박아 걸었을 때 끝난 것이 아니었다. 이 행동은 그 자체로 반항적 몸짓이 아니라 스콜라주의적 통례였다. 하지만 (결론부에서 다시 살펴보겠지만) 상황이 '행위(works)'가 영적으로 무의미하다는 그의 이론을 경제적 반란의 중추로 이용했다. 북독일 전역이 그럴듯한 신학적 근거를 내세워 로마의 과세를 제한하기 위해 달려들었다. 이 논쟁에서 독일인들은 논증하는 사람의 목소리를 듣기 시작했는데, 그 목소리는 그들이 오랫동안 기다린 목소리처럼 들렸다.

루터는 개혁가의 역할 속으로 의기양양하게 빠져들었다. 세속적 지도자가 되라는 아버지의 소원을 거부하고 수도원의 묵언을 선택한 그가 이 과정에서 얼마나 바뀌었는지는 짐작만 할 수 있을 뿐이다. 하지만 분명히 알 수 있듯 마르틴의 가부장적 양육 환경으로 인해 극도로 악화한 부정적 양심은 (이런 양심이 으레 그러듯) 자신이 받은 것을 타인에게 돌려줄 기회를 기다리고 있었을 뿐이다.

7장

분노하는 영적 지배자

루터가 주로 강사이자 설교자이던 30대 초에 적은 의미심장한 메모와 주석은 웬일인지 원고 더미에 묻혀 있었다. 이것들의 전모가 밝혀진 것은 20세기 들어서였다. 끈기 있고 운 좋은 학자들이 독일 왕립도서관들과 바티칸을 뒤져 찾아낸 것들이었다. 로마서 강의에 대한 루터 자신의 원고는 베를린 왕립도서관의 유리 상자에 '작자 미상'으로 전시되다가 뒤늦게 발견되었다. 이 정도로 루터는 자신의 전사(前史)가 1517년 사건 뒤로 사라지도록 내버려 두었다. 흥미로운 유사 사례가 있다. 프로이트가 플리스에게 보낸 편지들이 나치 독일의 고서점에서 뒤늦게 발견된 것이다. 편지들에는 프로이트가 자기 사상의 원류에 지적으로뿐 아니라 개인적으로도 관여했음을 보여주는 증거가 있었다. 그는 편지가 파기되기를 바라고 그렇게 되었으리라 추정했으며 피치 못할 사정이 있을 때만 마지못해 보존에 동의했다.

루터의 초기 강의가 중요한 것은 그의 자아가 회복되는 광경에 대해서뿐 아니라 그가 면벌부 논쟁에서 논객으로 일약 유명해지기 오래전에 구상한 새로운 신학에 대해서도 목격자로서 증언하기 때문이다. 그의 신학적 혁신은 가톨릭 학자의 눈에는 그가 거부한 수도회의 한심하고 저속한 파편으로 보이는 데 반해 개신교 학자의 눈에는 힘 있고 근본적으로 새로운 것으로 보인다. 하지만 역사심리학자가 물을 수 있는 것은 이데올로기가 주어진 역사적 순간에 얼마나 효과적인가뿐이다. 수도사 루터가 입을 열었을 때 그가 말과 태도를 통해 보여준 인간상을 모든 계층의 사람들이 뚜렷이 알아볼 수 있었다. 그 이미지는 그들에게 옳아 보이는 것, 원하는 것, 되어야 하는 것이었다. 복음 전달자로서 루터의 가르침을 하나로 묶는 신학 논리가 무엇이었든 루터가 자신의 교회에 속한 사람들, 다른 개혁가들의 교회에 속한 사람들, 자기 나라 국민, 다른 나라 국민, 심지어 가톨릭교회 자체의 대항 종교개혁(Counter Reformation)에 끼친 영향은 그의 가르침을 한참 넘어섰다.

종교개혁이라고 불리는 거대한 운동에서 루터가 얼마나 중요한 인물이었는지에 대해서는 여러 역사적 견해가 상충한다. 이 견해들에는 당파성이 짙게 서려 있는데, 그가 원래부터 지도자였다는 주장이 있는가 하면 위클리프나 후스의 아류로서 때를 잘 만났을 뿐이라는 주장도 있다. 그가 목숨을 건지고 승승장구한 것에 신의 섭리가 작용했다는 주장이 있는가 하면 적들이 결정적 순간에 우물쭈물한 행운 덕분에 당대의 기준에 따르면 몇 번이고 화형대에서 목숨을 잃었어야 하는데도 봉기를 완수할 수 있었다는 주장도 있다. 그는 진정한 영감의 목소리로 존경받기도 하고, 복음주의라는 광택제를 약간 칠해야 했던 투박한 경제적 힘의 음모에 연장으로 쓰였다고 주장되기도 한다. 이 모든 엇갈린 주장에도 불구하고 루터는 당시에 만들어지고 있던 시대이며 여전히 우리의 시대인(또는 시대이던) 한 시대의 전령이었다. 그것은 문해력과 계몽주의의 시대요, 입헌 대의제의 시대요, 자유로운 계약의 시대요, 인쇄된 말이 적어도 뜻하는 바를 말하고 말하는 바를 뜻하려고 노력하고 바로 그 노력을 통해 정체성을 규정한 시대다.

물론 영국의 위클리프와 보헤미아의 후스가 도발적으로 초점을 맞춘 종교적 사안은 마르틴이 태어나기 100여 년 전 교회 내 고위 성직자와 작가들조차 폭넓게 논쟁하던 것들이었다. 가령 귀가 추잡한 사제가 성사, 특히 고해를 맡을 수 있는가의 문제, 똑같이 손이 추잡한 사제가 미사를 집전할 수 있는가의 문제, 회개를 촉구하는 것이 임무인 성직자가 처음에는 회개의 보속으로서, 하지만 점점 회개의 대체물로서 그 추잡한 손으로 돈을 갈취하는 문제가 있었다. 마지막으로 모든 문제 중에서 가장 큰 문제는 이 사제들과 그들의 행위를 승인하여 이승의 모든 비판으로부터 보호하는 머나먼 타국의 로마 교황이 과연 '무오류'인가였다. 위클리프는 루터가 태어나기 100년 전 성경을 동시대 영어로 번역하여 로마의 독점 세력으로부터 해방된 원래의 말씀을 사람들이 들을 수 있게 했다. 그런가 하면 후스는 성상 숭배와 행위(works) 강조에 반대했으며, 더 확고한 민족주의 성향을 띠고서 성경을 체코 토박이말로 번역했다. 훗날 루터와 마찬가지로 그도 자신더러 틀렸다고 말하는 사람들에게 **성경**에서 **증거**를 내놓으라고 받아쳤다.

우리의 현재 정체성을 떠받치는 기둥인 문해력과 모국어로 말하는 양심은 오래전부터 형성되고 있었다. 하지만 구텐베르크는 루터를 (말하자면) 기다렸다. 그리하여 루터는 인쇄술이라는 대중 소통의 새 기법을 신학 활동에 동원할 수 있게 되었으며 이로써 나라 전체에 카리스마를 발휘하고 개인숭배를 얻어냈다. 충분히 보편적인 새 의미에 신기술을 접목하는 사람들이 언제나 미래의 주인이 되는 경향을 과소평가하다가는 큰코다칠 수 있다. 하지만 교회는 타국에서 국가적 군주제가 발달하면서 이미 영향력에 타격을 입은 뒤 독일 민족에 대한 숙명적 투자에 매달렸다. 독일은 유럽의 중심에 자리 잡은 까닭에 지금처럼 그때도 세계의 거대한 사유들 사이에서 균형추 역할을 했다.

루터에게 명성을 가져다준 몇 가지 사건을 논의하면서, 역사책과 역사 영화에서 들려주고 또 들려준 것을 다시 들려줄 필요는 없을 것이다. 더 나아가 이 젊은 수도사가 몇 번의 역사적 순간에 힘껏 외치고 열심히 출판하여 고발한 교리적 도덕주의, 대외적 부패, 대중의 어리석음에 일관된 역사적 의미를 부여하겠다고 나서는 것도 분에 넘치는 일이다. 그의 지속적인 내적 갈등과 공적 지도자 역할이 내면에서 어떤 관계였는지 온당하게 판단할 수도 없다. 그저 우리가 합리적으로 지각할 수 있는 것은, (말하자면) 마르틴의 정체성 위기에서 중년의 위기로 넘어가는 전환점을 개괄하는 것뿐이다. 그 전환점은 독창적 인간이 처음으로 걸음을 멈추고서 자신이 타인에게서 만들어내기 시작한 것이 무엇인지 깨닫는 순간이다.

아래에 그런 시기를 몇 가지 나열했다.

루터의 30대와 40대에 일어난 사건들

1513~1516년	서른 살에 강의를 시작하여 시편, 로마서, 갈라디아서에 대한 삼부작 강해를 발표하다.
1517년	면벌부에 반대하는 95개조 논제를 비텐베르크 성교회(城敎會) 대문에 못 박아 걸다.
1518년	파문하겠다고 위협하는 교황 칙서에 항의하다.
1520년	칙서를 공개적으로 불태우다. 위대한 소책자들을 쓰다. 〈그리스도인의 자유에 대하여〉로 정점에 도달하다.
1521년	보름스 의회에 출석하다. 제국 추방령. 바르트부르크에 은신하다.
1522년	신약 성경 독일어판 출간.
1525년	〈도적질하고 살인하는 농민 무리에 맞서〉를 쓰다. 결혼.
1526년	아들 한스 출생.
1527년	질병과 우울. 찬송가 〈내 주는 강한 성이요〉를 짓다.
1546년	63세를 일기로 사망하다.

면벌부 문제는 루터의 가슴속에서 똑딱거리던 시한폭탄을 터뜨렸다. 교회는 수백 년에 걸쳐 대규모 영적 금융 시스템(천국에 잔고가 쌓인다는 비유로 실체감을 부여했다)과 일종의 보편적 공동체 금고를 키웠다. 교회의 주장에 따르면 몇몇 성인은 자신에게 필요한 것보다 훨씬 많은 구원 잔고를 쌓았으며 교회는 자격을 갖춘 사람들에게 그 잔고를 나눠주는 임무를 자연스럽게 부여받았다. 이 가톨릭 체제 안에서는 어느 정도 풍요가 있었으나 교회의 독점 체제 밖에서는 아무 구원도 없었다. 체제 내 거래(피고용인들이 서로 주고받는 거래와 대규모 고객을 상대하는 거래)는 이승의 현찰이라는 개념에 점차 지배되었다. 이 상업화가 가장 꼴사납게 드러난 것이 가난한 군중이 온갖 상자에 집어넣는 작은 동전의 개수였다.

처음에는 전례에 딸린 보조 역할이었지만 그러다 돈 자체가 교회의 수직적 체계를 따라 저 위의 회계 장부에 마법 같은 효력을 직접 발휘한다는 개념으로 바뀌었다.

1500년 성년(聖年)*은 면벌부 개수를 늘리는 전 세계 캠페인을 벌일 구실이 되었다. 이렇게 모아들인 돈은 어떤 일개 수평적 제국의 수도보다도 찬란하게 빛나는 수직적 관계를 위한 중심으로서 성 베드로 대성당을 완공하는 데 쓰일 예정이었다. 면벌부 수금은 전문 수도사가 맡았으며 헌금의 일부를 받기로 한 금융 회사 대리인이 동석하기도 했는데, 실제 목적은 캠페인에서 홍보하는 것과 달랐다. 그런데도 루터는 캠페인이 자신의 고장과 선거후 영토에서 파장을 일으킬 때까지는 면벌부에 대해 목소리를 높이지 않았다.

그의 대주교인 알브레히트 폰 브란덴부르크는 성년 헌금으로 개인 빚을 갚았는데, 이 일은 교황의 허락하에 벌어졌다. 브란덴부르크는 세 번째 대주교직을 얻기 위해 교황에게 지불해야 할 돈을 아우크스부르크의 푸거 가문에서 빌렸다. 교황은 푸거 가문이 면벌함에 들어온 아직 따끈한 동전의 절반을 취해 대여금을 회수하도록 허락했다. 동전은 사람들이 자신의 영혼을 잠벌로부터 구하고 사랑하는 이의 영혼을 수백 년의 연옥 신세로부터 구하려고 집어넣은 것이었다. 유난히 물불 안 가리던 영업사원 테첼(Johann Tetzel)이 이끄는 수금단이 작센 선제후국 국경에 이르렀을 때 루

---

* 특별한 대사, 즉 면벌을 베푸는 해. 1470년부터 25년마다 성탄절에 교황이 성 베드로 대성당의 문을 열고 특별한 대사를 베푼다.

터와 그의 선제후 둘 다 촉각을 곤두세웠다.

선제후는 '대표 없는 과세'에 신물이 나 있었다. 그는 비텐베르크 주민들이 성유물의 광채로부터 영적 유익을 얻고자 선제후 소유 유물 관람료로 낸 헌금을 자신의 금고에 보관하고 있었다. 선제후는 로마에서 온 대리인의 경비를 지불하기 위해 이 돈을 꺼낼 생각이 조금도 없었다. 자신이 거둬들인 돈은 **자신**의 자랑인 비텐베르크대학교에 쓰여야 했다. 선제후가 거룩한 기금을 자신의 교육 기관에 전용하는 일에 루터가 한통속이었는지에 대한 증거는 전혀 없다. 하지만 테첼이, 그것도 도미니쿠스회 사제가 자신의 교구민들에게 밑도 끝도 없는 약속을 늘어놓자 루터는 격분했다. 교구민들은 떠들썩한 캠페인의 흥에 취하려고 국경에 모여들었는데, 이는 캠페인 주최측에 짭짤한 수익을 가져다주었다. 테첼은 경우에 따라서는 고해를 아예 생략했으며, 아직 생각해내지 못한 죄를 위해 봉인된 면벌부 증서를 나눠주었다. 그것으로도 모자라 면벌부 구입 희망자들에게 고해신부를 골라잡아도 된다고 주장했다. 그러면 성년 시기에 너무 깐깐하게 구는 사제를 회피할 수 있었다. 테첼의 행위는 루터의 비텐베르크 교구민들의 개인의 경건함을 떠받치는 심리적 조건을 무너뜨리는 지나친 처사였다.

게다가 루터는 교회의 금전적 관행과 이미지가 자신의 가르침이나 설교와 원칙적으로 불일치한다는 것을 깨닫게 되었다. 수도원에 들어갔을 때나 훗날 결혼할 때처럼 결정적 순간에 늘 그러듯 그는 조언을 구하지 않고 행동했다. 조언자가 자신을 만류할까 봐 그랬다. 위령의 날* 전날 마치 장터처럼 성 광장에 펼쳐진 선제후

비텐베르크 성교회의 '논제의 문(Die sogenannte Thesentür)'. 1517년 루터가 95개조 논제를 게시했다고 전해지는 비텐베르크 성교회의 정문은 화재로 소실되었으며, 1858년 프로이센의 왕 프리드리히 빌헬름 4세에 의해 루터의 95개조 논제가 새겨진 청동 문이 세워졌다.

소유의 성유물을 보려고 군중이 몰려들었을 때 그가 성교회 대문에 95개조 논제를 못 박아 걸어두었다는 사실은 가장 가까운 친구들조차 알지 못했다. 이 행위는 논란을 대중에게 확산시키고 싶을 때 으레 동원하는 관습이었다. 대개 이런 방법으로는 민중을 선동할 수도 없었고, 상층부에까지 의견을 전달할 수도 없었다. 하지만 이번에 루터는 라틴어 사본을 대주교에게 보냈는데, 사적 논쟁에 그치지 않고 대답을 얻어낼 생각이었다. 그런데 대답은 다른 곳에서, 모든 곳에서 왔다. 이탈리아를 적대시하는 애국적 일반 대중, 자본주의에 반대하는 평등주의적 박탈 계층, 독점에 반발하는 소자본가, 자기 땅을 지키려 드는 배타주의적 군주, 반교권주의적인 세속주의적 식자, 튜턴(게르만)적인 무정부주의적 기사에게서 논제의 독일어 번역은 즉각적이고 폭넓고 격정적인 반향을 일으켰다. 이 모든 집단이 지극히 개인적이고 소박한 격려를 건넸는데, 미국식으로 표현하자면 "우리 수도사, 잘한다(Atta boy, Monk)!"가 제격일 것이다. 에라스뮈스와 뒤러를 비롯한 식자들의 반응은 수백 년 넘도록 지속되었다. "루터는 대담한 방법으로, 전능자가 개인들에게 계좌의 대변과 차변을 충분히 제공해주었다는 바로 그 관념을 일격에 쓸어버렸다. 그는 영혼의 상상력을 넓혀서 신학을 유치함에서 구해냈다."[1]

대중이 폭발적 반응을 보내자 루터와 교회 둘 다 덜컥 겁이 났다. 여러 형태의 반역적 욕구에 불을 붙인 것은 '외국의 과세'라

---

* 모든 죽은 사람을 위하여 미사를 올리고 기도하는 날. 11월 2일이다.

는 이 하나의 사안이었기 때문이다. 그 뒤로 몇 달간 루터가 발언을 철회하려는 듯한 순간이 있었다. 한편 교황의 수족들은 교황에게 신적인 전구(傳求)* 능력이 있다는 억지 주장을 내뱉거나 암시하거나 굳이 부정하지 않았는데, 교황이 몇몇 주장을 공개적으로 '설명'함으로써 놀랄 만한 양보를 내놓는 순간도 있었다. 하지만 루터와 교황의 행동은 짐승들이 자기가 으르렁대는 소리의 메아리에 물러섰다가 상대방이 물러서는 데 대담해져서 금세 돌이킬 수 없이 싸움에 휘말리는 광경과 무척 비슷했다. 피를 보고 나면 결코 후퇴할 수 없는 법이다. 논제를 발표한 지 1년 뒤 루터는 교황에게 편지를 보냈다. "복되신 아버지, 제 모든 존재와 소유를 걸고 거룩한 당신의 발치에 엎드립니다. 재촉하시든 죽이시든, 부르시든 취소하시든, 승인하시든 꾸짖으시든 당신 보시기에 좋은 대로 하시옵소서. 당신의 목소리를 그리스도의 목소리로 받아들여 당신 안에 거하고 그 안에서 말하겠나이다. 제가 죽음을 맞을 자격이 있다면 거부하지 않겠나이다."[2] 하지만 로마로 소환되었을 때 그는 가기를 거부했다. 사실을 말하면 선제후가 그를 보내기를 거부했다. 황제에게서 "그 수도사를 잘 보살피라"라는 말을 들었기 때문이다. 이내 루터는 교황을 '적그리스도'라고 부르기 시작했으며 교황에게 루터는 '사탄의 자식'이 되었다.

    루터는 다시 한번 교황에게 복종을 약속했지만, 그러고 나서는 법적인 평계를 들어 침묵 약속을 깨고 노련한 에크(Johann Eck)와

---

* 나를 대신하여 다른 사람이 은혜를 구함.

공개 논쟁에 돌입했다. 에크에 의해 궁지에 몰린 루터는 결국 기독교 세계에서 로마 교황이 누리는 수위권(首位權)이 하느님에게 받은 것이라는 주장에 맞서 공공연히 이단적 의문을 표하는 듯한 발언을 내뱉기에 이르렀다. 그는 논쟁 자체에서는 자신이 에크보다 못하다는 사실이 드러났는데도(어쩌면 그 때문에) 대중에게 호소하며 쇼맨십을 발휘하기 시작했다. 그러다 얼마 지나지 않아 돌이킬 수 없는 지경에 이르렀다. 루터는 공공연히 봉기를 설교했으며 심지어 이것이 오로지 추기경과 교황의 "피로 손을 씻기" 위해서라고 주장하기까지 했다.[3] 단조로운 극언 때문에 오히려 밋밋한 그의 수사적 표현을 여기에 옮기지는 않겠다. 한때 고요하고 고뇌하던 수도사가 이제는 "로마 소돔의 하수구"에 독설을 퍼부었다. 그의 심정은 1520년 7월 10일 슈팔라틴에게 쓴 편지만 봐도 알 수 있다. "주사위는 던져졌네. 영원토록 그들과 화해하지 않을 걸세."[4] 며칠 뒤 교황은 루터를 파문하겠다고 으름장을 놓는 칙서를 발표했다. 루터는 이 최후통첩을 피할 방법이 전혀 없음을 알았기에 위클리프와 후스가 이전에 공격한 근본 문제인 고해성사, 세례성사, 마지막으로 성체성사를 공개적으로 비판했다. 신학 문제에 대한 그의 견해는 초기 강의를 확대 적용한 것이었지만, 1520년경 그의 역할은 그때와 전혀 달랐다. 그는 이제 독일의 예언자이자 이데올로기 지도자였다. 그는 팡파르처럼 요란한 제목의 독일어 소책자 삼부작 〈독일 민족의 그리스도인 귀족들에게〉, 〈바빌론의 포로가 된 교회에 대하여〉, 〈그리스도인의 자유에 관하여〉를 출판했다.

시편, 로마서, 갈라디아서에 대한 세 번의 초기 강의는 새로운 수직적 관계를, 즉 기도하는 인간이라는 새로운 신학을 발전시켜 각 사람의 내적 투쟁에서 그리스도의 수난을 재발견했다. 1520년에 발표된 세 편의 소책자는 이런 기도가 실제로 존재할 수 있는 새로운 수평적 시민 개혁의 윤곽을 그렸다. 여기서는 모든 기독교인이 평등하다는 주장, 모든 기독교인이 세례를 받고 성경 말씀을 받아들였음이 확인되면 사제 자격을 갖춘다는 주장, 모든 신자를 참되게 대표할 공의회를 선출해야 한다는 주장만 언급하겠다. 흥미로운 사실은 수도 서원을 서른 살까지 연기해야 한다는 주장이다. 이 나이는 성욕이 정점을 지나고 정체성이 단단히 확립되며 이데올로기적 순응성이 끝나는 시기다. 교황은 1520년 9월 루터의 파문을 선언했다. 루터는 교황 칙서를 비텐베르크 성문에 가져가 다른 인쇄물과 함께 불태웠다. 학생들은 환호했다. 이렇게 결정적인 사건의 현장을 청년들이 지킨 경우는 비텐베르크라는 변두리 대학교의 학생과 교수들 말고는 거의 없다. 이튿날 루터는 자신을 따라 로마 교회에서 나오지 않는 사람은 누구도 구원받지 못하리라 선포했다.

루터는 슈타우피츠에게 이 불놀이가 자신이 평생 했던 어떤 말보다 흡족하다고 말했다. 예전에는 자신의 말을 들으면서 확신을 불러일으켰다면 이제는 자신이 피운 불을 보면서 반항심에 불을 지핀 듯했다. 이날 이후로 투쟁은 말과 행동 사이에서, 설득이라는 방법과 불이라는 방법 사이에서 벌어졌다. 그의 말 한 마디 한 마디가 주민들을 선동하여 행동에 나서게 했으며, 그들의 행동 하나하나가 다시금 그에게 확신을 심어주었다. "말씀에 의해 세상이 정복되었고 말씀에 의해 교회가 구원받았고 말씀에 의해 교회가 다시 바로잡힐 것이며 적그리스도는 폭력 없이 쓰러질 것입니다."[5] 그의 다변(多辯)은 성가대에 영감을 불어넣어 (괴테가 말했듯이) 심장과 지붕을 들어 올릴 수 있었다. 하지만 심장을 들어 올리는 행위는 언제나 지붕을 부수는 행위와 짝을 이룰 것이다. 루터는 자신이 알아차리기도 전에 폭력의 말을 내뱉었다. 그 말들이 그에게 분노의 시에 불과했음은 의심할 여지가 없지만, 그의 추종자들에게는 구체적 행동을 명령하고 정당화하는 행위나 마찬가지였다.

그가 가장 결정적인 웅변을 토해낸 때는 그의 인생에서 가장 유명한 순간이다. 루터의 보름스 의회 출석을 다룬 책과 영화는 그의 말이 가진 영속성에 걸맞도록 역사적 배경을 수정하여 넓은 홀, 위엄 있는 청중, 쩌렁쩌렁 울려 퍼지는 그의 목소리를 묘사하기 일쑤였다. 연설자 내면의 불안과 주위의 난리 법석을 둘 다 압도하는 낭랑하기 짝이 없는 목소리에 담긴 드라마를 역사가 지금껏 알아보지 못했다니 아쉬울 따름이다. 우리는 게티즈버그 연설에 익숙한 탓에 역사적 장면이 리허설 없이 펼쳐지는 광경을 자연스럽게 떠올린다. 하지만 보름스에 모인 군중은 이미 유명해진 연사를 보고 그의 연설을 들으려고 모인 것이었다.

루터는 제국 통행증을 받긴 했지만 출석하지 말라는 경고를 들었다. 그는 악덕 영주들의 경호원에 둘러싸여 시내로 갔으며 처음의 짧은 순서에는 겁에 질려서였든 마음이 불편해서였든 좀처럼 입을 열지 못했다. 하지만 친구들을 만나고 저녁에 맥주를 걸치고 밤잠을 자고 나서 원기를 되찾았으며 아침이 되자 목소리가 낭랑해져 있었다. 그는 모국어인 독일어로 양심의 말을 토했다. 이것은 내면의 전장에서 성취한 새로운 종류의 계시였다. 보름스에서 루터는 추방과 죽음에 직면했는데, '확립된 믿음(신조)'을 위해서라거나 혈통과 전통의 속박 때문이 아니었다. 내면의 갈등에서 이끌려 나왔지만 다시 더 심한 갈등에 시달리게 되는 **개인적 확신** 때문이었다. 그가 말하는 양심은 양식화된 도덕의 내적 침전물이 아니었다. 천국, 지옥, 지상 사이에 놓인 **한 사람의 인간**이 알 수 있는 최상의 지식이었다. 루터가 자신의 가장 널리 알려진 명언 "여기 제가 서 있습니다"를 실제로는 말하지 않았다면 이번에도 전설이 한몫했다고 봐야 할 것이다. 이 새로운 신조는 영적으로뿐 아니라 정치적으로, 경제적으로, 지적으로 자립하겠다는 결단으로부터 정체성을 이끌어낸 사람을 위한 것이었기 때문이다. 그 뒤에 무슨 일이 일어났든(실제로 이 때문에 끔찍한 일들과 끔찍하게 옹졸한 일들이 일어났다) 루터가 개인의 양심을 강조한 일은 평등, 대표성, 자기결정권 같은 일련의 개념이 등장할 길을 닦았다. 이 개념들은 세속적 혁명과 전쟁을 잇따라 거치며 소수의 존엄이 아닌 만인의 자유를 떠받치는 토대가 되었다.

 루터가 무장 봉기를 고려하지 않은 것은 사실이다. "내가 말썽을 일으킬 작정이었다면 독일에 커다란 유혈 사태를 불러올 수도 있었다. 보름스에서 사소한 장난을 쳐서 황제의 안위를 장담할 수 없도록 할 수도 있었다. 하지만 그러면 어찌 되었겠는가? 바보의 장난일 뿐이다. 나는 말씀에 판단을 맡겼소."[6] 그는 얼마 안 가서 위대한 반(反)혁명가라고 불리기에 마땅한 행동을 벌이게 된다. 역사적 변증법은 위대한 혁명가의 정신에 위대한 반혁명가가 깃들어 있을 수도 있다는 원리를 인정하지 않으려 들지만 심리적 변증법은 그것이 가능하다고, 정말로 가능하다고 간주해야 한다.

새 황제는 스물한 살밖에 되지 않았으며 토론 과정에 심기가 불편했던 것이 분명한데, **자신**의 정체성을 이렇게 다시 확인했다. "본인은 이 고귀한 독일 민족의 기독교 황제들……의 뒤를 잇는 후손입니다. …… 수도사 혼자서 천 년 동안 이어진 기독교에 맞서는 것을 보니 그가 잘못을 저지르고 있음에 틀림없습니다. …… 이제 나는 그와 아무 일도 같이 하지 않을 것입니다."[7] 그는 루터에게 추방령을 내렸다. 하지만 선제후가 손을 써서 루터를 (거짓으로) 납치하여 바르트부르크의 은신처에 피신시켰다. 아이제나흐와 코타 가문으로부터 1~2킬로미터밖에 떨어지지 않은 곳이었다.

바르트부르크 성은 아버지의 집에 이어 루터에게 가장 두려운 거처였다. 그는 여전히 수도사였고 순종, 기도, 독신의 의무에 얽매여 있었지만, 성에는 수도원도, 규율도, 형제도, 수도원장도 없었다. 창밖으로 보이는 넓은 세상은 이제 (전갈에서 알려오기로는) 그의 이름으로 가득했으며 사악한 위협으로 그득했다. 세상은 그의 지도력을 필요로 했으며, 그 또한 행동해야겠다는 각성이 불현듯 들었고 지도자가 되겠노라는 결심이 섰다. 하지만 준비가 된 바로 그 순간 그는 익명성과 활동 불능의 상태에 처박힌 신세였

바르트부르크 은신 시절의 루터. 1521년 보름스 의회 이후 루터는 제국 추방령을 받았는데, 현명왕 프리드리히의 도움으로 바르트부르크 성으로 피신했다. 그곳에서 루터는 '융커 외르크(Junker Jörg)'라는 가명을 쓰고 변장하며 은둔 생활을 했다. 크라나흐의 1520년대 초반 작품.

다. 개혁과 혁명을 함께할 수도 있었던 친구들이 애도하며 쓴 자신의 부고를 읽어야 하는 신세였다.

제도적 일상이 사라지자 그는 자아의 이중 위협에 시달렸다. 자신 안에 있는 이드와 그를 둘러싼 폭도였다. 그가 바르트부르크에서 보낸 편지들은 수도원의 고통스러운 시도를 넘어 성장하여 지도자로서 발전하다가 느닷없이 벽에 부딪힌 성숙한 인간이 어떻게 욕망에 의해 고통받는지 솔직하게 보여준다. 옴짝달싹하지 못하는 상황에서 음식과 맥주에 탐닉하느라 변비가 심해졌으며, 이에 따라 배설 기관이 악마에게 시달린다는 강박이 더욱 커졌다. 청년 시절 이 모든 텐타티오네스(유혹)에서 벗어나고자 수도원으로 달아난 그였건만 성인이자 국가의 잠재적 지도자가 된 지금도 여전히 강박에 시달렸다. 그의 권력욕은 자신을 향한, 상황을 향한, 악마를 향한 거센 분노로 바뀌었다. 그의 환각에 대해 많은 말들이 있었다. 하지만 악마가 없었다면, 다시 말해 자기 조건의 기괴하고 당혹스러운 역설을 하나의 인격화된 피조물로 뭉뚱그릴 수 없었다면 그가 무엇을 해냈겠는가? 이 피조물은 그가 발명한 것이 아니라 전통(이를테면 악마를 상징하는 검은 개)에 의해 승인되었으며 어느 정도 환각적 투사를 허용하고 특히 이따금 울화통이 치밀어 초인적으로 발끈하게 할 만큼 '실제적'이었다. 바르트부르크 성의 루터가 때로 교도소 정신병* 비슷한 것에 시달린 것은 분명해 보인다. 이 일은 해소되지 않은 유아기 갈등의 요소들을 다

---

* 구치소나 교도소 따위에 구금되었을 때 그 구금 상황이 원인이 되어 생기는 정신병.

소 요란하게 끄집어냈는데, 훗날 그가 자신이 감옥에 갇힌 탓에 '악마'를 만난 거라고 핑계 댈 수 없게 되자 이 갈등은 음침한 우울증 발작으로 바뀌었다.

하지만 그는 친구들에게 고해 형태로 탄식하긴 했어도(이 웅변가는 비슷한 부류의 사람들이 으레 그러듯 엄청난 엄살꾼이기도 했다) 일을 했으며 할 수 있었다. 이런 상황에서 소책자 〈수도 서원에 대하여〉를 썼는데, 아버지에게 보내는 편지를 머리말에 실었다. 소책자에서는 일반 원리를 하나 천명했다. 그것은 아버지가 아들 마르틴에 대해 예언한 것이었는데, 성본능이란 본질적으로 이길 수 없는 것이어서 순결을 타고난 드문 개인을 제외하면 억압하려고 시도해서는 안 된다는 것이다. 그러다 전인격이 성본능에 중독될 수도 있기 때문이다. 그는 결혼이 답이라고 말했다. 그렇다고 해도 아버지는 틀렸는데, 그것은 하느님만이 옳을 수 있기 때문이며, 마르틴만이 (수도사가 됨으로써) 이 사실을 발견할 수 있었다.

한편 그는 신약 성경을 에라스뮈스의 그리스어판에서 독일어로 번역하기 시작했다. 이 일은 그 자신과 독일의 가장 완벽한 문학적 성취가 되었다. 다면적 인격의 모든 측면과 풍부한 토박이말의 모든 자원이 어우러진 언어는 소수를 위한 시로서 만들어진 것이 아니라 민족의 삶에 영감을 불어넣기 위해 만들어진 것이었다. 니체 말대로 "독일의 가장 위대한 설교가가 낳은 걸작이 독일 산문의 걸작이 되는 것은 당연하다. (루터가 번역한) 성경은 이제까지 독일에서 나온 책들 중에서 가장 훌륭한 책이었다. 루터가 번역한 성경에 비하면 나머지 책들은 거의 모두가 '문헌'에 불과하다. 그것들은 성경처럼 독일에서 자라난 것이 아니며 이 때문에 또한 독일인의 마음속에 뿌리를 내려 자라난 것이 아니며 자라고 있는 것도 아니다."⁸ 독일 언어학의 창시자로 통하는 학자 야코프 그림(Jacob Grimm)은 루터의 업적이 아니었다면 훗날 독일 문학의 만개는 생각도 할 수 없었으리라고 말했다. "루터의 독일어는 기적적이라고 말할 수 있을 만큼 순수하며 심대한 영향력을 끼쳤기 때문에 새로운 독일어의 핵심이자 토대로 간주되어야 한다. 독일어를 길러냈다고 말할 수 있는 것이 무엇이든, 시가 새롭게 꽃 필 수 있도록 독일어를 재생한 것이 무엇이든 이것에 대해 우리는 루터에게 가장 큰 빚을 졌다."⁹ 성가대석에서 말 그대로 벼락을 맞다시피 한 이 사람은 대다수 독일인이 그리스도가 주기도문을 독일어로 말했다고 느낄 만큼 유려하게 주기도문을 번역했으며, 증오와 불경한 패설 때문에 비판받기는 했지만 민요처럼 힘 있고 소박한 가사를 썼다.

"작은 말 한마디가 악마를 거꾸러뜨릴 수 있다(Ein Woertlein kann ihn faellen)."* 루터의 침묵은 치유되고도 남았다. 민족 토박이말의 계발은 점점 세를 불리던 민족주의의 일부였으며 언어적 르네상스의 일부이기도 했다. 그 르네상스의 원칙 중 하나는 인간이 이 땅에서 자신의 정체성을 재확인하려면 가장 가치 있는 말을 자신의 모국어로 말할 수 있어야 한다는 것이었다. 어쨌든 언어는 루터가 랑케의 의미로 역사적 힘이 되는 수단이었다. 랑케에 따르

---

* 루터가 지은 찬송가 〈내 주는 강한 성이요〉의 한 구절.

면 그 힘이란 "도덕적 에너지이며, …… 자유로운 활동을 통해 과감하게 세상을 관통한다."[10] 루터는 이렇게 표현했다. "하느님께서는 모든 선한 것을 내려주시지만, 우리는 황소의 뿔을 잡아야 하고 그 일을 해야 하고 그럼으로써 하느님께 기회와 명분을 드려야 한다."[11]

어떤 면에서 우리의 이야기는 여기서 끝난다. 인류가 루터의 통찰과 신조를 어떻게 이해했는가는 군중심리학과 정치철학의 몫으로 남겨둘 수 있으며, 루터의 인격이 더 발달하지 못하게 방해한 잔존 갈등은 내인성 과정이나 이른 노화 탓으로 돌릴 수 있다. 하지만 하나의 정체성을 완성한 것은 하나의 위기에 승리한 것일 뿐이다.

루터가 바르트부르크에서 보낸 편지들을 보면 그의 미래 행동을 낳은 심리적 환경을 짐작할 수 있다. 교황과 황제를 공개적으로 도발하고 그들이 디디고 선 보편적 세계 질서를 공격하고 이 도발을 효과적으로 표현하기 위해 자기억제를 극복한 루터는 이제 자신의 먹성이 얼마나 대단하고 자신의 의로움이 얼마나 반항적인지 깨달았을 뿐 아니라 자신이 남들에게서 일깨운 힘들이 얼마나 혁명적인지도 알게 되었다. 그를 보편적 행동으로 이끈 것은 이번에도 국지적 사건들이었다. 그는 비텐베르크와 에르푸르트가 사분오열되고 있다는 소식을 들었다. 수도사들이 환속하여 결혼했으며, 설상가상으로 군중의 지지와 루터 친구들의 지도를 등에 업고서 학생들과 함께 미사 같은 절차를 마구잡이로 바꾸고 성상을 파괴하고 교회에서 음악을 금지했다. 이렇듯 여기서 시작된 것은 혁명적 청교도주의(puritanism)였다. 프로테스탄티즘의 많은 부분을 특징지은 반항적 개인주의, 심미적 금욕주의, 잔혹한 의로움의 기묘한 조합 말이다. 루터는 자신이 일으킨 변화를 거의 알아볼 수 없었다. 그는 모든 명령이나 조언을 무시한 채 서둘러 비텐베르크에 가서 힘과 절제와 유머를 곁들인 설교를 일주일 내내 진행했다. 잘못 쓰일**지도 모른다**는 이유로 모든 것을 파괴한다면 여성과 포도주도 없애야 할 것이라고 말했다. 어떻게 작센 맥주 양조의 수도에서 이 말을 하고도 무사했는지는 모르겠지만, 그는 정곡을 찔렀다. 그러나 그는 친구들 중 일부를 최초의 적으로 삼기도 했는데, 그들은 루터를 반동분자라고 부르기 시작했다.

한편으로 루터의 개인적·지방적 삶의 발달, 다른 한편으로 사회 전반의 혼란, 봉기, 진화의 전개는 이제 조지 버나드 쇼 풍의 희곡에 어울릴 법한 어수룩한 열중, 무의식적 아이러니, 의로움을 내세운 잔학 행위가 결합된 형태를 띠었다. 비텐베르크의 아우구스티누스회 수도원은 수도사들에게 버림받은 뒤 선제후에 의해 루터에게 개인 용도로 지급되었다. 루터가 결혼한 뒤 이 수도원은 전직 수녀인 아내와 자녀들과 함께 쓰는 공간이 되었다. 최초의 루터교 사제관으로서는 분명 아이러니한 건물이었다. 그 뒤 그가 정착하려던 찰나 그의 혁명적 시가 제 몫을 톡톡히 했다. 독일 방방곡곡에서 농민들이 들고 일어난 것이다. 일찍이 루터는 사제와 주교에 대해 이렇게 말했다. "그들을 이 땅에서 쓸어버릴 거센 봉기보다 그들에게 걸맞은 것이 무엇이겠는가? 그 일이 일어나면 우리는 미소 지을 것이다."[12] 그는 이렇게도 말했다. "기독교 세계에서는 모든 것이 공동 소유다. 각 사람의 재물이 다른 사람의 재물이며 그 무엇도 한 사람의 소유가 아니다."[13] 또 이렇게도 말했다. "평민은 소유물, 몸, 영혼 안에서 고통받으며 상처를 곱씹었다. 내 몸이 열 개라면 이 불쌍한 사람들을 위해 기꺼이 전부 죽음에 내어주겠다."[14]

농민들은 12개조 선언문을 발표했으며 루터에게도 보냈다.[15] 농민들은 이전에도 반란을 일으킨 적이 있었고 학살당한 적이 있었다. 하지만 이번에는 지도자와 책을 가진 계급으로서 새로운 정체성으로 발언했다. 농민들의 말에는 소박함과 위엄이 서려 있었다. "그리스도께서 보혈을 흘리심으로써 귀천을 막론하고 모든 사람을 구원하고 사셨음을 알기에" 그들은 거룩하고 유일한 헌법인 "성경에 나오는 논증으로 우리에게 설명할" 때에만 물러서겠다고 서로 다짐했다. 그들은 만일 그런 논증이 없다면 각자가 일한 것에 대해 "각자의 여러 필요에 따라" 받을 권리가 있다고 요구했다. 그들이 극단적 폭력을 저지르긴 했지만 요구만큼은 온건했다는 사실은 오늘날 누구나 동의할 수 있을 것이다. 루터는 이전에도 그런 폭력을 경고했으며 〈모든 기독교인에게 봉기와 반란을 만류하는 간곡한 훈계〉에서 다시 당부했다. 그는 절제된 어조로 이렇게 강조했다. "원인을 막론하고 모든 봉기는 결코 옳지 않다. 나는 봉기의 희생자들에게 연민을 느끼며 언제까지나 그럴 것이다."[16] 그는 정치적·경제적 자유라는 개념에 반대했다. 영적 자유가 농노제에 부합하고 농노제가 성경에 부합한다고 말했다. 물론 이것은 개인이 신분을 타고난다는 그의 중세적 관념과 일치했다. 그는 인간이 하느님과 맺는 신실한 관계를 개혁하고 싶어 했지 이승의 신분을 바꾸고 싶어 하지 않았다. 이후 루터는 인간의 영적 자유를 사회적 삶에서의 지위와 구별하는 이분법을 설득력 있게 정립하려고 애썼는데, 이 이분법은 이날까지도 프로테스탄트 철학을 괴롭힌다. 그는 신분, 직업, 소명을 똑같이 하느님이 준 것이자 하느님의 인도를 받는 것으로 정의하면서도 개혁가이자 혁명가로서 자신의 소명은 언급하지 않았다. 하지만 그는 공공연히 교황의 칙서를 태운 적이 있었고, 반란을 촉구한 적이 있었다. 그가 애초에 한 말-행동은 이때보다 훨씬 급진적이었다.

말하자면 농민들은 마르틴의 말을 인용하여 루터에게 돌려주었다. 루터는 타협하라고 조언했으나 한스의 아들인 자신이 거역당하고 무시당하고 있음을 알아차렸다. 그는 이 일로 농민들을 용서할 수 없었고 훗날 유대인도 용서할 수 없었다. 그는 교회가 실패한 자리에서 성경의 도움을 받아 유대인을 개종시키고 싶어 했다. 1525년에는 소책자 〈도적질하고 살인하는 농민 무리에 맞서〉를 써서 공공연하고 은밀하게 학살을 부추겼는데, 그의 말은 우리 시대의 경찰서와 강제 수용소 정문을 장식하기에 손색이 없다. 그는 봉기를 진압하는 데 목숨을 걸면 천국에서 상을 받으리라고 약속했다. 한때 매 맞는 아들이었고 그다음에는 불순종하는 아들이던 루터가 밟은 전체 순환을 보여주는 한 문장이 있다. "반역자는 논증으로 답할 가치가 없다. 어차피 받아들이지 않을 것이기 때문이다. 그런 주둥이에 걸맞은 대답은 코피를 흘리게 하는 주먹이다."[17] 우리는 아들을 매질하여 고집 센 농민의 잔재를 벗어버리게 하는 한스의 말을 듣고 있는 것일까?

　루터는 이제 몇몇 가족들이 보기에도 도를 넘었다. 처남 한 명이 그에게 "지배자의 예언자"가 되고 싶으냐고 물으며 그를 겁쟁이라고 비난했다. 하지만 이것은 부당한 비난이었다. 루터는 자신이 가리킨 방향으로 우직하게 나아가는 농민들에게 반대하는 글을 썼으며, 자신에게 군주들이 더없이 필요할 때 그들에게 아첨하기를 거부했다. 그의 과한 발언이 언제나 의도적 불순종을 겨냥하고 있음을 깨달으면 그를 이해하기가 더 수월해진다(그런다고 해서 그가 직접적으로 끼친 영향을 용납하기가 더 수월해지는 것은 아니지만). 불순종을 공격할 때를 제외하면 그는 너그럽기 그지없었으며 명백한 자유주의적 견해를 표명했다. 그는 당파적 견해를 자유롭게 논의하게 허락해 달라고 군주들에게 탄원했으며 성직자가 "어떤 대가를 치르든 결코 침묵을 지켜서도 불의에 찬성해서도 안 된다"는 원칙을 확립했다.[18] 그가 설령 지배자의 예언자가 되었다 해도 그것은 지도자 없는 열성파들이 바란 대로 정치적 역사를 새로 시작하는 것은 그의 의도가 아니었기 때문이다. 길게 보면 반혁명가 루터가 개인주의적이고 평등주의적인 표상의 일부를 확립했으며 그럼으로써 그 뒤에 일어날 혁명들에서 우파와 좌파 모두에 해당하는 이데올로기적 문제들을 확립했다고 말하는 것은 정당해 보인다.

　1525년 5월 프랑켄하우젠 전투에서 농민들은 학살당했다. 처음에는 우월한 화포에, 다음에는 흉포한 보병들에게 당했다. 그 전쟁에서 모두 13만 명의 농민이 목숨을 잃었다. 6월에 루터는 이렇

류트를 연주하는 루터. 독일 화가 구스타프 슈팡엔베르크(Gustav Spangenberg)의 1875년 경 작품. 루터의 아내와 자녀들 그리고 멜란히톤의 모습을 묘사하고 있다.

게 썼다. "하느님께서 나를 통해 세상에 하신 일은 모두 잊혔다. 이제 군주, 사제, 농민 모두가 나를 적대시하고 죽이겠다고 협박한다."[19] 하지만 종교개혁은 제 궤도에 올랐으며 루터는 비텐베르크에서 안전하게 지내고 있었다. 그는 빈 수도원 건물의 임자였으며 교수와 사제로서 받는 봉급도 인상되었다.

7월 그는 느닷없이 결혼하여 사제관에 눌러앉았다. 그는 아버지가 원해서 결혼했다고 말했다. 이 말이 하도 엉뚱해서 어떤 사람들은 농담이 틀림없다고 생각한다. 하지만 아버지는 루터가 망설인다는 소식을 듣고서 그에게 형제들의 죽음으로 위태로워진 가문의 명맥을 이어 가라고 독촉했다. 결혼은 아버지와의 뒤늦었지만 명백한 동일시의 일환이었다. 이 동일시는 이 시기에 공공연하게도 은밀하게도 루터의 삶을 좌우하기 시작했다. 그가 자녀를 사랑한 것 또한 의심할 여지가 없다. 그는 자녀와 함께 있는 것과 집 안에 음악이 울려 퍼지는 것을 특히 좋아했다. 이것만 봐도 일찍이 그 자신이 유년기에 행복을 조금이나마 누렸으리라 짐작할 수 있다. 가정과 명성이 안정된 뒤 그가 자녀들 보는 앞에서 음담패설을 했으며 심지어 라틴어로 그런 말을 한 것도 아니라는 것은 사실이다. 하지만 이것은 그의 다면적인 언어 습관 중 하나에 불과하다. 그는 자신을 '떠벌리는 인간(Homo verbosatus)'이라고 너그럽게 불렀다. 오랫동안 수도원에서 금욕하고 순결한 청년기를 보낸 뒤 억류자 처지가 되어 갇혀 지냈는데도 마흔다섯의 나이에 누가 보기에도 행복한 결혼 생활을 시작할 수 있었다는 것은 그의 빼어난 회복력을 보여준다. 그의 발언에서 배출로서의 성에 대한 관점을 찾을 수 있는 것은 분명하다. 신체 배출물을 내보내야 한다는 강박인데, 부분적으로는 몸의 노폐물에 끊임없이 집착하는 탓으로 볼 수 있다. 이 문제는 곧 논의할 것이다. 하지만 다른 경우와 마찬가지로 여기서도 그는 대다수 평범한 사람들의 성충동을 지배하는 것, 교양 있는 사람에게는 예절 감각과 개인적 감정 사이의 갈등으로 이어지는 것을 표현하는 데, 어느 정도까지는 단지 더 솔직하고 덜 낭만적이었을 뿐이다. 그는 결혼에 대해서도 심오하고 감미롭고 익살맞고 참신한 말을 했다.

    1526년 아들이 태어났다. 세례명은 한스였다.

    폭풍이 지나간 이 고요 속에서 루터는 다시 극심한 불안에 시달렸다. 이번에는 오래갔으며 심한 우울증(멜랑콜리아)에 가까웠다. 어떻게 이럴 수 있지? 정신의학자(레이테르)가 묻는다. 루터는 영향력의 절정에 있지 않았나? 행복한 결혼을 했고 위험에서도 벗어났잖아? 그는 다시 슬퍼질 이유가 전혀 없었다. 어느 때보다 더 슬퍼질 이유는 더더욱 없었다. 그의 '정신증'은 내인성이었으며 내면의 생물학적 변화에만 좌우된 것이 틀림없다. 그러니 의미 있는 이유를 찾는 것은 바보짓일 것이다. 한편 우리의 사회학자(파스칼)는 정신의학자와 달리 현실에 비해 훨씬 심란해할 이유가 루터에게 있었다고 생각한다. "양심의 가책에 시달리지 않고도 그토록 돌변할 수 있었던 것에서 보듯 그는 자신이 기본으로 여기는 원칙을 스스로 어기고 있다고 여기지 않았다."[20] 사실 루터는 자기 웅변의 결과를 온전히 맞닥뜨린 채 새로운 위기 앞에 선 것이었다. 그 위기는 그의 슬픔을 새롭고 부조리한 맥락에서 다시 떠오르게 했다(여기서 그의 기질이 증상을 결정하는 데 한몫했다).

루터는 이제 그 자신이 아버지가 되어 자신의 청소년기 이후 정체성을 대부분 버렸다. 이것은 유럽에서, 특히 독일에서는 드문 현상이 아니다(또는 아니었다).[21] 점점 더 관념적 대상으로 바뀐 몇몇 기독교인을 언급할 때를 제외하면, 루터는 점점 인간을 잠재적으로 위험한 아동으로, 더 나아가 굶주린 짐승으로 여겼다. 유일하게 안전한 인간은 '땅의 자녀(Landeskinder)', 즉 군소 공국의 자녀들이었으며 그 공국의 우두머리는 '땅의 아버지(Landesvater)'라고 불렸다(작은 국가와 그 교회의 모든 우두머리도 이렇게 불리게 되었다). 1528년 루터는 모세의 십계명 "부모를 공경하라"가 군주에게 적용되며 따라서 정치적 반란 금지에 해당하는 계명이라는 견해를 밝혔다.²² 그는 유명하면서도 악명 높은 말을 남겼다. "세속의 칼은 붉은 피투성이여야 한다. 세상이 악할 것이며 그럴 수밖에 없기 때문이다."²³ 이 발언은 상식의 관점에서 보면 꽤 그럴듯하다. 권좌에 앉은 군주가 영방 국가에서 유일무이한 역할을 타고난다고 가정하는 루터의 정치철학에서 보더라도 그렇다. 물론 군주는 기독교인이므로 어느 지위에 있는 어느 사람과도 마찬가지로 소명을 개인적으로 남용하지 말라는 명령을 따라야 하며 기도를 길잡이로 삼을 의무를 진다. 그러지 않으면 "속 빈 땅콩을 놓고 전쟁을 벌일지도" 모른다고 루터는 말했다.²⁴ 하지만 그때에도 항의의 목소리를 높일지언정 군주에게 복종해야 한다고 덧붙였다.

그렇게 보통의 인간은 보통의 군주에게 굴복하는 신세가 되었으며 루터가 초기 강의에서 옹호한 권리를 대부분 상실했다. 기도하는 인간의 영혼은 루터에 의해 로마의 권위주의로부터 해방되었으나 이제는 지배 가문, 경제적 관행, 그리고 (이후 영역 정체성 법칙의 명령에 따라*) 군주의 영토에서 지배적인 종교적 신조를 받아들일 의무를 졌다. 프로테스탄트 국가에서 루터는 종교 기구를 다스리는 제도로 치리회(Consistorial Council)를 설립했다. 치리회는 권력을 쥔 군주를 우두머리로 하여 신학자 두 명과 법학자 두 명으로 구성되었다. 그들은 사람을 투옥하고 모든 일자리에서 배

---

* 1555년 아우크스부르크 화의에서 "그들의 영토에 그들의 종교를(Cuius regio, eius religio)"이라는 각 지역의 지배자가 그 지역의 종교를 결정할 수 있다는 원칙이 세워졌다.

제하고 사회적 추방을 명령하고 시민권을 빼앗을 수 있었다. 이렇듯 프로테스탄트 혁명이 낳은 삶의 방식에서 직업을 비롯한 하루하루의 일은 행동 방향을 결정하는 중심이 되었으며 교회국가의 엄격한 통제를 받게 되었다. 루터는 이런 조건을 한때 '모세 율법'으로 매도했으나 이제는 합리화했다. 기독교인에게 영혼만 있는 게 아니라 다른 몸들 가운데 살아가는 몸도 있으므로 "자신을 모세에게 의탁해야(sich in Mosen schicken)" 한다는 것이다.[25] 루터에 따르면 기도하는 인간이 하느님의 계획을 보여주는 모든 징조를 확실히 인식하려면 제 자신에게뿐 아니라 통치자에게 순응해야 한다. 기도에서, 성경에서, **그리고** 땅의 아버지가 내린 결정에서 인식할 수 있는 하느님의 새 얼굴은 새 계급의 지향이 되었으며, 새로운 상업주의적 노선에서 진보의 필요에 부응하는 종교성이 추구하는 바가 되었다. 면벌부와 고리대금업에 맞서 누구보다 격렬하게 대응했던 루터이건만 이번에는 (서구 세계에서 두드러지는) 경제적 사익 추구와 교회의 제휴 사이에 형이상학적 억지 결합이 이루어지는 데 일조했다. 마르틴은 자기 아버지의 계급을 다스리는 형이상학적 법률가가 되었다.

이것이 대부분의 사람들에게 알려진 루터이자 베버[26]에서 프롬[27]까지 우리 시대의 사회학 논고에서 숱하게 인용되는 루터다. 이 논고들은 루터의 전기적 사실을 수박 겉 핥기식으로 스케치하고는 칼뱅과 녹스에게서 구현되고 여러 개신교파에서 제도화된 종교개혁 일반으로 서둘러 넘어간다. 토니는 루터를 칼뱅과 날카롭게 대조하는데, 칼뱅은 젊은 시절 루터의 글에 감명받았으며 프로테스탄티즘의 진짜 입법자가 된 인물이었다.

사회 도덕에 관한 루터의 발언은 연기와 불꽃이 뿜어 나오는 속에서 가끔 빛을 내기만 하는 변덕스런 화산이 때때로 폭발하는 것과 같아서 조리 있고 일관된 교리를 위해 그 발언을 자세히 살펴보는 것은 한가한 일이다. …… 사회 문제에 관한 그의 설교와 소책자는, 자신의 소박한 의식이 영감을 받아 열에 들뜬 상태에서 사회윤리학의 체계를 발전시키기 위해 법률과 논리의 성가신 곤혹 없이 일을 해 나가는, 충동적이면서도 정보가 불충분한 천재의 작품처럼 천진하다는 인상을 준다. 그렇게 된 부분적인 이유는 그것들이 혁명의 폭풍 속에 던져진 '환경의 단편들(pièces de circonstance)'이라는 데 있었고 또 다른 부분적인 이유는 그것이 루터가 혐오한 법률과 논리의 세련 바로 그것이라는 데 있었다. …… 그는 너무나 놀라고 화가 나서 호기심조차 느끼지 못한다. 그 기제를 설명하려는 시도는 그를 격분시킬 뿐이다. 그는 그 안에는 악마가 있으며 선량한 기독교인은 불의(不義)의 신비에 개입하지 않는다는 말을 되풀이할 수밖에 없다. 그러나 그의 격분에는 하나의 방식이 있다. 그는 스콜라 철학에 정통했기 때문에 그 격분은 그의 무지로부터가 아니라 여러 학파의 학문을 시시하거나 해로운 것으로 만드는 한 개념으로부터 비롯된다.[28]

젊은 루터는 보편적 반항의 화신으로 남았지만 나이 먹고 종종 "질겁하고 화가 난" 루터가 이룬 개혁은 국지적인 것에 머물렀다. 그의 신학은 (하느님만이 알 수 있는) 참된 신자로 이루어진 비밀 교회를 선포했으며, 그의 개혁은 전능한 교회국가를 낳았다. 그의 교리에는 예정설이 들어 있었으나 그의 개혁은 소부르주아적 낙관주의에 미래를 열어주었다. 그의 신학은 내적 경험과 그것을 '진정으로 뜻하는' 뚜렷한 표현을 바탕으로 삼았으며 그의 영향은 장기적으로 보자면 '올바른 생각'이라는 멋없고 장황한 상투어를 퍼뜨렸다. 그가 주로 의존한 것은 기도 중에 깨닫는 성경 구절이었으며 그 자신의 법적 태도로 인해 성경 구절은 온갖 종류의 현실적 타협을 정당화하는 법률 문서가 되었다. 다른 법적 체계가 성경과 건강하게 경쟁하여 루터가 (자신의 의지와 의도에 완전히 반하여) 세속화한 개인 권리를 보장하기 시작하고서야 프로테스탄티즘은 폭력으로부터 이따금 아주 자유로운 삶의 방식에 일조했다. 하지만 이 기여와 더불어 이루어진 상황의 전개는 키르케고르 같은 도덕철학자에게는 용서할 수 없는 것이었다. 키르케고르는 그리스도와 바울 이후 가장 (잠재적으로) 참된 종교적 인물을 (청년기) 루터에게서 보았기 때문이다.

또 한 명의 과민하고 우울한 덴마크인 키르케고르가 살아야 했던 프로테스탄트 군주국은 세계에서 가장 작고 풍족하고, 천혜의 자연환경을 누리고, 자기만족을 느끼며, 의무적 행복 이면의 만성적 우울을 쉽사리 드러내지 않는 나라 중 하나였다. 철학적으로 키르케고르는 루터가 한 일을 모조리 다시 해야 했지만, 나라가 없고 가족이 없는 철학자라는 지위를 의도적으로 유지했다. 그는 루터에 대해 이렇게 썼다. "생애 몇 년간 그는 세상의 소금이었지만 말년에는 탁상담화에서 묘사되는 진부함에서 벗어나지 못했다. 탁상담화에서 그는 하느님의 사람으로서, 소부르주아적 안락함을 누리며 앉아 있고 그를 존경하는 추종자들이 주위를 둘러쌌다. 그들은 그가 방귀를 뀌더라도 그것이 계시이거나 영감의 결과라고 철석같이 믿었다. 루터는 개혁가의 기준을 떨어뜨렸으며 후세들 중에서 그 무리, 상냥하고 쾌활하며 다들 개혁가 노릇을 하고 싶어 하는 빌어먹을 무리가 탄생하는 데 일조했다. 루터의 말년은 범속함에 신임장을 준 셈이었다."[29] 키르케고르는 이 참사의 원인으로 두 가지 추세를 드는데, 지금 우리는 이것들을 더 잘 이해할 수 있는 위치에 있다. 첫째, 루터는 단 하나의 고위직과 (점점 개인적인 방식으로) 그 고위직에 앉은 교황을 공격하는 데 진력하느라 개혁 열정의 진짜 대상(인간의 영혼에 들어 있는 악함)에 쏟아야 할 에너지를 엉뚱한 데 소진했다. 둘째, 개혁가로서 루터는 영원히 무언가에 **반대**했으며 따라서 (부르크하르트가 날카롭게 지적했듯이) "이런저런 것을 더는 하지 **않아도** 되길 바란(gerne einmal etwas nicht mehr wollen)" 사람들에게서 지지를 받았다.[30] 키르케고르는 이렇게 말했다. "루터는 어떤 의미에서 자신에게 너무 너그러웠다. 그는 자신이 쟁취하려고 싸운(이 싸움 자체에서는 그가 옳았지만) 자유가 삶을, 영의 삶을 이전보다 이루 말할 수 없이 고단하게 만들기 십상임을 알아야 했다. 그가 자신의 입장을 고수했다면 아무도 그의 편으로 남지 않았을 것이며 그는 커다란 양날의 칼을 맛보았을 것이다. 단지 자신의 삶을 더 고단하게 만들 작정으로 남을 지지하는 사람은 아무도 없다."[31] 키르케고르가 간파했듯 루터는 자신이 시편 강의에서 약술한 자기관찰의 단계들을 다듬는 데 에너지를 충분히 집중하지 않았으며 자신의 적들에 대한, 특히 교황에 대한 개인적 적개심과 고집에 너무 많은 악의를 쏟아부었다. 그런가 하면 루터는 자신의 과한 복수심에 대해 잘 알고 있었다. 그래서 적어도 자신이 독침을 찌르진 않았고 상처가 전혀 남지 않도록 뭉툭한 침으로 찔렀으며 어쨌든 '잉글랜드 국왕(Koenig von Engellandt)'[헨리 8세]만큼 나쁜 사람은 아니라고 주장했다.[32]

하지만 이 덴마크 철학자조차 루터의 사적 다변을 비판하는 데 항문보다 나은 비유를 생각해내지 못했다는 게 놀랍지 않은가? 어쩌면 루터는 비판받는 줄도 몰랐을 것이다. 자신이 비텐베르크에서 바람을 뿜어내면 로마에서 냄새가 풍긴다고 스스로, 그것도 으스대며 말한 적이 있으니 말이다.

2

(어린 한스가 아직 젖먹이이던) 1527년 1월 루터가 겪은 가장 긴 불안과 우울 발작이 시작되었다. 루터는 친구들에게 자신이 스스로 믿을 수 있도록 자신의 믿음이 정당하다는 사실을 재확인해 달라고 거듭거듭 부탁했다. 루터는 자신이 일으킨 격변을 목도하고서 불안을 느낀 가장 분명한 이유를 내면의 목소리의 말로 표현했다. '너 혼자만 모든 것을 안다고(Du bist allein Klug)? 하지만 네가 틀렸다면, 이 모든 사람들을 오류로, 영원한 저주로 인도하

게 된다면 어쩔 건데?'³³ 반농담 삼아 목소리로 하여금 이렇게 말하도록 하기도 했다. '지금껏 성령께서 너를 그분의 밀알로 아껴 두셨다면(Bistu allein des Heiligen Geistes Nestei blieben auf diese Zeit)?'³⁴ 이따금 그가 이 목소리를 이겨낼 수 있던 방법은 우주적 장엄함뿐이었다. 심지어 그는 자신의 가르침을 천사의 판단보다 위에 놓았는데, 그것이 옳다는 사실을 마음속 깊숙이 알고 있는 걸 보면 자신이 터득한 게 아니라 하느님이 가르쳐준 것이 틀림없다는 이유에서 그랬다. 그는 자신의 논리를 뒷받침하려고 갈라디아서 1장 8절을 인용했다. "우리나 하늘에서 온 천사라도 우리가 여러분에게 전한 복음과 다른 복음을 전한다면 그는 저주를 받을 것입니다." 앞에 오는 1장 1절은 "사람들에게서 임명받은 것도 아니요, 사람을 시켜서 임명받은 것도 아니라, 예수 그리스도와 그를 죽은 자 가운데서 다시 살리신 아버지 하느님께로부터 임명받은 사도 바울이"로 시작한다.

그가 전개한 논증은 그 치명적 의미를 표면상으로는 전달하지 않는다. 그는 (분별 측면에서) 자신의 '판단'이 곧 (정의 측면에서) 하느님의 '심판(Gericht)'임에 틀림없다고 말했다. 의롭다고 인정받은 사람은 이렇게 재판관이 된다. 신학적 논리야 어떻든 참된 지도력과 효과적 교육의 필수 조건인 긍정적 양심, 즉 참된 분노의 착한 양심은 타인에 대한 부정적 양심이 되며, 스스로 커지는 분노 속에서 다시 못된, '의롭다고 인정받지 않은' 양심으로 바뀔 수밖에 없다. 결론에서 간략히 설명하겠지만, 이 전개 과정은 루터의 성년기 위기가 악화한 이유가 청년기 정체성 위기의 해법이 부분적으로 실패하고 단편적이었던 탓임을 보여주는 듯하다. 이데올로기 지도자의 위기가 자연스럽게 생겨나는 순간은 자신의 반항(이것은 그럭저럭 규율된 환상을 가장 넓은 의미에서 정치 세계에 적용하는 것과 더불어 시작되었다)이 상상력, 현실의 의미, 대중의 양심에 끼친 결과를 인식해야 할 때다. 실제로 혁명 세력이 되었지만 기본적으로 지도자가 없는 온갖 계층의 사람들이 사방에서 한꺼번에 루터의 개혁을 자신의 목적에 맞게 내세웠다. 그들은 루터가, 또 그와 비슷한 몇몇 사람들이 신앙인의 대표로서 사제관에 들어앉아 있도록 내버려두지 않았으며 (루터의 주장에 따르면) 하느님이 내려준 신분과 직업을 받아들이기를 거부했다. 군주들은 더 절대주의적으로 바뀌었고 중산층은 더 상업화되었으며 하층 계급은 더 신비주의적이고 혁명적으로 바뀌었다. 루터가 초기 가르침에서 구상한 신앙의 보편적 지배는 역사상 유례가 없을 정도로 완고하고 잔인하고 성경 자구에 얽매이는 편협한 광신으로 전락했다. 토니 말대로 "루터의 격노는 …… 신성하면서도 루터 자신의 것인 진리의 비열한 모방처럼 보이는 것에 대한 당혹감 때문에 날카로워졌다."[35]

이 모든 것을 보고서도 정신의학자는 루터의 우울증이 심해진 이유를 전적으로 '내인성'으로 가정해야 한다고 생각한다. 그가 균형이 잘 잡힌(ausgeglichener) 사제일 수 있었고 그랬어야 한다는 것이다. 나는 루터가 순교자였어야 한다고 주장한 키르케고르가 이번에도 진실에 더 가까이 다가갔다고 생각한다. 내 말은 심리적 진실을 뜻한다. 루터 또한 어떤 식으로든 순교의 필요성을 느꼈기 때문이다. 그는 자신의 사적인 순교를 실제로 만들어냈고 그 사실을 알았다. "교황과 황제는 저를 꺾을 수 없기 때문에, 적이 없어서 미덕이 약해지는 것을 막으려면 악마가 있어야 합니다(Ne virtus sine hoste elanguiscat)."[36] 이렇듯 그는 악마("지옥에서 온 황제")를 자신의 사형 집행인으로 임명했다. 그는 악마가 점점 인격화된 형상을 띠며 "그리스도의 전도자"이자 "독일인의 예언자"인 자신을 박해한다고 말했다.

나는 루터의 중년기, 즉 심한 조울증 상태에서 이 순교가 나타낸 임상적 형태가 특정한 기질적 조건 없이도 일어날 수 있었다고 주장하지는 않는다. 하지만 마르틴의 정체성 위기와 마찬가지로 이 신경쇠약의 무대가 된 생애 단계를 지목하고자 한다.

산출 위기(crisis of generativity)가 생기는 시기는 자신이 산출하거나 산출에 일조한 것을 살펴보고서 그것이 좋은지 미흡한지 보게 될 때이며, 자신의 생애 과업이 자기 시대의 생산성의 일부로서 자신이 천사의(옳은) 편에 있다고 느끼게 하거나 아니면 그를 침체감에 빠뜨리는 그런 때다. 한편 이 모든 과정을 통해 우리는 완결성의 감각을 가지고 노년을 마주하면서 "대체로 보자면 인생을 다시 살더라도 똑같이 하겠어"라고 말할 수 있으리라는 희망을 품을 수도 있고, 인생을 허비했다는 절망감에 사로잡힐 수도 있다. 이 두 결과는 이 생애 단계의 협소한 조건에 전적으로 좌우되지는 않는다. 이전 단계들도 축복에든 저주에든 영향을 준다. 생애 전체를 특징짓는 것은 처음부터 끝까지의 전체 단계가 어떤 체계를 이루느냐이기 때문이다. 루터와 아버지의 관계에 비추어

보면, 아버지가 원하는 모습, 즉 영향력 있고 경제적으로 안정된 일종의 초법률가이자 한스라는 이름을 가진 아들의 아버지가 되었을 때 그의 가장 깊은 임상적 절망이 생겨났다는 사실은 앞뒤가 들어맞는다.

임상적으로 보자면 루터의 고통은 극심한 불안을 동반하는 심장 증상으로 시작되었다. 그는 이렇게 말했다. "심장이 벌렁거린다."[37] 그는 심한 발한(그의 오래된 '악마의 목욕')과 지독한 흐느낌 발작을 겪었다. 죽음이 임박했다고 확신했으며 그런 숙명적 순간에 자신에게 믿음과 의로움이 없다고 생각했다. 무엇보다 깊이 침체됐으며 자긍심을 모조리 잃어버렸다.(Ora pro me misero et abjecto verme tristitiae spiritu bene vexato. 비참하고 하찮은 벌레인 나를 위해 기도해주세요. 나는 슬픔의 영으로 인해 괴로움을 겪고 있습니다.)[38] 심지어 이런 급성 발작을 겪지 않을 때조차 소화불량, 변비, 치질로 고생했다. 신장 결석 때문에 엄청난 통증을 느꼈으며 이명(그는 'Ohrensausen'이나 'sussurrus'라고 불렀다)에 시달렸다. 이명은 본디 만성 중이염 때문에 발생했는데, 나중에는 신체적 고통과 정신적 고통의 중개자이자 내면의 목소리가 휘두르는 무기가 되었다.

우리는 치유적이고 계시적인 성경 말씀이 루터에게 들어가는 유일한 경로가 '귀'임을 기억해야 한다. 귀는 듣는 능력과 인식된 것에 대한 수용성을 겸비한다. 말씀이 들어올 수 있도록 귀를 열어두는 것은 기독교인의 창조적 수동성이자 여성성이었다. 하지만 루터의 귀에 들어오는 목소리는 다시 부정적 양심의 소리가 되었다. 그 목소리는 "너 따위가 무엇을 설교했는가(Was hastu gepredigt)?"라고 물었다. 루터는 자신의 목소리에 맞서 자신이 '박사'이므로 아는 것이 자신의 운명이라고 말하거나 슈타우피츠가 억지로 자신을 설교자로 만들었다며 (많은 중년 남성들이 그러듯) 공식적 지위에 따르는 확고한 의무를 내세워 자신을 변호했지만 모두 허사였다. 그는 설교자라는 위치를 위로부터 명령받았다고 말했다(Mein befolen Ampt). 이번에도 지상의 법을 신의 은총과, 모세를 그리스도와 구분하기 힘들어졌다. 새로운 혼란을 겪게 된 루터는 온갖 필사적 수단을 동원했다. 자신의 기도가 통하지 않자, 하느님의 목소리를 다시 들을 수 있지 않을까 하는 기대감에 낭랑한 목소리로(mit hellen Worten)[39] 주기도문(Paternoster)을 말 그대로 부르짖어 달라고 친구에게 부탁했다. "그리스도께서 오셔서 마치 죄인을 대하듯 당신에게 '네가 무엇을 했느냐'라고 말씀하시며 모세처럼 당신을 괴롭힌다면 칼로 베어 죽이십시오. 하지만 하느님처럼, 구세주처럼 말씀하신다면 두 귀를 뽑아버리십시오."[40] 이 말을 하면서 루터는 행진에서 겪은 불안 발작 이후 슈타우피츠가 해준 말을 떠올려 스스로를 안심시키고 있었던 것이 분명하다. 하지만 슈타우피츠는 나머지 모든 사람과 함께 수도원으로부터, 그의 부서진 회중으로부터 떠나갔다.

    루터의 정신 치료제는 선한 말씀과 음악에 귀를 여는 것만이 아니었다. 물론 으뜸은 믿음이었다. 믿음이 효과가 없으면 격렬한 분노의 힘을 빌릴 수 있었으며 마지막 수단으로는 성애에 대한 생각이 있었다. 다른 때에는 억지로 과식하여 "배를 머릿속처럼 가득 채웠다." 그는 식욕 부진의 원인이 자신을 갉아먹는 내면의 악마라도 되는 듯 음식이나 맥주를 사냥개처럼 보내어 악마를 뒤쫓게 했다(맥주는 신장 결석을 몸 밖으로 내보내기 위한 용도이기도 했다). 항문에 빗댄 모욕도 동원했는데, 그는 악마가 이것을 가장 두려워한다고 생각했다. "이건 받아 적게. 내가 바지에 똥을 쌌는데, 네놈은 그걸 네 목에 걸고 다닐 수도 있고 그걸로 입을 씻을 수도 있다."[41] 마지막으로, 지독하게 빈정대는 방법도 있었다. "거룩한 사탄이여, 날 위해 기도하소서(Sancte Sathana, ora pro me)."[42] 이 말들에서 알 수 있듯 우리는 루터의 기질에 깃든 특성 중에서 여전히 작용하는 유년기 억압의 잔존물을 드러내는 것에 대해 논의해야 한다. 이 잔존물이 존재한다는 것, 심지어 위대한 인물에게도 존재한다는 것을 밝혀내는 데에는 승리랄 것이 전혀 없다. 우리는 모든 위대함에 거대한 갈등도 깃들어 있음을 당연한 것으로 여기게 되지 않았던가.

마르틴은 묵언, 자기절제, 교회의 권위와 교리에 대한 순종을 힘겹게 시도했는데, 이는 반항적 자기표현으로 이어졌다. 그는 거듭거듭 이렇게 말했다. "인체 조직 가운데 교황이 마음대로 할 수 없는 부분이 딱 한 군데 있는데 그건 궁둥이다."[43] 하지만 이 치외법권은 악마에게 금세 발각되고 독점되었다. 루터는 이렇게 말했다. "기독교인은 쾌활해야 하며 그럴 수 있습니다. 하지만 그러면 악마가 그에게 똥을 쌉니다."[44] 이를 비롯하여 수많은 비슷한 발언들은 단순히 루터의 시대나 루터 자신을 전형적으로 보여주는 상스러운 표현으로 치부하기 쉽다. 어떤 발언은 천박한 농담에 불과했을지도 모른다. 하지만 또 어떤 발언은 개혁가 루터가 몸의 심신증적 언어를 인식하고 (말하자면) 몸을 통해 소통하는 탁월한 능력이 있음을 보여주는지도 모른다. 그는 신장 결석 때문에 배가 부풀어 오르자 "진통 중"이라고 말하기도 했다. 결석이 사라졌을 때는 엄청난 양의 체액이, 한번에 들통 열 개 분량이나 빠져나갔다고 허풍을 떨었다. 그가 이 모든 것에 대해 엉뚱하고도 적나라한 농담을 내뱉을 수 있었다는 사실은 더 정상적인 시기에 자신의 복잡한 심리와 우람한 덩치가 가진 여러 측면을 아우르는 회복력을 가졌다는 또 다른 증거다. 그가 푸짐한 식사와 넉넉한 맥주를 만끽한 것은 분명하다. 총체적인 '내적 조건' 때문에 먹지 못할 지경이 되었을 때에도 자신의 내장에 악마가 씌었음을 부정하려는 듯 막무가내로 음식을 쑤셔 넣었다. 그는 이런 식사법을 '금식'이라고 불렀는데, 먹으면서 쾌락을 느끼지 않고 일종의 고행으로서 식사를 했기 때문이다. 마찬가지로 동시대인들처럼 배불리 먹었다는 표시로 트림 방귀도 즐긴 것이 틀림없다. 그러다 통증과 변비 때문에 이런 자유의 표현도 할 수 없게 되긴 했지만. 그래도 이와 관련된 해부학적 영토를 통틀어 궁둥이가 가장 악독한 지배력을 발휘한 것은 의심할 여지가 없다.

루터는 신경증 증상을 통해 암묵적이고 상징적이고 무의식적으로 표현된 노골적 발언을 종종 내뱉었는데, 우리 시대에 오직 프로이트만이 이것을 알아차렸다. 프로이트는 자기분석에서 단호한 방향 전환을 통해 인체의 '다른 끝부분'이 중요함을 역동적으로 이해할 수 있었다. 그곳은 노폐물과 냄새나는 가스를 만들어 내는 공장으로, 우리 자신이 전혀 관찰할 수 없는 곳에 있으며 우리가 세상에 내보이는 얼굴의 정반대다. 프로이트는 이 모든 것의 무의식적 연관성을 처음으로 발견하고서 "마법과의 명백한 유사성"에 깊은 인상을 받았다. 마법은 배설물을 통해 아래와 뒤로부터 사람들에게 소름 끼치는 영향을 끼치려는 시도이기 때문이다. "저는 극도로 원초적인 악마 종교를 꿈꾸기 시작했습니다."[45] 실제로 정신의학과 더불어 악마학은 창자의 문제를 속속들이 들여다볼 이유가 충분하다. 이 문제들은 우리의 계몽된 시대에는 저속한 농담의 층위에서만, 즉 당신이 말하면서 웃음을 터뜨리는 한에서만 의식적 문제로 바뀔 수 있다. 하지만 개혁가 루터는 깊은 우울에 빠진 자신을 조만간 세계의 직장(直腸)에서 배설될 똥 같은 물질이라고 말했는데, 이것은 덜 시적인 사람의 눈에는 정신증 비슷하게 보일 법한 무의식의 언어와 무척 가깝다. 한편 교황에 대한 그의 똥 운운하는 공격은 분명히 강박의 수준에 도달했다. 자신의 위상이 높아져 소책자만 줄기차게 쓰는 것이 아니라 지도력을 발휘해야 했을 때 그는 파르네세(Farnese)*라는 성을 '푸르체젤(Furzesel)'(방귀 엉덩이, '멍청이')로 바꿨으며 교회를 항문에서 새끼 악마들을 낳는 창녀로 묘사한 목판화를 만들게 했다. 도를 넘은 루터의 외설에서 보듯 그는 스스로를 피해자화하고 (말하자면) 소멸시키는 사태를 면하기 위해 외부의 적을 지목하여 그에 대해

---

* 교황 바오로 3세를 배출한 가문.

무자비한 편집증적 배척을 지속해야 하는 조울증적 성격이 필요했다.

나는 루터의 이런 측면이 일종의 개인화된 신성모독이며 어떤 면에서 기도의 정반대였다고 말하고 싶다. 가장 거룩한 이름들을 '헛되이' 쓰기 때문이다. 이 행위는 어조 면에서 폭발적이고 정서 면에서 배제적이며 전반적 태도 면에서 퇴행적이고 반항적인 고집이다. 이것은 많은 사람들이 타인의 무례나 상황의 말썽이나 자신의 어리석음 때문에 골탕 먹는 느낌으로부터 벗어나는 가장 빠른 방법이다. 하지만 벗어남을 경험하는 정도는 이 수단을 동원하는 횟수와 반비례한다. 욕설을 입에 달고 사는 사람은 으레 그러려니 하는 취급을 받으며 결코 강박을 해소하지 못한다.

욕설과 마찬가지로 신성과 모독이 합선을 일으킨 듯한 루터의 발언들은 이미 앞에서 인용했다. 이를테면 그는 예수 허깨비가 모세처럼 이야기하여 의심스러운 실체를 드러내면 죽여버리라고 충고했다. 너그럽게 해석하자면 이 발언은 상상력을 노골적으로 발휘한 대중적 가르침으로 볼 수 있다. 하지만 이것이 실은 체계적 강박의 징후적 일부임은 아래 인용문에서 볼 수 있다.

나는 욕을 곁들이지 않고는 기도하지 못한다. "이름이 거룩히 여김을 받으시오며"라고 말할라치면 "교황주의자들의 이름이 저주받고 급살 맞고 능욕당할지어다"라고 덧붙이고 만다. "나라가 임하옵시며"라고 말할라치면 "교황권이 저주받고 급살 맞고 파괴되어야 하나니"라고 덧붙이지 않을 수 없다. 실제로 나는 매일 쉬

지 않고 이렇게 소리 내어 진심으로 기도한다.[46]

우리는 이렇게 결론 내려야 한다. 루터가 항문 운운하는 거부적인 표현을 쓴 것은 무지막지한 내적 압박 때문에 헌신을 감당할 수 없게 하고 숭고함이 증오스러워질 위험에 처한 순간에, 즉 지고의 반항으로 하느님을 거부하고 악의적 우울증에 빠져 스스로를 거부하려던 찰나에 안전밸브를 찾으려는 시도였다고 말이다. 이 압력의 퇴행적 측면과 그로 인해 교황과 악마 같은 단일한 대상에 강박적이고 편집증적으로 집착한 것을 보건대 부모상에서 보편적 인물로 전이가 일어났고 이 전이에서 중심 주제가 항문적 반항이었음은 의심할 여지가 없다.

인간의 자아가 무엇보다 주요 신체 부위에서 경험되는 모든 쾌감과 긴장으로 이루어진 몸-자아이던 유년기에는 소화 과정이 환상 속에서 자기에 대한 어떤 모형의 성격을 띠는데, 그는 물질뿐 아니라 좋고 나쁜 영향까지도 흡수하고 제거함으로써 영양을 공급받기도 하고 중독되기도 한다. 이후 기도와 욕설은 현실 이면에 있는 인격화된 힘을 향한 내재적 양가성의 두 측면을 이어받을 수 있다. 기도는 신뢰에 기반한 흡수의 양상을 표현할 수 있다. 이 양상은 라틴어 '코람 데오(coram Deo)'로 표현되는데, '하느님 면전에서'라는 뜻으로 루터가 좋아한 구절이었다. '코람'은 '무엇과 함께'를 뜻하는 '쿰(cum)'과 '입'을 뜻하는 '오르(or)'의 합성어다. 한편 욕설은 제거 또는 총체적 벗어남의 증오스러운 양태를 표현할 수 있다.

배변 훈련을 유난히 강조하는 문화와 계층에서는 이 주술적 양가성이 훨씬 심하다. 이런 훈련에서 배설이라는 원초적 신체 활동에 대한 주술적 미신이 드러나는 것은 분명하다. 배출된 물질에 대한 공포는 결국 괄약근을 일찍 온전하게 장악하지 못했을 경우 그 개인의 이후 성격과 수행에 어떤 결과를 가져올 것인지에 대한 불안으로 대체된다. 앞에서 논의했듯 원초적 미신은, 그리고 광부들이 이 땅의 변덕스럽고 위험한 창자를 의인화하려는 시도는 어린 마르틴의 몸 관념에 영향을 끼쳤다. 또한 우리는 볼기가 체벌 부위로서 선호되는 것이 어떤 의미인지도 살펴보았다. 볼기는 생리적으로 안전한 부위이지만 정서적으로는 위험할 수도 있다. 볼기라는 일반적 부위는 부모의 의지와 유아의 의지가 싸우는 전쟁터로서 간주되는데, 체벌이 그 중요성을 더욱 키우기 때문이다. 부모와 교사가 이 영역을 지배하여 마르틴 자신의 의지를 짓누를 권력을 얻음으로써 자신을 완전히 종속시킬지도 모른다는 두려움은 마르틴의 반항이라는 지연된 시한폭탄에 다이너마이트를 공급했을지도 모른다. 끝까지 편집증에 가까운 반항을 표출했다가 억압된 자기개념을 표출했다가 하면서 오락가락한 루터의 과도함을 이것으로 설명할 수 있을지도 모르겠다.

 어린 마르틴의 청결 훈련에 대해서는 정보가 전혀 없다. 어쨌거나 만스펠트에서 보낸 시절은 전혀 남다르지 않았을 것이다. 그럼에도 독일에서 중산층이 형성되던 시기에 청결, 목욕이 유행한 것은 사실이다. 그렇다면 어린 마르틴이 교육받은 시기는 청결, 시간 엄수, 검약의 조합이 상인, 관리직, 전문가 계층(한스는 아들이 이 계층에 속하길 간절히 바랐다)의 필수 미덕으로 처음 간주되던 때였으며, 이로 인해 그의 청결 훈련이 한층 강화되었을지도 모른다. 우리는 진상을 알지 못한다. 하지만 중세 성당과 회화에 그려진 악마를 연구하면 억눌린 죄악 양상이 이 시대에 주로 어떻게 인격화되었는지 알 수 있다. 이 악마들은 신체 부위가 웃자랐다. 그들은 신뢰할 수 있는 사람이 아무도 없어도 개의치 않을 만큼 오만방자하다. 벌거벗었으나 부끄러운 줄 모르며, 튀어나온 눈과 뾰족한 귀, 이빨과 음탕한 혀, 드러난 궁둥이, 뿔, 자신의 정체가 고대 사티로스임을 보여주는 남근 모양 꼬리를 소유하고 써먹는 것을 즐거워하는 듯하다. 짐승을 희화화한 것처럼 보이지만 짐승의 순진무구함은 전혀 찾아볼 수 없다. 그들은 자신이 무슨 짓을 저지르는지 정확히 알고 있으며 자신이 저지르고 싶은 짓을 무슨 일이 있어도 저지를 심산이다. 그들은 자연이다. 자신이 벌거벗었음을 알아야만 도덕적일 수 있는 인간만이 그들을 악한 존재로 지각할 수 있다. 마크 트웨인은 우주에서 인간만이 지닌 위대한 특징은 '얼굴이 붉어지는 짐승'이라는 사실에 있다고 말한 적 있다. 자신의 얼굴을 처음 붉히게 만든 사람들을 결코 용서하지 못하겠다고 덧붙인 것 같기도 하다.

    루터는 당대의 민간전승과 공식적 미신을 활용하여 삶의 어두운 측면, 이면을 악마로 인격화했으며, 그럼으로써 그 악마와 논쟁하고 대화하고 어느 정도까지는 악마를 퇴치할 수도 있었다. 오늘날 우리가 의미심장한 실수라고 설명하는 것을 그는 그저 악마의 소행이라고 불렀다. 결혼식 중에 누군가 반지를 떨어뜨리면 그는 악마에게 예식장에서 나가라고 큰 소리로 말했다. 기분이 뒤숭숭할 때에도 그것을 악마의 장난으로 치부한 것에 만족하고는 보란 듯 잠들 때가 있었다. 시대마다 사람들이 자신의 계획과 자긍심에 대한 내면적 훼방에 대처하는 나름의 해석이 있는 법이다.

하지만 막바지에 루터는 악마와 동거하며 서로에게 고집스럽게 매달렸다. 둘은 서로를 놓아줄 수 없었으며 둘의 관계는 루터가 일찍이 아버지에게 집착하고 이후에 교황에게 집착한 것만큼이나 끈질겼다. 그가 이렇게 함으로써 개신교의 악마 집착에 단순히 동조했을 뿐인지 적극적으로 참여했는지는 모르겠다. 이 거부 성향이 없었다면 우리가 더 나은 루터를 가졌을지, 또는 어떤 루터도 가지지 못했을지 이론적 근거하에 판단할 수도 없다. 그렇게 확고하게 단언하려면 막강한 거부 능력이 필요할지도 모른다. 대체로 내면의 에너지에 대한 우리의 현대적 견해는 루터가 이 문제들에 집착하면서 에너지를 소진한 탓에 말년의 루터는 창조성을 지속적으로 발휘하여 청년기의 이데올로기적 성과를 재확인하지 못했다는 것이다. 이 에너지를 활용할 수 있었다면 그는 자신이 남들에게서 불러일으킨 정념과 강박을 장악하는 측면에서 더 건설적인 역할을 했을지도 모른다.

이것이 동전의 뒷면이다. 내가 기록한 것이 한 청년의 쇠퇴이지 한 인간의 상승이 아님은 분명하다. '상승'을 위해서는 또 다른 책을 써야 할 것이다. 그런 책은 성인이 (부분적으로 자신의 피조물인) 새로운 환경에 대해, 또한 임박한 죽음에 대한 더 생물학적인 감각에 짓눌린 새로운 내적 전선에 대해 거두는 승리를 생애주기의 또 다른 층위에서 확립해야 할 것이다. 앞에서 언급했듯 이데올로기 지도자의 비극은 진정성을 샅샅이 써먹으려다 자신의 진정성이 악용되고 만다는 것인데, 이 문제는 루터가 겪은 곤경에 연민을 느끼는 다른 사람이 탐구해야 할 것이다.

성인 루터가 거둔 체계적인 신학적 성취는 이 책에서 선정한 주제를 넘어서며 내 역량을 완전히 벗어난다. 나는 논의를 시작하면서 그의 어린 시절 가족에 대해 알려진 것들을 언급했는데, 논의를 마무리하는 지금 그의 위대한 사랑 능력을 다시 거론하여 이 사람의 비범한 회복력을 짚지 않을 수 없다. 그는 결혼과 사제관, 우정과 가르침의 친밀한 분위기로 자신을 감쌌다. 어머니에게 받았음이 틀림없는 것들을 남들에게 나눠줄 시간이 별로 남지 않았기에 무척이나 조급했다. 너그러운 아버지이자 사제이자 집주인이던 루터는 모두를 보듬어 양육하는 데 신중함은 부족했지만 그래도 모성적이었다. 식탁에서 이따금 불같은 설교를 쏟아냈는데, 교황제의 질서와 싸우기 위해 무정부주의를 지지하는가 싶을 정도였다. 종종 아내를 곯려 꽤 외설적인 논쟁에 끌어들였으며(이를테면 자녀와 손님들이 듣는 앞에서 중혼을 옹호하기도 했다) 도발적이고 고약한 발언을 일삼았다. 하지만 스스로 본보기를 보임으로써 중산층의 다정하고 풍요로운 결혼과 양육의 출현을 적극적으로 뒷받침했다. 이런 가정에서 남편과 아내, 부모와 자식은 침울한 칼뱅식 종교개혁에 비하면 헤아릴 수 없을 정도로 친밀하고 평등했다. 극심한 갈등을 겪지 않을 때 루터의 참된 목표와 재능은 소박한 쾌락주의였다고 말해도 과언이 아닐 것이다. 그는 깊은 우울증을 앓는 군주에게 이런 편지를 썼다. "이제 우리는 착한 양심이 있으면 행복할 수 있음을 압니다." 그러고는 이렇게 덧붙였다. "행복을 멀리하고 고독과 우울을 기르는 것이 젊은이에게 얼마나 상처가 되는지는 아무도 모릅니다. …… 저는 지금껏 애도와 슬픔으로 삶을 보냈으나 지금은 기쁨을 찾을 수 있을 때마다 추구하고 받아들입니다."[47] 사실 유난히 들뜨고 적당히 술에 취한 몇몇 시기를 제외하면, 모든 이데올로기 지도자가 느낀 비극적 감정을 그에게서 다시 불러일으킨 내면의 목소리가 그의 행복을 쉽게 압도했다. 그는 인간 양심을 새로운 경지로 끌어올렸지만, 공공 회계를 들쑤셔 개인 회계를 청산했으며 우주를 투사된 가족으로 취급하여 (어느 정도는) 대수롭지 않은 것으로 만들었다. 개인적이고 지방적인 삶을 살면서도(그는 보편적인 지도자를 통틀어 가장 지방적인 인물이었을 것이다) 예나 지금이나 새로운 인간·남편·아버지의 원형이었다. 토머스 모어 경도 그런 사람이었고 더 한결같아서 순교자로 죽었지만 루터는 더 깊은 개인적 갈등과 더 혁명적인 계시를 맛보았으며 결국에는 언제나 자기 자신인 것은 아니었다. 그는 이렇게 말했다. "다시 좋아지면 모든 것이 잘 보인다. 아, 혼자 있을 수만 있다면 얼마나 좋을까. 그러지 않고서는 일이 되지 않으니(Ja, wenn Einer by ihm selb ist, sonst nit ehe)."

루터를 '믿음의 시대'가 격랑 속에 저물 무렵 등장한 막연히 위대한 인물로 치부하는 것은 그의 삶이 진실로 무엇을 나타내는지 보는 데 도움이 되지 않는다. 그의 말을 빌리자면 이렇다.

"나는 단번에 신학을 배운 것이 아닙니다. 나는 신학에 대해 점점 더 깊이 생각해야만 했습니다."[1] "신학자는 생각하거나 읽거나 사유함으로써가 아니라 살아감으로써, 아니 죽고 저주받음으로써 태어난다(Vivendo, immo moriendo et damnando fit theologus, non intelligendo, legendo, aut speculando)."[2]

그가 기쁨과 열정을 품고서 그 자신을 인간으로 나타냈는데도, 위대한 인물을 너무 인간적으로 만들고 싶지 않다는 핑계로 이 메시지를 이해하지 않으려 드는 것은, 그가 자기 시대의 텐타티오네스(유혹)를 직면한 것처럼 우리도 우리 시대의 텐타티오네스를 직면하는 것을 회피하려는 것뿐이다. 역사적 분석은 우리 자신의 당면 과제를 지도자의 위대함 속에 숨기지 않고 더 깊이 연구하는 데 도움이 되어야 한다.

글을 마무리하는 마당에 우리가 해야 하는 일을 길게 나열하지는 않겠다. 너무 많은 책에서 '해야 한다'라는 낱말이 증가하는 빈도는 해야 하는 일을 어떻게 할 수 있을지 지적하는 페이지 수에 반비례한다. 그 대신 나는 공동 연구를 수월하게 진행할 수 있도록 이 책의 몇 가지 가정을 다시 드러내어 밝히고자 한다.

루터가 자기 기도의 밑바닥에 이의를 제기했을 때 그는 자신이 새로운 신학의 기초를 발견하리라는 것을 알 수 없었다. 프로이트 또한 새로운 종류의 자기관찰적 분석을 통해 제 자신을 이해하는 급진적 기회를 잡았을 때 자신이 새로운 심리학 원리를 발견하리라는 것을 알지 못했다. 나는 절대적 믿음의 시대가 끝날 때 나타난 최초의 프로테스탄트 루터에게, 절대적 이성의 시대가 끝날 때 나타난 최초의 정신분석가 프로이트가 발전시킨 통찰을 대입했으며 두 사람에게서 우연히 비슷해 보이는 사실들을 언급했다. 그중에서 비중이 큰 연관성 몇 가지를 결론에서 설명하고자 한다.

두 사람 다 자기관찰적 수단을 자신이 겪는 갈등의 핵심에 접목하고 개인성, 분별력, 쓰임새를 늘리는 데 활용함으로써 인간이 누릴 수 있는 내적 자유의 여지를 넓히고자 했다. 루터는 교회와 상업에서 무자비한 중상주의가 시작되던 시기에 공덕(meritorious works)의 철학과 실천에 맞서 기도하는 인간상을 제시했다. 그 뒤 그의 이신칭의는 중상주의 관행에 흡수되었으며 결국 믿음으로 상업주의를 정당화하기에 이르렀다. 프로이트는 고삐 풀린 산업

화가 시작되던 시기에 또 다른 자기관찰 방법인 정신분석을 제시했다. 이를 통해 인간을 효과적이지만 신경증적인 로봇으로 전락시키는 기계적 사회화를 분명히 경고했다. 그러나 자신의 성과가 자신이 경고한 것, 즉 '적응'을 미화하는 데 쓰였다는 것 또한 그것을 경고한 것만큼이나 분명하다. 그리하여 루터 박사와 프로이트 박사 둘 다 자신의 시대에 위인으로 칭송받았으나 자신의 적뿐 아니라 친구(그들의 사상에 동조하지만 키르케고르가 말하는 정신적·도덕적 분투가 결여된 사람들)에게도 적대시되었으며 지금도 그럴 때가 많다.

루터는 앞에서 보았듯 우리가 (우리 자신이 아는 한) 진정으로 뜻하는 것을 명확하게 서술하는 데 무척 도움되는 기도 기법을 정립했다. 프로이트는 우리가 자신의 꿈과 증상에 따르면 내면 깊은 곳에서 뜻할 수 없는 것을 뜻한다고 주장할 때 그것이 무슨 의미인지 이해할 수 있게 해주는 기법을 여기에 더했다(그 기법은 아무것도 실제로 뜻하지 않는 사람들에게는 결코 적용할 수 없다). 루터는 기도를 시작할 때 품은 선의를 자신이 기도하는 동안 달라고 하느님에게 간구할 것을 권했다(ut etiam intentionem quam presumpsisti ipse tibi dat). 수백 년 뒤 프로이트는 진정한 자기관찰에 대해 이와 비슷하게 엄격한 조건을 제시했다. 말하자면 자신의 정직성을 특별히 정직하게 바라보아야 한다는 조건이다.

루터는 개인의 양심을 전체주의적 교리(도그마)로부터 해방하려고 노력했다. 인간에게 신앙적 완전성을 부여하고자 했으나 애석하게도 권위주의를 증가시키고 정교화하는 데 본의 아니게 일조했다. 프로이트는 개인의 통찰을 권위적인 양심으로부터 해방하려고 노력했다. 그가 추구한 완전성은 개인 자아의 완전성이지만, 문제는 집단적 인간이 개인적 완전성에 걸맞은 세계를 창조할 것인가다.

루터는 인간과 하느님의 거리를 실존적이고 절대적인 것으로 받아들였으며 '거래하는 하느님'이라는 신성모독과 타협하기를 완강히 거부했다. 한편 프로이트는 우리가 오만하게 자유의지를 주장하거나 동료 인간과 거래에서 선한 의도를 내세우기 전에, 도덕성과 현실 사이에서 맺는 무의식적 거래를 꾸준히 연구해야 한다고 주장한다.

루터는 하느님에 대한 앎을 우리가 개인적 유혹을 겪는 것에 국한하고, 또 기도를 통해 하느님의 아들이 겪은 수난에 동일화되는 것에 국한했다. 이 점에서 모든 인간은 자유롭고 평등하다. 프로이트는 정신분석을 통해 의식적으로 드러나고 모든 인간에게 보편적인 것으로 인정되는 내적 **콘플릭트**(Konflikt, 갈등) 구조만이 우리가 자신에 대해 알 수 있는 전부이되, 이것이 우리에게는 불가피하고 불가결한 앎임을 밝혀냈다. 독실한 회의론자 프로이트는 인간의 최고 의무가 (자신의 자기관찰적 추론에 의해 자신이 무엇을 보게 되든, 또는 자신의 운명이 어떤 일을 겪든) 삶을 견디는 것 (das Leben auszuhalten), 버티는 것이라고 주장했다.

이 책에서 나는 한때 겁에 질린 아이였던 루터가 그리스도의 수난을 연구하면서 어떻게 예수 탄생의 중심 의미를 되찾았는지 서술했으며, 프로이트가 자기관찰이라는 방법을 통해 인간이 유년기의 사랑과 분노에 얽매여 있음을 드러냄으로써 어떻게 인간 갈등을 잠재적으로 더 안전한 통제하에 두었는지 내비쳤다. 이렇듯 루터와 프로이트 둘 다 "아동이 중심에 있음"을 받아들이게 되었다. 두 사람은 자기관찰 기법을 다듬어 고립된 인간이 자신의 개별적 환자성을 인식할 수 있게 했다. 또한 실존의 반대쪽 끝을 다시 드러내 밝혔는데, 그것은 인간이 세대의 존속에 참여한다는 것이다. 모든 아동이 태어날 때 지니는 무력감과 희망을 직면할 때에만 성숙한 인간은 살아 있음과 존재함의 돌이킬 수 없는 책임을 인식하게 된다.

2

그렇다면 '세대의 신진대사'라고 부를 법한 것을 살펴보자.

각 사람의 삶은 주어진 전통의 진화적 단계와 수준에서 시작되며, 자신의 환경에 패턴과 에너지의 자본을 투여한다. 이 자본은 사람이 성장하고, 사회적 과정에 참여하고, 이 과정에 기여하는 데 쓰인다. 각각의 새로운 존재는 전통에 의해 준비되고 지탱되는 삶의 양식 속으로 받아들여지는데, 그와 동시에 이 양식은 전통의 성격 자체 때문에 붕괴하는 중이다. 우리는 전통이 개인을 '빚어내고' 개인의 욕동에 '수로를 낸다'고 말한다. 하지만 사회적 과정은 단지 길들이기 위해 새로운 존재를 빚어내는 것이 아니다. 사회적 과정이 세대를 빚어내는 것은 그들에 의해 다시 빚어지고 새로워지기 위해서다. 따라서 사회는 결코 단순히 욕동을 억압하거나 승화를 유도하는 것에 머물 수 없다. 그와 더불어 모든 개인 자아의 주된 기능을 뒷받침해야 한다. 그 기능이란 본능적 에너지를 행동 패턴으로, 성격으로, 양식으로, 한마디로 전통에서 비롯하되 또한 전통에 일조하는 완결성의 핵심을 지닌 정체성으로 탈바꿈시키는 것이다. 세상에는 개인이 열망하는 최적의 자아 종합이 있고 사회와 문화가 추구하는 최적의 사회적 신진대사가 있다. 개인의 열망과 사회의 추구가 상호 의존적임을 서술하는 것은 곧 인간 삶에 필수 불가결한 무언가를 서술하는 것이다.

나는 전작에서 개인의 삶의 단계와 기본적 인간 제도가 어떻게 맞물리는지 설명할 연구 방안을 제시했다. 이 책은 그 단계들 중 하나인 '정체성 위기'로 범위를 좁혀, 조직화된 종교가 이데올로기를 지배한 시기에 이데올로기 재생 과정과 정체성 위기 사이에 어떤 내재적 관계가 있는지 들여다보았다.

우리는 정체성 위기를 논의하면서 모든 사회심리적 위기의 특징을 어느 정도 (적어도 암묵적으로) 제시했다. 사람은 일정한 나이가 되면 신체적, 지적, 감정적 성장으로 인해 새로운 생애 과제에 직면할 준비를 하고 이를 열망하게 된다. 그 과제란 어떤 전통적 방식으로 사회 구조에 의해 그에게 정해지고 준비되는 일련의 선택과 시험이다. 새로운 생애 과제는 **위기**로 나타나며 그 결과는 성공적 졸업일 수도 있고 생애주기의 훼손으로 인한 미래 위기의 악화일 수도 있다. 한 걸음이 다음 걸음으로 이어지듯 각 위기는 다음 위기를 준비한다. 위기를 겪을 때마다 성인의 성격을 형성하기 위한 모퉁잇돌이 하나 더 놓이는 셈이다. 나는 (다른 곳에서 더 속속들이 언급하겠지만) 이 모든 위기를 나열하여 루터의 삶에 결부된 몇몇 문제를 요약하여 상기시키고, 믿음, 의지, 양심, 이성이라는 기본적인 인간 가치가 발달하기 위한 뿌리를 제시할 것이다(유년기를 완성하는 정체성을 확립하기 위해서는 이 모든 가치가 초보적 형태로나마 존재해야 한다).

첫 번째 위기는 영아기 위기다. 이 위기를 어떻게 맞닥뜨리는가는 인간의 가장 내밀한 기분이 기본적 신뢰(trust)에 의해 주로 결정될 것인가, 기본적 불신(mistrust)에 의해 주로 결정될 것인가를 좌우한다. 이 위기의 결과는 유전, 임신, 분만에서 일어나는 사건들 이외에도 대체로 모성 보호의 수준에 달렸다. 즉 얼마큼의 일관성과 상호성이 어머니의 보살핌을 인도하는지, 급박하고 당혹스러운 신체 느낌으로 이루어진 아기의 최초의 우주에 일정한 예측 가능성과 희망을 선사하는지에 달렸다. 기본적 신뢰와 기본적 불신의 비율과 관계는 영아기에 확립되어 탄탄한 믿음을 품을 수 있는 개인의 능력을 상당 부분 결정하며, 그 결과로 사회에 축적된 믿음의 양에 얼마나 일조할 것인지를 결정한다. 이를 통해 미래의 어머니는 세상을 신뢰하는 능력을 얻게 되며 그 세상에서 자신의 아이에게 신뢰를 가르친다. 우리는 이 첫 단계에서 이미 역사적 과정이 작동한다고 가정할 수 있다. 따라서 역사 서술은 역사적 사건들이 자라나는 세대들에게 끼치는 영향을 기록해야 한다. 그래야 그들이 앞으로 역사에 어떻게 기여할지 판단할 수 있다. 어린 마르틴에 대해 나는 그의 어머니가 여전히 아기 마르틴을 오롯이 책임지고 그가 여전히 온전히 어머니의 것이던 가장 이른 시기에 대해 결론을 도출했는데, 어머니가 기본적 신뢰의 근원을 그에게 제공했음에 틀림없다고 추론했다. 그는 모든 의지, 양심, 이성 앞에 존재하는 주된 믿음, 즉 "영혼의 순결"인 믿음을 얻으려고 투쟁하면서 이 기본적 신뢰를 끄집어낼 수 있었다.

첫 번째 위기는 프로이트가 구강기로 묘사한 시기와, 두 번째 위기는 항문기로 묘사한 시기와 대략 일치한다. 이 위기들에 결부된 역동성을 올바르게 이해하려면 이 일치를 자각하는 것이 필수적이다.

두 번째 위기는 유아기 위기인데, 이후에 인간의 의지가 되는 유아기적 근원을 발달시키며, 이는 의지력과 고집이라는 형태로 나타난다. 이 위기의 해소 여부는 개인이 일련의 자율성(autonomy)에 지배되기 쉬운가, 수치심(shame)과 의심(doubt)에 휘둘리기 쉬운가를 결정한다. 고집이 센 유아에게 사회적 제약이 부여되면 다 자란 사람들과 아직 자라고 있는 사람들의 관계를 지배하는 정의에 대해 필연적으로 의심을 품게 된다. 이 의심에 대해 성인들이 어떤 반응을 보이는가는 미래에 아이가 손상되지 않은 의지를 자기규율과, 반항심을 책임감과 결합하는 능력을 좌우한다

질투심 어린 야심을 품은 아버지에 의해 마르틴이 신뢰 단계에서, '엄마의 치마폭을' 일찌감치 벗어났다는 해석은 타당하다. 아버지는 마르틴을 여성으로부터 조숙하게 독립시키려고 노력했으며 성실하고 듬직하게 일하는 사람으로 키우려 애썼다. 한스는 목표를 이뤘지만 그 과정에서 마르틴은 아버지의 정당성과 진정

성에 격렬한 의심을 품게 되었고, 자신의 조숙한 양심과 실제 내적 상태 사이의 지속적 간극을 평생 부끄러워했으며, 유아기 신뢰를 느끼던 상황에 깊은 향수를 느꼈다. 그의 신학적 해결책은 모든 의심 이전에 존재하는 믿음으로 돌아가는 영적 복귀와 더불어 세속 법의 칼을 불가피하게 휘둘러야 하는 사람들에 대한 정치적 복종이었는데, 이것은 그의 개인적 타협 필요성에 완벽하게 들어맞는 것처럼 보인다. 이 분석은 그의 해결책이 지닌 이데올로기적 힘도, 신학적 정합성도 설명하지 못하지만, 개체발생적(ontogenetic) 경험이 역사의 한 단계와 다음 단계를 연결하는 필수 불가결한 고리이자 변환 장치임을 확실히 보여준다. 이 고리는 심리학적이며, 변환되는 에너지와 변환 과정 둘 다 정신분석적 방법에 의해 기록된다.

프로이트는 이 문제를 역동적 관점에서 정식화했다. 프로이트 이전에 심리학적인 것과 신학적인 것의 경계선에 있는 경험을 루터보다 더 진실하게 표현한 사람은 찾아보기 힘들다. 루터는 이 경험들에서 얻은 종교적 소득을 신학적 관점에서 정식화했다. 루터는 유년기부터 인간 실존에 여러 형태로 배어 있는 나쁨의 상태를 묘사했다. 이를테면 그는 수치심을 유아가 우주에 벌거벗은 채 서서 자신이 하찮은 존재임을 느낄 때 처음으로 경험하는 감정으로 묘사했다. "그는 하느님 앞에서 죄와 수치심에 직면한다. 이 수치심은 이제 천 배나 커져 인간은 하느님 앞에서 얼굴이 붉어질 수밖에 없다. 이것은 창조 세계를 통틀어 어느 구석이나 구멍에도, 심지어 지옥에도 인간이 기어들 자리가 없다는 뜻이기 때문이다. 하지만 그는 모든 피조물의 시선에 그 자신을 노출시키고 자신의 모든 수치심을 지닌 채 남들 앞에 그 자신을 세워야 한다. 못된 양심이 실제로 타격을 받을 때 느끼듯 말이다."³ 의심에 대한 묘사를 예로 들 수도 있다. 이 감정은 아동이 자기가 납득하지 못하는 요구를 받았다고 느낄 때 처음 경험된다. "**안페흐퉁**(Anfechtung, 시련)에 시달릴 때는 자신이 혼자인 것처럼 느껴진다. 하느님은 그에게만 노하시며 그 분노는 달랠 수 없어 보인다. 그런 다음 그는 혼자만 죄인이고 나머지 모든 사람은 의롭다고 느낀다. 그들이 하느님 명령에 따라 자신을 적대한다고 느낀다. 그에게 남은 것은 말로 표현할 수 없는 한숨뿐이다. 이를 통해 그는 부지불식간에 성령의 도움을 받아 이렇게 외친다. '하느님께서는 왜 나만 괴롭히시는가?'"⁴

루터는 유년기에서 청년기를 거쳐 성년기에 이르는 어떤 층위에서도, 또한 삶의 어떤 국면에서도 이 감정들을 간단히 무마하는 것에 만족하지 못했다. 그에게서 종종 볼 수 있는 충동적이고 직관적인 표현은 일생에 걸친 감정 문제의 밑바닥에 깔린 유아적 투쟁을 고스란히 보여준다.

그의 기본적 기여는 믿음을 생생하게 재규정한 것이다. 이로써 그는 일급 신학자의 반열에 올랐다. 또한 우리는 그가 개체발생적으로 가장 이른 시기의 가장 기본적인 삶의 문제들과 투쟁했음을 알 수 있다. 그는 믿음과 의지, 종교와 법의 새로운 구분을 일생의 과업으로 여겼다. 왜냐하면 세계 질서에 대한 믿음을 종교가 독점하는 상황에서는 조직화된 종교성이야말로 인간이 영아기에 타고나는 기본적 신뢰의 재확인(또한 기본적 불신에 대한 갱신된 승리)에 교리적 영속성을 부여하는 제도이기 때문이다. 이런 면에서 조직화된 종교는 미래 세대를 떠받칠 믿음을 단단히 다지는 역할을 한다. 확립된 법률은 인간이 의심을 최소한으로 품고 체면을 거의 잃지 않은 채 법과 질서에 복종하고 자율적 질서 관리자로서 규율의 기초를 자녀에게 가르칠 수 있도록 의무와 특권을, 제약과 자유를 규정하려고 애쓴다. 물론 교회와 국가의 문제에서 나타나든, 신비주의와 일상적 도덕성의 문제에서 나타나든, 실존적 고독과 정치 참여의 문제에서 나타나든 믿음과 법의 관계는 영원한 인간 문제다.

세 번째 위기는 주도성(initiative) 대 죄책감(guilt)의 위기인데, 프로이트가 가족의 중심 콤플렉스로 묘사한 것, 말하자면 오이디푸스 콤플렉스의 일부다. 여기에 결부되는 것으로는 관능적 자유를 어머니의 몸과, 그리고 어머니의 손으로부터 받은 돌봄과 연결하는 지속적인 무의식적 연상, 무자비한 금지를 위협한 아버지의 개입과 연결하는 지속적 연상, 그리고 이 연상 때문에 현실과 환상에서 사랑과 증오에 대해 생겨나는 결과가 있다. (여기서는 프로이트의 관찰에 나타난 문화적 상대성이나 그의 용어에서 볼 수 있는 구시대적 어원은 논의하지 않을 것이다. 하지만 내가 보기에 이 모든 문제를 트집 잡고 싶은 사람은 가족, 유년기, 사회를 비롯해 프로이트가 누구보다 먼저 최초로 간파한 수수께끼에 대해 변죽을 울리기보다는 핵심에 접근하는 체계적 논제를 제시할 의무감을 느끼지 않을까 싶다.) 우리는 한스 루더가 어머니를 향한 마르틴의 애착에 유난히 혹독하게 개입했음을 뚜렷이 암시하는 일화들을 살펴보았다. 괴테는 쾌활함과 이야기 욕구(Die Frohnatur, die Lust zu fabulieren)가 자신의 어머니에게서 물려받은 성품임을 공공연히 인정했는데, 마르틴의 어머니는 이 성품을 아들에게 은밀히 물려준 것으로 보인다. 우리는 훗날 루터의 시에서 나타난 이 성품이 그를 조숙한 학생으로 만들려는 교육에 의해 어떻게 죄책감에 짓눌리고 속박에 길들여졌는지 살펴보았다. 또한 이것이 루터가 평생 과중한 죄책감을 짊어진 것과 어떤 관계인지도 추적했다. 루터는 그 죄책감을 이렇게 묘사했다. "이 모든 불행 중에서 가장 나쁜 것은 이것입니다. 양심은 스스로에게서 달아나지 못합니다. 언제나 자신의 곁에 있으며 자신의 모든 공포를 압니다. 지금 이 순간의 삶에까지 나타나는 공포 말입니다. 하느님을 믿지 않는 사람은 사나운 바다 같으니까요. 세 번째로, 이 모든 공포 중에서 가장 크고 모든 불행 중에서 가장 나쁜 것은 재판관 앞에 서는 것입니다."[5] 그는 이렇게도 말했다. "이것이 죄책감의 성격입니다. 달아나고 겁에 질리는 것, 심지어 모든 것이 안전하고 번영하는데도 모든 것을 위험과 죽음으로 바꿔버리는 것 말입니다."[6]

주도성 단계는 프로이트의 성심리적 단계에서 남근기와 관계 있는데, 이 단계에서 인간의 갓 생겨난 의지는 환상, 놀이, 게임, 그리고 초기의 일과 연결되고, 그럼으로써 제한 없는 상상과 열망이 제한하고 위협하는 양심과 서로 영향을 주고받으며 서로를 규정해 간다. 사회와 관련하여 이것은 아이가 인식하는 직업적·기술적 이상과 필수적으로 연관된다. 아이가 어머니로서의 어머니에게 돌아가는 것이 불가능하고 아버지로서의 아버지와 경쟁하는 것이 불가능하다는 사실에 대처할 수 있으려면, 가족이라는 좁은 울타리 바깥에서 미래 진로를 적어도 이상적으로 상상할 수 있어야 하기 때문이다. 아이는 놀이에서는 이 직업을 모방하는 법을 배우고 학교에서는 이 직업을 예상하는 법을 배운다. 우리는 어린 마르틴에게 아버지의 직업이 기대 환상으로부터 일찌감치 배제되었으며 그 대신 학자적 의무의 삶이 순종적으로 그리고 침울하게 상상되었다고 추측할 수 있다. 이렇듯 극심한 순종에 조숙하게 직면한 탓에, 우리가 그의 순종의 길을 따라가면서 그의 불순종에서 보았듯 어린 마르틴은 훗날 제약받지 않는 공부 자체 말고는 어떤 진로도 기대할 수 없었다.

네 번째 단계에서 아동은 체계적으로 학습하고 남들과 협력하는 능력과 열망을 얻는다. 이 단계를 해결하면 근면성(industry)이나 과업 완수의 감각과, '연장을 쓰는 데 서툴다는 열등감(inferiority)' 사이의 비율이 상당 부분 결정된다. 또한 에토스의 필수 요소뿐 아니라 자신이 가진 기술의 근거를 갖추게 된다. 아동은 사태가 왜 그런지 그 **이유**를 알고 싶어 하며 적어도 그 이유에 대한 합리화를 제시받는다. 자기 문화의 과업을 전반적으로 준비할 수 있는 가장 간단한 기법을 배우고 연장이 무엇이든 그것을 쓰는 법을 배운다. 마르틴의 경우 그 연장은 문해력, 특히 라틴어 문해력이었으며, 우리는 그가 자기 나라의 언론 수단인 인쇄술의 도움을 받아 어떻게 문해력에 의해 빚어지고 훗날 다시 빚어졌는지 보았다. 그는 자신이 적들에게까지 독일어를 가르쳤다고 떳떳

이 주장할 수 있었다.

  하지만 루터가 이 업적을 이룬 것은 (이 책의 주제인) 오랜 정체성 위기를 겪은 뒤였다. 특정 집단과 이념에 동질감을 느끼는 데 어려움을 겪는 사람은 다른 집단과 이념을 그만큼 훨씬 격렬하게 거부해야 한다. 정체성이 일단 확립된 뒤에 또 다른 위기를 만날 때마다 타자성을 비합리적으로 거부하고 심지어 자신의 정체성을 일시적으로나마 거부할 위험도 커진다.

  앞에서 나는 정체성 위기에 뒤따르는 세 가지 위기를 짧게 언급했는데, 그것들은 각각 친밀감(intimacy), 산출(generativity), 완결성(integrity)의 문제와 결부된다. 수도사에게 친밀감 위기는 그 이성애적 핵심에서 자연스럽게 왜곡된다. 정체성 혼미가 정체성에 대한 대안이자 위험이듯 고립(isolation)은 친밀감에 대한 대안이자 위험이다. 수도사의 고립은 특별한 규칙에 따라 이루어지는데, 수도사는 의도적이고 조직화된 고립을 추구하며 기도와 고해에서만 친밀감을 찾기 때문이다.

  루터의 친밀감 위기는 바르트부르크에 와서야, 즉 강의를 통해 강사로서 자리 잡고 보름스에서 연설을 통해 보편적 호소력을 지닌 웅변가로서 자리 잡은 뒤에야 온전히 경험되고 해소된 듯하다. 바르트부르크에서 〈수도 서원에 대하여〉를 썼을 때 그는 품위 있는 해결책을 찾는 즉시 자신의 성욕을 다스리겠노라 결심한 것이 분명하다. 하지만 친밀감 위기는 결코 성적인 문제만이 아니며 이 경우에서 보자면 이성애적인 문제만도 아니다. 루터는 자유인이 된 뒤 남자 친구들에게 성을 비롯한 자신의 정서적 삶에 대해 편

바르트부르크 성에 보존되어 있는 루터의 방. 이곳에서 루터는 성경을 독일어로 번역했다.

지를 썼는데, 그의 솔직함은 친밀감을 공유하려는 욕구를 똑똑히 보여준다. 가장 유명한 예는 이 사제들이 도망 수녀와 뒤늦게 결혼하는 희비극이 한창 벌어지던 기간에 쓴 편지일 것이다. 그전에 루터는 슈팔라틴과 전직 수녀(슈타우피츠의 친척)를 중매했다. 편지에서 그는 슈팔라틴에게 첫날밤 행운을 빌면서 자신도 신방에서 같은 행위를 하며 그를 생각하겠다고 약속했다.[7]

루터가 성경 번역과 더불어 자기 나라의 가정들에 파고드는 빼어난 능력을 기른 것도 바르트부르크에서였다. 그는 여생 동안 설교자이자 탁상담화가로서 친밀함의 능력과 욕구를 보여주었다. 이 주제만으로도 루터에 대한 책 한 권을 쓸 수 있을 것이다. 그런 책을 읽어보면 가장 노기등등한 발언을 제외한 모든 소통이 듣는 이에게 절묘하게 맞춰진 것임을 알 수 있을 것이다.

연장된 정체성 위기 때문에, 또한 지연된 성적 친밀성 때문에 루터의 삶에서는 친밀감이 산출과 융합되었다. 우리는 루터가 '산출 위기'에 도달한 시기, 말하자면 그가 짧은 기간 안에 아버지이자 많은 추종자를 거느린 지도자가 된 시기에 대해 이야기했다. 그의 추종자들은 그의 가르침을 탐욕스럽고 반항적이고 신비주의적인 무수한 방향으로 전파하기 시작했다. 그러자 루터는 이 단계의 위험을 고스란히 맛봤다. 이것은 역설적이게도 창조적인 사람들이 남들보다 더 깊이 느끼는 것인데, 말하자면 조울증의 형태로 경험하는 **침체**(stagnation) 감각이다. 그는 회복하면서 자기 신학의 뼈대를 세워 갔다. 하지만 그러는 중에도 군주를 비롯한 교구민과 학생들의 요청을 시종일관 응대했다. 이따금 걷잡을 수 없을 때만 격렬한 거부를 표출했는데, 이것은 그가 정신 건강을 유지하는 비결이었으나 그의 민족에게는 오래도록 나쁜 선례를 남겼다.

3

이제 마지막인 완결성 위기를 살펴볼 차례다. 이 위기도 인간을 허무의 관문으로 인도하거나, 어쨌든 **과거지사**(다 지나간 일)의 정류장으로 이끈다. 나는 완결성 위기를 아래와 같이 서술한 적이 있다.

어떤 식으로든 사물과 사람들을 돌봐 왔고, 부모로서의 또는 물리적, 관념적 결과물의 생산자로서의 경험이 있으며 그 과정의 성공과 실패에 자신을 적응시켜 온 사람, 오직 그런 사람에게만 앞선 일곱 단계의 열매가 익을 수 있다. 나는 자아 완결성(ego integrity)

이라는 말보다 그것을 더 잘 표현할 단어를 알지 못한다. 그에 대한 명확한 정의는 부족하지만 그러한 마음 상태의 몇 가지 구성 요소는 짚어볼 수 있을 것이다. 먼저 그것은 질서와 의미에 대한 자아의 축적된 확신이다. 설령 비싼 대가를 치르더라도 세계의 질서와 정신적 가치를 전달해주는 경험으로서 그것은 자기애를 넘어선, 인간 자아―자기 자신이 아닌―에 대한 사랑이다. 그것은 또한 자신만의 유일한 생애를 필연적이며 대체될 수 없는 것으로 받아들이는 태도이다. 따라서 그것은 부모가 가질 수 있는 전혀 새롭고 다른 사랑을 의미한다. 그것은 지나온 시간들과 다양한 추구들에 질서를 부여하는 방식과 함께 존재한다. 자아의 완결성을 소유한 사람은 인간의 노력에 의미를 부여하는 다양한 생활 양식의 상대성을 알고 있더라도 모든 물리적, 경제적 위협에 맞서 자기 자신만의 삶이 지닌 존엄성을 지켜낼 준비가 되어 있다. 왜냐하면 그는 한 개인의 삶이란 하나밖에 없는 생애와 역사의 한 조각이 맞물려 있는 것이며, 그에게 인간의 완결성이란 곧 자신이 참여한 삶의 완결성과 다르지 않다는 것을 알고 있기 때문이다. 따라서 특정한 문화나 문명에 의해 발달되는 완결성의 양식은 "정신의 유산"이자 그 자신의 도덕적 기원에 대한 표지가 된다. 그리고 그 최종적인 견고함 앞에서 죽음은 날카로운 가시를 잃고 만다.[8]

이 완결성 위기는 보통 사람의 삶에서 최후에 찾아오지만 **호모 렐리기오수스**(종교적 인간)에게서는 평생 지속되는 만성적 위기다. 그는 언제나 놀이 동무나 심지어 부모와 교사보다 늙었거나,

아주 이른 시기에 느닷없이 그들보다 늙는다. 그러고는 어떻게 하면 삶에서 타락을 피할 수 있을까, 어떻게 죽음의 순간에 삶에 의미를 부여할 수 있을까처럼 남들은 평생 걸려야 감조차 잡을까 말까 한 문제에 일찌감치 천착한다. 이런 사람은 최후의 문제들을 타개하는 돌파구를 삶에서 너무 일찍 경험하기 때문에 순교자가 되어 요절로서 자신의 메시지를 완성하는 것이 낫다. 아니면 이승 너머를 예감케 하는 고독 속에서 은자가 되는 것이 더 나을 수도 있다. 우리는 청년 나사렛 예수에 대해 아는 것이 거의 없지만, 중년의 예수를 상상하는 것은 아예 엄두도 내지 못할 것이 분명하다.

청년기 정체성 위기에서 성숙기 완결성 위기로 직행하는 이 지름길 때문에 종교인의 개인 정체성 문제는 실존적 정체성 문제와 같은 것이 된다. 어느 정도 이 문제는 유산된 특성이 과장된 것에 불과하며 청소년기 후기에 드물지 않게 나타난다. 종교 지도자는 자책에 대처하는 전문가가 되는데, 이 자책은 진지하기 이를 데 없는 청소년기 이후 시기에 으레 잠깐 스쳐 지나가는 것이라고 말할 수도 있을지 모르겠다. 이런 청소년들은 훗날 성장하여 자책에서 벗어나거나, 자책을 감당하지 못하고 무너지거나, 자신과 허무 사이에 설 수 있는 지적 또는 예술적 매개체를 찾는다.

청소년기 후기 위기는 더 성숙한 위기를 예견하는 것에 더해서 그와 동시에 생애 최초의 위기를 떠올리게 할 수도 있다. 그것은 존재 자체를 향한 신뢰나 불신이다. 이처럼 인간 생애의 최초 위기와 최후 위기가 둘 다 청소년 정체성 위기라는 격변에 집중되는 것을 보면, 종교적·예술적으로 창조적인 사람들이 왜 좀처럼 보상되지 않는 정신증을 앓는 것처럼 보이면서도 훗날 인간 삶을 위한 총체적 의미를 전해주는 초인적 재능을 발휘하는지 이해할 수 있고, 청소년기 후기의 지독한 방황이 종종 조숙한 지혜와 강제로 얻은 완결성을 드러내는지 이해할 수 있다. 선택받은 청년은 자기 정체성 문제를 자신이 알고 있는 우주의 실존적 문제로까지 확장하는 반면에, 다른 사람들은 자신이 속한 집단에서 준비되어 있는 세분화된 정체성을 채택하고 성취하는 데 온갖 노력을 기울인다. 그는 신뢰 문제를 영구적인 것으로 대면할 수 있는 데 반해, 다른 사람들은 신뢰 문제가 지속되거나 우세해지면 부정, 절망, 정신증에 내몰린다. 그는 마치 개인으로서 자신이 시작되는 것과 더불어 인류 전체가 출발한 것처럼 행동하며 자신의 인간성과 함께 자신의 유일무이함을 의식하는 데 반해, 다른 사람들은 소속, 직업, 특수한 이해관계 때문에 자신이 몸담은 전통의 주름 사이에 숨는다. 그에게 역사는 그와 함께 시작할 뿐 아니라 그와 함께 끝나는 데 반해, 다른 사람들은 선조들의 말과 행동에서 현재와 미래의 본보기를 찾으려고 기억이나 전설이나 책을 들춰 보아야 한다. 또래들이 젊을 때 그가 노인(철학자philosophus이며 슬픈 사람) 비슷한 존재인 것, 또래들이 하릴없이 늙을 때 그가 여전히 아이 비슷한 존재인 것은 놀랄 일이 아니다. 내가 이해하기로 노자(老子)라는 이름이 바로 그 뜻이다.

하지만 일급 개혁가가 맞닥뜨리는 위험은 그가 군중에게 미치는 영향의 성격에 있다. 우리는 이 시대에 간디의 삶과 영향에서 그런 위험을 보았다. 그도 기도의 힘을 믿었다. 그가 단식하고 기도할 때 군중은, 심지어 영국인조차 숨을 죽였다. 기도는 가장 낮은 자와 가장 높은 자에게 들려줄 말을 할 수 있는 힘을 주기 때문에 간디와 루터는 둘 다 말씀의 억누르는 힘과 부추기는 힘에 의지할 수 있다고 믿었다. 이런 믿음 속에서 위대한 종교인을 떠받치는 사실은, 모든 사람이 실존적 불안의 공통된 저류 때문에 주기적으로 또한 위기를 겪는 동안 신뢰 회복의 필요성을 절실히 느낀다는 것이다. 이 신뢰 회복은 사람들이 제한적이고 도착적으로 행사하는 의지, 양심, 이성, 정체성에 새로운 의미를 부여할 것이다. 하지만 그중 최고의 사람들도 겟세마네*에서 잠들 것이고, 최악의 사람들은 새로운 믿음이 무정부주의적 파괴성이나 정치적 술수를 승인할 때만 받아들일 것이다. 믿음이 산을 움직일 수 있다면 걸림돌을 **그들**의 길에서 치우도록 하라. 하지만 군중은 영적인 힘을 추구하는 사람이 겉으로는 포기를 말할지언정 내적 권위를 상대로 해결해야 할 문제가 있음을 느낄지도 모른다. 그는 그들의 반란을 부정할지도 모르지만 그 자신이 반역자다. 그는 (루터가 말했듯) "자신의 입이 그리스도의 입입니다"라고 말할 때 가장 겸손한 태도를 취할지도 모르지만 그의 성정은 여전히 왕위 찬탈자의 성정이다. 그렇기에 한동안 세상은 더 나은 것을 보았다는 이유로 더 나빠질지도 모른다. 가장 오래된 선시(禪詩)에서 가장 새로운 심리학 원리에 이르기까지 "옳음과 그름의 갈등이 마음의 병"이

---

* 예수가 십자가에 못 박히기 전날 밤 기도했던 곳. 제자들은 졸고 있었다(마태복음 26장, 마가복음 14장).

라고 분명히 말하지 않던가.[9]

거대한 인간 질문은 초기 아동 훈련이 인간의 초기 무력감과 도덕적 민감성을 이용하여 깊은 악의 감각과 죄책감이 불가피해지도록 하는 것을 어디까지 허용할 것인가 아니면 허용해서는 안 되는 것인가다. 이런 감각이 더 숭고한 가치를 내세우다 결국에는 은밀히 악에 투신하고 말 수도 있기 때문이다. 물론 종교인은 자신이 악과 싸울 때조차 악의 감각이 자신을 지배하기 때문에 악이 인간의 '본성'에 속할 뿐 아니라 하느님의 계획이라고, 심지어 하느님이 자신에게 준 선물이라고 가정한다. 이 가정에 대한 답은 기본적 불신, 수치심, 의심, 죄책감을 어떻게 얼마나 이용하는지에 대한 차이가 아동 훈련 체계에서만 나타나는 게 아니라는 것이다. 종교도 마찬가지다. 문제의 원인은 첫째, 본능적 힘이 부정적 양심의 지배를 받지 않으면 마구잡이로 날뛰리라는 지독한 두려움이며 둘째, 인간의 최적 상태를 (엄격한 제도에 의해 강화해야 하는) 부정적 도덕성으로 규정하려는 시도다. 이 규정에 따르면 모든 인간이 자연의 힘과 귀신에 대해 지금껏 품은 두려움은 그의 내적 힘에, 또한 아동에게 재투사되며, 아동의 잠재 에너지는 잠재적 범죄 성향으로 비난받았다가 오로지 천사 같은 성향으로 낭만화되었다가 한다. 인간에게는 규율된 양심이 필요하기 때문에 그는 자신이 못된 양심을 가졌음에 틀림없다고 생각하며, 이따금 수월한 양심을 가졌을 때는 자신이 착한 양심을 가졌다고 추정한다. 이 모든 추정에 대한 답은 아동의 이런저런 못됨의 감각을 회피하거나 부정하려는 시도에 있지 않다. 불가피한 것을 부정하다가는 은밀하고 다스릴 수 없는 악의 감각만 깊어질 수 있다. 답은 인간이 자녀에게 규율된 양심과 더불어 너그러운 양심을 부여할 질서를 창조할 수 있는가, 긍정적으로 행동할 수 있는 세상을 창조할 수 있는가에 달렸다.

4

이 책에서 우리는 주도성과 죄책감의 상호작용에 대한 극단적 강조와 거룩한 아버지-아들에 대한 배타적 강조에서 자라난 뒤 그것을 영속화한 서구 종교 운동을 다루고 있다. 이 도식에서조차 어머니는 아무리 그늘질지언정 맞상대 자격을 유지한다. 아버지 종교에는 어머니 교회가 있다.

혹자는 인간이 어두운 거울로 흐릿하게 볼 때 내적 우주에서 자신을 발견하며, 그곳에서 세 대상의 윤곽이 어렴풋한 향수를 불러일으킨다고 말할지도 모르겠다. 이 향수들 중 하나는 모태와의 환각적 합일감, 그리고 호의적이고 강력한 힘의 공급에 대한 단순하고 격렬한 소망이다. 이것을 상징하는 사랑의 긍정적 얼굴은 너그러운 성품을 지녔으며 품 안으로 돌아오는 이를 조건 없이 받아들이겠노라며 신자를 안심시킨다. 이 상징 속에서 분열된 자율성이 영원한 회복을 얻는다. 수치심은 무조건적 승인에 의해 치유되고 의심은 너그러운 베풂의 영원한 존재에 의해 치유된다.

두 번째 향수의 중심에는 양심을 인도하는 부성적 목소리가 있다. 이 목소리는 유년기의 순진무구한 낙원을 끝장내고 정력적 행

독일 아이슬레벤에 있는 루터의 동상. 오른손에는 교황의 파문 칙서를, 왼손에는 성경을 들고 있다. 아이슬레벤은 루터가 태어난 곳이며 영면한 곳이다.

위를 승인한다. 또한 죄악에 얽매이는 것이 불가피함을 경고하며 분노의 번개로 위협한다. 이 목소리의 위협적 음성을 (필요하다면 부분적 굴복과 다면적 자기거세를 동원하여) 변화시키는 것은 종교 행위에서 요구되는 두 번째 명령이다. 무슨 일이 있더라도 신성은 그 자신이 구원을 보장하기 위해 범죄와 처벌을 자비롭게 계획했음을 암시하도록 강제되지 않으면 안 된다.

마지막으로, 거울은 순수한 자기를, 아직 태어나지 않은 창조의 핵심을, 하느님이 순수한 무로 존재하는(앙겔루스 실레시우스의 말을 빌리자면 'ein lauter Nichts'), 말하자면 부모 이전의 중심을 고스란히 보여준다. 동양 신비주의에서는 신을 여러 방면에서 이렇게 규정한다. 이 순수한 자기는 더는 옳고 그름의 갈등에 시달리지 않고, 공급자에게 의존하지 않으며, 이성과 현실로 이끄는 길잡이에 의존하지 않는다.

이 세 가지 이미지는 주된 종교적 대상이다. 이것들은 자연스럽게 다양한 측면에서 융합하며 수많은 부차적 신들이 여기에 합류한다. 하지만 이를 통해 인간이 자신이 바라는 영원한 미래에 도달하고자 신뢰로 가득한 과거와의 첫 만남을 다시 추구한다면 이것을 퇴행이라고 불러야 할까? 그게 아니라면 종교는 인간의 (심지어 퇴행하면서도 발휘하는) 창조적 회복 능력에 동참하는 것일까? 창조력이 최고로 발휘될 때 종교는 우리의 가장 오래전 내적 경험을 되짚어, 막연한 악에 구체적 형상을 부여하고 신뢰의 가장 오래된 개인적 근원에 가닿는다. 그와 동시에 여러 세대에 걸쳐 정제된 완결성의 공통된 상징을 살아 있게 한다. 이것이 부분적 퇴행이라면 그 퇴행은 단단히 확립된 경로를 되밟아 증폭되고 명료화된 현재로 돌아오는 퇴행이다.[10] 물론 여기서는 주어진 시대의 아들이 거울에 다가갈 때 선한 믿음을 품는가, 처음부터 안전하게 지니고 있던 기본적 신뢰의 보물을 더 높은 차원에서 다시 찾으려 하는가, 아니면 유년기에 처음부터 부정된 생득권을 찾으려 하는가에 많은 것이 달렸다. 세대마다 (어떤 이데올로기적 천국을 가졌든) 기본적 신뢰의 안전한 보물을 다음 세대에 전해줄 의무가 있음은 분명하다. 루터는 신학적 관점에서 공동체가 **진심**으로 세례를 행하면 유아가 믿음을 **가진다**고 말했는데, 그의 말은 심리학적으로나 이데올로기적으로나 옳다. 하지만 창조적 순간과 창조적 시기는 드물다. 여기서 서술한 과정은 유산된 채로 남을 수도 있고 침체한 제도 속에서 명맥만 유지할 수도 있는데, 이 경우에 신경증과 정신증, 자기억제와 자기망상, 위선과 우매한 도덕주의와 연관될 수 있으며 연관될 수밖에 없다.

프로이트는 몇몇 종교적 사고방식과 신경증적 사고방식 사이에 친연성이 있음을 확고하게 입증했다.[11] 하지만 우리는 꿈속에서도 퇴행하며 많은 꿈의 내적 구조는 신경증 증상과 일치한다. 그럼에도 꿈 자체는 건강한 활동이자 필요한 활동이다. 여기서도 꿈의 성공은 어떤 믿음을 추구하느냐가 아니라 어떤 믿음을 가졌느냐에 달렸다. 착한 양심은 비유적으로 "근심의 닳은 소매를 꿰매는 좋은 잠"을 선사한다.* 인간으로 하여금 낮 동안에 죄책감, 수치심, 의심, 불신을 느끼게 한 모든 것이 엮여 신비로우면서도 의미 있는 꿈 이미지가 된다. 이 이미지는 잠의 회복시키는 힘을 건설적 각성 상태 쪽으로 이끌도록 구성되어 있다. 하지만 낯선 현실의 감각이 꿈 꾸는 사람의 환상에 침투하여 현실의 중첩된 감각으로부터 실제 현실로 돌아오는 과정이 방해받으면 꿈 작업은 실패하고 꿈은 악몽이 된다.

종교는 꿈삶(dreamlife)과 비슷한 기제를 동원하고 이따금 시와 예술의 집단적 천재성에 의해 강화되어 의례적 꿈에 거대한 회복적 가치를 부여하려고 한다. 하지만 의례적 환각의 명수이던 중세교회는 지옥의 실재성을 너무 효율적으로 판촉함으로써, 또한 이 세상에 대한 인간의 현실 감각을 지나치게 성공적으로 조작함으

---

* 셰익스피어의 희곡 《맥베스》의 한 구절이다.

로써 더 바람직한 세상의 더 큰 실재성에 대한 믿음 대신에 이 세상에서의 악몽의 느낌만 창조하고 말았다.

나는 루터가 회복하려고 애쓴 원초적 믿음이 영아기의 기본적 신뢰로 거슬러 올라간다고 암시했다. 그 과정에서 루터가 하느님의 위장(僞裝)이라고 부른 것의 경이로움을 훼손시키진 않았으리라 믿는다. 종교가 유아기의 부모 이미지(미소 띤 얼굴과 인도하는 목소리)를 자애로운 하늘에 투사하는 것이라고 가정하더라도, 달을 붉게 칠하려고 생각하는 시대에 변명할 것은 전혀 없을 것이다. 평화는 내면의 공간에서 찾아오는 것이다.

5

종교개혁은 여러 나라에서 다양한 혁명의 형태로 계속되고 있으며, 또 다양한 소명을 품은 프로테스탄트들의 성격 속에서 계속되고 있다.

나는 이 책을 멕시코에서 썼다. 발코니에서는 차팔로 호수에 자리 잡은 어촌이 내려다보였다. 이 어촌의 원초적인 내적 질서에 남아 있는 요소는 기독교 이전으로 거슬러 올라간다. 하지만 이따금 교회 종이 요란하게 울려 퍼져 사람들에게 옛 기억을 떠올리게 한다. 교회는 이제 종교 기관의 소유가 아니며 교구에서 임차하여 이용하고 있다. 사제복은 이제 법적으로 교회에서만, 또는 회중과 함께 죽음을 앞둔 사람을 방문하는 그런 행사에서만 입는 예복이 되었다. 그런데도 밤이 되면 궁지에 몰려 발끈하듯 교회 탑에 서 있는 십자가가 마을의 유일한 네온등을 밝힌다. 사제를 찾는 사람들의 절대다수는 여성이며 작은 현지 성모상을 숭배하는 일에 열심이다. 성모상은 다른 마을에 있는 것들과 같은 작은 우상인데, (실은 거의 보이지 않는) 구세주의 비극적 부모가 아니라 어린 소녀 같은 모습과 순수한 모성을 나타낸다. 남성은 대부분 구경꾼인데, 여성이 종교를 여자들 세계의 일부로 삼는 것에는 아무런 불만이 없으며 자신들은 세속적 활동에 매여 있다. 젊은이들은 그리 멀지 않은 도시 과달라하라로 많이들 떠난다. 그곳에서는 높이와 정숙함 면에서 교회와 성당에 뒤지지 않는 아파트 건물과 사업용 빌딩이 들어서고 있다.

과달라하라는 급속히 현대 도시로 탈바꿈하고 있으며 그곳의 공업적 삶을 지배하는 것은 북아메리카 공업 제국의 산물과 기법이지만 그런데도 멕시코 이름과 멕시코인 관리직이 강조된다. 혁명 이후의 기업인이 두드러지는데, 외모와 분위기에서 멕시코적 남성성과 관리자로서 진취성이 풍긴다. 그의 현대식 주택은 청교도적이라고 부르는 게 딱 어울린다. 장식과 안락함을 멀리하고, 선은 깔끔하고 수수하며, 방은 밝고 훤하다.

옛것에 대한 거부감이 가장 격렬히 드러나는 것은 혁명을 묘사한 그림들이다. 과달라하라에 있는 오로스코의 집에는 내전 장면을 단순하게 묘사한 석판화들 옆에 자신의 출신 배경임이 분명한 계급을 적나라하게 비방하는 소묘들이 놓여 있다. 그 소묘들은 마르틴 루터가 쓴 최악의 소책자만큼이나 떠들썩하게 욕설과 신성모독을 퍼붓는다. 사실 혁명에 대한 벽화들 중에서 가장 사랑받는 몇몇은 아직 문맹이던 대중을 겨냥한 소책자 선전전이라는 점에서 크라나흐의 목판화와 어깨를 나란히 한다. 하지만 착취자에 맞서는 혁명은 착취 문제를 해결할까, 아니면 인간은 참으로 덜 착취당하는 인간(무엇보다 인간 생애주기의 주인이자 자신의 생애 공간에서 세대 주기의 주인인 인간)을 길러내는 법 또한 배워야 할까?

이따금 수도 멕시코시티를 여행할 때면 옛 도시 과나후아토를 방문한다. 육중한 요새 같은 대학교에는 한때 교육을 지배한 인근의 성당을 압도하기 위해 환상적이고 화려한 건물들이 우뚝우뚝 솟아 있다. 성당 벽에는 죽음, 심판, 지옥, 영원한 영광에 대한 선언문이 새겨져 있다.

> 죽음은 영생에 이르는 문,
> 심판은 영생을 결정하는 조건,
> 지옥은 영원한 고통의 방,
> 영광은 영원한 행복의 집.
> (La Muerta que es puerta de la Eternidad,
> El Judicio que decidera la Eternidad,
> El Infierno que es la habitacion de la desgraciada Eternidad,
> La Gloria que es la masion de la feliz Eternidad.)

근처 파트스쿠아로 호수 유역을 굽어보는 것은 어부의 섬에 세워진 거대한 조각상이다. 조각상은 수도사 출신 혁명 영웅 호세

마리아 모렐로스(José María Morelos)를 묘사한 것인데, 루터가 보름스에서 이야기할 때와 비슷하게 오른팔을 들고 있다. 깔끔한 직선적 탄탄함과 엄격한 청교도적 분위기로 보건대 북유럽 어딘가에 놓여 있어도 이상하지 않을 듯하다. 왼손에 석검 손잡이 대신 두툼한 책을 들었다면 루터라고 해도 과언이 아닐 것이다.

| 후주 |

루터에 의한. 루터에 관한 표준적인 저작은 아래 약어로 표시했다.

Dok. = Otto Scheel, *Dokumente zu Luthers Entwicklung* (Tuebingen, J. C. B. Mohr, 1929).
Enders = E. L. Enders, *Martin Luthers Briefwechsel* (Frankfurt, 1884-1907).
L.W.W.A. = Martin Luther, *Werke* (Weimarer Ausgabe, 1883).
Reiter = Paul J. Reiter, *Martin Luthers Umwelt, Charakter und Psychose* (Kopenhagen, Leven & Munksgaard, 1937).
Scheel = Otto Scheel, *Martin Luther: Vom Katholizismus zur Reformation* (Tuebingen, J. C. B. Mohr, 1917).
TR = Luther's *Tischreden* (Weimarer Ausgabe). (《루터의 탁상담화》, 마르틴 루터, 이길상 옮김, 크리스천다이제스트, 2019.)

머리말

1 Anna Freud, *The Ego and the Mechanisms of Defence*, translated from the German by Cecil Baines (New York, International Universities Press, 1946).
2 August Aichhorn, *Wayward Youth*, with a foreword by Sigmund Freud (New York, Viking Press, 1935).
3 Heinz Hartmann, *Ego Psychology and the Problem of Adaptation*, translated by David Rapaport (New York, International Universities Press, 1958). Also, "Notes on the Reality Principle," *The Psychoanalytic Study of the Child*, XI (New York, International Universities Press, 1956), 31-53.
4 David Rapaport, "Some Metapsychological Considerations Concerning Activity and Passivity," unpublished paper, 1953. Also, "The Theory of Ego Autonomy: A Generalization," *Bulletin of the Menninger Clinic*, 12 (1958), 13-35.
5 E. H. Erikson, "The Problem of Ego Identity," *Journal of the American Psychoanalytic Association*, 4(1956), 56-121. 나는 정체성 개념을 연구 집단에 적용

한 몇 가지 사례를 제시했다. 다음을 보라. *Totalitarianism*, ed. by Carl J. Friedrich (Cambridge, Harvard University Press, 1954), 156-171; *New Perspectives for Research on Juvenile Delinquency* (Washington, D.C., Children's Bureau, U.S. Department of Health, Education and Welfare, 1956), 1-23; and *Discussions on Child Development*, Proceedings of the Third Meeting of the Child Study Group, World Health Organization (London, Tavistock Publications, Ltd., 1956).

6 E. H. Erikson, "The First Psychoanalyst," *Yale Review*, XLVI (1956).

7 E. H. Erikson, "Freuds Psychoanalytische Krise," *Freud in der Gegenwart* (Frankfurt, Europaeische Verlagsanstalt, 1957).

1장 청년 루터와 정체성 위기

1 *Soeren Kierkegaards efterladte Papirer*, ed. P. A. Heiberg (Copenhagen, 1926), IX, 75. Cf. Eduard Geismar, "Wie urteilte Kierkegaard ueber Luther?" *Luther-Jahrbuch* X (1928), 18.

2 R. G. Collingwood, *The Idea of History* (New York, Oxford University Press, 1956), 226-227.

3 Ref. 1, Preface.

4 Ibid., 177. (《자아와 방어 기제》, 아나 프로이트, 김건종 옮김, 열린책들, 2017.)

5 Heinz Hartmann, *Ego Psychology and the Problem of Adaptation*.

6 E. H. Erikson, "On the Nature of Clinical Evidence," *Evidence and Inference*, The First Hayden Colloquium (Cambridge, The Technology Press of M.I.T., 1958); also, "Daedalus," Journal of the American Academy of Arts and Sciences Proceedings, 87 (Fall, 1958).

7 Sigmund Freud, *New Introductory Lectures on Psychoanalysis*, translated by W. T. H. Sprott (New York, W. W. Norton & Co., 1933).

8 Sigmund Freud, *The Future of an Illusion*, translated by W. D. Robson-Scott (New York, Liveright Publishing Corp., 1949).

9 Karl Mannheim, *Utopia and Ideology* (New York, Harcourt Brace, 1949).

2장 성가대석의 불안 발작

1 Scheel, II, 116.

2 *Dok.*, No. 533.

3 *Dok.*, No. 533.

4 Johannes Cochlaeus, *Commentaria de actis et scriptis Martini Lutheri* (Mainz, 1549).

5 Scheel, II, 117.

6 *Dok.*, No. 533.

7 P. Heinrich Denifle, *Luther in Rationalistischer und Christlicher Beleuchtung* (Mainz, Kirchheim & Co., 1904), p. 31.
8 Reiter, II, 99.
9 Reiter, II, 556.
10 Reiter, II, 240.
11 Preserved Smith, *The Life and Letters of Martin Luther* (New York, Houghton Mifflin & Co., 1911).
12 Preserved Smith, *Luther's Correspondence* (Philadelphia, The Lutheran Publication Society, 1913).
13 Preserved Smith, "Luther's Early Development in the Light of Psychoanalysis," *American Journal of Psychology*, XXIV (1913).
14 Ibid., 362.
15 *Dok.*, No. 199.
16 *L.W.W.A.*, XXXIII, 507.
17 Scheel, I, 261.
18 Heinrich Boehmer, *Road to Reformation* (Philadelphia, Muhlenberg Press, 1946).
19 Leopold von Ranke, *History of the Reformation in Germany* (London, 1905).
20 Theodosius Harnack, *Luthers Theologie* I (1862); II (1886).
21 Hartmann Grisar, *Luther* (Freiburg, Herder Verlag, 1911).
22 Lucien Febvre, *Martin Luther, A Destiny* (London, J. M. Dent & Sons, Ltd., 1930), 18.
23 Denifle, Ref. 7, 77.
24 P. Heinrich Denifle, *Luther und Luthertum in der ersten Entwicklung* (Mainz, Kirchheim & Co., 1906), I, 774-775.
25 Ibid.
26 Reiter, II, 121.
27 R. Pascal, *The Social Basis of the German Reformation* (London, Watts & Co., 1933), 227.
28 Ernst Troeltsch, *The Social Teaching of the Christian Churches* (London, 1931).
29 Max Weber, *The Protestant Ethic and the Spirit of Capitalism* (London, 1948).
30 R. H. Tawney, *Religion and the Rise of Capitalism* (New York, Harcourt, Brace and Co., 1952).
31 Quoted in Heinrich Bornkamm, *Luther im Spiegel der deutschen Geistesgeschichte* (Heidelberg, Quelle und Meyer, 1955), 191.
32 *Dok.*, No. 209.
33 *Dok.*, No. 248.
34 Quoted in Bornkamm, Ref. 31, 330.

35 William James, *Varieties of Religious Experience* (Longmans, Green and Co., 1935), 199. (《종교적 경험의 다양성》, 윌리엄 제임스, 김재영 옮김, 한길사, 2009.)
36 E. H. Erikson, "The Problem of Ego Identity," *Journal of the American Psychoanalytic Association*, 4 (1956), 56–121.
37 G. B. Shaw, Preface to *Selected Prose* (New York, Dodd, Mead and Co., 1952).
38 E. H. Erikson, "The First Psychoanalyst," *Yale Review*, XLVI (1956), 43.
39 Sigmund Freud, *The Interpretation of Dreams*, Complete Psychological Works of Sigmund Freud, Volumes IV and V (London, Hogarth Press, 1953).
40 *L.W.W.A.*, VII, 838.

3장 지상의 아버지와 하늘의 아버지

1 *L.W.W.A.*, VIII, 574–575.
2 *L.W.W.A.*, VIII, 575.
3 R. H. Tawney, *Religion and the Rise of Capitalism*, 68. (《종교와 자본주의의 발흥》, R. H. 토니, 김종철 옮김, 한길사, 1990.)
4 Martin Luther, *Werke* (Erlanger Ausgabe), LIX, 324.
5 Julius Koestlin, *Martin Luther, Sein Leben und seine Schriften* (Berlin, Alexander Duncker, 1903), I, 48.
6 Reiter, I, 362.
7 Roland H. Bainton, *Here I Stand* (New York, Abingdon-Cokesbury Press, 1930), 23. (《마르틴 루터》, 롤런드 베인턴, 이종태, 생명의말씀사, 2017.)
8 *TR*, II, No. 1559; Cf. Scheel, I, 11.
9 《유년기와 사회》의 2부를 참고하라. (《유년기와 사회》, 에릭 에릭슨, 송제훈, 연암서가, 2014.)
10 Scheel, I, 20. *Dok.*, Nos. 406 and 430.
11 Luther's *Werke* (Erlanger Ausgabe), XL, 164.
12 *Dok.*, No. 417.
13 *L.W.W.A.*, XXXVIII, 338.
14 Reiter, I, 362.
15 Huizinga, *The Waning of the Middle Ages* (New York, Doubleday, 1956). (《중세의 가을》, 요한 하위징아, 이종인, 연암서가, 2014.)
16 Ibid., 138.
17 Ibid.
18 *L.W.W.A.*, XXXVIII, 105.
19 Scheel, I, 229.
20 *TR*, IV, No. 4714.
21 *TR*, IV, No. 5024.

22 Scheel, I, 150-174.
23 *L.W.W.A.*, VIII, 573.
24 *L.W.W.A.*, VIII, 573-574.
25 *TR*, IV, No. 4707.
26 *Dok.*, No. 175.
27 Ernst Kris, *Psychoanalytic Explorations in Art*, Chapter 13, "On Inspiration" (New York, International Universities Press, 1952), 291-302.
28 Scheel, I, 259.
29 Robert Lifton, "Thought Reform of Chinese Intellectuals, a Psychiatric Evaluation," *Journal of Asian Studies*, XVI (November, 1956), 1.
30 Rupert E. Davies, *The Problem of Authority in the Continental Reformers* (London, The Epworth Press, 1946), 98.
31 *TR*, III, No. 3593.
32 Friedrich Nietzsche, *Zur Genealogie der Moral, Werke* (Stuttgart, Alfred Kroner, 1921), VII, 463. (《도덕의 계보학》, 프리드리히 니체, 홍성광 옮김, 연암서가, 2020.)

4장 창조적 정신의 자기거부

1 August Kubizek, *Young Hitler* (London, Allan Wingate, 1954).
2 Ibid., 35.
3 Ibid., 51-54.
4 Ibid., 70-71.
5 Ibid., 53.
6 H. R. Trevor-Roper, *The Last Days of Hitler* (New York, Macmillan Co., 1947), 57.
7 Ibid., 78.
8 Ibid., 54-55.
9 Ibid., 57.
10 *Dok.*, No. 815.
11 Crane Brinton, *The Shaping of the Modern Mind* (New York, New American Library, 1953), 11-12.
12 1 Cor. 13:12.
13 *L.W.W.A.*, XXXII, 328-329.
14 자세한 임상 사례에 대해서는 다음을 참고하라. "The Nature of Clinical Evidence," Ref. 6, Chapter I.
15 Rolf Ahrens, "Beitrag zur Entwicklung des Physiognomie- und Mimikerkennens," *Zeitschrift fuer experimentelle und angewandte Psychologie*, 11, 3 (1954), 412-454; II, 4 (1954), 599-633. Also see Charlotte Buehler and H. Hetzer, "Die

Reaktionen des Saeuglings auf das menschliche Gesicht," *Zeitschrift fuer Psychologie*, 132 (1934), 1-17; and R. A. Spitz and K. M. Wolf, "The Smiling Response. A Contribution to the Ontogenesis of Social Relation," *General Psychological Monographs*, 24 (1946), 55-125.
16 Rene Spitz, "Hospitalism," *The Psychoanalytic Study of the Child*, Vol. I (New York, International Universities Press, 1945), 53-74.
17 *L.W.W.A.*, XLIX, 180.
18 *L.W.W.A.*, XI, 4201.
19 William James, Ref. 35, Chapter II, 40.
20 Quoted in Bornkamm, 284, Ref. 31, Chapter II, from *Predigt über Exod* (2 Mose), 20.
21 Thomas Wolfe, *The Story of a Novel* (New York, Charles Scribner's Sons, 1936), 39.

5장 순종과 반역의 역설

1 Scheel, I, 260-261.
2 *Dok.*, No. 50.
3 Miguel de Unamuno, *Soledad*, translated by John Upton, The Centennial Review (Summer, 1958).
4 Lifton, Ref. 29, Chapter II, 149.
5 David Rapaport, Ref. 4, Preface, 12.
6 James Joyce, *A Portrait of the Artist as a Young Man* (New York, Viking Press, 1957), 410. (《젊은 예술가의 초상》, 제임스 조이스, 이상옥 옮김, 민음사, 2011.)
7 *L.W.W.A.*, XXX, 3, 530.
8 Scheel, II, 23-24.
9 *TR*, IV, No. 4174.
10 *TR*, III, No. 3556.
11 *TR*, IV, No. 4174.
12 1 Cor. 11:28, 31.
13 1 Cor. 10:17.
14 1 Cor. 11:24.
15 *Childhood and Society*, 152.
16 1 Cor. 11:25; Luke 22:20.
17 Mark 14:24; Matthew 26:28.
18 1 Cor. 11:29-30.
19 *Dok.*, No. 508.
20 Ibid., Nos. 46 and 508.

21 *L.W.W.A.*, VIII, 574.
22 *Dok.*, No. 162.
23 *Dok.*, No. 487.
24 *L.W.W.A.*, III, 549.
25 *L.W.W.A.*, I, 576.
26 *L.W.W.A.*, XXXI, 1, 230.
27 *TR*, I, No. 121.
28 *L.W.W.A.*, XX, 773.
29 Reiter, II, 543.
30 Joyce, *Portrait*, 409.
31 *L.W.W.A.*, XIV, 471.
32 *TR*, III, No. 3298.
33 *TR*, I, No. 508.
34 *L.W.W.A.*, II, 586.
35 *L.W.W.A.*, II, 586.
36 *L.W.W.A.*, IX, 215.
37 *L.W.W.A.*, XV, 559.
38 *L.W.W.A.*, VIII, 119.
39 *L.W.W.A.*, XL, 1, 221.
40 *Dok.*, No. 184.
41 *L.W.W.A.*, XXVII, 126.
42 Scheel, II, 114; Cf. *TR*, I, 644.
43 *Dok.*, No. 275.
44 *Dok.*, Nos. 230, 444, and 485.
45 *TR*, IV, No. 4868.
46 Elmer Carl Riessling, *The Early Sermons of Luther and Their Relation to the Pre-Reformation Sermon* (Grand Rapids, Zondervan Publishing House, 1935), 38.
47 *TR*, I, No. 526.

6장 내면의 혁명 – 죄의식에서 믿음으로

1 1 Cor. 14:31.
2 Anne Freemantle, *The Age of Belief* (New York, Mentor, 1954), 26-27.
3 Ibid., 28, 33. (《고백록》, 아우구스티누스, 박문재 옮김, 크리스천다이제스트, 2017.)
4 1 Cor. 4:7.
5 Huizinga, Ref. 15, Chapter III, 204.
6 Ibid., 205.
7 Ibid., 219.

8 Ibid., 199.
9 Wilhelm Link, *Das Ringen Luthers um die Freiheit der Theologie von der Philosophie* (Muenchen, Chr. Kaiser, 1940), 319-321; 324-325; 340.
10 Giorgio de Santillana, *The Age of Adventure* (Boston, Houghton Mifflin Company, 1957), 13-14.
11 Pico, "On the Dignity of Man," *The Renaissance Philosophy of Man*, ed. by E. Cassirer, P. O. Rinsteller, and J. H. Randall (Chicago, Phoenix Books, 1956), 225. (《인간 존엄성에 관한 연설》, 피코 델라 미란돌라, 성염 옮김, 경세원, 2009.)
12 Santillana, *Age of Adventure*, 83-84.
13 Ibid., 155.
14 Ibid., 69.
15 Ibid., 15.
16 Quoted by Preserved Smith, Ref. 11, Chapter II, 206.
17 *L.W.W.A.*, III, 593.
18 Erich Vogelsang, *Die Anfaenge von Luthers Christologie* (Berlin, De Gruyter Co., 1919), O. 89, fn. 1; Cf. *L.W.W.A.*, XL, I, 562.
19 *Dok.*, No. 181; Cf. *L.W.W.A.*, XL, 1, 562.
20 *L.W.W.A.*, III, 531.
21 *L.W.W.A.*, III, 134.
22 *L.W.W.A.*, III, 257; III, 14. Cf. Vogelsang, 6, fn. 2.
23 *L.W.W.A.*, IV, 330.
24 Vogelsang, 58, fn. 1.
25 *L.W.W.A.*, III, 12. Cf. Vogelsang, 26.
26 Vogelsang, 32.
27 *TR*, V, No. 5247.
28 Vogelsang, 32-33.
29 Ibid., 33.
30 Psalms 31:4.
31 Psalms 31:6.
32 Matthew 27:43.
33 Vogelsang, 50-51.
34 *Dok.*, No. 238.
35 *TR*, V, No. 5537.
36 *L.W.W.A.*, III, 408.
37 *L.W.W.A.*, IV, 9, 18.
38 *L.W.W.A.*, III, 227, 28.
39 *L.W.W.A.*, II, 28, 13.

40 *L.W.W.A.*, III, 651.
41 Sigmund Freud, *The Origins of Psychoanalysis* (London, Imago Publishing Co. Ltd., 1954), 236.
42 Johannes Ficker, *Luthers Vorlesung ueber den Roemerbrief Herausg* (Leipzig, Die Scholien, 1930), 206.
43 *L.W.W.A.*, IV, 234.
44 *L.W.W.A.*, V, 149.
45 *L.W.W.A.*, IV, 511.
46 *L.W.W.A.*, IX, 639.
47 1 Cor. 1:22-25.
48 1 Cor. 2:1-3.
49 *L.W.W.A.*, III, 420.
50 *L.W.W.A.*, III, 289.
51 *L.W.W.A.*, XL/I, 537.
52 *L.W.W.A.*, IV, 147.
53 *L.W.W.A.*, IV, 330; Cf. Vogelsang, 103, fn. I; and 108, fn. 1.
54 *L.W.W.A.*, IV, 87.
55 *L.W.W.A.*, III, 529; Cf. Vogelsang, 136, fn. 5.
56 *L.W.W.A.*, IV, 365.
57 *L.W.W.A.*, IV, 350.
58 *L.W.W.A.*, XXXII, 390.
59 James, Ref. 21, Chapter 10.
60 *L.W.W.A.*, IX, 45.
61 *L.W.W.A.*, III, 289.
62 *L.W.W.A.*, VI, 207.
63 어디서 참고했는지 찾지 못했다. 내가 이 인용문을 조작했다고 의심하지 않길 바란다.
64 *L.W.W.A.*, I, 200-201.
65 *L.W.W.A.*, V, 85.

7장 분노하는 영적 지배자

1 James, *Varieties of Religious Experience*, 348.
2 Charles Beard, *Martin Luther and the Reformation in Germany* (London, Philip Green, 1896), 231.
3 *L.W.W.A.*, VIII, 203.
4 Enders, II, 432-433.
5 Enders, III, 73.
6 *Works of Martin Luther* (Philadelphia, A. J. Holman Co., 1916), II, 400.

7 Bainton, Ref. 7, Chapter III, 186.
8 Nietzsche, Ref. 32, Chapter III, VII, 216. (후주의 표시는 착오인 듯하다. 인용한 구절은 《도덕의 계보학》이 아니라 《선악의 저편》에서 나온다.)
9 Jacob Grimm, *Vorrede zur Deutschen Grammatik*, I, 1822, II (quoted in Bornkamm, Ref. 31, Chapter II, 176-177).
10 Ibid., 40.
11 *L.W.W.A.*, XXX, I, 436; translated by Gordon Rupp in *The Righteousness of God* (London, Hodder and Stoughton, 1953), 293.
12 *L.W.W.A.*, XXVIII, 142.
13 Will Durant, *The Reformation* (New York, Simon and Schuster, 1957), 378.
14 Ref. 6, IV, 206-207.
15 "The Twelve Articles," ibid., IV, 210-216.
16 Ibid., III, 211-212.
17 *L.W.W.A.*, XVIII, 386.
18 *L.W.W.A.*, XXVIII, 286.
19 Smith, Ref. 11, Chapter II, 165.
20 Pascal, Ref. 27, Chapter II, 178.
21 《유년기와 사회》 9장을 참고하라.
22 *L.W.W.A.*, III, 1, 70.
23 Pascal, 187.
24 *L.W.W.A.*, XXXI, I, 196.
25 *L.W.W.A.*, IV, 274.
26 Max Weber, Ref. 29, Chapter II.
27 Erich Fromm, *Escape from Freedom* (New York, Rinehart and Co., 1941).
28 Tawney, Ref. 30, Chapter II, 88-89.
29 Kierkegaard, Ref. 1, Chapter I, XI, 44, No. 61.
30 Quoted in Bornkamm, Ref. 31, Chapter II, 57.
31 Kierkegaard, Ref. 1, Chapter I, X, 401, No. 559.
32 *L.W.W.A.*, X, 2, 237.
33 *L.W.W.A.*, VIII, 483.
34 *L.W.W.A.*, XXIII, 421.
35 Tawney, Ref. 30, Chapter II, 93.
36 *TR*, II, No. 1263.
37 *L.W.W.A.*, VIII, 482.
38 Enders, VI, 110.
39 Enders, VI, 298.
40 *TR*, II, No. 2655a.

41 *TR*, II, No. 1557.
42 Ibid.
43 Bainton, Ref. 7, Chapter III, 295.
44 *TR*, I, 522.
45 Freud, Ref. 41, Chapter VI, 189.
46 *L.W.W.A.*, XXX, 3, 470. Translation in Durant, Ref. 13, 418.
47 Preserved Smith, Ref. 11, Chapter II, 322.

8장 비범성과 신경증

1 *TR*, I, No. 352.
2 *L.W.W.A.*, V, 163. .
3 *L.W.W.A.*, XIX, 216-217; translated in Rupp, Ref. 11, Chapter VIII, 108.
4 *L.W.W.A.*, V, 79; translated in Rupp, 107.
5 *L.W.W.A.*, XLIV, 504.
6 *L.W.W.A.*, IV, 602; translated in Rupp, 109.
7 Enders, V, 278-279.
8 E. H. Erikson, "Integrity," *Childhood and Society*.
9 Seng-ts'an, Hsin-hsin Ming. Alan W. Watts, *The Way of Zen* (New York, Pantheon Books, 1957).
10 에른스트 크리스(Ernst Kris)의 '자아를 위한 퇴행(regression in the service of the ego)' 개념에 대해서는 다음을 참고하라. *Psychoanalytic Explorations in Art* (New York, International Universities Press, 1952).
11 Freud, Ref. 8, Chapter I.

| 찾아보기 |

인명

ㄱ~ㄷ
간디 450
괴테, 요한 볼프강 289, 393, 442
그리자르, 하르트만 9
그림, 야코프 399
다빈치, 레오나르도 182, 328, 442
다윈, 찰스 10, 74, 75, 168, 299, 331
데니플레, 하인리히(사제) 42~45, 51~54, 117, 129, 153
데카르트, 르네 311, 325
뒤러, 알브레히트 364, 389
녹스, 존 409
뉴먼, 존 헨리 66
니체, 프리드리히 58, 88, 161, 193, 330, 374, 398

ㄹ
랑케, 레오폴트 폰 51, 399
레이테르, 파울 J.(정신의학자) 44, 45, 54, 104, 117, 129, 153, 237, 269, 336, 407
뢰러, 게오르크 348
루더, 마르가레타(마르틴 루터의 어머니) 87, 97, 106~113, 116, 119~122, 133, 158, 207, 235, 427
루더, 한스(마르틴 루터의 아버지) 85, 86, 88, 90, 92, 94, 95, 97, 110, 116, 127, 135, 139, 193, 207, 245, 332, 333, 441
루베아누스, 크로투스 139
루푸스, 무티아누스 139

ㅁ~ㅂ
마그누스, 알베르투스 142, 299
마르크스, 카를 302, 375
만하임, 카를 32
멜란히톤, 필리프 65
모어, 토머스 428
미켈란젤로 290, 293, 298, 328, 331, 332
바울 41, 61, 98, 154, 155, 160, 193, 237, 238, 242, 250, 294, 303, 305, 307, 313, 342, 349, 350, 352, 359, 360, 364, 373
베버, 막스 58, 409
보나벤투라 276
보라, 카타리나 폰 118
뵈머, 하인리히 50
부르크하르트, 야코프 58, 412
브란덴부르크, 알브레히트 폰 386
브린턴, 크레인 185, 187
비엘, 가브리엘 233, 234, 275

ㅅ
사보나롤라, 지롤라모 291, 331
셸, 오토(교수) 40, 41, 42, 49, 50, 53, 61,

83, 105, 119, 129, 140, 153, 2366, 237, 345, 348
쇼, 조지 버나드 71~74, 401
쇼펜하우어, 아르투어 274, 374
슈타우피츠, 요한 폰 25, 61, 252, 263, 278~285, 290, 334, 392, 418, 445
슈팔라틴 335, 391, 445
스미스, 프레저브드 46~48, 54, 120

ㅇ

아리스토텔레스 98, 128, 138, 141~143, 147, 148, 315
아우구스티누스 61, 70, 98, 264, 266, 274, 311~314, 316, 348, 353, 360
아퀴나스, 토마스 142, 299, 314~318
에라스뮈스 70, 109, 160, 250, 297, 330, 336, 338, 389, 398
에릭슨, 조앤 8, 13
에크, 요한 390, 391
오컴, 윌리엄 84, 143, 144, 147, 148, 323~326
우나무노, 미겔 225
우징엔, 바르톨로메우스 145, 148
위클리프, 존 382, 383, 391

ㅈ, ㅋ

제나차노, 마리아노 데 290
제르송, 장 266, 325
제임스, 윌리엄 66, 67, 202~205, 367
조이스, 제임스 230, 271
카를 5세, 76
칼뱅, 장 109, 160, 409, 427
코흘레우스, 요하네스 40, 41
콜링우드, R. G. 26
쿠비체크, 아우구스트 176, 179
크라나흐, 루카스 298, 458
클레멘스 6세 321

키르케고르, 쇠렌 13, 17, 18, 22, 98, 118, 254, 365, 411, 412, 415, 433

ㅌ~ㅎ

타울러, 요하네스 322, 323
테첼, 요한 386, 387
트레버로퍼, H. R. 179, 181
트뢸치, 에른스트 58
트루트페터, 요하네스 145
파스칼, R.(사회학자) 57, 58, 87, 407
펠라기우스 266, 274
포겔장, 에리히 343~347
프란체스코 143, 216, 273
프로이트, 아나 9, 28, 29
프로이트, 지크문트 9~12, 28, 30, 46, 49, 70, 74~76, 82, 85, 142, 178, 206, 208, 273, 274, 299, 302, 329, 335, 354, 365, 369, 370, 371, 381, 420, 421, 432~435, 438, 439, 441, 442, 455
프롬, 에리히 409
플리스, 빌헬름 178, 354, 381
피치노, 마르실리오 327, 328, 331
피코 델라 미란돌라, 조반니 327, 331
하르나크, 테오도시우스 51
하위징아, 요한 122, 123, 319, 321
헨리 8세 413
후스, 얀 382, 383, 391
히틀러, 아돌프 176, 179~183

용어

ㄱ~ㄷ

공동생활형제단 132, 217
그리스도의 수난 303, 347, 364, 392, 434
〈그리스도인의 자유에 대하여〉(루터) 391
《근대 정신의 형성》(브린턴) 185

긍정적 양심 332, 376, 414
기본적 불신 206, 437, 441, 451
기본적 신뢰 198, 364, 437~441, 454, 456
〈내 주는 강한 성이요〉(루터) 399
내인성 44, 55, 56, 337, 400, 407, 415
대상관계 194, 200
도미니쿠스 수도회 51, 154, 218, 387
〈도적질하고 살인하는 농민 무리에 맞서〉(루터) 403
독일 농민 전쟁 86, 87
《독일 종교개혁의 사회적 토대》(파스칼) 57

ㄹ~ㅂ

리비도 121, 267, 269, 273, 274, 314, 359
르네상스 58, 126, 127, 199, 290~293, 297~300, 316, 326~333, 352, 353, 363, 399
맨발수도회 133
멜랑콜리아 55, 65, 366, 406
면벌부 381, 385~387, 409
모라토리엄(유예) 10, 70~74, 161, 168~170, 176, 183, 225~227, 285
《미사전문》(비엘) 233
미신 83, 90, 94, 97, 100, 119, 142, 240, 276, 424, 425
밑바닥 태도 173, 174, 265, 278, 345, 361, 367, 432, 440
방어 기능 9, 28, 29, 130, 187
벨탄샤웅(세계관) 30, 67
보름스 의회 76, 341, 393, 394, 444, 459
부정적 양심 125, 329, 333, 365, 370~373, 376~378, 414, 417, 451
부정적 정체성 87, 95, 112, 171, 172, 176, 220

ㅅ

산출 209, 252, 416, 444, 446

산출 위기 416
생애 과제 8, 190, 436
생애주기 19, 29~33, 426, 436, 458
성년기 7, 10, 19, 27, 29, 30, 81, 121, 159, 167, 202, 352, 414, 440
성심리 190, 206, 300, 442
세계기분 65, 66, 83, 124~127
수도 서원 38, 68, 81, 130, 152~157, 231, 232, 392
〈수도 서원에 대하여〉(루터) 81, 398, 444
수치심 205, 206, 438~440, 451, 452, 455
시편 강의 20, 237, 264, 265, 332, 342~344, 347, 359, 376, 377, 413
신비주의 30, 120, 171, 217, 276, 318, 321~323, 340, 415, 441, 446, 454
스콜라주의 44, 126, 138, 165, 217, 219, 336, 338~342, 352, 353, 375, 410

ㅇ

아리스토텔레스주의 143, 310, 314, 352
아버지 전이 210, 282, 284
아버지 콤플렉스 10, 75
아우구스티누스 수도회 20, 38, 56, 148, 153~156, 165, 215~224, 232, 278, 284, 289~292, 334, 338
아프고트(우상) 101
역사심리 22, 301, 302, 382
영아기 198, 437, 440, 456
오이디푸스 콤플렉스 75, 90, 121, 190, 207, 208, 441
오컴주의 143, 144, 145, 149, 234, 275, 276, 324, 325
완결성 173, 190, 416, 436, 446~449, 454
완결성 위기 446~448
《유년기와 사회》(에릭슨) 159, 240
유록족 159, 240
유아기 27, 30, 104, 184, 187, 202, 205,

206, 246, 269, 283, 323, 349, 397, 438, 439, 456
은총 118, 146, 147, 205, 220, 234, 237, 266, 275, 276, 311~315, 320, 321, 418
의례주의 140, 317
이데올로기 20, 26, 29~33, 42, 45, 66~69, 77, 87, 91, 97, 98, 114, 116, 122, 126, 127, 137, 143, 145, 149, 159, 160, 169, 172, 181, 184, 198, 199, 218, 227~230, 255, 291, 300~303, 308, 324, 328, 329, 338, 339, 359, 362, 366, 375, 376, 382, 391, 392, 404, 415, 426, 428, 436, 454, 455
이드 371, 372, 376, 397
《인간 존엄성에 관한 연설》(피코 델라 미란돌라) 327, 331
인문주의 135, 139, 289, 330, 336, 338

ㅈ

자기관찰 133, 191, 216, 228, 241, 242, 259, 262, 268, 361, 365, 377, 413, 432~435
자기관찰적 심리학 25
자기거부 171, 226
자기검증 315, 318, 353
자기부정 68, 89, 216
자기포기 217, 258, 262
자아 강도 33, 369
자아 오한 187, 189
〈자아 정체감의 문제〉(에릭슨) 69
자아 주도성 352
《자아와 방어 기제》(아나 프로이트) 28
자유 연상 255, 259, 260
자유의지 146, 189, 274, 313~315, 434
작업 치료 8, 280
적응 기능 9, 26, 29, 433
전이 신경증 256, 257
전체주의 32, 171, 183, 238, 301, 309, 376, 433

정신분석 10, 12, 18, 20, 24~31, 54, 76, 84, 90, 102, 106, 190, 198, 255~259, 329, 335, 352, 358, 365, 376, 433, 434
정신분석주의 31
정체감 125, 188~190, 198, 210, 301, 357
정체성 위기 19, 22, 48, 60, 68, 77, 172, 342, 343, 384, 414, 416, 436, 444~449
정체성 혼미 166~168, 228, 230, 262, 444
젤렌그룬트 102, 323, 350
절약의 법칙 84, 325
《종교적 경험의 다양성》(윌리엄 제임스) 202
죄책감 83, 204~207, 211, 270, 361, 441, 442, 451~455
주도성 121, 205~207, 265, 308, 441, 442, 452

ㅊ

천둥 벼락 사건 38~42, 63~65, 98, 153~156, 193, 237, 245
청소년기 7, 8, 19, 20, 28, 29, 90, 190, 198, 228, 251, 275, 282, 407, 448, 449
초자아 127, 329, 365, 368, 376
총체주의 173, 277, 343, 367, 368
친밀감 위기 444~446
(이신)칭의 112, 148, 183, 247, 252~254, 272, 276, 347, 432

ㅋ~ㅎ

카르투시오회 154, 320
카우사 카우산스(궁극적 원인) 188, 189, 315
탁상담화 88, 92, 119, 217, 234, 235, 348, 412, 445
텐타티오네스(유혹) 55, 268, 281, 397, 431
퇴행 27, 166~169, 172~174, 194, 222, 237, 246, 373, 422, 423, 454, 455
트리스티티아(슬픔) 55, 64~66, 203, 259,

272
펠라기우스주의 266, 325, 373
프란체스코 수도회 143, 218
프로테스탄티즘 58, 347, 357, 401, 403, 408~411, 432, 456

행위(works) 9, 242, 292, 372~378, 383
행함(work) 9, 371~375
호모 렐리기오수스(종교적 인간) 55, 57, 61, 64, 66, 252, 448
회심 41, 64, 67, 136, 154~161, 307

노승영

서울대학교 영어영문학과를 졸업하고 서울대학교 대학원 인지과학 협동과정을 수료했다. 컴퓨터 회사에서 번역 프로그램을 만들었고 환경 단체에서 일했다. "내가 깨끗해질수록 지구가 더러워진다"라고 생각한다. 《번역가 모모 씨의 일일》(공저)을 썼으며, 《약속의 땅》《세계숲》《오늘의 법칙》《향모를 땋으며》《스토리텔링 애니멀》 등의 책을 우리말로 옮겼다. 2017년 《말레이 제도》로 제35회 한국과학기술도서상 번역상을, 2024년 《세상 모든 것의 물질》로 제65회 한국출판문화상 번역상을 받았다.

청년 루터

2025년 4월 11일 초판 1쇄 발행

- 지은이 ──────── 에릭 에릭슨
- 옮긴이 ──────── 노승영
- 펴낸이 ──────── 한예원
- 편집 ────────── 이승희, 양경아
- 본문 조판 ────── 성인기획
- 펴낸곳   교양인
  　　　　우04015 서울 마포구 망원로6길 57 3층
  　　　　전화 : 02)2266-2776 팩스 : 02)2266-2771
  　　　　e-mail : gyoyangin@naver.com

ⓒ 교양인, 2025
ISBN 979-11-93154-40-3   93180

* 잘못 만들어진 책은 바꾸어드립니다.
* 값은 뒤표지에 있습니다.